U0578802

One hundred years of astronomical calendar research on Oracle bones

冯时 著

百年来甲骨文天文历法研究

中国社会科学出版社

图书在版编目（CIP）数据

百年来甲骨文天文历法研究／冯时著．—北京：中国社会科学出版社，
2011.12（2025.10 重印）

ISBN 978 - 7 - 5161 - 0145 - 2

Ⅰ.①百…　Ⅱ.①冯…　Ⅲ.①甲骨文—研究②天文学史—研究—
中国—古代③古历法—研究—中国　Ⅳ.①K877.14②P1 - 092

中国版本图书馆 CIP 数据核字（2011）第 191567 号

出 版 人	季为民
责任编辑	黄燕生
责任校对	李　莉
责任印制	戴　宽

出　　　版	中国社会科学出版社
社　　　址	北京鼓楼西大街甲 158 号
邮　　　编	100720
网　　　址	http://www.csspw.cn
发 行 部	010 - 84083685
门 市 部	010 - 84029450
经　　　销	新华书店及其他书店

印刷装订	北京君升印刷有限公司
版　　　次	2011 年 12 月第 1 版
印　　　次	2025 年 10 月第 5 次印刷

开　　　本	710 × 1000　1/16
印　　　张	23
插　　　页	2
字　　　数	390 千字
定　　　价	82.00 元

凡购买中国社会科学出版社图书,如有质量问题请与本社营销中心联系调换
电话:010 - 84083683
版权所有　侵权必究

国家社科基金后期资助项目

出 版 说 明

后期资助项目是国家社科基金设立的一类重要项目，旨在鼓励广大社科研究者潜心治学，扶持基础研究的优秀成果。它是经过严格评审，从接近完成的科研成果中遴选立项的。为扩大后期资助项目的影响，更好地推动学术发展，促进成果转化，全国哲学社会科学规划办公室按照"统一标识、统一版式、符合主题、封面各异"的总体要求，组织出版国家社科基金后期资助项目成果。

全国哲学社会科学规划办公室

目　录

自　序

殷墟甲骨文自清光绪二十四五年（1898—1899）发现迄今，已百有馀载。作为殷商历史研究的直接史料，甲骨文记录了殷商社会的丰富史实，其中有关天文历法的内容不仅涉及殷人的天象观测和历法编算，而且成为重建殷代观测体系和历法体系足资征信的素材。

古代天文历法知识并不只是其时科学成就的体现，它还直接影响着原始宇宙观和宗教观的形成，甚至关系到古代文化诸多层面的问题，因而成为解读原始文明的有益钥匙。所以，古代观测体系与历算体系的重建事实上已成为建构殷商历史的基础工作，对于研究殷商先民的科学探索、政治制度与形上思想，都具有十分重要的意义。

利用甲骨文研究商代的天文历法与天文观念向为学者所重。1904 年，孙诒让著《契文举例》，即以"月日"为章开卷研讨，论述甲骨文的干支和历月内容。1925 年，王襄撰《簠室殷契征文》，更辟立"天象"专门，类次考释相关史料，并首证甲骨文所记之商代日食。1929 年，郭沫若作《释岁》、《释支干》诸文，两年后辑入《甲骨文字研究》，疏通古今，融贯中西。十九世纪三十年代后，董作宾相继发表《卜辞中所见之殷历》等一系列论作，终成《殷历谱》一书，以甲骨文所记商代交食为基础，力图重建殷商年代，并进而阐释殷商历史。而胡厚宣出版《甲骨学商史论丛初集》，其中《殷代之天神崇拜》、《甲骨文四方风名考释》、《论殷代五方观念及中国称谓之起源》等篇章，已从对天文历法的研究深入于原始宇宙观的探索。这些工作虽属草创，但卓尔不群，不仅对商代天文历法以及其所涉及的殷商史问题进行了有价值的探讨，而且充分显示了前辈学者深湛的洞察力和高明的见识，为日后的相关研究提供了重要启示。

甲骨文天文历法的研究历史几乎就是甲骨文的发现史，历一纪于兹，成果丰硕。这意味着对今天的学者而言，建立新的学说其实与对百年来相关研究的回顾总结具有同样重要的意义。长期以来，学者虽于新学说的创建孜孜以求，但对已有研究系统的考辨分析则颇显不足。人们似乎已习惯于对前人观点的简单接受或否定，却疏于起码的证伪工作，这当然对新学说的创立非常不利。新的学术观点必须建筑在扎实而准确的史料之上，这不仅使对史料的分析裁鉴成为首务，而且也使对学术史的检讨不可或缺。显然，忽略这种鉴别与总结的基础工作，后出则难以转精，是非将漫无标准，这于学术的进步当然毫无意义。

本书既是对甲骨文所见商代天文历法问题的全面研究，同时也完成了对已有成果的系统总结。全书厘分八章，就甲骨文所涉及的商代天文观、天象观测和历法编算等问题，分门别类加以阐释。由于甲骨学与古代天文历算皆属专学，学者因对材料掌握的不同，理解的差异，致歧说迭出，仁智互见，而从者或臆以取舍，或裁制失据，信疑自持，常使真知反隐没，而谬种广流传，其是非良莠，殊难研判。因此作为一部专门研究著作，为求学术观点的客观平实，本书重在建立学术史的研究背景，通过对基本史料的深入鉴别与综合分析，于各种不同的学术观点，充分研析相关研究所利用的原始史料和研究方法，周加考辨比较，澄清利弊得失，借助对史料的辨析勘核，揭橥卜辞本义，进而寻绎出不同研究应有的学术价值，最终实现去伪学而申真知的学术目的，系统建立作者对相关问题研究的学术体系。可以相信，这种做法不仅有益于研究思路的梳理，便于呈现学术发展的清晰脉络，而且对于建立客观的学术标准也会有所帮助。

本书初稿完成于 1999 年，2007 年重拾修订，距草成之时倏忽已历八年，其间又相继有许多重要的资料和研究成果问世，尤其是殷墟花园庄东地甲骨文的刊布，为殷商天文历法的研究增添了很多有价值的史料。本书的增补即着重于这部分成果的完善与充实，同时适当配补了部分插图，以方便读者于一些关键问题的争论审夺比较。书中的疏失罅漏一定不少，敬祈读者不吝指正。

拙作的修订工作得到国家社会科学基金后期资助项目的支持。中国社会科学出版社的黄燕生主任为该书的出版给予了极大帮助，在此致以衷心的感谢。

此书的写作缘于李学勤及张永山两位先生的悉心筹划，初衷是为纪念殷墟甲骨文发现一百周年，作为甲骨学殷商史十项专题研究中的一部，但是由于种种原因，全书未能及时出版。今拙作即将付梓，张永山先生竟已作古，书以至此，不胜感怀。忆及往事，张先生谦和敦厚的长者风范，使人如沐膏泽，其海教鼓励，言犹在耳。兹谨藉这本小书，聊以寄托我对张先生的深切缅怀。

冯 时

2011 年 9 月 30 日

识于尚朴堂

第　一　章

商代的天文观

第一节　天与帝

　　商代天文观的建立来源于当时人类对于天的最基本的认识。当然，这里所说的天与我们今天理解的天有所不同，它是一种有形的，甚至可以触摸得到的圆形天盖。古人以为天圆地方，这个观念在今天看来，已至少可以追溯至公元前第六千纪的中叶①。商代甲骨文、金文的"天"字作人正面站立而独圆其首的形状，正是以圆形的人首象征圆形的天盖②。这种古老思想不仅在《山海经》所记刑天神话中得到了清晰的反映③，而且直到汉代，人们仍然固守着这一传统。《淮南子·精神训》说："头之圆也象天，足之方也象地。"《大戴礼记·曾子天圆》引曾子的话说："天之所生上首，地之所生下首。上首之谓圆，下首之谓方。"卢辩《注》："人首圆足方，因系之天地。"这些认识显然比许慎所谓"天，颠也"的训释更为素朴真实④。事实上，甲骨文"天"字另有一形作"兲"，为从"大"从"上"所构成的会意字，"大"为大人的象形，所以这个字形自然体

---

① 参见冯时：《中国天文考古学》，中国社会科学出版社 2007 年版。
② 吴大澂：《说文古籀补》第一，第 1 页，光绪戊戌（1898）冬月重刊本；王襄：《古文流变臆说》，龙门联合书局 1961 年版，第 17 页。
③ 袁珂：《山海经校注》，上海古籍出版社 1983 年版，第 214 页。
④ 参见《说文·一部》。

现了人之上的空间自为天的思想，这较古人以圆形的人首象征圆形的天的认知显然更为科学。

商代人既以圆形的人首象征圆形的天空，那么他们对纯自然属性的天的认识应该已经不成问题。但是，由于甲骨文的"天"字除了与"大"字通用之外①，似乎很少用于对自然属性的天空的描述，以至于学者普遍认为，天道的观念应晚至周人才最终提出，而殷人虽已认识了天，但尚不存在对天的崇拜，也就是说，当时还没有出现具有至上神神格的天②。

能够引发学者做出如此判断其实并不奇怪，因为无论西周的金文资料抑或文献资料，对于将天奉若神明的记录都是再清楚不过的了。

　　　　天命禹溥土。　　　　雙公盨

　　　　王祀于天室，降。天亡佑王，衣（殷）祀于王，丕显考文王，事喜上帝。　　　天亡簋

　　　　唯王初迁宅于成周，复稟武王礼祼自天。……唯武王既克大邑商，则廷告于天。　　　何尊

　　　　丕显文王受天有大命。……故天異（翼）临子，法保先王。……今余唯命汝盂，诏荣敬雝（拥）德经，敏朝夕入谏，享奔走，畏天畏（威）。

　　　　　　　　　　　　　　　　　　　　　　　　　　　大盂鼎

　　　　三年静东国，亡不成尤，天畏（威）丕畀纯陟。公告厥事于上："唯民亡诞在彝，昧天命，故亡。"　　　班簋

　　　　申宁天子。　　　墙盘

　　　　肆克友于皇天，顼于上下。　　　大克鼎

　　　　下民之孽，匪降自天。……天命不彻，我不敢效我友自逸。

　　　　　　　　　　　　　　　　　　　　　　　　函皇父簋

　　　　丕显文武，皇天宏厌厥德，配我有周，膺受大命。……唯天将集厥命，亦唯先正襄义厥辟，劳勤大命，肆皇天无斁，临保我有周，丕巩先王配命。……

---

　　① 如殷王大戊称为"天戊"，殷都"大邑商"称为"天邑商"，均以"大"、"天"互作。参见中国科学院考古研究所：《甲骨文编》，中华书局1965年版，第2—3页。

　　② 郭沫若：《先秦天道观之进展》，《青铜时代》，人民出版社1954年版，第3—16页；胡厚宣：《殷代之天神崇拜》，《甲骨学商史论丛初集》第二册，成都齐鲁大学国学研究所1944年版；陈梦家：《殷虚卜辞综述》，科学出版社1956年版，第581页。

用仰邵皇天，绸缪大命，康能四国，欲我弗作先王忧。   毛公鼎

像这样直书"天子"、"天命"、"天威"、"皇天"而将天加以神化和崇拜的文字，在商代的甲骨文里确实很少见。有学者提出一些反映殷人已具有人格化天的观念的卜辞[1]，值得注意，但其中的有些材料仍然可以讨论。

    1. 贞：智莫（暯）天？　　《前》6.8.4
    2. 惠曾（赠）豕于天？　　《天》50

学者或以为文皆残辞[2]，因此这些卜辞所反映的天的自然属性并不明显。卜辞又云：

    3. 弗秭天四犬？　　《戬》33.8

王国维以为，"弗秭"与后文当分属两辞[3]，从兆序分析，王氏的读法是正确的。

    4. 庚午冊累𡆥于天犬，御？
          《拾》5.14，《合集》22097

董作宾谓"天犬"即后世民间流传可以吞食日月之天狗，殷人祭祀天犬，可祈免日月之灾[4]。此辞释文有误，录文当为：

    惠犬御量于天庚？允𡆥（𪊽）。

图1　《合集》22097

①　夏渌：《卜辞中的天、神、命》，《武汉大学学报》（哲学社会科学版）1980年第2期。
②　唐兰：《天壤阁甲骨文存考释》，北平辅仁大学1939年版，第47页；岛邦男：《增订殷墟卜辞综类》，汲古书院1977年版，第30页。
③　王国维：《戬寿堂所藏殷虚文字考释》，仓圣明智大学1917年版，第56页。
④　董作宾：《殷历谱》下编卷三《交食谱》，中央研究院历史语言研究所1945年版，第2—3页。

"黼"，祭名①。"天庚"即大庚②，与天神、天空无关（图1）。

　　剔除这些有疑问的材料，另一些卜辞对于说明殷人已具有天神观念应该很有帮助。

　　　　5. 天御量？十一月。　　　《合集》22093（图2）
　　　　6. 于天御？　　　《合集》22431

图2　《合集》22093

---

　①　冯时：《中国古代的天文与人文》，中国社会科学出版社 2006 年版，第 66 页。
　②　严一萍：《释天》，《中国文字》第 5 册，1961 年。

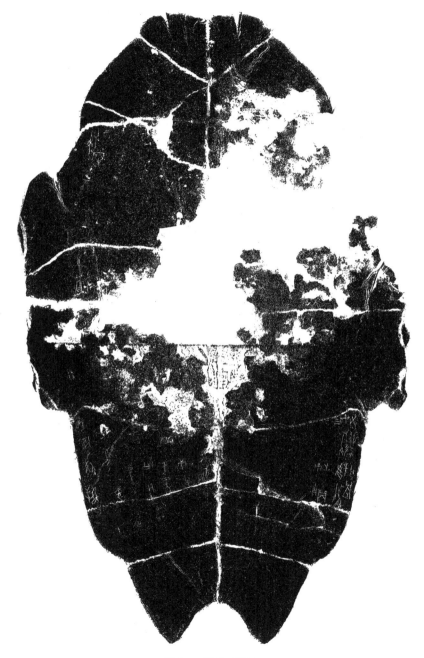

图 3　《乙》5384

7. 天弗祸凡？　　《合集》14197

8. 壬寅卜，天不其启？少。十月。　　《英藏》619

9. 于天炆，雨？　　《合集》30167

10. 己亥卜，虫（侑）岁于天，庚子盧，用豕？　　《乙》5384（图3）

11. 惠御斩牛于天？　　《屯南》2241（图4）

12. 癸巳卜，或贞：天斦？　　《京都》3165

图 4　《屯南》2241

诸辞中的"御量"、"御"、"侑岁"都是祭名，"天"作为致祭的对象，应该就是人格化的天神，而"天不其启"意即卜问天晴，则天又是自然属性的天空。上述诸辞中的"天"字有些可以释作"夫"，但学者认为，"天"与"夫"由于同出一源，卜辞中是可以通用互借的①。如此看来，殷人由于以人首之圆形象征圆形的天，那么他们显然早已认识了天，并已具备了自然属性的天和人格化的天神的观念。郭沫若认为，周人关于天的思想是从殷人那里因袭而来的②，这意味着甲骨文中有关殷人祭天记录的发现，使我们真正找到了周人天命思想的渊源。事实上，卜辞中广泛存在的"下上"或"上下"称谓，其意即指天地，而卜辞"上帝"的本义也就是天帝③。

对甲骨文"天"字的考释可能直接影响着有关商代天与天命思想的探索。学者或以为甲骨文"天"字应统释为"大"。因此甲骨文没有天字，原因是殷人尚不具有天的观念④。这种说法曾经遭到某些学者的质疑⑤。综观甲骨文的

---

① 夏渌：《卜辞中的天、神、命》，《武汉大学学报》（哲学社会科学版）1980 年第 2 期，第 81—84 页。另参见吴其昌：《殷虚书契解诂》，艺文印书馆 1959 年版，第 55—58 页；中国科学院考古研究所：《甲骨文编》，中华书局 1965 年版，第 427 页；陈梦家：《殷虚卜辞综述》，科学出版社 1956 年版，第 407 页。

② 郭沫若：《先秦天道观之进展》，《青铜时代》，人民出版社 1954 年版，第 18 页。

③ 陈梦家：《古文字中之商周祭祀》，《燕京学报》第十九期，1963 年，第 143—144、154 页；夏渌：《卜辞中的天、神、命》，《武汉大学学报》（哲学社会科学版）1980 年第 2 期，第 83 页。

④ 陈复澄：《文字的发生与分化释例之一——释大、天、夫、太》，《古文字研究论文集》（四川大学学报丛刊第十辑），四川人民出版社 1982 年版，第 183—193 页。

⑤ 陈炜湛：《甲骨文同义词研究》《古文字学论集初编》，香港中文大学中国文化研究所吴多泰中国语文研究中心 1983 年版，第 129—131 页。

"天"、"大"、"夫"诸字，将其分立独释，并承认相互间的通假现象应是比较客观的做法①。

居于天宇的至上神，确切地说是主宰整个宇宙万物的至尊神祇至迟到商代也被创造了出来，这就是甲骨文中常见的帝和上帝。关于"帝"字造字本义的争论，自南宋的郑樵提出为花蒂之象的说法以后②，至今仍没有休止，大致又有以"帝"字象束茅为藉形而用于灌裸之祭③，象燎柴祭天时积薪置架之形④，象女性生殖器之形⑤，象神柱或巫柱之形⑥，象祭坛台几之形⑦，或索性认为来源于巴比伦的米字⑧，莫衷一是，一时还难以得出公认的结论。学者或就"帝"字形构的来源以及其作为至上神的观念的形成做过认真探索⑨。

殷人相信，天上存在着一个具有人格意志的至高无上的天神——帝，帝是大自然和人类一切命运的主宰，它的权威也自然遍及宇宙及人间社会的方方面面⑩。这些事实于卜辞反映的已足够充分。

帝是宇宙万物的主宰，当然可以兴风作雨。卜辞云：

①　严一萍：《释天》、《释大》、《释夫》，《中国文字》第 5 册，1961 年。

②　郑樵：《通志・六书略一》，中华书局 1987 年版，第 488 页下。又可参见吴大澂：《字说》，光绪癸巳（1893）思贤讲舍刻本，第 1—2 页；王国维：《释天》，《观堂集林》卷六，商务印书馆 1940 年版，第 11 页；郭沫若：《释祖妣》，《甲骨文字研究》，人民出版社 1952 年版，第 17—18 页；Chin-hsiung Hsü, Alfred H. C. Ward, *Ancient Chinese Society*: *an epigraphic and archeological interpretation*. San Francisco: Yee Wen Publishing Co. , 1984。

③　丁山：《中国古代宗教与神话考》，龙门联合书局 1961 年版，第 180—184 页。

④　叶玉森：《殷契钩沉》，北平富晋书社 1929 年版，第 5 页；明义士：《柏根氏旧藏甲骨文字考释》，齐鲁大学国学研究所 1935 年版，第 44 页；朱芳圃：《殷周文字释丛》，中华书局 1962 年版，第 38—40 页；严一萍：《美国纳尔森美术馆藏甲骨卜辞考释》，《中国文字》第 22 册，1966 年。

⑤　卫聚贤：《古史研究》第三集，商务印书馆 1936 年版，第 168—169 页；陈仁涛：《金匮论古初集》，1952 年版，第 6—7 页；张桂光：《殷周"帝"、"天"观念考索》，《华南师范大学学报》（社会科学版）1984 年第 2 期，第 105—108 页。

⑥　赤塚忠：《殷代における祈年の祭祀形態の復元》（中），《甲骨學》第 10 號，1964 年，第 134—135 页；《甲骨文に見える神々》，《中國古代の宗教と文化》，角川書店 1977 年版，第 506—509 页。

⑦　卫聚贤：《古史研究》第三集，商务印书馆 1936 年版，第 142—143 页；白川静：《説文新義》卷一，五典書院 1979 年版，第 23—28 页；松丸道雄：《中國文明の成立》，講談社 1985 年版，第 70 页。

⑧　C. J. Ball, *Chinese and Sumenian*, p. 26.

⑨　冯时：《中国古代的天文与人文》，中国社会科学出版社 2006 年版，第 68—73 页。

⑩　陈梦家：《殷虚卜辞综述》，科学出版社 1956 年版，第 561—571 页；胡厚宣：《殷卜辞中的上帝和王帝》，《历史研究》1959 第 9 期，第 23—50 页；第 10 期，第 89—110 页。

13. 贞：翌癸卯帝其令凤（风）？   《缀合》195

14. 翌癸卯帝不令凤（风）？夕阴。   《乙》2452

15. 贞：燎于帝云？   《续》2.4.11

16. 贞：帝其及今十三月令电？

    帝其于生一月令电？   《乙》3282

17. 戊子卜，𣪊贞：帝及四月令雨？

    贞：帝弗其及今四月令雨？王占曰："丁雨，唯辛。"旬丁酉允雨。

                            《乙》3090

18. 自今庚子至于甲辰帝令雨？

    至甲辰帝不其令雨？   《乙》6951

19. 贞：帝不降大莫（暵）？九月。   《综图》21.7

20. □丑卜，不雨，帝唯莫（暵）我？   《林》1.25.13

殷人以为，帝能兴风作雨，日月星辰，风云雷雨，水涝旱暵，都出于帝的命令，并听由他来操纵，这些超乎凡人能力的自然现象只有天帝可以自由控制，显然帝应具有超越自然的无限权能。

    帝赋有全能，卜辞所见的风云有时也加帝号而称帝云。帝的威力既可以令使风雨水旱为祟于民，当然也可以通过它们为下民造福。雨水的充足与否直接关系到年成的丰歉，因此，年成的好坏也自由帝所掌握。

21. 贞：帝令雨，弗其足年？

    帝令雨，足年？   《前》1.50.1

22. □□卜，𣪊［贞］：……上甲□勿鼐，不雨，帝受我年？二月。

                            《天》24

23. 贞：唯帝𡆥我年？二月。

    贞：不唯帝𡆥我年？王占曰："不唯帝𡆥，唯由。"

                         《乙》7456、7457

"足年"、"受年"都是指丰收有年，"𡆥年"则是为害庄稼。显然，帝不仅是风雨雷霆等自然现象的主宰，也是农作物丰歉的主宰。

    帝的喜忧也直接关系到对下民的为祟降祐。卜辞云：

24. 丙子卜，争贞：帝弗若？　　《铁》61.4

25. 王占曰："吉，帝若。"　　《乙》5858

26. 庚午卜，内贞：王乍（作）邑，帝若？八月。　　《乙》1947

27. 贞：王勿比戬，帝若？　　《乙》1710

28. 贞：帝官？

　　帝不官？　　《乙》4832

"若"，读为"诺"，允诺顺从之意①。"官"，借为"悹"，意为忧②。这几条卜辞都是于殷王行事时卜问帝的喜忧。

29. 贞：卯帝，弗其降祸？十月。　　《佚》36

30. 贞：帝不唯降㱿？　　《续》5.2.1

31. 戊戌卜，争贞：帝孹兹邑？　　《乙》6958

32. 丙辰卜，㱿贞：帝唯其冬（终）兹邑？　　《乙》7171

"㱿"、"孹"都有灾害之意③，"降㱿"意即帝降灾祸，"孹兹邑"则是说帝害兹邑。"终"有困穷之意④，"终兹邑"意指帝使兹邑困穷。都是天帝为祟之辞。

33. □□卜，㱿贞：我其已宾乍，帝降若？

　　□□〔卜〕，㱿贞：我勿已宾乍，帝降不若？　　《粹》1113（图5）

34. 贞：帝不降佳？　　《续存》2.68

35. 来岁帝其降永？在祖乙宗。十月卜。　　《屯南》723（图6）

---

① 罗振玉：《增订殷虚书契考释》卷中，东方学会石印本1927年版，第56页。

② 陈梦家：《殷虚卜辞综述》，科学出版社1956年版，第571页。

③ 杨树达：《卜辞求义》，群联出版社1954年版，第43页；明义士：《柏根氏旧藏甲骨文字考释》，齐鲁大学国学研究所1935年版，第44页；胡厚宣：《殷卜辞中的上帝和王帝》（上），《历史研究》1959年第9期，第33页。

④ 胡厚宣：《殷卜辞中的上帝和王帝》（上），《历史研究》1959年第9期，第34页。

图 5　　《粹》1113

"隹"即"唯",意同诺①,"降唯"意即天帝降与人间顺遂。"永"字的用法与田猎卜辞中所见的"永王"相同,"帝降永"当与"帝降若"同为福祐之意②。

36. 贞:帝其乍(作)我孽？　　　《乙》5432

37. 贞:不唯帝咎王？　　　《乙》4525

38. 贞:唯帝戋王疾？　　　《乙》7913

"咎"即灾咎之意③,"帝咎王"意即帝害于王。"戋"也有凶咎之意,"帝戋王

---

①　胡厚宣:《殷卜辞中的上帝和王帝》(上),《历史研究》1959年第9期,第40页。

②　姚孝遂、肖丁:《小屯南地甲骨考释》,中华书局1985年版,第75页。

③　陈梦家:《殷虚卜辞综述》,科学出版社1956年版,第569页。

图 6　《屯南》723

疾"意即帝使王疾加重①。这几条都是帝作祟于殷王的卜辞。

39. 甲辰卜，争贞：我伐马方，帝受我又（祐）？　　《乙》5408

40. 帝弗缶于王？　　《铁》191.4

41. 壬寅卜，殼贞：帝弗左（佐）王？　　《库》720

42. 辛丑卜，殼贞：帝若王？　　《乙》5786

43. 贞：帝弗旾王？　　《后·下》24.12

"缶"，读为"宝"，通作"保"②。"缶于王"意即帝保佑王。"旾"，学者或以为

---

①　胡厚宣：《殷卜辞中的上帝和王帝》（上），《历史研究》1959 年第 9 期，第 44 页。

②　胡厚宣：《殷卜辞中的上帝和王帝》（上），《历史研究》1959 年第 9 期，第 42 页；饶宗颐：《殷代贞卜人物通考》卷三，香港大学出版社 1959 年版，第 153 页。

有辅佐之义①，"醢王"意近"佐王"，即指帝辅佐于王。实"醢王"意同"保王"②，即上帝保佑殷王。故诸条皆为帝佑护殷王的卜辞。

陈梦家在他总结的天帝的十六项权能中还有"降食"一项③，但这条卜辞的某些关键用字与大部分帝卜辞不同，需要进一步讨论。

由此可知，殷人以为帝在天上，他能降临人间，直接作祟降福于殷王和下民，他不仅降祸、降妖、害兹邑、终兹邑，能够咎王、作王孽、戎王疾，而且可以降诺、降唯、降永，能够佐王、助王、保王、受王祐，掌握着殷王和下民的一切福祸命运。

从殷王武丁时期就已存在的这种至上神上帝的宗教信仰几乎遍及殷人生活的各个方面，由于帝在殷人心目中是风云雷雨、水旱丰歉、祸福吉凶的主宰，因此一切自然现象及人间福祉都由他来操纵。人们企望上帝能够降予人间风调雨顺及丰实的年成，而辟建城邑及出师征伐也必先祈求上帝的许可和护佑，帝可以降下命令，指挥人间的一切，殷王举凡祀典政令，甚至也必须揣测着帝的意志与喜忧而为之④，一幅至尊至上的天神的形象展现得淋漓尽致。

由于帝是宇宙万物之主，权能无限，因此帝廷又称为帝宗，这似乎相当于文献中所称的天宗⑤。帝的下面又有帝使帝臣，日月星辰风云雷雨都供帝所役使，成为帝之僚属；五方各有主司之神，称为"帝五臣"或"帝五介臣"⑥。这些内容也都见于甲骨卜辞。

44. 帝宗正，王受又（有）又（祐）？　　《续存》1.2295

45. 于帝史（使）凤，二犬？　　《通》398

46. 乙巳卜，贞：王宾帝史（使），亡尤？　　《通》64（别二.2）

---

① 胡厚宣：《殷卜辞中的上帝和王帝》（上），《历史研究》1959 年第 9 期，第 43 页。

② 冯时：《中国古代的天文与人文》，中国社会科学出版社 2006 年版，第 76 页。

③ 陈梦家：《殷虚卜辞综述》，科学出版社 1956 年版，第 566—567 页。

④ 胡厚宣：《殷卜辞中的上帝和王帝》，《历史研究》1959 年第 9 期，第 23—50 页；第 10 期，第 89—110 页。

⑤ 《礼记·月令》：孟冬之月，"天子乃祈来年于天宗"。

⑥ 胡厚宣：《殷卜辞中的上帝和王帝》（上），《历史研究》1959 年第 9 期，第 49 页。"介"字本作"丰"，从郭沫若释，参见《殷契粹编考释》，科学出版社 1965 年版，第 5 页。陈梦家读"帝五介臣"为"帝五工臣"，即指《左传·昭公十七年》所记的五工正，当近于《九歌》的东皇太一、东君、云中君、大司命、少司命等日月风雨之神。参见《殷虚卜辞综述》，科学出版社 1956 年版，第 572 页。

47. 唯帝臣令？　　《后·上》30.12

48. 于帝臣，又（有）雨？　　《甲》779

49. 王又（侑）岁于帝五臣正，唯亡雨？　　《粹》13

50. 庚午贞：螽大爯（称），于帝五丰（介）臣宁（寧）？在祖乙宗卜。
《粹》12

51. 贞：其宁（寧）螽于帝五丰（介）臣，于日告？　　《屯南》930

52. 辛亥卜，帝工它我，又（侑）卅小牢？
辛亥卜，帝北巫？　　《合集》34157

甲骨文资料显示，帝臣只有五位，或者称为“帝五臣正”，五臣正乃由帝使与帝工组成，其中主司四方的四神称为帝使，也叫“四巫”，即分至四神，而中央的社神称为帝工。帝五臣并以日月云雨雷电等其他僚属，共同构成了帝宗的严密组织[①]

天神称帝，而先祖死后必将升天，可以配帝，并侍于天帝左右，也能同帝一样降福作祟于殷王，因此也可以称帝。既然天神与人王都可以称帝，于是殷人在天帝的“帝”上加一个“上”字，在人帝的“帝”上加一个“王”字，用来区别天神与人王的不同[②]。

郭沫若以为，上下本是相对的称呼，有了上帝，就一定有下帝，上帝指天神，下帝指人王。殷末的二王称帝乙、帝辛；卜辞又有文武帝，大约是帝乙时对于其父文丁的追称；又有帝甲，当指祖甲。可见帝的称号在殷代末年已由天帝兼摄到了人王上来[③]。以天神称作“上帝”的传统看来至迟在武丁时期就已形成[④]，并且一直沿袭了下来。武丁时的卜辞说：

53. □□卜，争［贞］：上帝降莫（暵）？　　《续存》1.168

祖庚、祖甲时的卜辞说：

54. □□［卜］，兄［贞］：上帝……出……　　《通》368

① 冯时：《中国古代的天文与人文》，中国社会科学出版社2006年版，第84—100页。
② 胡厚宣：《殷卜辞中的上帝和王帝》（下），《历史研究》1959年第10期，第92—96页。
③ 郭沫若：《先秦天道观之进展》，《青铜时代》，人民出版社1954年版，第5页。
④ 胡厚宣：《甲骨续存·序》，群联出版社1955年版，第11页。

廩辛、康丁时的卜辞说：

> 55. 惠五鼓，上帝若，王［受］又（有）又（祐）？　　　《甲》1164

与此不同的是，殷王对于其直系亡父称帝的传统却似乎并没有那样早，尽管目前我们所见到的材料可能还十分有限。祖庚、祖甲时的卜辞说：

> 56. 乙卯卜，其又（侑）岁于帝丁，一牢？　　《南·辅》62
> 57. □□三卜曰：兹下若，兹秦王帝？　　《续存》1.1594

祖庚、祖甲时称帝丁、王帝，指的是时王已故的生父武丁。而廩辛、康丁卜辞所见的帝甲和王帝之称则应是王称呼其已故的生父祖甲。至于卜辞的"文武帝"及金文的"文武帝乙"，则分别是时王对其亡父文丁和帝乙的称呼，且文献又以纣王为帝辛。这些证据似乎表明，直系亡父称帝的传统应自祖庚、祖甲时期才最先建立起来。由于"帝"字本取花蒂之形而移指宗族中嫡庶的"嫡"[1]，所以上帝观念的形成事实上只是古人将至上神作为宗祖神的发展[2]。显然，这种视上帝为直系祖先的想象实际等于将商王同主宰宇宙的天帝拉上了血缘关系，从而强调了商王作为天帝的嫡系子孙而终致王权天赐的崇高地位[3]。

> 58. 贞：咸宾于帝？
> 贞：咸不宾于帝？
> 贞：大甲宾于帝？
> 贞：大甲不宾于帝？
> 贞：下乙宾于帝？

---

① 裘锡圭：《关于商代的宗族组织与贵族和平民两个阶级的初步研究》，《文史》第十七辑，中华书局 1983 年版；收入氏著《古代文史研究新探》，江苏古籍出版社 2002 年版；冯时：《中国古代的天文与人文》，中国社会科学出版社 2009 年修订版，第 70—73 页。

② 《尚书·召诰》："皇天上帝改厥元子兹大国殷之命。"郑玄《注》："言首子者，凡人皆云天之子，天子为之首耳。"又可参见郭沫若：《先秦天道观之进展》，《青铜时代》，人民出版社 1954 年版，第 9 页。

③ 高明：《从甲骨文中所见王与帝的实质看商代社会》，《古文字研究》第十六辑，中华书局 1989 年版，第 21—28 页。

　　　　贞：下乙不宾于帝？　　　　《丙》39

咸是殷巫巫咸，大甲、下乙都是殷代先王，由此可以知道，帝的地位高于一切
祖先和神巫。殷王死后可以配帝而享受祭祀，这显然表明殷人已将自己的祖先
看作是上帝的子孙。所以，像《诗·商颂·长发》中歌颂的"有娀方将，帝立
子生商"那一类神话，直接道明商的始祖乃是上帝的子嗣，应该是有着很古老
的来源①。

　　尽管像帝丁、帝甲一类称谓系指直系先王的看法没有太多疑问，但是对于
卜辞"王帝"的解释则还存在分歧。陈梦家以为上引第 57 条卜辞的"兹下若"
应读为"兹下〔上〕若"，"下上"与"王帝"分立，犹如西周金文"上下"与
"上帝"分立，因而"王帝"应为西周虢钟铭文所谓"唯皇上帝百神，保余小
子"，师询簋铭文所谓"肆皇帝亡斁，临保我有周"的"皇上帝"或"皇帝"，
皆指上帝②。

　　殷卜辞中又有"上子"和"下子"的称谓，疑指上帝和人王③，但是，"下
上"或"上下"的含义却与此似有不同。有些意见在承认"上"必定是上帝、
"下"或许是指地祇百神的同时④，也不排除"上下"乃是上帝和人王的别称⑤。
而另一些学者或主"上"指上天，"下"指下民⑥；或主"上"是上帝神明祖先，
"下"为地祇⑦；或主其为上帝与下帝的合称，但下帝并非人王⑧；更有学者将

　　①　张秉权：《殷代的祭祀与巫术》，《中央研究院历史语言研究所集刊》第 49 本第 3 分，1978 年，
第 447—448 页。
　　②　陈梦家：《殷虚卜辞综述》，科学出版社 1956 年版，第 579 页。
　　③　胡厚宣：《殷卜辞中的上帝和王帝》（下），《历史研究》1959 年第 10 期，第 93 页；岛邦男：《殷
墟卜辞研究》，中国学研究会 1958 年版，第 197—198 页；貝塚茂樹：《京都大學人文科學研究所藏甲骨文
字》（本文篇），京都大學人文科學研究所 1960 年版，第 278 页。
　　④　胡厚宣：《殷代之天神崇拜》，《甲骨学商史论丛初集》第二册，成都齐鲁大学国学研究所 1944 年
版，第 8 页。
　　⑤　胡厚宣：《殷卜辞中的上帝和王帝》（下），《历史研究》1959 年第 10 期，第 93—96 页。
　　⑥　郭沫若：《殷契粹编考释》，日本东京文求堂石印本 1937 年版，第 140 页。
　　⑦　陈梦家：《殷虚卜辞综述》，科学出版社 1956 年版，第 568 页。
　　⑧　林巳奈夫：《所谓饕餮纹表现的是什么——根据同时代资料之论证》，《日本考古学研究者中国考
古学研究论文集》，香港东方书店 1990 年版，第 184—186 页。

"下上"视为下示与上示的省称而特指殷先王①。其实与西周金文的同类语辞比较，将"下上"或"上下"理解为天地的专称似更为适宜②。

帝是天神，又是宇宙的主宰，他的权能与权威自然不是人王所能比拟，即使殷代直系先王死后可以称帝，但他们与天帝毕竟有着本质的不同。卜辞显示，帝是唯一降旱降雨的主宰，然而殷人求雨和祈年的对象却是先祖与河岳之神，并不是帝，而先祖与河岳之神却又绝无兴风作雨的权能，这便是上帝与先祖间最重要的分野③。这种现象表明，帝的权能虽然很大，能够将风雨水旱等各种自然现象及人间祸福运于掌上，但遇有祷告祈求，则殷人唯有向先祖行之，请先祖在帝的左右转向上帝祈祷，而绝不敢直接向上帝有所祈告④。上帝至尊至威的地位于此可见一斑。这意味着卜辞"下上"中的"上"如果是指上帝，那么"下"便不太可能是指人王，很明显，将地位远不相等的人王与至上神并列相称是不可想象的。

传统认为，商代的天神崇拜是以帝作为核心内涵，而天的观念则是属于周文化的系统，至后来殷周两民族日渐同化，才合帝与天为一神而异名⑤。受这种观念的影响，有些学者甚至怀疑殷人是否具有天的概念。已有的研究表明，甲骨文"天"字的造字本义已经反映了殷人对于天的自然属性的认识，而天与帝事实上体现着古人对于天的互依互异的两种观念，准确地说，帝是依附于天而存在的至上神祇，但天却只有通过完成它从自然属性到人格化的转变之后才能具有至尊的神性，而人格化的帝却无须这种转变。

天帝的神明观念的崇拜产生于何时也是一个有趣的问题。胡厚宣指出，天上统一的至上神是先民对人间统一帝王在天上的复制，没有人间统一的王帝，便永远不会有天上统一的至上神。因此，商代这一社会意识形态的宗教信仰，无疑是同它的阶级社会的经济基础相适应的⑥。然而，卜辞中所反映的天帝崇拜很可能并不代表这一神明信仰的开创期，比商代更早的天帝崇拜的历史仍为

　　① 萧良琼：《"上下"考辨》，《于省吾教授百年诞辰纪念文集》，吉林大学出版社 1996 年版，第17—20 页。

　　② 陈梦家：《古文字中之商周祭祀》，《燕京学报》第十九期，1936 年，第 143—144、154 页。

　　③ 陈梦家：《殷代的神话与巫术》，《燕京学报》第二十期，1936 年，第 526 页。

　　④ 胡厚宣：《殷卜辞中的上帝与王帝》（下），《历史研究》1959 年第 10 期，第 104—109 页。

　　⑤ 顾立雅：《释天》，《燕京学报》第十八期，1935 年，第 59—71 页。

　　⑥ 胡厚宣：《殷卜辞中的上帝与王帝》（下），《历史研究》1959 年第 10 期，第 110 页。

学者们不懈探索①。事实上，"帝"的本义用为"嫡"，其宗旨即在于藉宗教观的建立以追溯王权的来源。当然，另外一些观点也不是不具有代表性。晁福林认为，商代尚未出现至高无上的王权，当时在天上也还没有出现至高无上的神祇②。朱凤瀚则提出，上帝虽然在商人神灵系统中具有崇高的地位，但并未与祖先神、自然神形成明确的上下统属关系，因此并不具有至上神的性质③。这些争论不仅关系到殷人天文观的建立，而且也涉及到殷人宗教观的形成，因而具有重要的意义。

第二节　殷人的宇宙观

古代流行的朴素宇宙观是天圆地方，中国早期的典籍中对此有着清楚的记载。天是圆的，这一点从直观上就很容易察觉。殷人当然笃守着这一传统，甲骨文"天"字的造字本义就是以圆形的人首象征圆形的天宇。这种比喻不仅体现了一种绵永不绝的文化传统，而且也非常巧妙。

人居住在大地上，但是他们对于大地形状的认识却一点也不比他们对天的认识容易。古代的盖天家相信，与圆形的天相对的是方如棋局的地，而早期的浑天家可能也接受了这种平直大地的思想。尽管如此，要在甲骨文中清楚地梳理出殷人具有的大地观念仍然相当困难，但这并不意味着我们可以放弃这方面的探索。

事实上，甲骨文中反映的殷人具有的五方观念早就被学者注意了④，这五方就是东方、西方、南方、北方和中央。中央一方经常是和商这样一个地理区域联系起来的，卜辞中清楚地反映了这个事实。

1. 己巳王卜，贞：[今]岁商受[年]？王占曰："吉。"

---

① 董楚平：《鸟祖卵生日月山——良渚文化文字释读之一，兼释甲骨文"帝"字》，《故宫文物月刊》第14卷第12期，1997年，第118—133页；冯时：《试论中国文字的起源》，《韩国古代史探究》创刊号，2009年。

② 晁福林：《论殷代神权》，《中国社会科学》1990年第1期。

③ 朱凤瀚：《商周时期的天神崇拜》，《中国社会科学》1993年第4期。

④ 胡厚宣：《论殷代五方观念及中国称谓之起源》，《甲骨学商史论丛初集》第二册，成都齐鲁大学国学研究所1944年版。

　　　　　　东土受年？

　　　　　　南土受年？　吉。

　　　　　　西土受年？　吉。

　　　　　　北土受年？　吉。　　　　　《粹》907（图 7）

　　2. 戊寅卜，王贞：受中商年？十月。　　　　《前》8.10.3

　　3. 癸卯贞：东受禾？

　　　　　　北方受禾？

　　　　　　西方受禾？

　　　　　　〔南〕方〔受〕禾？　　　《戬》26.4

很明显，商与四方相配，构成五方。中央商又可以称为中商，显然中央并不是一个点，而应是一个平面的方位概念。与此相同，四方由于与中央相对，又可称为四土，也不可能是四个线性的方向，而只能是分居于中央之外东、西、南、北的四个平面方位。有趣的是，假如我们把四方与中央五个方形区域各按它们的方位拼接起来，便可看到一个甲骨文常见的"亞"（✛）形[1]。

　　这样以中央和四方构筑的"亞"形不仅见于商周时代的甲骨文和金文，而且殷代的墓葬形状、周人的宗庙形制以及其他一些古代遗物也多保留了这种形式[2]。"亞"字的造字本义从宋代开始就一直被认为取象于庙室[3]，而王国维的考证更使这种认识日趋完善。他所拟定的明堂、宗庙、大寝、燕寝的平面形状都作"亞"形，即传统的四合院式布局，从而与《艺文类聚》卷三十八所引《三礼图》记载的明堂"周制五室，东为木室、南火、西金、北水，土在其中"的建制相近，也与西周金文中有大室、一庙有四宫的论述相合[4]。高去寻曾据殷代大墓中的"亞"形墓坑及坑中的"亞"形木室推测，这些"亞"形建制实际就是宗庙明堂建筑的象征[5]。这至少从形式上符合中国古代以四个方位与中央相互

---

　　① 艾兰：《"亞"形与殷人的宇宙观》，《中国文化》第 4 期，1991 年，第 31—47 页。

　　② 劳榦：《六博及博局的演变》，《中央研究院历史语言研究所集刊》第 35 本，1964 年，第 25 页；张光直：《说殷代的"亞形"》，《中国青铜时代》二集，生活·读书·新知三联书店 1990 年版，第 82—94 页。

　　③ 见《博古图录》卷一，商亞虎父丁鼎，明万历十六年（1588）程士庄泊如斋刻本。

　　④ 王国维：《明堂庙寝通考》，《观堂集林》卷三，商务印书馆 1940 年版，第 1—11 页。

　　⑤ 高去寻：《殷代大墓的木室及其涵义之推测》，《中央研究院历史语言研究所集刊》第 39 本，1969 年，第 175—188 页。

配合的建筑原则①。

宗庙明堂呈现"亞"字的形象，那么"亞"形的来源又是什么？艾兰（Sarah Allan）提出这是宇宙中心的象征，其实也就是殷人心目中大地的形状②。张光直的看法则与此稍有不同。他坚持认为，殷人相信大地本是端正的方形，但地的四角原各植有一株沟通天地的神树，所以造成四角的凹入而构成"亞"形。甲骨文的"亞"字来源于此，而殷代布建成"亞"形的宗庙明堂可能也在四角植有四木。张光直同时提出的一些证据支持了他的理论，其中一具美洲墨西哥奥尔梅克（Olmec）文化卡乐尔金哥（Chalcatzingo）遗址发现的地神兽形石像张着大嘴，作为出入生死世界的门口，嘴形都是"亞"形，且四角凹入处各生长着一株树木。这个"亞"形的口便是奥尔梅克人的一张宇宙图，张开的大口是天地的分界，而四角的树木则是协助登天入地的四株宇宙之树。与此相同的是，战国楚帛书的四隅也绘有四色之树，如果避开四角的树木，帛书也恰可以构成"亞"形③。

艾兰的理论虽然并不排斥在大地的四角植有四木的看法，但是她以"亞"形就是殷人心目中的大地观，这一点至少在宇宙观的形成方面比张光直的理论更能圆通。事实上，方形大地的观念是不可能从生活经验中直接得出的。古人最初通过立表测影而懂得了五方，甲骨文、金文的"甲"字作

图7　《粹》907

"十"，正是这一宇宙观的象征④，而"十"形的积合便构成"亞"形⑤，从而完成了先民对于大地形状的描述。其实，从"亞"形到方形的发展只是古人将

---

①　Nelson Wu，*Chinese and Indian Architecture*. New York，G，Brazilier，1963，pp. 11—12.

②　艾兰：《"亞"形与殷人的宇宙观》，《中国文化》第 4 期，1991 年，第 31—47 页。

③　张光直：《说殷代的"亞形"》，《中国青铜时代》二集，生活·读书·新知三联书店 1990 年版，第 83—94 页。

④　冯时：《中国天文考古学》，中国社会科学出版社 2010 年版，第 225 页；《古代时空观与五方观念》，*Actes des Symposiums Internationaux le Monde Visuel Chinois*，Paris，2005。

⑤　冯时：《天文考古学与上古宇宙观》，《中国史新论——科技与中国社会分册》，"中央研究院"、联经出版公司 2010 年版；《上古宇宙观的考古学研究——安徽蚌埠双墩春秋鍾离君柏墓解读》，《中央研究院历史语言研究所集刊》第 82 本第 3 分，2011 年。

"亞"形所缺的四角补齐①，显然，早期先民心目中的大地形状并不是方形，而是"亞"形。

于省吾曾经利用纳西象形文字的"田"字探求甲骨文"亞"字的本义，认为甲骨文"亞"通作"阿"，意为曲隅，这与纳西文的"田"字为方隅和角落的意义刚好相当，而与"田"字相仿的甲骨文"亞"（亞）字也应本象隅角之形，具有方隅和角落的意义②。这意味着，如果殷周时代的"亞"形和甲骨文的"亞"字构形来源于一种最朴素的宇宙观的话，那么当时的人们应该已经具备了方形大地的观念。

方形大地的四角植有四木的地方叫作四维，这实际是平分东、南、西、北四方而得到的东北、西北、东南和西南新的四方，四方和四维便组成八方。殷人是否已认识了四维？甲骨文也提供了一些可讨论的材料。

甲骨文中有合称四方的记录（图8）。卜辞云：

4. 丙寅卜，宾贞：子虝𢂷畯四方？十月。　　　《后·下》8.1

5. 辛卯卜，彶彡酓，其又（侑）于四方？　　　《合集》30394

6. 壬辰卜，其宁（寧）疾于四方，三羌又九犬？　　　《屯南》1059

7. 庚戌卜，宁（寧）于四方，其五犬？　　　《合集》34144

四方即指东、南、西、北四方，但卜辞中却并未见有将四方与四维合称八方的记录。尽管如此，有些方位的称谓还是留下了有关四维的痕迹。卜辞中如果将相邻的两个方向并列而称，严格的形式是在两个方位名词之间加入连词"罙"，如：

8. □□卜，王……人……西罙南从，北罙东不受年？

《南·南》2.46

9. 惠西罙南不每？　　　《乙》8687

---

① 冯时：《中国古代的天文与人文》，中国社会科学出版社2006年版，第10—20页；《上古宇宙观的考古学研究——安徽蚌埠双墩春秋鍾离君柏墓解读》，《中央研究院历史语言研究所集刊》第82本第3分，2011年。

② 于省吾：《甲骨文字释林》，中华书局1979年版，第337—339页。

图 8

1.《合集》30394　2.《合集》34144

图 9　《合集》28789

这样可以避免造成在将两个方位名词连书时不知是指一个方位还是两个方位的误解，如"西南"究竟指西南还是西及南。但在三个方位并列而称的时候，造成这种误解的可能性是不存在的，因此各方位名词间不需要加入连词，而是连续书写（图9）。如：

> 10. 其逐杏麋自西、东、北，亡戋（灾）？
> 自东、西、北逐杏麋，亡戋（灾）？　　　《合集》28789

剔除这样的例子，其他一些将相邻的两个方位名词连书而不加连词的称谓似乎可

图 10　《乙》3212

以确定为是对四维的指认。下面试举一些例子（图 10），卜辞云：

11. 己亥卜，内贞：王业（侑）石在麂北东，乍（作）邑于之？
　　王业（侑）石在麂北东，乍（作）邑于之？

　　乍（作）邑于鹿？　　　　《乙》3212

12. 壬午卜，虫甫，在昕东北，隻（获）？
　　弗隻（获）？　　　　《京都》3113

13. 壬午卜，伐甫，［在］昕东北千□？　　　　《京都》3016

14. 贞：戜于西北？
　　勿戜于西北？　　　　《乙》4733

15. 戜于西南，帝（禘）介卯？
　　勿戜西南？　　　　《丙》44

16. 今日方其征？不征，延雨自西北，少。　　　　《合集》21021

17. 己未卜，其剛羊十于西南？　　　　《后·上》23.4

　　四维的确定一般以东、西为标准方向，东、西方向偏南或偏北称为东南、东北或西南、西北，多是以东、西在前统领四维的方位，但是也有个别的例外。

　　殷墟曾经出土的一块易卦卜甲对说明殷代八方也很有帮助。这块卜甲已被修治成一个"亞"字的形状，并在四维的位置上布刻四卦[1]。这显然暗示了殷人已具有四维的观念，而四维和四方合成八方早已是当时极普通的知识[2]。

　　八方观念的形成其实直接关系到人们对于殷代宇宙观的理解，因为从另一个角度讲，龟甲所呈现的"亞"字形状极有可能被当时的人们用来作为大地的象征[3]，如果是这样，那么八方的理论对于解释一个方形大地显然要比说明一个"亞"字形的世界更让人放心，这意味着"亞"字的形成似乎确实蕴涵着在方形的大地上避开四隅神树的意味，当然这并不排除"亞"形有可能是将中央与四方拼接的结果，但问题的关键是，这种拼接结果是否可以被看作是当时人们观念中大地的最终形状。准确地说，"亞"形大地实际是通过使四维有意的缺失告诉我们在大地的四角尚植有四株宇宙之树，这也是它的真义所在，而当我们复原这块真实大地的形状的时候，则不要忘记将"亞"形所缺的四角补齐[4]。

----

① 萧楠：《安阳殷墟发现"易卦"卜甲》，《考古》1989 年第 1 期，第 66—70 页。
② 冯时：《殷墟"易卦"卜甲探索》，《周易研究》1989 年第 2 期，第 13—21 页。
③ 艾兰：《"亞"形与殷人的宇宙观》，《中国文化》第 4 期，1991 年，第 31—47 页。
④ 冯时：《史前八角纹与上古天数观》，《考古求知集》，中国社会科学出版社 1997 年版，第 114—130 页。

事实上，如果结合新石器时代的考古资料进行研究，中国古代时空观的发展过程应该并不难澄清。古人最早认识的方位是东、西、南、北、中五方，由于方向的测定必须依靠立表测影，并需要以绳完成对东西及南北方向的度量，所以古人将表示东西（卯酉）及北南（子午）方向的两条直线称为"二绳"①。二绳既以"十"的形式分指四方，同时二绳的交午处又构成中央，从而形成完整的五方体系，这也便是甲骨文、金文作为纪时天干之首的"甲"字所具有的文化内涵。此后，表示五方的"十"通过二绳的不断积累而使直线的"方"逐渐发展为平面的"位"，形成五位，这又是甲骨文、金文"亞"字的取形来源。很明显，"亞"形体现了朴素的五位思想，这便是人们最早认识的大地的形状。而五位如果演进为方形，显然只需要将二绳积累的工作继续下去。因此，方形大地的宇宙观其实并不取决于人们对自然世界的直观感受，这与他们对天的感觉而建立天圆观念的情况完全不同。由于人们自然感知的大地形状只能是圆形，这意味着方形大地的观念必须是在立表测影而建立的五方观念的基础上一步步发展起来的。当然，在五方体系完成之后，人们可以通过平分二绳而确立四维，形成八方和九宫，最终完成独具特色的传统空间观②。

第三节　日月的祭祀

由于太阳和月亮能够直接为人类提供时间服务，因此很早以来，日月就被先民们奉若神明了。殷人对日月的礼拜也同他们的先人一样，敬肃而虔诚。卜辞云：

1. 乙巳卜，帝（禘）日，惠丁？
   □□卜，帝（禘）日，惠丁？　　《库》985
2. 惠己又（侑）日？兹用。　　《南·明》726

---

① 参见《淮南子·天文训》。

② 冯时：《中国古代的天文与人文》第一章，中国社会科学出版社 2009 年修订版；《天文考古学与上古宇宙观》，《中国史新论——科技与中国社会分册》，"中央研究院"、联经出版公司 2010 年版；《上古宇宙观的考古学研究——安徽蚌埠双墩春秋钟离君柏墓解读》，《中央研究院历史语言研究所集刊》第 82 本第 3 分，2011 年。

图 11

1.《粹》1278　2.《屯南》2232

3. 贞：比（祉）日？　　　《七》P102

4. 丙戌卜，□贞：裸日于南，告？　《合集》12742

5. 卯各日，王受又（祐）？　《粹》1278

6. 贞：今日既祜日，□其蒿？　《菁》9.10

7. 王其观日出，其截于日，剐？　《屯南》2232

这些都是学者经常讨论的有关祭祀日神的记录，禘、侑、祉、祜、蒿、裸、告、截、剐皆为祭名。"各日",学者或以为落日[1],其实这里的"日"乃是白昼的通称,与祭日无关(图11,1)[2]。"嵩"即指郊祭[3]。"今日既"意即白昼结束以后,大概也是祭祷落日[4]。几条卜辞都没有记写月名,所以它们反映的到底是殷人对日神可以随时行祭还是必须定期行祭,我们并不清楚。

殷人的礼日活动至少有一部分是发生在日出和日没的前后,上引第7辞直言殷王观日出(图11,2),然后礼祭日神,便是很好的证明。除此之外,甲骨文中还有一类明确记述殷人祭祀出日、入日的内容,目前存留的共有12片卜辞[5]。

8. 戊戌卜,内,呼雀栽于出日,于入日,牢?

　　戊戌卜,内,呼雀栽,一牛?

　　戊戌卜,内,栽,三牛?　　　《合集》6572

9. ……其入日?用。　　《合集》13328(图12,3)

10. 丁巳卜,又(侑)出日?

　　丁巳卜,又(侑)入日?　　《佚》407＋《粹》68(图12,1)

11. 辛未卜,又(侑)于出日?

　　辛未,又(侑)于出日?兹不用。　　《合集》33006(图12,2)[6]

12. 癸酉,又(侑)出[日]?　　《续存》1.1829

13. 癸酉,□入日,□其……　　《粹》732

14. ……日出日裸?　　《南・明》124

15. □□[贞:酌]出[入日],岁三牛?兹用。

---

① 陈梦家:《殷虚卜辞综述》,科学出版社1956年版,第573页。郭沫若谓"各日"殆犹出日,似不可从。见氏著《殷契粹编考释》,日本东京文求堂石印本1937年版,第167页。

② 冯时:《殷卜辞"市日"考》,《古文字研究》第二十五辑,中华书局2004年版。

③ 陈梦家:《古文字中之商周祭祀》,《燕京学报》第十九期,1936年,第122页。

④ 陈梦家读此辞为"日暨权日",乃日出以后祭日。见陈梦家:《殷虚卜辞综述》,科学出版社1956年版,第574页。其以"既"通"暨",意即日颇见。但卜辞有"雨自西,少,夕既"(《京都》3099),"夕"是夜晚,"既"本结束之义。

⑤ 宋镇豪:《甲骨文"出日"、"入日"考》,《出土文献研究》,文物出版社1985年版,第33—40页。

⑥ 此骨原分载于《殷契粹编》第597和598两版,郭沫若以为一骨之折,曾毅公缀合为《甲骨缀合编》第365版,但与《甲骨文合集》所缀位置不同。然严一萍认为折痕不能密合,故以为误缀,其说是。见《甲骨缀合订讹》,载氏著《甲骨缀合新编》,艺文印书馆1975年版。

图 12

1.《佚》407＋《粹》68　2.《合集》33006　3.《合集》13328

　　癸□〔贞〕：其卯入日，岁上甲，二牛？

　　出入日，岁卯多牛？□□。　　《屯南》2615（图 13，2）

16.　癸未贞：甲申酚出入日，岁三牛？兹用。

　　癸未贞：其卯出入日，岁三牛？兹用。

　　出入日，岁卯〔多牛〕？不用。　　《屯南》890（图 13，1）

17.　甲午卜，贞：又（侑）出入日？

　　弜又（侑）出入日？　　《屯南》1116

图 13

1.《屯南》890 2.《屯南》2615

18. ……出入日，岁三牛？　　　《粹》17

19. 乙酉卜，又（侑）出日入日？　　　《怀特》1569

出日、入日也可以合称为"出入日"。关于出日、入日刻辞的性质，学者一般多解为礼日之辞[1]，郭沫若、陈梦家更证以《尚书·尧典》"寅宾出日"、"寅饯纳日"的记载，与甲骨文出日、入日之祭相联系[2]。唯岛邦男以第 10 辞为

① 陈梦家：《古文字中之商周祭祀》，《燕京学报》第十九期，1936 年；《殷虚卜辞综述》，科学出版社 1956 年版，第 573 页；郭沫若：《殷契粹编考释》，日本东京文求堂石印本 1937 年版，第 7 页；胡厚宣：《殷代之天神崇拜》，《甲骨学商史论丛初集》第二册，成都齐鲁大学国学研究所 1944 年版；董作宾：《中国古代文化的认识》，《大陆杂志》第 3 卷第 12 期，1951 年。

② 陈梦家：《古文字中之商周祭祀》，《燕京学报》第十九期，1936 年；郭沫若：《殷契粹编考释》，日本东京文求堂石印本 1937 年版，第 7 页。

说，认为出日、入日实为同版卜辞所记祭祀伊尹的时间①。其实，这条有关出日、入日的卜辞与其同版所见的其他祭祀刻辞已被卜人用单线隔开，证明它并非与另外的刻辞为同事而卜，因而应该是独立的祭日记录。学者对此已有辨析②。

出日、入日的本义是说日出、日没应该没有问题③，先民们由于对日神的崇拜，因而每在日出时便敬迎冉冉升起的出日，在日入时又敬送徐徐下行的落日，这个传统渊源甚久。古代文献讲到对出日入日的祭祷极为丰富，《史记·五帝本纪》："历日月而迎送之。"《国语·周语上》："古者先王既有天下，又崇上帝明神而敬事之，于是乎有朝日夕月。"《礼记·祭义》："周人祭日以朝及闇。"殷人对出日、入日的祭祀则使用戠、侑、裸、酚、卯等祭法，比文献的记载更为丰富详确。

《尧典》所记"寅宾出日"和"寅饯纳日"的祭仪分别发生在一年中的春分和秋分，这意味着商人对于出日、入日的祭祀也可能在这两个日期固定举行。《国语·鲁语下》："是故天子大采朝日，……少采夕月。"大采朝日，服用五采，在春分举行；少采夕月，服用三采，在秋分举行④。根据宋镇豪的研究，商代出日、入日的祭祀时间应该可以大致推得⑤。

戊戌　呼雀戠于出日、入日　　　《合集》6572

（四月）甲戌　雀及子商征基方克　　　《合集》6573

己卯　基方其㞢　　《拾》4.17，《零拾》119

辛巳　基方其㞢　　《合集》6572

癸未　子商戠基方缶⑥　　　《合集》6572

---

①　島邦男：《殷墟卜辭研究》，中國學研究會1958年版，第231—233页。

②　宋镇豪：《甲骨文"出日"、"入日"考》，《出土文献研究》，文物出版社1985年版，第33—40页。

③　金祥恒：《甲骨文"出日"、"入日"说》，《中国文字》第26册，1967年。

④　饶宗颐：《天神观与道德思想》，《中央研究院历史语言研究所集刊》第49本第1分，1978年，第84—85页，附注27。

⑤　宋镇豪：《甲骨文"出日"、"入日"考》，《出土文献研究》，文物出版社1985年版，第38—40页。

⑥　"戠"、"馘"本为一字，有关考释参见冯时：《甲骨文、金文"戠"与殷商方国》，《华夏考古》1988年第3期；修订后收入氏著：《古文字与古史新论》，台湾书房出版有限公司2007年版。

四月　　癸未　　子商业保　　　　《合集》6572

乙酉　　子商戠基方　　　《合集》6570

丙戌　　我乍基方　　　　《合集》6570

四月　　辛卯　　基方缶作墉　　　《合集》13514 正

五月　　辛丑　　今日子商擒基方　　　《合集》6571 正

壬寅　　自今至于甲辰子商戠基方　　　《合集》6571 正

壬寅　　莫雀惠啚擒基方　　　《合集》6571 正

甲辰　　翌乙巳日子商敦至于丁未戠　　　《合集》6571 正

宋镇豪认为，四月和五月之交是在辛卯的次日壬辰至辛丑的前一日庚子这九天之间，而戊戌日卜祭出日、入日也正好落在这九天之中，这样，戊戌的所属就有两种可能，要么在四、五月之交，也就是它同版所卜的四月癸未日之后；要么在二、三月之交，也即它同版所卜的辛巳日之前。由于雀是出日、入日的主祭者，但在四、五月间他却随子商出兵基方，因此礼日的时间只能在二、三月之交，而这个时间如果用传统的丑正殷历去衡量，恰值春季，从而与文献所记春分朝日的礼俗相合。

从最早对基方发动战争的四月甲戌前推至祭祷出日、入日的戊戌日至少应有一个月的间隔，同样的情况，如果将戊戌日排于最后一次对基方用兵的五月丁未之后，大致也有一个月的间隔，这意味着我们恐怕不能排除另一种选择存在的可能，即礼日的时间可以是在对基方战争结束之后的六、七月之交。

将祭祀出日、入日的时间做这样的安排可能更便于印证一种一脉相承的礼日制度。因为以农历十二月为岁首的传统殷历是否就是甲骨文所反映的当时人们使用的历法，现在看来已有很大的问题。一些学者根据对甲骨文记录的殷代天象和农事活动的研究，将殷历岁首推定在农历的九至十月[1]，如果按照这个历法框架去衡量，殷历的二、三月之交便只能在冬至前后[2]，而六、七月之交则适

---

①　张培瑜、孟世凯：《商代历法的月名、季节和岁首》，《先秦史研究》，云南民族出版社 1987 年版；第 240—250 页；冯时：《殷历岁首研究》，《考古学报》1990 年第 1 期，第 19—42 页；《殷代农季与殷历历年》，《中国农史》第 12 卷第 1 期，1993 年，第 72—82 页。

②　冯时：《殷历岁首研究》，《考古学报》1990 年第 1 期，第 39 页；《中国天文年代学研究的新拓展》，《考古》1993 年第 6 期。

值春分前后，与《尧典》记载的礼日制度更为符合。

事实上，殷人祭祀出日和入日的情况与《尧典》有所不同，《尧典》反映的制度是将出日与入日的祭祀于两个不同的时间分别举行，即春分礼出日，秋分礼入日，而殷人祭祷出日与入日却是在同一天之内举行①，所以甲骨文中出日与入日既可以分书，又可以合称为"出入日"。前录第 15 至 18 四条卜辞都清楚地反映了这一特点。因此，殷人实际上要在春分（或秋分）一日之内的早晚完成出日与入日的全部祭祀活动，这意味着出日、入日的祭祀恐怕并不仅仅是为着敬日的宗教目的，同时可能也是一种测日影、定四方、判知四时的科学实验活动②。

卜辞中的礼月内容并不多见，尽管如此，陈梦家还是认为殷人以"夕"为祭名，而甲骨文"夙"字作一人跪祷月亮之形，实际就是殷代存在祭月之礼的反映③。文献所记古人于秋分夕月，而商代的礼月时间尚不清楚。学者或以为夕月、送月的祭祀是秋分祭祀入日的一种演变④，如果是这样，这种制度的变化显然体现着独具特色的阴阳思想。卜辞中还有一类"王宾夕（月）"的内容，学者或以为"宾"即《尧典》"寅宾出日"的"宾"，意为敬，敬月如同敬日，是对月神的祭祷⑤。但多数学者并不以为这类卜辞中的夕（月）不可以作为祭名⑥，因此将其视为对月神的祭祀似乎还有困难。

卜辞中有关东母、西母的祭祀也很值得注意，陈梦家认为东母、西母大概即指日月之神⑦，丁山又以为当即日母、月精⑧。但似乎并不是所有学者都同意这一看法，赤塚忠以为二母可能是分居东西、司掌太阳出入的女性

①　饶宗颐：《殷代贞卜人物通考》，香港大学出版社 1959 年版，第 494—495 页。

②　常正光：《殷人祭"出入日"文化对后世的影响》，《中原文物》1990 年第 3 期，第 66—71 页。

③　陈梦家：《古文字中之商周祭祀》，《燕京学报》第十九期，1936 年，第 102—103、122 页；陈邦福：《殷契琐言》，1934 年自刊本，第 2 页。

④　宋镇豪：《甲骨文"出日"、"入日"考》，《出土文献研究》，文物出版社 1985 年版，第 36 页。

⑤　温少峰、袁庭栋：《殷墟卜辞研究——科学技术篇》，四川省社会科学院出版社 1983 年版，第 39 页。

⑥　陈梦家：《古文字中之商周祭祀》，《燕京学报》第十九期，1936 年，第 120 页。

⑦　陈梦家：《古文字中之商周祭祀》，《燕京学报》第十九期，1936 年，第 131—132 页；《殷虚卜辞综述》，科学出版社 1956 年版，第 574 页。

⑧　丁山：《中国古代宗教与神话考》，龙门联合书局 1961 年版，第 71—73 页。

神①，沈建华推测可能是殷人意识中最早的东西二宫的雏形②，而宋镇豪则更倾向于将其视为殷人心目中司理生命的神祇③。看来这一问题还有待进一步的研究④。

①　赤塚忠：《中國古代の宗教と文化——殷王朝の祭祀》，角川書店 1977 年版，第 188、443—453 页。

②　沈建华：《甲骨文中所见二十八宿星名初探》，《中国文化》第 10 期，1994 年，第 78 页。

③　宋镇豪：《夏商社会生活史》，中国社会科学出版社 1994 年版，第 476 页。

④　学者还举出一些祭祀日月的卜辞，见陈梦家：《古文字中之商周祭祀》，《燕京学报》第十九期，1936 年，第 122 页；《殷虚卜辞综述》，科学出版社 1956 年版，第 573 页；温少峰、袁庭栋：《殷墟卜辞研究——科学技术篇》，四川省社会科学院出版社 1983 年版，第 3—5、39 页。其中有些则不属于祭祀日月的内容。

第 二 章

星象观测

第一节　崇祭北斗

北斗可以说是中国传统天文学中最重要的星象，它不仅教会古人如何认识天极，而且通过其与二十八宿赤道星官的联系，直接建立起了中国独特的天官体系。因此，北斗在很早的时期便已被先民们奉为神祇而加以观测和祭祷了。

商代的甲骨文中是否留有殷人祭祀北斗的遗文，很久以来似乎并没有什么人在意。章鸿钊考释卜辞"𢁔"字为"斗"，即指北斗[①]。这个意见涉及的卜辞反证颇多，因而没有引起学者的重视。温少峰等学者则提出另一些卜辞资料：

1. 己亥卜，夕，庚比（祂）斗，延雨？
   庚子［卜］，夕，辛比（祂）斗？
   癸卯卜，夕，甲比（祂）斗？
   己酉卜，夕，翌庚比（祂）斗？
   ［庚］戌卜，夕，翌辛［比］（祂）斗？　　　《缀合》362（图 14）
2. 丙辰卜，夕，丁比（祂）斗？　　　《乙》117
3. 癸亥，夕，甲比（祂）斗？　　　《乙》134

---

① 章鸿钊：《殷人祀北斗考》，《中国古历析疑》，科学出版社 1958 年版，第 52—59 页。

图 14 《缀合》362

4. 庚午卜，夕，辛未比（祉）斗？　　　　《乙》174

"祉"是祭名，"斗"是受祭者，也即北斗①。因此这些卜辞都是殷人对北斗行祭的实录。也有学者以为，"夕"字在这里实际已由专指夜晚的时间名词演变为祭名②，意即夕拜③，但夕拜的活动都是在祭斗的前一日夜晚举行，因此它的确切含义可能指特为某些祭祀而于前一夜专设的一种拜祭活动④。具体到北斗而言，殷人于前一夜必须首先举行夕拜祭仪，才能最终于第二天祉祭北斗，显然，斗祭

① 温少峰、袁庭栋：《殷墟卜辞研究——科学技术篇》，四川省社会科学院出版社 1983 年版，第 55—57 页；徐中舒：《甲骨文字典》，四川辞书出版社 1988 年版，第 1496 页。

② 王国维：《戬寿堂所藏殷虚文字考释》，仓圣明智大学 1917 年版，第 14 页。

③ 陈梦家：《古文字中之商周祭祀》，《燕京学报》第十九期，1936 年，第 102—103 页。

④ 岛邦男：《祭祀卜辞の研究》，弘前大学文理学部 1953 年版，第 150—152 页；《殷墟卜辞研究》，中國學研究會 1958 年版，第 264—266 页。

的规格是相当隆重的。

　　像这样祭祷北斗的卜辞还有一些，然而有的学者并不承认"比"为祭名，而解其为并列之意，因此将卜辞连读为"月比斗"，认为就是文献所记的月犯斗或月掩斗，指月掩星的天象①。这种解释至少从天文学的角度讲还存在困难。

　　我们知道，月行周天每日约十三度半，因此月犯斗的现象只能在一天之中发生，而不可能连续出现。《宋书·天文志》："兴宁三年七月庚戌，月犯南斗。"《魏书·天象志》载天兴六年"六月甲辰，月犯北斗魁第四星"，天赐二年"八月丁巳，月犯斗第一星"，"五年五月丁未，月掩斗第二星"，都是描述一日之内的天象。由于月行速度快，月亮很快便会移出所犯之星，不可能固守于一星不动。然而上录第 1 条卜辞连续数日卜问祭斗之事，时间逾旬，显然，如果将这些记录理解为"月犯斗"，那么这种月球于一月之中数犯一宿的天象是根本不可能出现的②。

第二节　二十八宿

　　中国传统天文学的星官体系以二十八宿为主干，二十八宿是指沿古代天球赤道定立的二十八个星座以及这些星座所辖的赤道天区。古人将二十八宿又划分为四宫，每宫各辖七宿，并与四灵、四色、四方及四季相互配伍，形成东宫苍龙主春，包辖角、亢、氐、房、心、尾、箕七宿，南宫朱雀主夏，包辖井、鬼、柳、星、张、翼、轸七宿，西宫白虎主秋，包辖奎、娄、胃、昴、毕、觜、参七宿，北宫玄武主冬，包辖斗（南斗）、牛、女、虚、危、室、壁七宿的完整体系。

　　除中国之外，古代埃及、阿拉伯和古代印度也都存在二十八宿体系，但通过目前所见相关遗存年代的比较以及二十八宿自身特点的研究，中国二十八宿体系为独立起源并对西方影响的事实已经愈来愈清楚③，这使学者们已不满足于

---

　　① 姚孝遂：《释"月比斗"》，《亚洲文明》第三集，安徽教育出版社 1995 年版。

　　② 冯时：《中国天文考古学》，社会科学文献出版社 2001 年版，第 105 页；石璋如：《"月比斗"与"夕比斗"》，《古今论衡》第七期，2002 年。

　　③ 冯时：《中国天文考古学》第六章第二节，中国社会科学出版社 2010 年版。

借助甲骨文的字形特点来探求二十八宿宿名的古义[1]，而更寄希望能在商代卜辞中找到有关二十八宿的些许线索。

一　东宫苍龙星宿

（一）东宫苍龙

东宫七宿的名称依次为角、亢、氐、房、心、尾、箕，除箕宿外，其他六宿的名称都得自于龙体[2]。愈来愈多的古代墓室星图的发现，也为这一意见提供了更为直接的证据[3]。角是龙角，亢是龙咽，氐是龙首，房是龙腹，心是龙心，尾是龙尾。如果将房宿距星（天蝎座 π）作为连接点而把这六宿诸星依次连缀的话，那么很明显，无论选用什么样的连缀方式，其所显现的形象都与卜辞及金文"龙"字的形象完全相同，而且六宿的位置也恰好可以与宿名所反映的各宿所在龙象中的位置相符合。箕宿的名称虽然来源于簸箕之象，但古人仍将此四星作为龙尾的一部分来看待，因为如果将尾宿九星的连线适当延长，就正好可以将箕宿四星连接起来。所以，甲骨文的"龙"字可能正取象于东宫星宿所组成的形象，这意味着最迟到殷代，东宫七宿中至少有六宿已经形成了[4]。

甲骨文"龙"字的来源直接导致了龙字本身可能用为星名。

　　1. 庚辰卜，旅贞：龙不既舛，其亦寻［奏］，其舛宾于上甲？

《金璋》729

　　2. ［辛］巳卜，旅贞：龙不既舛，其亦寻奏，惠丁亥酢？十一月。

《掇二》487

---

①　刘操南：《二十八宿释名》，《社会科学战线》1979 年第 1 期，第 153—162 页。

②　冯时：《中国早期星象图研究》，《自然科学史研究》第 9 卷第 2 期，1990 年，第 112—114 页；《中国天文考古学》，中国社会科学出版社 2010 年版，第 415—417 页；《〈周易〉乾坤卦爻辞研究》，《中国文化》第 32 期，2010 年；《龙的来源——一个古老文化现象的考古学观察》，《史学研究》第 101 号，韩国史学会，2011 年 3 月。

③　雒启坤：《西安交通大学西汉墓葬壁画二十八宿星图考释》，《自然科学史研究》第 10 卷第 3 期，1991 年；冯时：《洛阳尹屯西汉壁画墓星象图研究》，《考古》2005 年第 1 期。

④　冯时：《中国早期星象图研究》，《自然科学史研究》第 9 卷第 2 期，1990 年，第 112—114 页；《中国天文考古学》，中国社会科学出版社 2010 年版，第 415—421 页。

学者或以为卜辞的"龙"即指苍龙之星，殷人祀之①。但这个"龙"字与卜辞"龙"字的一般写法不同，因此仍有不同的释读意见。温少峰、沈建华等学者也先后列举了一些卜辞，择录如下：

　　3. 癸卯［卜］，□贞：业启龙，王比（祀），受业（有）又（祐）？
　　　　贞：业启龙，王勿比（祀）？　　　《外》453
　　4. 龙，亡其雨？　　《合集》13002

学者认为以上卜辞所占皆为祭祷龙星之辞②。而另一些卜辞似也可间接反映祷星的事实。

　　5. 其乍（作）龙于凡田，又（有）雨？吉。
　　　　　　　　　　　　　　　　　《合集》29990（图 15，2）
　　6. 惠鹰龙乍（作），又（有）大雨？　　《合集》28422

沈建华认为两辞内容也为祷祭龙星③，颇有道理。
　　卜辞"作龙"，裘锡圭以为即古之作土龙求雨之事④。这种做法当也来源于祭祷龙星求雨的传统。
　　除此之外，学者所列的另一些记有"龙"字的卜辞是否与龙星有关则有待研究。例如：

　　7. 庚子子卜，惠小牢御龙母？　　《合集》21805（图 16）
　　8. 甲子卜，亚戈耳（取）龙母，启？其启，弗母（悔），有雨。
　　　　　　　　　　　　　　　　　《合集》28021（图 15，1）

　　① 饶宗颐：《殷代贞卜人物通考》，香港大学出版社 1959 年版，第 934 页；《殷卜辞所见星象与参商、龙虎、二十八宿诸问题》，《胡厚宣先生纪念文集》，科学出版社 1998 年版，第 36—37 页。
　　② 温少峰、袁庭栋：《殷墟卜辞研究——科学技术篇》，四川省社会科学院出版社 1983 年版，第 52—53 页；沈建华：《甲骨文所见二十八宿星名初探》，《中国文化》第 10 期，1994 年，第 77—78 页。
　　③ 沈建华：《甲骨文所见二十八宿星名初探》，《中国文化》第 10 期，1994 年，第 77 页。
　　④ 裘锡圭：《说卜辞的焚巫尫与作土龙》，《甲骨文与殷商史》，上海古籍出版社 1983 年版，第 32—33 页。

图 15

1.《合集》28021　2.《合集》29990　3.《粹》365　4.《续存》1.1714

　　9. 辛亥，告龙父丁，一牛？　　　《粹》365（图 15，3）

　　10. 贞：惠告龙，令？　　　　《续存》1.1714（图 15，4）

学者或以此亦祭祷龙星之辞①，然卜辞有关雷等气象及蝕等灾害现象的告祭活动多诏降自然神祇及上甲，而不告祭其他先王，因此后两辞的"龙"字所指也可能不是星名。况且两辞"龙"字的写法虽与第 1、2 辞的"龙"字相同，却与其他诸辞不同。这些"龙"字是否可以确释为龙，也还有不同意见。至于卜辞"龙

　　① 温少峰、袁庭栋：《殷墟卜辞研究——科学技术篇》，四川省社会科学院出版社 1983 年版，第 53—54 页；沈建华：《甲骨文中所见二十八宿星名初探》，《中国文化》第 10 期，1994 年，第 78 页。

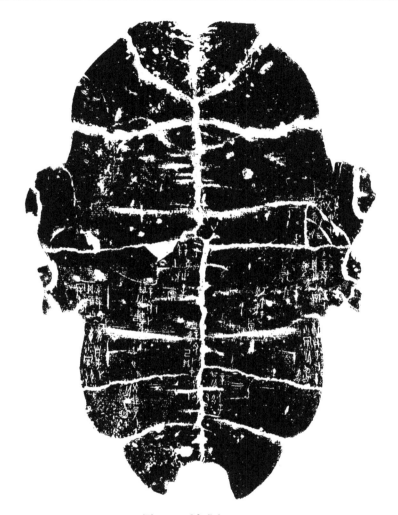

图 16　《合集》21805

母"的解释，学者或以为母字①，或以为龙氏之女性祖先②，饶宗颐则佐民族学材料解为星名③。

---

① 丁骕：《释㫗与龙》，《中国文字》第 32 册，1969 年。

② 朱凤瀚：《论卜辞与商金文中的"后"》，《古文字研究》第十九辑，中华书局 1992 年版。

③ 饶宗颐：《殷卜辞所见星象与参商、龙虎、二十八宿诸问题》，《胡厚宣先生纪念文集》，科学出版社 1998 年版，第 44 页。

（二）角宿和天田

角宿既是二十八宿的第一宿，同时也是龙星的起首。角宿包括两颗星，位于龙角的位置，如果龙象已为殷人所认识，那么他们认识角宿当然也应不成问题。陈邦怀曾据商代金文探讨角宿存在的事实[①]，沈建华则在卜辞中找到了"角母"一词[②]，认为"角母"与上录卜辞中的"龙母"词义相类（图 17），可能属于星名[③]。

天田二星的位置在角宿的北面，古人视其为农祥，每当天田晨见于东方的时候，便预示着耕种时节的开始。所以天田象征着天子的藉田。殷人是否已经按照天田星的东升来指导自己的农事活动，现在还不很清楚，但人们对于天田星的认识可能伴随着对角宿的认识一同产生则应是十分自然的事情。饶宗颐认为，卜辞中的"农示"（《乙》282）及"告于农"（《前》5.47.5）之"农"可能实指农宗之祀，也即农星天田[④]。而沈建华举出三条她认为有关天田的卜辞，也很值得注意（图 18）。

1. 皆霖上田，丧盂，又（有）大雨？   《合集》30044
2. □□卜，狄［贞］：蓺天田，［亡］灾，弗每（悔）？

《合集》31273

3. 惠新秉屯用上田，又（有）足？   《屯南》3004

沈建华的解释是，甲骨文"天"字也有从"上"（二），以示天顶，所以卜辞的"上田"就是天田，"上"乃是天字的省形。卜辞中反映殷人以霖、蓺、新秉等祭法祭祷天田星，意在祈求年成风雨的调顺。她同时注意到天田作为农祥的另一种名称——灵星，认为甲骨文中已有祭祷灵星的内容，因此灵星在殷人观念中由来已久[⑤]。

---

① 陈邦怀：《商代金文中所见的星宿》，《古文字研究》第八辑，中华书局 1983 年版，第 10 页。
② 见《合集》第 670、671（正）版。
③ 沈建华：《甲骨文中所见二十八宿星名初探》，《中国文化》第 10 期，1994 年，第 81 页。
④ 饶宗颐：《殷代贞卜人物通考补记》，香港大学出版社 1959 年版，第 1298 页。
⑤ 沈建华：《甲骨文中所见二十八宿星名初探》，《中国文化》第 10 期，1994 年，第 78 页。

图 17　《合集》671 正

（三）亢宿和南门

亢宿是二十八宿的第二宿，包括四颗星，位于龙象的咽部，因此得名。商代金文中的亢宿遗迹已见讨论①，甲骨文中的"亢"字似乎也有用于星名的例子（图19）。

图 18

1.《屯南》3004 2.《合集》31273

3.《合集》30044

图 19 《合集》20271

1. 壬申卜，王，陟火、亢，癸酉昜日？   《合集》20271

"火"即心宿二（天蝎座 α）。"亢"字与此并举，也为星名②。"陟"字旧以为祭名，沈建华认为当用如字的本义，即指星宿出现直升于天，与《易·乾》"见龙在田"的"见"字同义③。

南门二星位于亢宿最南，位置虽然很低，但南门二（半人马座 α）为零等星，十分明亮，很容易观测。南门二星的归属古今不同，今归角宿，《史记·天官书》则列于亢宿，学

① 陈邦怀：《商代金文中所见的星宿》，《古文字研究》第八辑，中华书局 1983 年版，第 10 页。

② 沈建华：《甲骨文中所见二十八宿星名初探》，《中国文化》第 10 期，1994 年，第 78—79 页。

③ 同上。

者以为即大火星①，似乎不对。

卜辞中又有"南门"的记录，学者多以为属宫室建筑之辞。

> 王于南门逆羌？　　　《南·明》730
>
> 王于宗门逆羌？　　　《甲》896

"南门"与"宗门"对举，意义应当接近。但有学者指出，卜辞的"南门"或"门"也有用于星名的例子，如：

> 2. 于南门旦？　　　《合集》34071
>
> 3. 南门雨？　　　《屯南》3187
>
> 4. 其牽火门，又（有）大雨？　　　《合集》30319

并以卜辞"……吉三……采星率"（《合集》16124反）与"门率"（《合集》13608）比读，认为"南门"与"门"都是指星的专名②。然而陈梦家认为，"南门旦"之"旦"疑假为"坛"③，卜辞又有：

> 于南门？
>
> 于旦？　　　《甲》840

这应是比较合理的解释。

（四）房宿

房宿是二十八宿的第四宿，包括四颗星，位于龙象的腹部，因其作为指示闭藏的星象④，故而得名。《石氏星经》："东方苍龙七宿，房为腹。"曾侯乙二十八宿漆箱星象图房宿名作"方"，"方"、"房"同音可通。

陈邦怀认为商代金文的"旁"字可能就是房宿的房，他并引宋均的话说：

---

① 沈建华：《甲骨文中所见二十八宿星名初探》，《中国文化》第 10 期，1994 年，第 79 页。

② 同上。

③ 陈梦家：《殷虚卜辞综述》，科学出版社 1956 年版，第 472 页。

④ 冯时：《〈周易〉乾坤卦爻辞研究》，《中国文化》第 32 期，2010 年。

"房既近心为明堂，又别为天府及天驷也。"而《说文·户部》以为"房，室在旁也"，因此"旁"义大概是房近心旁的意思①。

学者或以为卜辞的房亦作"方"，并以下列卜辞中出现的"方"皆指房宿②。

1. 贞：……方出，勿自见下上……　　　《合集》6804
2. 其酌方，今夕又（有）雨？吉。兹用。　　　《合集》29992
3. 癸未卜，其㝡（宁）风于方，又（有）雨？　　　《合集》30260
4. 方燎，惠庚酌，又（有）大雨？大吉。　　　《合集》28628

这个意见直接涉及到以往关于卜辞中的"方"的性质的解释。第1条卜辞虽系残辞，但我们仍可根据同类卜辞对读比较：

己卯卜，㱿贞：舌方出，王自征，下上若，受我［又］（祐）？

《柏》25

丙子卜，宾贞：方其大出？七月。　　　《前》5.28.6

显然，第1条卜辞似应释写为（图20）：

贞：……方出，勿自见，下上……

"见"为动词，是一种与征伐有关的军事行动，读为"觇"，有侦伺之意③。卜辞云：

贞：登人五千呼见舌方？　　　《续》1.13.5

图20　《合集》6804

对读显示，第1辞的"方"有可能是舌方的残辞，也可能是用为方伯名的方④。

①　陈邦怀：《商代金文中所见的星宿》，《古文字研究》第八辑，中华书局1983年版，第10页。
②　沈建华：《甲骨文中所见二十八宿星名初探》，《中国文化》第10期，1994年，第80页。
③　姚孝遂：《〈殷契粹编〉校读（节录）》，《古文字研究》第十三辑，中华书局1986年版，第22—23页；刘钊：《卜辞所见殷代的军事活动》，《古文字研究》第十六辑，中华书局1989年版。
④　关于卜辞方为方伯名的讨论，参见陈梦家：《殷虚卜辞综述》，科学出版社1956年版，第270—272页。

总之这应该是一条战争卜辞，而不可能是描述房宿的出现。

关于第 2 至 4 条卜辞"方"字的含义，过去一般理解为四方之神的统称，这样或许更合适一些。至于其能否专指房宿，抑或卜辞其他一些"方"字是否具有星名的意义，恐怕都还有待研究。

（五）心宿

心宿是二十八宿的第五宿，包括三颗星，位于龙象的心部，因此得名。由于心宿在古代中国作为授时星象的特殊意义，因而对它的讨论也格外热烈。

甲骨文中对心宿的祭祀遗文应该说是相对明确的，例如：

　　1. 帝（禘）心？　　《缀合》162
　　2. 贞：王屮（侑）心，不唯……　　《乙》3204

"禘"、"侑"都是祭名，"心"作为受祭者，很难想象是作为生物体的心脏。因此，将其理解为星名应该是合适的[①]。

殷人祭祷心宿可能又有固定的时间。卜辞云：

　　3. 癸巳卜，于敕月又（侑）旨（心）？　　《合集》21661

于省吾读"敕月"即赛月[②]。后世赛祭行于冬季。因此，如果商代的敕月相当于冬至到小寒前后，则恰值心宿旦中天的时候。这条卜辞的"心"本作"旨"，应为受祭者（图 21）。

对心宿的祭祀有时还要配祭先祖。

　　4. 癸亥卜，殷贞：于心、上甲二牛，屮（侑）帝（禘）伐十……十犾……月。　　《合集》905

---

① 温少峰、袁庭栋：《殷墟卜辞研究——科学技术篇》，四川省社会科学院出版社 1983 年版，第 51—52 页。

② 于省吾：《甲骨文字释林》，中华书局 1979 年版，第 35—37 页。

图 21   《合集》21661

学者以为，殷人以心宿与上甲共祭，似乎与《三代吉金文存》卷十六商爵铭
"心父己"相同①，星名与先祖天人合一，类似于文献所记的"阏伯之星"或
"实沈之星"，反映出殷人已具有了相当高的原始宗教观念②。但"心父己"的
"心"应该作为族氏名号而出现，如果这个氏名并非源自星名的话，那么这里
的"心"就应该与星名没有直接的关系。

甲骨文又有"态"字，为受祭的对象，卜辞有云：

————————

①   陈邦怀：《商代金文中所见的星宿》，《古文字研究》第八辑，中华书局 1983 年版，第 10—11 页。

②   沈建华：《甲骨文中所见二十八宿星名初探》，《中国文化》第 10 期，1994 年，第 80 页。

5. 贞：屮（侑）于态？　　　《后·上》9.6

学者或定为殷先公或地祇[①]，白玉峥则认为即星神，当指心宿[②]。

心宿的中央一星心宿二（天蝎座 α）是一颗红色的一等亮星，所以又叫大火星。大火星是中国古代的授时主星，因而备受古人的关注。甲骨文中有关大火星的记录明显比其他星宿丰富得多，应该也是大火星作为授时主星的客观反映。

甲骨文中最著名的一条火星记录大概要算如下的一条（图 22）：

6. 七日己巳夕，豈。屮（有）新大星并火。

《后·下》9.1

尽管并不是所有的学者从一开始就同意"火"字的释读[③]，但是在今天看来，这种疑虑似乎愈来愈显得多

图 22　《后·下》9.1

余。董作宾对卜辞做了如上的释文，并且就其辞意有他一套独特的理解。他认为，这条卜辞是于癸亥卜旬之后追记的验辞，其时在自癸亥数起的第七天之夜。"豈"为祭名，也可能指天象而言。"有新大星并火"一语实际是殷人于己巳夜间观察星象的记录，"并"有近意，"新大星"即新星之大者，犹言有一大新星傍近火星，而火星即指心宿的中央一星[④]。

董作宾赋予"火"字的含义似乎确凿无疑，但是对于全辞的讲义却显然并不是唯一的解释。胡厚宣认为，"屮"、"新"、"并"都是祭名[⑤]，更合卜辞的本

①　陈邦怀：《殷代社会史料征存》卷下，天津人民出版社 1959 年版，第 22 页；赤塚忠：《殷代における祈年の祭祀形態の復元》，《甲骨學》第 9 號，1961 年，第 12—24 页。

②　白玉峥：《说芯》，《中国文字》新 12 期，1988 年，第 396 页。收入氏著《枫林读契集》，艺文印书馆 1989 年版，第 1—4 页。

③　李旦丘：《铁云藏龟零拾考释》，孔德图书馆丛书第二种，中法文化出版委员会 1939 年版，第 39—40 页。

④　董作宾：《殷历谱》下编卷三《交食谱》，中央研究院历史语言研究所 1945 年版，第 1—2 页。

⑤　胡厚宣：《殷代之天神崇拜》，《甲骨学商史论丛初集》第二册，成都齐鲁大学国学研究所专刊 1944 年版。

义。当然，也有学者以为"新大星并火"描述的是一种奇异天象，指两星相碰而生火[1]。然而，卜辞"大星"意即大晴的理解并不能支持这种看法[2]，这一点我们在后文对于所谓新星和超新星的讨论中还会详细谈及。因此，这是一条殷人祭祷大火星的文字应该没有问题。不过根据卜辞的通例，此辞似应做这样的释写：

> 七日己巳夕皇，［庚午］屮（侑）、新，大星（暒），并火。

辞意是说癸亥后第七天己巳的夜晚天气阴沉，第二天庚午殷人行"侑"、"新"两种祭仪，结果天放晴，于是举行并祭祭祀大火星[3]。

李亚农并不相信第 6 辞是有关火星的记录，而举出另一条殷人于五月观测大火星的卜辞：

> 7. 贞：隹（唯）火？五月。　　《后·下》37.4

并自信这是殷人已经知晓火星的铁证（图 23）[4]。丁山随后也列举了一条火星卜辞[5]：

> 8. 其鼍火？
> 其延雨？　　《戬》39.8

这又应是对大火星的祭祀之辞。

> 9. 丙寅卜，般贞：其屮（侑）火？　　《甲》3083

图 23　《后·下》37.4

①　陈炜湛：《甲骨文异字同形例》，《古文字研究》第六辑，中华书局 1981 年版，第 236 页。

②　杨树达：《积微居甲文说》，中国科学院 1954 年版，第 10—11 页。

③　冯时：《殷历岁首研究》，《考古学报》1990 年第 1 期，第 35—36 页。

④　李亚农：《殷代社会生活》，上海人民出版社 1955 年版，第 97、100—101 页。

⑤　丁山：《中国古代宗教与神话考》，龙门联合书局 1961 年版，第 143 页。

屈万里以此"火"即指心宿二之大火星名①，应该也不会有太大的问题。严一萍
继续丰富了卜辞中的大火资料②，他举出的卜辞是：

　　10. 己巳卜，争贞：火，今一月其雨？
　　　　火，今一月不其雨？　　　《合集》12488（图 24）

这些观测大火星的记录多出现在殷历一月，似乎显示了大火星的周天视运行与
殷人确定岁首的某种联系③。

　　11. 其秦年，灾燎，于小火，汜豚？
　　　　灾罘燎惠小牢，又（有）大雨？
　　　　𩙿风惠豚，又（有）大雨？　　　《合集》30393（图 25）

"𩙿风"即西方风名④。郭沫若以"灾"与风同例，疑是星名⑤。"灾"实即"上
火"二字的合文，卜辞有关"上火"的内容又有⑥：

　　12. 其卢取上火，又（有）大雨？　　　《后·下》23.10
　　13. ……其陈灾，又（有）大雨？　　　《京津》3866

丁山以为甲骨文"灾"本从"火"从"上"，火上者，即指天上的火神，也就是
心宿二的大火星⑦。事实上，根据甲骨文"天"字或从"上"的字例，将上火理
解为天火或许更合适。常正光解上为天，上火实即天火，也就是天上的大火
星⑧。这种观点似乎更宜为人们接受。

---

①　屈万里：《殷虚文字甲编考释》，"中央研究院"历史语言研究所 1961 年版，第 399 页。
②　严一萍：《殷商天文志》，《中国文字》新 2 期，1980 年，第 7 页。
③　冯时：《殷历岁首研究》，《考古学报》1990 年第 1 期，第 19—42 页。
④　胡厚宣：《释殷代求年于四方和四方风的祭祀》，《复旦学报》（人文科学）1956 年第 1 期。
⑤　郭沫若：《卜辞通纂考释》，日本东京文求堂石印本 1937 年版，第 85 页。
⑥　温少峰、袁庭栋：《殷墟卜辞研究——科学技术篇》，四川省社会科学院出版社 1983 年版，第
50—51 页；沈建华：《甲骨文中所见二十八宿星名初探》，《中国文化》第 10 期，1994 年，第 79 页。
⑦　丁山：《中国古代宗教与神话考》，龙门联合书局 1961 年版，第 53—54 页。
⑧　常正光：《殷历考辨》，《古文字研究》第六辑，中华书局 1981 年版，第 110 页。

图 24　《合集》12488　　　　　　　　图 25　《合集》30393

上录第 11 条卜辞"小火"与"上火"对文,因而也有学者主张将"灸"字释为大火。"上"(二)当然指天,甲骨文"天"、"大"通用不分,所以大火也就是上天之火星[①]。这种看法与释上火为天火并没有本质的区别。

殷代卜辞中对大火星的祭祷还有一些有意义的内容:

>14. 甲子卜,其秦雨于东方?
>
>庚午卜,其秦雨于火?　　　《合集》30173（图 26）

东方是商代的方神,祭祷大火星而配属东方,大火星与东方配祭的做法与古人

---

① 沈建华:《甲骨文中所见二十八宿星名初探》,《中国文化》第 10 期,1994 年,第 79 页。

以二十八宿的心宿配属东宫的传统完全一致[1]，看来这种观念是相当古老的。

　　大火星由于具有指示农耕劳作的重要授时作用，因而也叫大辰。学者或以为卜辞"辰"与"晨"相互通用，其原始本义当来源于辰星[2]。殷人既以对大火星的观测和祭祀作为他们的重要典事，因此也应设有专司火政的职官。

　　　15. 贞：唯阜火令？
　　　　　贞：允唯阜火令？　　　《佚》67

相同的内容又见于《甲骨文合集》第 7859（正）版（图 27）。商承祚释"阜"为"师"，谓"师火"实即火师，为古之火正[3]。然字本作"阜"，应为火正的私名[4]。也有学者释"阜"为"陟"字的省写[5]。

　　卜辞中的火星记录涉及到殷人对大火星的祭祀、观测大火星以指导民时及火正之官的多方面内容[6]，显然，有关大火星的种种典政是尚未掌握大火星运行规律的人们所难以办到的，这意味着殷商时代的天文学已具有了相当高的水平。

（六）尾宿和箕宿

　　尾宿和箕宿分别是二十八宿的第六宿和第七宿，尾宿九星，箕宿四星，正处龙象的尾

图 26　《合集》30173

---

　　① 　冯时：《殷历岁首研究》，《考古学报》1990 年第 1 期，第 37 页。

　　② 　常正光：《辰为商星解——释辰、晨、晨》，《古文字研究论文集》（四川大学学报丛刊第十辑），四川人民出版社 1982 年版；沈建华：《甲骨文中所见二十八宿星名初探》，《中国文化》第 10 期，1994 年。

　　③ 　商承祚：《殷契佚存考释》，金陵大学中国文化研究所 1933 年版，第 15 页。

　　④ 　冯时：《殷历岁首研究》，《考古学报》1990 年第 1 期，第 38 页。

　　⑤ 　沈建华：《甲骨文中所见二十八宿星名初探》，《中国文化》第 10 期，1994 年，第 79 页。

　　⑥ 　冯时：《殷历岁首研究》，《考古学报》1990 年第 1 期，第 35—40 页。

图 27

1.《合集》7859 正　2.《佚》67

部。商代金文中似已留存有尾宿的遗迹①，而甲骨文中的尾字也有学者指为尾宿。

1. 己卯卜，古贞：米幸往彐自痳。王占曰："其唯丙戌幸，屮尾，其唯辛家。"

《合集》136 正

学者或以"屮"为祭名，"尾"作为受祭者，应是星名②。但严一萍解"屮尾"即有尾，意为牛马牝牡交尾之事③，似更合卜辞文意。

关于箕宿的卜辞记录唯有沈建华举出的一条可供讨论④：

2. 于新其（箕）北，米南，弗母（悔）？　《怀特》1460

她认为甲骨文箕星正象簸箕之形，这话对于判明箕字特指箕星或许并不充分。"箕"字作为簸箕的象形字以及箕宿因像簸箕而得名都没有疑问，但问题的关键是如何才能使甲骨文的"箕"字与星宿联系起来。沈建华同时指出"新"字常作为天象祭祀的专名，如"新星"（《合集》6063）、"新大星"（《合集》11503）、"新异"（《合集》31000），都与"新箕"同义。但这一点也并不是没有讨论的馀地。

---

① 陈邦怀：《商代金文中所见的星宿》，《一得集》，齐鲁书社 1989 年版，第 57—58 页。

② 饶宗颐：《殷代贞卜人物通考》，香港大学出版社 1959 年版，第 149 页；温少峰、袁庭栋：《殷墟卜辞研究——科学技术篇》，四川省社会科学院出版社 1983 年版，第 52 页；沈建华：《甲骨文中所见二十八宿星名初探》，《中国文化》第 10 期，1994 年，第 80 页。

③ 严一萍：《释尾》，《中国文字》第 14 册，1964 年。

④ 沈建华：《甲骨文中所见二十八宿星名初探》，《中国文化》第 10 期，1994 年，第 80—81 页。

二　北宫玄武星宿

(一) 南斗

南斗相对于北斗而言，是二十八宿的第八宿，包括六颗星，因其形象斗勺而得名。甲骨文中是否见有南斗的记录尚不清楚，章鸿钊释卜辞"ㄅ"为斗字的另一写法，特指南斗①，证据并不充分。学者或以卜辞中的某些祭斗之文似属南斗，例如：

> 1. 帝（禘）于斗？　　《合集》30362
> 2. 癸亥贞：弜秦斗？　　《屯南》2860

但受祭者斗究竟是指南斗抑或北斗，一时尚难定论②。

(二) 牛宿和女宿

牛宿和女宿的名称来源于赤道以北的牛郎河鼓和织女，成为二十八宿的第九宿和第十宿。牛宿六星又称牵牛，女宿四星又称婺女或婺女。甲骨文中关于牛宿的记录似乎并不明确，卜辞有一字作"牨"，字象以绳系牛之状，学者或释"牛"③，或释"牵"④，或释"羁"⑤，沈建华解为牵牛二字的合文，指为牛宿，并提出三条相关的卜辞（图28）：

> 1. 戊子［卜］，厽（参）其九牵（牵牛）？　　《合集》34674
>
> 2. 戊子卜，厽（参）其九牵（牵牛）？
>   □丑卜，厽（参）其五牵（牵牛）？　　《合集》34675
>
> 3. ……厽（参）其五牵（牵牛）？　　《合集》34677

---

① 章鸿钊：《殷人祀北斗考》，《中国古历析疑》，科学出版社1958年版，第54—58页。

② 沈建华：《甲骨文中所见二十八宿星名初探》，《中国文化》第10期，1994年，第85页。

③ 商承祚：《殷契佚存考释》，金陵大学中国文化研究所1933年版，第19页。

④ 宋镇豪：《甲骨文牵字说》，《甲骨文与殷商史》第二辑，上海古籍出版社1986年版，第65—83页。

⑤ 徐中舒：《甲骨文字典》，四川辞书出版社1988年版，第856页。

图 28

1.《合集》34674   2.《合集》34675   3.《合集》34677

认为牵牛与参宿每每同版，而九、五之数疑指牵牛星旁的星数[1]。

我们必须承认，这些解释以及对卜辞的释文是存在问题的。首先，所谓参
宿的"厽"字，卜辞本作"品"，为祭名[2]，这一点似乎已无须讨论[3]。其次，所

---

[1]   沈建华：《甲骨文中所见二十八宿星名初探》，《中国文化》第 10 期，1994 年，第 84 页。

[2]   罗振玉：《增订殷虚书契考释》卷下，东方学会石印本 1927 年版，第 11 页；许进雄：《明义士收藏甲骨释文篇》第 2 卷，加拿大皇家安大略博物馆 1977 年版，第 189 页。

[3]   沈建华氏以李旦丘释"品"为"厽"，即"参"。见《甲骨文中所见二十八宿星名初探》，《中国文化》第 10 期，1994 年，第 81 页。按李旦丘所释乃甲骨文"星"字，字本作"𣥠"，与"品"字作"𠱠"不同。李氏云："今此字从三厶，是厽字也。《说文》曰：'絫坺土为墙壁。象形。'据此则设厽即筑墙之意。"所定亦非"参"字可知。见李旦丘：《铁云藏龟零拾考释》，孔德图书馆丛书第二种，上海中法文化出版委员会 1939 年版，第 39 页。

谓"九"、"五"之数的释读也不甚确切，"九"字本作"⿻"，当为"九十"的合
文，学者已有论列①。而第 3 条卜辞的"五"字也是"五十"合文的误释，第 2
条卜辞作者误写为"九"，原拓作"五"，而且"五"字的上部恰好位于卜骨残
断的边缘，因而比较其他记有"五十牵"的文例，这条卜辞本作"五十牵"也
未可知②。况且除"五十牵"、"九十牵"之外，卜辞中还有更大的关于牵的
数目：

　　　　　□□［卜，品］，其百又五十牵？　　　《合集》34674

这条记录与上录第 1 条卜辞同版互见，显然，所有这些"五十牵"、"九十牵"
或"百又五十牵"，都很难解释为牵牛星旁的星数。因此，上录三条卜辞似应释
读为：

　　　　　戊子［卜］，品，其九十牵？
　　　　　□□［卜，品］，其百又五十牵？　　　《合集》34674
　　　　　戊子卜，品，其九十牵？
　　　　　□丑卜，品，其五［十］牵？　　　《合集》34675
　　　　　丁亥卜，品，其五十牵？　　　《合集》34677

"牵"是祭祀所用的牺牲，与星名应该没有关系。
　　陈邦怀曾经讨论过商代金文中所见的女宿③，但论据也不够充分。

（三）虚宿

　　虚宿是二十八宿的第十一宿，包括两颗星。《尔雅·释天》："玄枵，虚也。"
《国语·周语下》："星在天鼋。"韦昭《注》："天鼋，次名，一名玄枵。"玄枵、
天鼋都是十二次的名称，因虚宿在玄枵之中，所以又以玄枵或天鼋为虚宿的别

---

①　宋镇豪：《甲骨文九十合书例》，《中原文物》1988 年第 4 期，第 56—58 页。
②　宋镇豪：《甲骨文牵字说》，《甲骨文与殷商史》第二辑，上海古籍出版社 1986 年版，第 74 页。
③　陈邦怀：《商代金文中所见的星宿》，《古文字研究》第八辑，中华书局 1983 年版，第 13 页。

名。陈邦怀曾以商代金文中的天黿为虚宿星名①，但后来放弃了这一观点②。

丁山曾以甲骨文"媢"字为天女专名，亦即虚宿最早的名称③。但据拓本分析，"媢"字应为"母星"的误释。试比较下面两辞：

　　　　贞：翌戊申母（毋）其星？　　　　《合集》11496 正
　　　　贞：翌壬辰不其星？　　　　《合集》11495 正

图 29　《合集》30031

很明显，"毋其星"就是"不其星"，都是卜问天晴的卜辞。

也有学者以下辞的"肖"即"虚"字，为虚宿星名，并列举了一些卜辞④，择录如下：

　　1. 癸未卜贞：王旬亡祸？才（在）十月又一。甲申肖酚祭上甲　　《合集》35411
　　2. 癸酉王卜贞：旬亡祸？王占曰："吉。"才（在）十月又一。甲戌妹（昧）工典其肖。隹（唯）王三祀。　　《合集》37840
　　3. 其㞢于蒦，又（有）大雨？　　《合集》30031

第 3 条卜辞中的"蒦"字释文似有误，原拓作"豈"，从"止"而不从"女"（图 29）。学者以为卜辞有"蒦"字，从"旬"得声，所以"旬"与"虚"古音相近⑤。尽管岛邦男主张"蒦"字有可能是"肖"字的别体⑥，增"旬"为声符，因此"肖"字与"旬"应该同声。但上古音

　①　陈邦怀：《商代金文中所见的星宿》，《古文字研究》第八辑，中华书局 1983 年版，第 13 页。
　②　陈邦怀：《一得集》，齐鲁书社 1989 年版，第 54—62 页。
　③　丁山：《中国古代宗教与神话考》，龙门联合书局 1961 年版，第 143 页。
　④　沈建华：《甲骨文中所见二十八宿星名初探》，《中国文化》第 10 期，1994 年，第 84—85 页。
　⑤　同上书，第 84 页。
　⑥　岛邦男：《祭祀卜辞の研究》，弘前大学文理学部 1953 年版，第 199 页；《殷墟卜辞研究》，中国学研究会 1958 年版，第 325 页。

"旬"属邪纽真部字,"虚"却属溪纽鱼部字,声韵不通。因此,即使"宵"字的读音可以通过"旬"声来考订,也无助于建立"宵"与"虚"字声韵上的联系。

第1、2两条卜辞都是晚殷的周祭卜辞。"工典"就是贡典,意为行祭前贡奉典册的仪式[①]。"宵"在这里是祭名,卜辞中相同的文例还有一些:

工典其酚彡	《后·下》20.7
工典其酚翌	《后·上》10.9
工典其咎	《明》789
工典其㸔	《前》3.28.5
工典其㸔其翌	《续存》1.2652
工典其萑	《前》4.43.4

这些卜辞的文例与第2条卜辞的"工典其宵"完全一致,"其"字后面的用字都是祭名,显然"宵"字也自为祭名无疑[②]。因此,甲骨文中是否留有虚宿的痕迹仍有待研究。

三　西宫白虎星宿

(一)西宫白虎

虎作为西宫之象实际是觜参两宿所具有的独特形象的提升。换句话说,觜宿和参宿组成的形象极象虎形,这在《史记·天官书》中说得很清楚。由于参宿为西宫中的授时主星,于是古人最终便以虎象作为整个西宫星象的代表。

甲骨文中的虎字极为常见,用法有兽名、人名、方国名的区分。至于用于星名的例子,学者曾提出三条卜辞[③]:

　　1. 乙未卜,其集虎陟于祖甲?　　　《合集》27339
　　2. 丁丑卜,王勿帝(禘)虎?十月。　　　《合集》21387

---

① 于省吾:《双剑誃殷契骈枝续编》,北平虎坊桥大业印书局石印本1941年版,第10—12页。
② 董作宾:《殷历谱》下编卷二《祀谱》,中央研究院历史语言研究所1945年版,第2页。
③ 沈建华:《甲骨文中所见二十八宿星名初探》,《中国文化》第10期,1994年,第81页。

　　3. 丙午卜，□贞：白虎□唯丁取？二月。　　　　《合集》10067

"虎"或"白虎"在此可否理解为西宫的象征似乎并不能一概而论。我们先来讨论第一条卜辞，该版的全辞转录于下：

　　　　乙未卜，其叙虎，陟于祖甲？
　　　　乙未卜，其叙虎，于父甲祼？

通过对读两辞可以看出，学者以"虎陟"连读，谓"虎"为受祭者显然不对。"陟"、"祼"都是祭名，用于对祖甲、父甲的祭祀，因而祖甲、父甲为陟、祼致祭的对象十分清楚。"叙"字旧以为荐牲于神前的意思，本义为持鸟持鸡之祭[①]，但所荐不必是鸡[②]。卜辞有云：

　　　　甲辰卜，叙子马，自大乙？　　　《粹》135
　　　　贞：叙兕于祖□？　　　《拾》3.11

学者普遍认为，"叙虎"与"叙子马"、"叙兕"一样，都是奉荐牺牲以祭神。很明显，这与星官体系的西宫本不相涉。事实上，"叙"应即文献之禂祭，虎与子马、兕都应为禂祈的对象，并不是祭献的牺牲[③]。因此"虎"为占卜者禂祈田猎所获之禽，而不是星象。

　　第3条卜辞中的"虎"字磨泐不清，卜辞于其他畜兽屡有见白色者，如白羊、白牛、白豕、白马、白鹿、白兕、白狐等，即使此字确为"虎"字，以白虎指为星名也还存在困难。

　　第2条卜辞的"虎"是作为受祭者出现的，这为虎为星名的探索提供了机会。《甲骨文合集》第21387版的相关内容转录于下（图30）：

---

　　①　商承祚：《殷虚文字类编·待问编》卷一，罗振玉说，决定不移轩自刻本1923年版，第2页；叶玉森：《殷契钩沉》甲卷，北平富晋书社1929年版，第6页。
　　②　郭沫若：《殷契粹编考释》，日本东京文求堂石印本1937年版，第25页。
　　③　冯时：《殷代田礼献牲考》，《考古学集刊》第18集，科学出版社2010年版。

图30　《合集》21387

丁丑卜，王，惠豕羊用，帝（褅）虎？十月。

丁丑卜，王，勿帝（褅）虎？十月。

［丁］丑卜，王贞：日雨？

辛卯卜，㠯，自今辛卯至于乙未虎見不？十月。

［辛卯卜，㠯，自今辛卯至于］乙未虎不其見？允不。

丁酉卜，㠯，自丁酉至于辛丑虎［見］不？

丁酉卜，㠯，自丁酉至于辛丑虎不其見？允不。

丁巳卜，㠯，自丁至于辛酉虎見不？十一月。

丁巳卜，㠯，自丁至于辛酉虎不其見？允不。

显然，受褅祭的"虎"与卜问"虎見"、"虎不其見"的"虎"应该具有相同的性质。"虎見"究竟如何解释，关键取决于对"見"字意义的判别。"見"本作"㠯"象月升落回环之形，为动词，卜辞凡言"見"均应在夕，因此可能与天象有关。

对“虎皃”的卜事多集中在九月至次年二月，这个时间是否又具有某种特殊的意义？搞清楚这些问题，“虎”字的性质也才好确定。饶宗颐读“皃”为“般”，为旋转盘移之意，而“虎不其皃”则示星之移位，“虎”便也是指虎星①。

（二）奎宿

奎宿是二十八宿的第十五宿，包括十六颗星。《石氏星经》：“奎十六星，形如破鞋底，在紫微垣后，传舍下。”《史记·天官书》则谓奎宿为封豕，封豕也就是天豕，《石氏星经》更以奎宿西南的大星为天豕目。

商代甲骨文和金文的“豢”字很早就引发了学者探讨奎宿的兴趣。甲骨文的“豢”字从“大”从“豕”，金文则从“天”从“豕”，由于有《天官书》奎为天豕的记载，这曾成为某些学者以“豢”字作为奎宿早期写法的证据②。事实上，尽管甲骨文“豢”字的字形比较单纯，但金文此字所从“大”字下面的兽形却有区别③，看来将这些字统统解释为天豕仍存在问题。

那么甲骨文的“豢”字是否可以放心地理解为奎宿星名呢？问题似乎也并不这样简单。学者曾举出三条卜辞：

1. 乙丑卜，翌丙豢㞢（有）至？
   庚午，豢㞢（有）至？二月。　　《合集》72
2. ……乙豢至？　　《合集》4426
3. 乙卯卜，内，豢出，魚不沁？九月。　　《合集》20738

其中两条卜问“豢至”，一条卜问“豢出”。沈建华以她所理解的卜辞“方出”为房宿出现之意比读“豢出”，以证明“豢”为星名④。这种比较当然没有什么不妥，但问题是“方出”的文字本身并不具有星名的意义，这一点我们在前文已有讨论，而卜辞“豢”字俱为人名或国族名，用法与“方”相似。卜辞又云：

① 饶宗颐：《殷卜辞所见星象与参商、龙虎、二十八宿诸问题》，《胡厚宣先生纪念文集》，科学出版社1998年版，第39页。

② 刘操南：《二十八宿释名》，《社会科学战线》1979年第1期，第155页；陈邦怀：《商代金文中所见的星宿》，《古文字研究》第八辑，中华书局1983年版，第12页。

③ 邹衡：《论先周文化》，《夏商周考古学论文集》，文物出版社1980年版，第340—341页。

④ 沈建华：《甲骨文中所见二十八宿星名初探》，《中国文化》第10期，1994年，第82页。

4. 癸亥卜，出贞：旬亡祸？旬屮（有）祟，之日𩆜，夕屮（有）豕在析。八月。　　　《缀》169

饶宗颐曾讨论这条卜辞。他认为，"夕有豕"之"豕"即指天豕，"析"则是东方天区的总名。也即十二次之析木①。然而最新的考古资料显示，奎宿的宿名古义很可能与人体有关②，而与天豕无涉。

（三）胃宿

胃宿是二十八宿的第十七宿，包括三颗星。《史记·天官书》以胃为天仓，主仓廪五谷之府。陈邦怀以为《商周金文录遗》第 25 号鼎铭之"仓"即天仓的简称③，这种观点显然影响了一些学者试图通过研究甲骨文有关"仓"字的卜辞去寻找胃宿。沈建华在这方面的探索很有意义④。她所列举的卜辞是（图 31）：

1. 于西仓？
　惠壬酌品？
　惠癸酌品？　　　《屯南》3731

卜辞中的"品"字，沈氏皆释为"参"，并谓参宿与"西仓"共见于一版⑤。这个意见不甚妥当，我们于前文已有讨论。但她以"西仓"即指胃宿，则发前人所未发。事实上，如果"西仓"与胃宿确有联系的话，那么我们通过这条遗文所获得的商代星官体系的知识便不只于此。很明显，胃宿之所以冠以方位名词而称"西仓"不仅说明当时与东宫相对的西宫已经形成，甚至沿周天划分的四个赤道

图 31　《屯南》3731

①　饶宗颐：《殷代贞卜人物通考》，香港大学出版社 1959 年版，第 850—852 页。
②　冯时：《洛阳尹屯西汉壁画墓星象图研究》，《考古》2005 年第 1 期。
③　陈邦怀：《商代金文中所见的星宿》，《古文字研究》第八辑，中华书局 1983 年版，第 12 页。
④　沈建华：《甲骨文中所见二十八宿星名初探》，《中国文化》第 10 期，1994 年，第 82 页。
⑤　同上书，第 81 页。

宫已具有完整的规模也是合乎情理的。

（四）昴宿

昴宿是二十八宿的第十八宿，今知为星团，肉眼可辨者有七颗星。《说文·日部》："昴，白虎宿星。从日，卯声。"章鸿钊认为卜辞中有关"改卯鸟星"的记载即是祭祀昴、鸟二星，"卯"乃指昴宿[1]，不甚可据。丁山曾以《续殷文存》卷下的爵铭"鼎"为昴宿星名[2]，而陈邦怀则以商代金文作为族徽的"卯"字即指昴宿[3]。沈建华也提出了一些所谓昴宿的卜辞[4]，转写于下：

1. 癸未贞：惠甲申酚卯？　　　《合集》34548
2. □丑卜，秦，其卯，王受又（祐）？　　《合集》30598
3. 癸未贞：其卯出入日岁三牛？兹用。　《屯南》890
4. 三报二示卯，王祭于之，若，有足？　《合集》27083
5. 惠𤔲卯？
   其置庸豆，于既卯？　　《合集》30693

我们先来讨论第 1、2、4 条卜辞。《甲骨文合集》34548 版的全辞是：

癸未贞：惠甲申酚卯？
惠甲午酚卯？

"卯"字旧解为祭名，相同的文例有：

惠乙丑酚告？　　《合集》34499
惠己卯酚秦？　　《合集》34501
惠辛巳酚燎？　　《合集》34511
甲申卜，惠辛卯酚品？　　《合集》34524

---

[1]　章鸿钊：《殷人祀岁星考》，《中国古历析疑》，科学出版社 1958 年版，第 27 页。
[2]　丁山：《中国古代宗教与神话考》，龙门联合书局 1961 年版，第 144 页。
[3]　陈邦怀：《商代金文中所见的星宿》，《古文字研究》第八辑，中华书局 1983 年版，第 12 页。
[4]　沈建华：《甲骨文中所见二十八宿星名初探》，《中国文化》第 10 期，1994 年，第 82 页。

乙酉卜，惠甲午酻ㄣ？　　　《合集》34516

上录诸辞"酻"字后的一字都是祭名，"卯"字与此相同，解释为祭名似乎更合适。而第 2、4 条卜辞的"卯"字也宜作同样的理解。

第 3 条卜辞属于明显的误解。《小屯南地甲骨》第 890 版的全辞是（图 13，1）：

癸未贞：甲申酻出入日，岁三牛？兹用。

癸未贞：其卯出入日，岁三牛？兹用。

出入日，岁卯［多牛］？不用。

很明显，这是一条殷人卜祭出日入日的卜辞，"出入日"是出日入日的合称，有关问题我们在第一章第三节已经谈过。因此，作者以所谓"卯出"为句而解为昂宿出现[1]，于卜辞的释读和解释两方面都有错误。

第 5 条卜辞以"于既卯"与"惠卯卯"对贞。裘锡圭对此辞的解释是：究竟是在卯祭完毕置钟鼓好，还是到卯祭的时候就置钟鼓好[2]，仍以"卯"为祭名，似更合理。因此，卜辞中是否存在昂宿仍有待甄别，至少上录的五条卜辞难以反映这一事实。

（五）毕宿

毕宿是二十八宿的第十九宿，包括八颗星，因形象田狩掩兽的毕网，因此得名。

甲骨文有一字作人执罕之形，可隶定作"罼"，温少峰、袁庭栋释"毕"。此字于卜辞仅一见（图 32），全辞的内容是：

图 32　《乙》188

1. 丙申卜，今夕方雨，毕，不凤（风）？允不。六月。　《乙》188

---

① 沈建华：《甲骨文中所见二十八宿星名初探》，《中国文化》第 10 期，1994 年，第 82 页。

② 裘锡圭：《释秘》，《古文字研究》第三辑，中华书局 1980 年版，第 20—21 页。

学者读"方雨"为滂雨，意即滂沱大雨，并引《诗·小雅·渐渐之石》"月离于
毕，俾滂沱矣"及《尚书·洪范》"月之从星，则以风雨"，解卜辞"毕"即指
毕宿，时值望日，月在毕宿而天降大雨，甚合民谚[①]。

　　这些解释初读起来似乎无懈可击，但接下去的考究却使"毕"具有星宿含
义的推论并不那么乐观。张培瑜认为，殷商时代月望在毕的时节于寒露至霜降
间，已不是中原地区降雨集中的季节。即便我们将"月离于毕"解释为新月，
这个天象在殷商之时也只出现在春分至谷雨间。因此，《诗经》中的有关天象与
其说反映了殷周时代的天象实际，还不如说当时的人们在重述着更为古老的俚
谚[②]。当然，这种怀疑也并非完全合理，因为卜辞明确记有"六月"，如果"方
雨"确实可以解释为滂沱大雨的话，那么从中原地区雨量集中的季节（大暑至
处暑）回推，则殷历的岁首竟出现在夏历的二月，似乎更无道理可言。这些矛
盾显示，"方雨"之为滂雨与毕之为毕宿这两个概念是不可能同时并存的。其实
卜辞的"方"也不妨读为"伐"，作为祭名，因为卜辞中伐祭与启雨的联系司空
见惯。

> 戊寅卜，巫又（有）伐，今夕雨？　　　　《库》972
> 贞：翌庚申我伐，易日？庚申明阴，王来途首，雨小。　　　《乙》6419
> 既伐，大启。　　《合集》5843
> 伐，既雨。咸伐，亦雨。　　《乙》6664

两相对读，我们可以将第 1 条卜辞重新释读为：

> 丙申卜，今夕伐，雨鞯不风？允不。六月。

"鞯"如果可以释为"毕"的话，可能有完毕停止之意。卜辞占问，夜行伐祭，
雨住之后不会起风吧。验辞记道，果然没有起风，问答一贯，这可能就是全辞
的本义。当然我们在卜辞中仍然看不到毕宿的影子。

---

　　①　温少峰、袁庭栋：《殷墟卜辞研究——科学技术篇》，四川省社会科学院出版社 1983 年版，第
58—59 页。

　　②　同上书，引张培瑜说，第 59 页。

　　有学者认为，卜辞的"畢"与"𢇛"一样，都可以作为毕宿宿名①。但是由于有关"𢇛"字的卜辞太少，我们还没有证据将"畢"与"𢇛"作为同一个字来看待。

（六）觜宿和参宿

　　觜宿和参宿分别为二十八宿的第二十和二十一宿，觜宿三星，参宿七星，共同组成虎的形象。觜宿恰值虎口，因而得名。参宿的主体为中央三星，故参宿本义为三，是宿名的来源。

　　商代金文中作为族徽的"此"字或被认为觜宿宿名②，尽管这一观点尚需更多的资料佐证，但它确实诱使某些学者开始通过研究卜辞的"此"字去探寻商代的觜宿。学者或以如下一些卜辞中的"此"字与觜宿有关：

　　　1. ……其烄此又（侑）雨？　　　《合集》30789
　　　2. 丁亥卜，其秦年于大示即日此又（侑）大雨？　　《屯南》2359
　　　3. 惠大牢此又（侑）雨？　　　《合集》28244
　　　4. 惠此于，弜风此？　　　《合集》31189
　　　5. 惠犬此雨？　　　《合集》31191

我们先讨论第 4 条卜辞。这条卜辞残断，旧释或有误，今据拓本（图 33），知此条卜辞的正确释写应为：

图 33　《合集》31189

　　　弜……唯……此。
　　　惠……此……又（有）又（祐）。

对读相关的卜辞，可能会对该辞内容的理解有所帮助。卜辞云：

　　　于弗舌王廼此？
　　　兹夕王此受又（祐）？　　　《合集》31188

---

①　沈建华：《甲骨文中所见二十八宿星名初探》，《中国文化》第 10 期，1994 年，第 82—83 页。
②　陈邦怀：《商代金文中所见的星宿》，《古文字研究》第八辑，中华书局 1983 年版，第 12—13 页。

　　　　二牢，王此受又（祐）？　　　　《合集》31190

　　　　惠丁丑，王受又（有）又（祐）？　　　《合集》31208

据此可以将此条卜辞的第二问拟补为：

　　　　惠□□（干支），［王］此［受］又（有）又（祐）？

"此"字非星名是显而易见的。

　　我们再来讨论其馀四条卜辞。这些卜辞旧释也有问题。先看第 3 条卜辞，
这版卜辞的全部内容是：

　　　　其秦年［于］河？

　　　　惠大牢，此又（有）雨？

　　　　其秦年于方，受年？

　　　　于方雨兮寻秦年？

　　　　惠小牢？

我们可将这版卜年卜辞与相关的卜辞对读：

　　　　其秦年于岳，兹又（有）大雨？　　　《合集》28255

　　　　其秦年于河，此又（有）雨？

　　　　于岳秦年，此雨？

　　　　其秦年于河，惠牛？用。　　　《合集》28258

事实很清楚，"此"与"兹"是可以互用的，"此有雨"也就是"兹有雨"。"此"
与"兹"都是指示代词，意义相同。至此，我们有理由将这四条卜辞重新释读
于下：

　　　　1. ……其焱，此又（有）雨？

　　　　2. 丁亥卜，其秦年于大示，即日，此又（有）大雨？

　　　　3. 惠大牢，此又（有）雨？

4. 惠犬，此雨？

所有的"此"字都应作为指示代词，而与星名无关。沈建华认为，"此"旧释为"紫"，作祭名，乃焚天祭雨之意。但第 1 条卜辞的"焚"字已有焚天木燃的意义，因而"此"字不可以再与焚祭重复[①]。这个意见十分中肯。但她以"此"为名词，解作星名，似失于疏忽。

卜辞中有关参宿的资料也同样不够充分，我们于前文已有讨论。此外，章鸿钊认为卜辞"王宾伐"的伐字为参宿[②]，其他学者也列举了一些有关伐的卜辞[③]。这些"伐"字都应用为祭名，这一点应该没有什么异议。事实上，前文讨论的《甲骨文合集》第 21387 版卜辞的"虎"字倒似乎可与天象建立起联系，假如它不能作为西宫象征的话，那么是否存在专指参宿或觜参两宿的可能。

四　南宫朱雀星宿

（一）井宿

井宿是二十八宿的第二十二宿，包括八颗星。因八星组成的形状象井，因此得名。陈邦怀认为，《从古堂款识学》卷十一的瓿铭有"井父癸"，《商周金文录遗》361 号瓿铭有"亞井"，两铭的"井"字，都是以井宿作为族徽[④]。但迄今尚无学者利用甲骨文来印证这一观点。

（二）柳宿、星宿、张宿和翼宿

柳、星、张、翼四宿分别是二十八宿的第二十四至二十七宿，柳宿八星，星宿七星，张宿六星，翼宿二十二星，组成鸟雀之形，后人以此象统指南宫，名曰朱雀。鸟象之中以柳宿为鸟喙，故又名咮。又以星宿为鸟颈，张宿为鸟嗉，翼宿为羽翼，形象完整。

《尚书·尧典》："日中星鸟，以殷仲春。"注家或以鸟为南宫七宿，或以为

---

① 沈建华：《甲骨文中所见二十八宿星名初探》，《中国文化》第 10 期，1994 年，第 82 页。
② 章鸿钊：《殷人祀岁星考》，《中国古历析疑》，科学出版社 1958 年版，第 42—43 页。
③ 沈建华：《甲骨文中所见二十八宿星名初探》，《中国文化》第 10 期，1994 年，第 81—82 页。
④ 陈邦怀：《商代金文中所见的星宿》，《古文字研究》第八辑，中华书局 1983 年版，第 11 页。

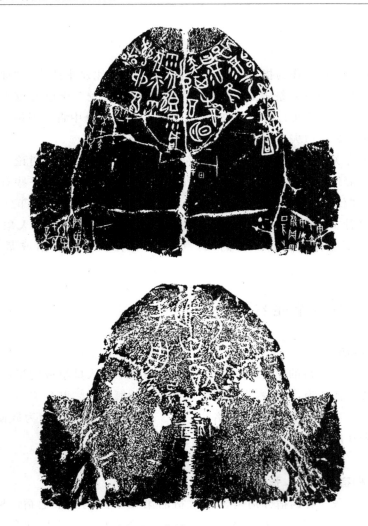

图 34　《乙》6664、6665

特指七星一宿。董作宾首先提出甲骨文的鸟星问题，他所讨论的卜辞有这样两版（图 34、图 35）：

　　1. 丙申卜，㱿贞：来乙巳酌下乙？王占曰："酌。唯屮（有）祟，其屮（有）毁（微）。"乙巳酌。明雨。伐，既雨。咸伐，亦雨。改卯鸟星。

　　乙巳夕，屮（有）毁（微）于西。　　　　《乙》6664、6665（正、反）

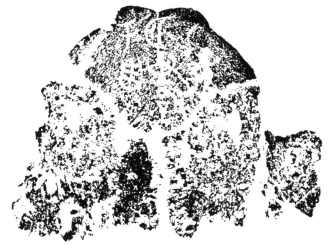

图35　《合集》11498正、反

2. 丙申卜，殻贞：来乙巳酚下乙？王占曰："酚。唯虫（有）祟，其虫（有）殸（徵）。"乙巳［酚］。明雨。伐，既雨。咸伐，亦雨。改［卯］鸟星。

乙巳夕，虫（有）殸（徵）于西。　　　　　　《合集》11498正、反

董作宾认为，卜辞"有毁（今释"毁"，读为"徵"）于西"疑指流星而言，盖西顾流星陨落以为星有所毁。"改"（今释"改"）和"卯"可能都是祭名，用来祭祀鸟星。而鸟星应该就是《尧典》"日中星鸟"的鸟，为南方七宿的总名。祭祷的时间或在春季，唯卜辞未记月名，故无从考知[①]。

假如这确是一条祷祭鸟星的记录的话，那么关于"鸟"字的所指其实也并不是不存在不同的看法。杨树达释"鸟"字为"咮"，谓即柳宿[②]。但这充其量也只是将星名所指变化一下而已，显而易见，董作宾倡导的以"鸟"为星名的观点始终为多数学者深信不疑[③]。

人们之所以相信"鸟"是星名，在很大程度上取决于将"鸟"与"星"字连读作"鸟星"，但是杨树达在随后撰写的论文中意识到，卜辞"星"字的意义恐怕并非这样简单，他考察了如下三条卜辞：

    3. 贞：翌乙卯不其易日？王占曰："之翟勿雨。"乙卯允明阴，乞（迄）
囚（烈）。食日大星[④]。   《乙》6385、6386（图36）
    4. 冬（终）夕……龙，亦大星。   《簠·杂》120
    5. 辛未虫（有）毁（徵），新星。   《前》7.14.1

他认为，卜辞的"大星"、"新星"若释为星辰之星，殊无文理，"星"字都应读为"姓"，后也作"晴"，即夜间云除星见之意，并引《诗》郑《笺》、《韩非子》、《说苑》等文献周加论证。则卜辞的"大星"意即大晴，"亦大星"即言夜大晴，"新星"则言久阴之后而晴[⑤]。

---

①　董作宾：《殷历谱》下编卷三《交食谱》，中央研究院历史语言研究所 1945 年版，第 1 页。而章鸿钊更认为辞中的"卯"字也非祭名，而指昴星。参见氏著《殷人祀岁星考》，《中国古历析疑》，科学出版社 1958 年版，第 27 页。

②　杨树达：《积微居甲文说》，中国科学院 1954 年版，第 2 页。

③　李孝定：《甲骨文字集释》卷四，"中央研究院"历史语言研究所 1965 年版，第 1360 页；李亚农：《殷代社会生活》，上海人民出版社 1955 年版，第 97—98 页；严一萍：《殷商天文志》，《中国文字》新 2 期，1980 年，第 2—6 页；中国天文学史整理研究小组：《中国天文学史》，科学出版社 1981 年版，第 16 页。

④　卜辞之"翟"为时辰称谓（说详第五章第一节），故"乞囚"读为"迄烈"，是描述天气阴沉的程度，而"大星"意即大晴，这是一条占卜气象的卜辞。参见冯时：《读契劄记》，《纪念殷墟甲骨文发现一百周年国际学术研讨会论文集》，社会科学文献出版社 2003 年版，第 202—204 页。

⑤　杨树达：《积微居甲文说》，中国科学院 1954 年版，第 10—11 页。

图 36　《乙》6385、6386

　　杨树达对卜辞辞意的解说是否合适当然可以讨论[①]，但他关于卜辞"星"字本义和用法的研究则是正确的。然而，这种观点似乎并不容易被人接受，即使如陈梦家那样的学者，尽管他并不像某些人那样对这些新说置之不理，但他在认为甲骨文的"星"或"大星"似乎都是指夜晴的同时，仍然谨慎地承认，有些卜辞也有作为星辰之星的可能[②]。

　　继杨树达之后，学者对这一问题的深入研究则使卜辞"星"字的本义愈加明朗了。饶宗颐提出的可与"星"字互证的卜辞是：

　　　6. 丙申卜，翌丁酉酚、伐，启？丁明阴。大食日启。一月。

《库》209

此辞之"大食日启"与上录第 3 条卜辞的"食日大星"可相互阐发，"大食"指

---

　　①　杨树达以"亦"字为夜，不确，同版卜辞已见"夕"字，为夜之称。严一萍于此也有议论，参见氏著《北京大学国学门藏殷虚文字考释》卷一，艺文印书馆 1980 年版，第 9 页。

　　②　陈梦家：《殷虚卜辞综述》，科学出版社 1956 年版，第 246 页。

图 37　《合集》11499 正

食时，与"食日"同意，因此"星"与"启"同意，"大星"应读为"大晴"①。
李学勤则列举了《甲骨文合集》第 11499（正）版卜辞（图 37），全文如下：

> 7. 癸卯卜，争贞：下乙其虫（侑）鼎？王占曰："虫（侑）鼎，唯大示，
> 王亥亦巴。"酯。明雨。伐，[既]雨。咸伐，亦[雨]。饮、卯鸟大启，易。

这条卜辞与上录第 1、2 条所谓"鸟星"卜辞所记为一事，将相关的卜辞对读，
可以明显看出，彼辞之"星"与此辞之"大启"互文，这意味着两辞具有相同
的意义，因此"星"也就是"大启"，都是有关天晴的气象记录②。他同时将
《甲骨文合集》第 11500（正）版与《殷契卜辞》第 2 版两辞比较（图 38），对于

---

①　饶宗颐：《殷代贞卜人物通考》，香港大学出版社 1959 年版，第 82—83 页。作者以《乙》6386
之"日"属下读，谓"日大星"与《库》209"日启"可互为印证。

②　李学勤：《论殷墟卜辞的"星"》，《郑州大学学报》（哲学社会科学版）1981 年第 4 期，第 89—90
页。

图 38

1.《燕》2 2.《合集》11500 正

说明卜辞"星"意为晴同样具有说服力①。

这些证据虽然对于割断卜辞"星"字与星宿的联系已足够充分,但似乎仍然不能消除所有学者的疑虑。张秉权认为,《殷虚文字丙编》第 562 版（即《合集》11499 版）很可能与上录第 1、2 条卜辞为一甲之折,且所记天象亦属一事。甲骨文中,尤其是成套卜辞常有彼详此略的现象,如上录第 1、2、7 条卜辞便是如此。如辞 1 作"改卯鸟星",辞 2 省"卯"作"改鸟星",辞 7 则省"星"字而作"改卯鸟",当然"星"字也可能在残缺之处②。这些疑虑对于说明所谓"鸟星"其实并没有什么帮助,理由很简单,其一,从拓本显示的情况看,辞 7"鸟大"二字紧相连接,因此卜甲残缺处不可能再有"星"字,否则文辞不类。其

---

① 李学勤：《论殷墟卜辞的"星"》，《郑州大学学报》（哲学社会科学版）1981 年第 4 期，第 90 页。

② 张秉权：《甲骨文与甲骨学》，国立编译馆 1988 年版，第 275—276 页。

二，辞 2 较辞 1 省掉"酉彡"、"卯"二字，很可能是漏刻，这个结果不宜移用于辞 7，就像我们不能认为辞 7 的"大启，易"三字可以在辞 1 和辞 2 中被省略了一样。事实上，不仅辞 3 的"食日大星"是明确记录发生在白天的事情①，而且辞 1、2 的背辞皆记"乙巳夕，有徵于西"的验辞，次序与面辞"唯有祟，其有徵"相应，也证明面辞内容确系白天之事。这些同版卜辞都提供了"鸟星"作为星名解释的坚实反证，因为白天是无法观祭鸟星的。所以，卜辞的"星"字与星宿无关应是可以接受的事实。

卜辞还有相关的鸟名与"星"字相连的记录（图 39）：

8.……大采烙云自北，西单雷，……［小］采日鹬星。三月。　　《甲缀》83

学者或指"鹬"为商星②，或以为鹑尾之专名③，或以为参星④。但也不妨将它视为鸟名⑤。

"鸟"字虽然不能与"星"字连读而解为鸟星，但它确实又是受祭的对象。学者或疑"鸟"字读为"倏"，"鸟星"意即倏晴⑥。不过如果与"鹬星"的卜辞比较，似乎也可能存在其他的解释。学者对读下面两条卜辞，认为"鸟"应该视为受祭者⑦。

图 39　《甲缀》83

9.……霁，庚子蓺鸟星？七月。　　《合集》11500

10.□□卜，狄［贞］：蓺天田，［亡］灾，弗每（悔）？

　　　　　　　　　　　　　　　　　　《合集》31273

①　严一萍：《殷商天文志》，《中国文字》新 2 期，1980 年，第 8、35 页，注四；《"食日"解》，《中国文字》新 6 期，1982 年，第 49—56 页；曹锦炎：《读甲骨文札记》，《上海博物馆集刊》第 4 期，上海古籍出版社 1987 年版，第 196—197 页。

②　胡厚宣：《甲骨文中之天象记录》，《责善半月刊》第 2 卷第 17 期，1941 年，第 927 页。

③　丁山：《中国古代宗教与神话考》，龙门联合书局 1961 年版，第 142 页。

④　严一萍：《殷商天文志》，《中国文字》新 2 期，1980 年，第 36 页，注五引丁骕说。

⑤　胡厚宣：《殷代之天神崇拜》，《甲骨学商史论丛初集》第二册，成都齐鲁大学国学研究所 1944 年版。

⑥　李学勤：《论殷墟卜辞的"星"》，《郑州大学学报》（哲学社会科学版）1981 年第 4 期，第 90 页。

⑦　沈建华：《甲骨文中所见二十八宿星名初探》，《中国文化》第 10 期，1994 年，第 83 页。

"鸟"和"天田"一样，似乎仍可以作为鸟星来解释。但是联系辞1、2"敆卯鸟"的记录，可知祭鸟的活动是在白天举行的，这与祭祷北斗的卜辞反映的殷人祭星多在夜晚举行的情况不同。另一种意见认为，"鸟"或"鷈"字与"星"字必须分读，二者作为受祭者，前一字根据字形所象应释为"鸟"，即古人以为负日之阳鸟；而后一字"鷈"则为知天将雨之鸟。殷人祭鸟则为祭日的不同形式，因其时天雨无日，故祭乌神，意在祈求日出天晴[①]。

甲骨文中还有其他一些以鸟受祭的卜辞：

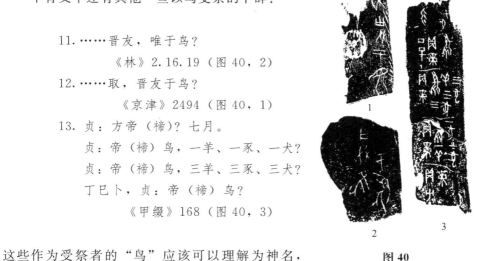

图 40

1. 《京津》2494　2. 《林》2.16.19

3. 《甲缀》168

    11. ……晋友，唯于鸟？

        《林》2.16.19（图40，2）

    12. ……取，晋友于鸟？

        《京津》2494（图40，1）

    13. 贞：方帝（禘）？七月。

        贞：帝（禘）鸟，一羊、一豕、一犬？

        贞：帝（禘）鸟，三羊、三豕、三犬？

        丁巳卜，贞：帝（禘）鸟？

        《甲缀》168（图40，3）

这些作为受祭者的"鸟"应该可以理解为神名，其中可能也并不排除确有一些属于鸟星[②]。但是我们必须承认，三条卜辞中"鸟"字的写法是不同的，至少第3条卜辞的鸟字皆于鸟颈增写一横，它们是否可以统释为"鸟"，仍需探讨，这当然直接涉及到对鸟星的认定。

从中国天文学史的角度考察，殷人显然早已对南宫朱鸟星象有所掌握，既然如此，鸟象之中的各个星宿是否也见诸当时的遗文？陈邦怀曾据战国曾侯乙二十八宿漆箱星象图"柳"作"酉"而考释商代金文中用作族徽的"酉"为柳

①　冯时：《史前及殷代的恒星观测》，薄树人主编：《中国天文学史》，文津出版社1996年版，第19页；《中国天文考古学》，中国社会科学出版社2010年版，第205—207页。

②　温少峰、袁庭栋：《殷墟卜辞研究——科学技术篇》，四川省社会科学院出版社1983年版，第55页；沈建华：《甲骨文中所见二十八宿星名初探》，《中国文化》第10期，1994年，第83页。

宿①，但后来放弃了这一观点②。至于甲骨文"酉"与柳宿的关系，学者也见探讨③。下面我们讨论有关的卜辞。

14. 癸未王卜，贞：酉彡日自上甲至于多毓，衣，亡它自祸？在四月，唯王二祀。　《合集》37836

15. 癸未卜，贞：醰豊，惠虫酉？用。十二月。　《合集》15818

16. □巳卜，夕酉……牢母庚？　《合集》21554

17. 于妣己酉祭？　《合集》22278

18. 虫（侑）酉于辛？　《合集》1777

学者或将这些卜辞中的"酉"字定为柳宿似乎都有问题。先看辞 14（图 41，3），这是一条周祭卜辞，又著录于《殷虚书契前编》第 3.27.7 版及《卜辞通纂》第287 版。"酉"字本作"酌"，拓本不清，郭沫若、董作宾皆释"酌"④，可从。相同文例的卜辞还有（图 42）：

［癸］亥王卜，贞：酌彡日自上甲［至］于多毓，衣，亡它自祸？［王占］曰："吉。"在三月，唯王廿祀彡。　《合集》37851＋37864

"酌"为祭名，非柳宿可知。

第 15、16 两条卜辞的情况与此相类。第 15 辞旧录《殷虚书契后编》卷下第8.2 版（图 41，2），"酌"字残，岛邦男摹释为"酌"⑤，可从。相同文例的卜辞有：

乙酉卜，贞：来乙未酌醰于祖乙？十二月。　《林》2.11.1

---

① 陈邦怀：《商代金文中所见的星宿》，《古文字研究》第八辑，中华书局 1983 年版，第 11 页。

② 陈邦怀：《商代金文中所见的星宿》，《一得集》，齐鲁书社 1989 年版，第 54—63 页。

③ 沈建华：《甲骨文中所见二十八宿星名初探》，《中国文化》第 10 期，1994 年，第 83—84 页。

④ 郭沫若：《卜辞通纂考释》，日本东京文求堂石印本 1933 年版，第 61 页；董作宾：《殷历谱》下编卷二《祀谱二》，中央研究院历史语言研究所 1945 年版，第 1 页。

⑤ 岛邦男：《增订殷墟卜辞综类》，汲古书院 1977 年版，第 401 页。

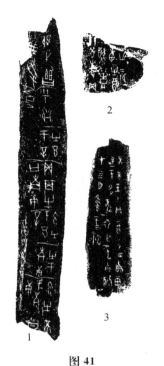

图 41

1.《合集》1777　2.《合集》15818

3.《合集》37836

图 42　《合集》37851＋37864

此辞于辞 15 两日后所卜，且同在十二月，乃先后之事，彼辞卜选祭法，此卜则择酌、酨二法祭之，因果清晰。因此，两条卜辞的"酉"字实也为"酌"[1]。

　　第 17 辞的"祭"字（图 43），学者或释"祝"[2]，或读为"祐"、"祷"[3]，祭名。岛邦男释此辞作[4]：

　　　　于妣己祝酌?　　　　《乙》8860

---

①　姚孝遂、肖丁:《殷墟甲骨刻辞摹释总集》上册，中华书局 1988 年版，第 471 页。

②　王国维:《戬寿堂所藏殷虚文字考释》，仓圣明智大学 1917 年版，第 27 页。

③　王襄:《簠室殷契征文考释·帝系》，天津博物院 1925 年版，第 30 页；岛邦男:《殷墟卜辞研究》，中國學研究會 1958 年版，第 322 页。

④　岛邦男:《殷墟卜辞研究》，中國學研究會 1958 年版，第 322 页。

图 43　《合集》22278

并引同文例卜辞对证：

> 既衩酺酓？　　　《宁沪》1.179
> 于父己、父庚既衩酺酓？　　　《南·明》634

由此可见，辞 17 之"酉"也当读为"酓"，为祭名。

第 18 辞的情况有些特别（图 41，1），同版卜辞的全文释写如下：

> 㞢（侑）于南庚？
> 勿㞢（侑）于南庚？
> 贞：其㞢（侑）曰南庚？
> 勿㞢（侑）于且（祖，倒书）辛？
> 㞢（侑）于且（祖，倒书）辛？

通观全辞可以看得很清楚，这是一版侑祭南庚和祖辛的卜辞。全辞个别文字出现异写，如第三条卜辞的"侑曰"就是其他诸条卜辞的"侑于"，"曰"、"于"

互通①。后两条卜辞的"且"（祖）字倒书。倒书的"且"字虽与"酉"字形近，但第五条卜辞实与第四条卜辞对贞，且行款有异，因此它无疑应是"侑于且（祖）辛"的错写，而不应释为"酉"并解为星名。

卜辞中尚有"小火"之称，已见前说。"小火"与"天火"（上火）及"燚"对文，似亦星名。学者或指"小火"为鹑火，准确地说即为柳宿②，也是有待讨论的问题。

关于朱鸟形象中的星宿，学者或以为卜辞中作象形文的一类"星"字应与其有关，并列举了一些卜辞③：

19. 大星出南？　　　《合集》11504（图44，1）

20. 七日己巳夕畠虫（有）新大星并火。

　　　　　　　　　《合集》11503反（《后·下》9.1）（图22）

21. 辛未虫（有）毀（徵），新星。　　《合集》6063反

22. 贞：王曰：先大星好？

　　　　　　　　　《合集》11505

23. 庚午卜，……火星……

　　　　　　　　　《合集》29696

24. ……吉……星率？

　　　《合集》16124反（图44，2）

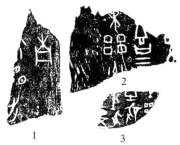

图44

1.《合集》11504　2.《合集》16124反
3.《乙》8357

严一萍以为，"大星出南"是说南方见有大星（图44，1），此"大星"当有所指④。不过可以肯定的是，即使"大星"在这里具有星辰的意义，"大星出南"也很难与南宫七宿的星宿建立起联系，很明显，"南"是星辰出现的位置，而并不具有南宫的意义。事实上，这里的"大星"与前文我们讨论的作大晴解的"大星"遣词相同，这意味着作象形文的"星"与作形声字的

---

①　池田末利：《殷虚書契後編釋文稿》2，廣島大學文學部中國哲學研究室1964年版，第160页。

②　温少峰、袁庭栋：《殷墟卜辞研究——科学技术篇》，引赵庄愚说，四川省社会科学院出版社1983年版，第51页。

③　沈建华：《甲骨文中所见二十八宿星名初探》，《中国文化》第10期，1994年，第83页。

④　严一萍：《殷商天文志》，《中国文字》新2期，1980年，第8—9页。

"星"并没有什么不同,因此我们很难否定这些"大星"不具有大晴的意义。第20辞的释读问题我们已有讨论,这应卜问的是祈晴祭火的内容。而第24辞的释读似应为:

……吉。[三（?）日]……□晶率……

而所谓"星"字作"晶"(图44,2),旧皆释"晶"①。当然,如果与《殷虚文字乙编》第8357版的"星"字比观(图44,3),释"星"可能不误,但它在验辞中的意义却似乎仍然是记录天晴。

朱鸟形象中的翼宿也见讨论,学者列举的相关卜辞如下:

25. 贞:異唯其雨?　　《合集》1096
26. 庚戌[卜],争贞:不其雨,帝異?　　《合集》11921
27. 新異鼎祝?　　《合集》31000

迄今所知,"異"字在卜辞中至少有三种用法,其一,"異"在与帝或先王名连缀的时候,如"帝異"、"父乙異"(《乙》7705),"異"字则有疑怪之意,这是帝或先王降给人间灾难的先兆②。其二,"異"应该是"禩"字的初文,也就是"祀"字的异写,作为祭名。这一点通过《殷虚文字甲编》3915版"王異（禩）"与"王勿巳（祀）"的对贞卜辞反映得相当清楚③。其三,"異鼎"又见于周原甲骨(H11:87)及西周金文(作册大方鼎),似乎是一个专用名词,"異"可通作"翼","翼鼎"可能是指一对鼎或一种特殊形制及纹样的鼎④。而"新異"连文

---

① 商承祚:《殷虚文字类编》卷三,决定不移轩自刻本1923年版,第1页;中国社会科学院考古研究所:《小屯南地甲骨》下册,中华书局1983年版,第981页。
② 鍾柏生:《说"異"兼释与"異"并见诸词》,《中央研究院历史语言研究所集刊》第56本第3分,1985年,第560—561页。
③ 常正光:《甲骨文字的一字多形问题》,《古文字研究论文集》(四川大学学报丛刊第十辑),四川人民出版社1982年版,第53—62页。
④ 陈梦家:《西周铜器断代（三）》,《考古学报》1956年第1期,第85页;于省吾:《甲骨文字释林》,中华书局1979年版,第215—217页;鍾柏生:《说"異"兼释与"異"并见诸词》,《中央研究院历史语言研究所集刊》第56本第3分,1985年,第560—561页。

则有新奇之意①。也有学者以为"異"仍与"褙"同，意即祭祀用鼎②。卜辞"異"字的这些用法涵盖了上录三条卜辞，显然，"異"字在这里并不具有星名的意义。

（三）轸宿

轸宿是二十八宿的最后一宿，包括四颗星，另有附座二星，为左右辖。《石氏星经》："轸四星居中，又有二星为左右辖，车之象也。"而古人又名轸宿为天车。陈邦怀曾据曾侯乙漆箱星象图二十八宿名"轸"作"车"而释商代金文的族徽"车"为轸宿③，但卜辞中是否存在轸宿的痕迹，未见探讨。

综上所述，商代甲骨文中的二十八宿星名虽然已见研究，但真正能够使人确信为星名的资料其实并不很多，这一方面可能因为卜辞内容的局限所致，而另一方面也不排除我们并没有真正找到了解商代星官体系的途径。或许对商代星占观的探讨可以成为进一步研究商代星官体系的基础，但无论如何，综合地、客观地分析卜辞资料都是必要且不可或缺的。

第三节　新星及超新星

恒星其实并不像它的名字所显示的那样永恒不变，而同样有着自己的演变历史，这意味着恒星的位置不仅可以发生改变，而且星的等级和亮度也会经常有所变化。原来勉强可见的暗星，亮度会突然增强一百万倍，这样的恒星爆发便生成所谓"新星"。如果爆发特别猛烈，则生成"超新星"。新星和超新星都属于变星，在中国的天文学传统中则被称为客星。

历来研究新星和超新星的学者几乎无例外地首先将他们的目光投向商代卜辞中的所谓"新星"记录，这些记录在目前所见共有三条，按照旧有的释读方法应该写作：

---

① 金祥恒：《释異》，《中国文字》第 14 册，1964 年。

② 郭沫若：《两周金文辞大系图录考释》第六册，科学出版社 1957 年版，第 33 页；陕西周原考古队、岐山周原文管所：《岐山凤雏村两次发现周初甲骨文》，《考古与文物》1982 年第 3 期。

③ 陈邦怀：《商代金文中所见的星宿》，《古文字研究》第八辑，中华书局 1983 年版，第 11—12 页。

1. 七日己巳夕𢆉，业（有）新大星并火。　　《后·下》9.1（图22）

2. 辛未业（有）毁新星。　　《合集》6063反

3. 戊申业（有）毁新星。　　《乙》8357（图44，3）

董作宾首先将卜辞中的"新星"与中国古人传统认识的客星联系了起来，他并且认为，"有新大星并火"即指有新星之大者傍近大火星，而大火也就是大辰，即东方苍龙七宿的心宿二（天蝎座 α），则新星毫无疑问就是客星。同样的道理，卜辞所讲的"有毁新星"当然是指新星的毁灭[①]。这些议论在相当长的时期内一直为学者深信不疑，并为史家，尤其是天文史家竞相沿用[②]。1955年，席泽宗编制古新星新表，即以上录卜辞作为中国现知古新星的开始[③]。英国学者李约瑟（Joseph Needham）则以为辛未与己巳两日之间只相隔两天，因此两条卜辞所记大概是指同一颗新星[④]。

　　人们之所以相信董作宾关于卜辞所谓"新星"即指客星的说法并非全无道理，这不仅因为董先生是研究甲骨文的权威学者，而且更重要的是，近几十年迅速发展的射电天文学研究成果似乎为这一观点提供了证据。天文学家发现，星际间存在的一大批射电源（射电星）至少有一部分可以认定为是古代新星或超新星爆发的遗迹，当然，中国古代的新星观测资料对这一研究显然关系重大。目前我们知道，在已被确定的数十个射电源中，已有相当一部分与古代超新星记录相合。换句话说，在记载明确的古代超新星爆发的位置上，大多可以认证出与它们对应的射电源。例如，位于金牛座的著名的蟹状星云实际就是公元1054年超新星的遗迹，这一点在今天看来几乎已没有任何怀疑的馀地。而比这次爆发更早的记载于《后汉书·天文志》的公元185年超新星，以及在此之后开普勒于公元1604年及第谷可能在公元1572年观测过的超新星，目前实际上已经隐没，但它们所在的位置现在也都有射电源。有趣的是，心宿二（天蝎座 α）

---

　　① 董作宾：《殷历谱》下编卷三《交食谱》，中央研究院历史语言研究所1945年版，第1—2页。

　　② 陈遵妫：《中国古代天文学简史》，上海人民出版社1955年版，第71·72页；中国天文学史整理研究小组：《中国天文学史》，科学出版社1981年版，第69页；常玉芝：《关于卜辞中的"星"》，《殷都学刊》1998年第1期。

　　③ 席泽宗：《古新星新表》，《天文学报》第3卷第2期，1955年。

　　④ Joseph Needham，*Science and Civilization in China*. Vol Ⅲ，The Sciences of the Heavens，Cambridge University Press，1959，pp. 424—425.

附近同样存在强大的射电源，这当然可以使李约瑟相信，它应该就是商代卜辞中记载的发生在火星附近的那一次新星爆发的遗迹①。

尽管一切看上去都十分巧合，但不幸的是，甲骨学的研究却表明，卜辞"星"字本身可能并不具有星辰的意义，而具体的星辰往往都由它们的专名来表示。"星"在卜辞中更为常见的意义应是阴晴的晴，这一点我们在前文已有讨论。事实上，董作宾的观点并不是没有人怀疑，即使笃信董说的学者也是如此。屈万里解释"新大星"为新发现的大星，但未认定必是客星②。严一萍也以卜辞"新星"别有新指，没有承袭董氏的成说③。甚至有学者提出，卜辞的所谓"新星"或"新大星"当为彗星，准确地说即是哈雷彗星④。而胡厚宣则认为"新"字非指新旧的新，而应作为祭名⑤，这其实已从根本上动摇了试图将卜辞所谓"新星"与客星加以联系的看法。事实上，从卜辞的实际情况看，认为"新星"、"新大星"与星辰无关的观点正在为愈来愈多的学者所接受⑥。

第四节　行星

尽管甲骨文中确切的行星记录至今还没有发现，但是有关这方面的问题早就引起了学者们的注意。其中讨论最为热烈的就是木星。

木星在中国古代又叫岁星，这两个名称的来源当然不同。木星的称谓肯定是五行思想产生以后的产物，而岁字用于星名的原因却并不如"木"字的应用那样明确。郭沫若以为"岁"字和"戉"字古本一字，冠于星名，正言其星之

① Joseph Needham，*Science and Civilization in China*. Vol Ⅲ，The Sciences of the Heavens，Cambridge University Press，1959，pp. 428—429.

② 屈万里：《殷虚文字甲编考释》，"中央研究院"历史语言研究所1961年版，第107页。

③ 严一萍：《殷商天文志》，《中国文字》新2期，1980年，第9页。

④ 李平心：《商代彗星的发现》，《文汇报》1962年8月7日；严一萍：《殷商天文志》，《中国文字》新2期，1980年，引丁骕说，第9页。

⑤ 胡厚宣：《殷代之天神崇拜》，《甲骨学商史论丛初集》第二册，成都齐鲁大学国学研究所1944年版。

⑥ 温少峰、袁庭栋：《殷墟卜辞研究——科学技术篇》，四川省社会科学院出版社1983年版，第49—50页。

威灵显赫①。新城新藏则认为,《说文》释"岁"为"从步戌声",因而可以视其为配合"步"与"戌"而创造的文字,意指自戌月至次年戌月的一年时间②。这个解释虽说迂曲,但以岁为年尔后移用于星名的这种变化却似乎更容易让人理解,它与岁星运行约十二年一周天的规律正好可以符合起来。

殷人已经认识了岁星应该没有疑问,因为岁星的明亮程度以及它在星际间明显的位置变化足以引起任何人的注意。郭沫若相信,殷人如果尚不知岁星并且对它的运行视而不见,这简直是不可想象的事情③,况西周利簋铭文记武王征商而言"岁鼎"(当),张政烺解其为岁星当位④,从而为商人已认识岁星提供了直接证据。而春秋晚期金文更见太岁纪年⑤,这意味着此前人们以岁星纪年的历史显然已十分悠久。因此唐兰认为,卜辞中的"大岁"就是岁星纪年的"太岁"⑥,而胡厚宣则更试图通过寻找卜辞中的岁星记录,以证明殷代确有祭岁的活动。

　　1. 从又于大岁,萃。　　　　《库》1022

胡厚宣据摹本认为,"又"与"萃"都是祭名,"大岁"或称"大星",皆指岁星⑦。章鸿钊也有相似的看法⑧。但是,同一条卜辞在陈梦家的著作中却有着完全不同的理解。他的考释是:

　　辛亥贞:壬子又多公岁?
　　弜又大□岁,萃?　　　　《库》1022

①　郭沫若:《释岁》,《甲骨文字研究》,上海大东书局石印本1931年版,第1—6页。

②　新城新藏:《东洋天文学史研究》,沈璿译,中华学艺社1933年版,第7页。

③　郭沫若:《释岁》,《甲骨文字研究》,上海大东书局石印本1931年版,第7页。

④　张政烺:《利簋释文》,《考古》1978年第1期。

⑤　王长丰、乔保同:《河南南阳徐家岭M11新出陑夫人鼎》,王长丰、郝本性:《河南新出"陑夫人嬭鼎"铭文纪年考》,俱见《中原文物》2009年第3期;冯时:《仦夫人嬭鼎铭文及相关问题》,《中原文物》2009年第6期。

⑥　唐兰:《关于岁星》,《中央日报·读书》1940年10月29日。

⑦　胡厚宣:《殷代之天神崇拜》,《甲骨学商史论丛初集》第二册,成都齐鲁大学国学研究所1944年版。

⑧　章鸿钊:《殷人祀岁星考》,《学艺》第17卷第9期,1947年;《中国古历析疑》,科学出版社1958年版,第44—49页。

陈梦家以为，对读同版记录的两条卜辞，摹者于"大"字下失摹一干支是明显的，因此，"大□"当是大乙、大丁之类的人名，而将"大岁"连读显然不对。他并由此断言，卜辞中的"岁"字并不具有岁星的意义①。而裘锡圭则认为卜辞的"莘"实应释为"褌"，为"卒"字的异体，所以"岁褌"意即岁祭的终结②。所以将"大岁"视为"太岁"应该不对。

此辞拓本收入《甲骨文合集》第33692版，可与同书第32022版遥缀（图45，2）③，而成套卜辞的缀合版见于《甲骨缀合集》第9版（图45，1）。拓本显示，陈梦家所谓漏摹的推测虽然没有根据，但"岁"字作为祭名的用法却是清楚的。学者或以"大岁"释为"大丁"④，乃系误读"岁"字残形的结果。因此这条卜辞应该释写为：

　　　　辛亥贞：壬子又多公岁？
　　　　弜又，于大岁褌（卒）？
　　　　　　　　　　《甲缀》9、318

卜辞的"多公"应指上甲以前的先公，"自上甲"则谓自上甲以下的先王，"多公"与"自上甲"同版互见，可明"多公"不在先王之列。辞言岁祭终讫，所以

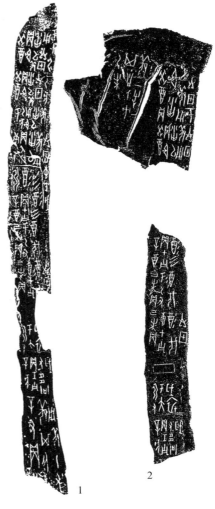

图 45

1. 《甲缀》9　2. 《甲缀》318

---

① 陈梦家：《殷虚卜辞综述》，科学出版社 1956 年版，第 224 页。
② 裘锡圭：《释殷墟卜辞中的"卒"和"褌"》，《中原文物》1990 年第 3 期。
③ 白玉峥：《甲骨缀合录小》，《中国文字》新 3 期，1981 年。
④ 蔡哲茂：《甲骨缀合集》，文渊阁文化事业有限公司 1999 年版，第 354 页。

接下来致祭先王已不用岁祭，而皆行"酚伐"和"酚刜"之祭，因而"岁"字显为祭名。张永山更据《殷墟花园庄东地甲骨》第 228 版"甲申惠大岁"与"甲申惠小岁"的对贞卜辞，以为"大岁"应与卜辞常见的"大御"、"大祈"一样，"大"、"小"都是形容祭祀规模的用语，所以"大岁"为祭名，与岁星无关①。

章鸿钊同时展示了探讨殷代岁星记录的另一条途径②，其后饶宗颐也接受了这一观点③。他们以为，卜辞中广泛存在的"王宾岁"犹如《尧典》的"寅宾出日"一样，"宾"字之下的"岁"字必是王所宾祭的神祇，当指岁星。这种解释产生的影响似乎并没有人们预想的那样广，以至于当二十馀年后有学者重新提出类似观点的时候，竟没有引述这些早已刊布的文字。后续的观点看上去似乎比旧论更为完善，论者以为卜辞中的"王宾日"、"王宾月"（夕）一类卜辞与"王宾岁"一样，"王宾"之后的日、月、岁都是受祭的神名，既然岁与日、月同例，当然是指岁星④。这些结论似乎并没有唐兰的解释更具有说服力，唐兰指出，"王宾岁"的"岁"应读为"刿"，意为割牲以祭，其实是王宾之礼中的一种行祭方法⑤。对说明这一问题，卜辞中可供比勘的例子不胜枚举。

> 丁未［卜，行］贞：王宾伐，十□，［亡］尤？
>
> 丁未卜，行贞：王宾岁，亡尤？在自寮。
>
> 丁未卜，行贞：王宾叔，亡尤？在自寮卜。　　　《粹》1212

几乎没有人怀疑"伐"、"叔"为祭名。三条卜事为同一人在同日进行，"岁"与"伐"、"叔"互文，为祭名无疑。卜辞又云：

> 甲午卜，尹贞：王宾岁，一牛，亡尤？在四月。
>
> 丁酉卜，行贞：王宾叔，亡尤？

---

①　张永山：《说"大岁"》，《黄盛璋先生八秩华诞纪念文集》，中国教育文化出版社 2005 年版。

②　章鸿钊：《殷人祀岁星考》，《学艺》第 17 卷第 9 期，1947 年；《中国古历析疑》，科学出版社 1958 年版，第 23—52 页。

③　饶宗颐：《殷代贞卜人物通考》，香港大学出版社 1959 年版，第 948 页。

④　温少峰、袁庭栋：《殷墟卜辞研究——科学技术篇》，四川省社会科学院出版社 1983 年版，第 60—62 页。

⑤　唐兰：《天壤阁甲骨文存考释》，北平辅仁大学 1939 年版，第 30—31 页。

丁酉卜，行贞：王宾岁，亡尤？　　　　《粹》509

"岁"字也与祭名"叔"互文，当然只能作为祭名。王宾的对象有时省却，但更多的情况则并不省略，而且出现在"宾"与祭名之间。我们比较下面的卜辞：

乙未卜，行贞：王宾小乙岁，亡尤？
［乙］未卜，行贞：王宾叔，亡尤？　　　　《粹》291
乙亥卜，行贞：王宾小乙劦，亡尤？在十一月。
丁丑卜，行贞：王宾父丁劦，亡尤？　　　　《粹》279
丁酉卜，尹贞：王宾祖丁彡，亡尤？在二月？
丁巳卜，尹贞：王宾父丁彡，亡尤。在三月。　　　　《粹》307

"岁"字与"劦"、"彡"的位置相同，当然同"劦"、"彡"一样，也一定是祭名。

己卯卜，即贞：王宾叔，亡尤？
庚辰卜，即贞：王宾兄庚登眔岁，亡尤？　　　　《库》1021

"岁"与"登"用连词"眔"并列而举，为祭名是相当清楚的。不啻如此，出现在同样位置的"日"、"月"（夕）恐怕也是祭名，而非受祭的神名，我们对读下列卜辞：

乙巳卜，王宾日？
弗宾日？　　　《佚》872
丁巳卜，贞：王宾日，不雨？　　　《燕》535
丙子卜，即贞：王宾日叔，亡尤？　　　《南·明》352
乙巳卜，旅贞：王宾祭叔，亡尤？　　　《明》748
癸亥卜，大贞：王宾示癸日，亡尤？　　　《粹》125
庚辰卜，贞：王宾姚庚日叔，亡尤？
庚辰卜，即贞：王宾兄庚ㄅ伐，亡尤？　　　《后·上》7.8

有学者解"王宾日"为礼祭太阳①,岛邦男则提出质疑,认为"王宾日"并非祭祀太阳,而是王者亲临于某神之日祀(昏日、彡日、翌日祀)的意思,是对前夕祭而言的当日祭②。事实上,比较诸条卜辞可以知道,"王宾日"实际与"王宾示癸日"是一样的,只是中间省去了受祭者。显然,"王宾日叙"也当与"王宾妣庚日叙"为相同性质的卜辞,且"王宾日叙"与"王宾祭叙"文例相同,而"王宾妣庚日叙"又可与"王宾叙"及"王宾兄庚勹伐"互文,这意味着位于"宾"字之后的"日"字不大可能是受祭者,因为在有受祭先王的卜辞中,"日"字依然存在,并且退居到了祭名的位置上,所以它只能与"岁"、"叙"、"昏"、"彡"、"勹"、"伐"、"祭"等一样作为祭名③。而卜辞中的"夕"(月)为祭名也早已为学者言及④,我们对读下面的卜辞:

　　　　甲子卜,大贞:王宾夕,亡祸?　　　　《河》429

　　　　丙申卜,贞:王宾夕岁,亡尤?　　　　《明》1413

　　　　丙戌卜,行贞:王宾父丁夕岁叙,亡尤?　　　　《后·上》19.9

"夕"在这里并非受祭者是十分明显的。因此,王宾卜辞中的"岁"字与岁星无关应该可以肯定。

　　卜辞中的"岁"字看来很难与岁星建立联系了,这似乎不得不使学者开始放弃通过岁字寻找岁星的方法而另辟蹊径。严一萍曾提出一条所谓"木星"的卜辞,他的释文是:

　　　　2.☑五□戊申业酘木星。　　　　《乙》8357

---

① 陈梦家:《古文字中之商周祭祀》,《燕京学报》第十九期,1936年,第122页;《殷虚卜辞综述》,科学出版社1956年版,第573页;胡厚宣:《殷代之天神崇拜》,《甲骨学商史论丛初集》第二册,成都齐鲁大学国学研究所1944年版;温少峰、袁庭栋:《殷墟卜辞研究——科学技术篇》,四川省社会科学院出版社1983年版,第3页。

② 岛邦男:《殷墟卜辭研究》,中國學研究會1958年版,第231—233、289页。

③ 赤塚忠:《中國古代の宗教と文化》,角川書店1977年版,第444页;白玉峥:《萍庐藏契附校释》,《中国文字》新12期,1988年,第427页。

④ 王国维:《戬寿堂所藏殷虚文字考释》,仓圣明智大学1917年版,第14页;陈梦家:《古文字中之商周祭祀》,《燕京学报》第十九期,1936年,第102—103页。

这是一片残辞（图44，3），"星"上一字是否为"木"字，严一萍自己也未敢轻信，只得存疑待考。不过他推测，如果是木星，则殷人当已有对水火木金土五星的认识，惜目前尚不能断言①。其实此辞的所谓"木星"残字与《甲骨文合集》第16124（反）版的相关文字完全相同（图44，2），显然，如果学者将后者释为"新星"的话，那么就没有理由不将此辞的相同文字作同样的内容看待。即使从文字的残形分析，似乎把它看作"新"字也要比"木"字更接近一些，因此这条卜辞似可拟补为：

      ……五［日］戊申业毁（徵），新，星。

这大概还是一条有关气象的卜辞，而与木星无关。

除岁星之外，卜辞中是否见有其他行星的记录也见探讨。温少峰等学者怀疑甲骨文焱当指荧惑，也就是五星之一的火星②。卜辞中焱与天火（上火）及小火对文，天火即大火，小火或以为鹑火，已见前说，故以焱指荧惑似也不失为一种有启发的见解。

第五节　彗星

哈雷彗对于一般的人来说应该是一颗最著名的彗星，由于它每76年回归一次，因此不只一代人有机会见到它。卜辞中是否也有对哈雷彗星的观测记录，现在还无法肯定。丁山以为卜辞的"焱"即为彗星的专名，字从"癶"声，读如"拨"，可能是"悖"的初文，也就是《春秋经》上所讲的星孛。他虽然指焱即彗星，但还未敢与哈雷彗妄加联系③。卜辞中还有一些看起来似乎与星有关的内容也被解释为彗星。姚孝遂读卜辞的所谓"鸟星"为雉星，以为是彗星④。李平心则对卜辞所谓"新星"、"新大星"为新星的看法不以为然，而认为当指哈雷彗

---

① 严一萍：《殷商天文志》，《中国文字》新2期，1980年，第9—10页。

② 温少峰、袁庭栋：《殷墟卜辞研究——科学技术篇》，四川省社会科学院出版社1983年版，第51页。

③ 丁山：《中国古代宗教与神话考》，龙门联合书局1961年版，第51—53页。

④ 于省吾主编：《甲骨文字诂林》第二册，姚孝遂按语，中华书局1996年版，第1738页。

星。他甚至将卜辞所记于下午（昃）出现的虹也视为彗孛①，矛盾显而易见。其后，丁骕亦以所谓"新大星"为哈雷彗②，不为学者所取③。事实上，这些议论与卜辞反映的实际内容都是抵牾的。

卜辞又有"彗"字④，学者或指为彗星，并征引如下诸辞加以证明⑤：

1. 屮（侑）妣庚，屮彗？

其屮（侑）妣庚，亡其彗？　　　《乙》751

2. 己卯卜，贞：今夕小子屮彗？

贞：翌庚辰小子屮彗？五月。　　　《合集》3266

3. 己酉卜，贞：亚从止（趾）屮彗？三月。　　　《后·上》25.9

4. 戊申卜，耖，屮彗？

戊申卜，耖，□彗？　　　《前》5.38.3

5. 戊戌贞：彗異，隹（唯）其亡黑，启？　　　《南·明》418

必须指出，将这些卜辞理解为彗星记录是困难的。论者以为位于"彗"字之前的"屮"字都应为祭名，通作"侑"，"屮彗"就是对彗星的祭祀⑥，这显然是对卜辞的误解⑦。第1辞"屮"与"亡"正反对贞，"屮"字用为"有"是十分明显的，卜辞中这样的例子俯拾皆是。如：

乎（呼）舞，屮（有）雨？

乎（呼）舞，亡雨？　　　《金璋》638

---

① 李平心：《商代彗星的发现》，《文汇报》1962年8月7日。

② 严一萍：《北京大学国学门藏殷虚文字考释》卷四，引丁骕说，艺文印书馆1980年版，第172—174页；《殷商天文志》，《中国文字》新2期，1980年，引丁骕说，第9页。

③ 严一萍：《殷商天文志》，《中国文字》新2期，1980年，第9页。

④ 唐兰：《殷虚文字记》，中华书局1981年版，第9—20页。

⑤ 温少峰、袁庭栋：《殷墟卜辞研究——科学技术篇》，四川省社会科学院出版社1983年版，第62—64页。

⑥ 温少峰、袁庭栋：《殷墟卜辞研究——科学技术篇》，四川省社会科学院出版社1983年版，第62—63页。此文释第3辞"亚从止"为"亚坐（从）"，似误，蔡哲茂释为"从止"二字是正确的。参见蔡哲茂：《说羽》，《第四届中国文字学全国学术研讨会论文集》，大安出版社1993年版，第93页。

⑦ 于省吾主编：《甲骨文字诂林》第三册，中华书局1996年版，第1852页。

贞：我史虫（有）工？

贞：我史亡其工？　　　《丙》71

贞：在北史虫（有）获羌？

贞：在北史亡其获羌？　　　《丙》29

贞：犬追亘，虫（有）及？

犬追亘，亡其及？　　　《缀合》302

文例与第 1 辞全同，可为明证。因此除第 5 辞外，"虫（有）彗"均应与"亡彗"或"亡其彗"构成对贞①，第 4 辞"彗"前残缺的文字也可据以拟补。"彗"字在这里的意思，杨树达解为除②，为疾除之义，甚为精辟。蔡哲茂、裘锡圭对此也有申论③。显然，卜辞所占之"有彗"与祭祀彗星之事邈不相涉。

甲骨文的"彗"字从字形上看似乎很像取形于彗星，其实这只是彗为扫帚，而孛星似彗而名的联系和衍变④。然而，上录第 5 辞的"彗"字确实与其他彗字的写法不同，它在长长的彗尾之前还绘有圆形的彗头。这个字在卜辞中都作为人名或地名使用，于省吾将其释为"羽"，而以"異"、"翌"互通，认为卜辞占问的是羽地于翌日没有黑暗的昼盲而天气晴朗⑤。当然，如果按照某些学者的理解，认为卜辞"彗異"即指形状异常的彗星⑥，或者一种常见的彗星分裂现象⑦，而殷人将此视为灾兆故卜问是否会发生昼盲，似乎也并不是没有可能。

徐振韬等学者对于卜辞"彗"即彗星的研究在补充了一些前人没有考察的卜辞之外，也沿袭了他们有争议的解释。

---

① 蔡哲茂：《说羽》，《第四届中国文字学全国学术研讨会论文集》，大安出版社 1993 年版，第 81—96 页。

② 杨树达：《读胡厚宣君殷人疾病考》，《积微居甲文说》，中国科学院 1954 年版，第 58 页。

③ 蔡哲茂：《说羽》，《第四届中国文字学全国学术研讨会论文集》，大安出版社 1993 年版，第 81—96 页；裘锡圭：《殷墟甲骨文"彗"字补说》，《华学》第二辑，中山大学出版社 1996 年版，第 33—38 页。

④ 杨树达：《读胡厚宣君殷人疾病考》，《积微居甲文说》，中国科学院 1954 年版，第 58 页。

⑤ 于省吾：《释黑》，《甲骨文字释林》，中华书局 1979 年版，第 227—230 页。

⑥ 温少峰、袁庭栋：《殷墟卜辞研究——科学技术篇》，四川省社会科学院出版社 1983 年版，第 63 页。

⑦ 徐振韬、蒋窈窕：《殷商彗星记事考》，《自然科学史研究》第 12 卷第 3 期，1993 年，第 237 页。

　　6. 贞：延彗出？　　　　《林》1.7.21

　　7. 责彗取豕？　　　《粹》1595

　　8. 癸亥贞：其彗人？　　　《怀特》1595

　　徐振韬等认为这些卜辞也是有关彗星的记录，后两辞涉及彗星的祭祀，前一辞则是卜问彗星的出现①，而蔡哲茂则将诸辞的"彗"字解为人名或氏名②。这些解释无论是否承认"彗"指彗星，都还有待于甲骨学自身的更缜密的论证以及更坚实的证据。

　　甲骨文"彗"字的写法其实存在着细微的差别，一种作"彗"，一种作"彗"，另一种作"彗"。过去学者多将这些不同写法的字统释为"彗"，应该没有疑问。徐振韬等认为，甲骨文"彗"字前面有头，根本不像生活中的扫帚，而应直接取象于长尾彗星，并据马王堆西汉墓彗星占的星图印证这一点。因而他主张，甲骨文不同写法的"彗"字事实上可以分别同短尾型彗星、长尾型彗星、有头型彗星和分裂型彗星一一对应起来③。这个问题当然还需要做进一步的研究。

―――――――――――

　　① 徐振韬、蒋窈窕：《殷商彗星记事考》，《自然科学史研究》第 12 卷第 3 期，1993 年，第 235—239 页。

　　② 蔡哲茂：《说羽》，《第四届中国文字学全国学术研讨会论文集》，大安出版社 1993 年版，第 82 页。

　　③ 徐振韬、蒋窈窕：《殷商彗星记事考》，《自然科学史研究》第 12 卷第 3 期，1993 年，第 237—238 页。

第 三 章

交 食

第一节 月食

中国最早的确切可考的月食记录出现于商代卜辞，这是殷商年代学研究的重要材料。全部月食卜辞共计八条，分别记录了殷王武丁时期发生的五次月食。五次月食全部出现于记事刻辞，显然它们都是确曾发生的天象。获得这样的认识经历了几十年的艰苦探索，大量劳动甚至是在湮没数千年的碎骨之中寻找可以缀合的同版卜辞，这是极其繁难的工作。

董作宾无疑是系统研究殷代月食的第一人，尽管他在最初整理卜辞中殷历材料时对交食的研究走过一点弯路，但不久他便意识到，卜辞中真正的交食记录并不是他怀疑的[①]，而郭沫若证认的有关"壴"字的卜辞[②]。1939年，董作宾在编订《殷历谱》的工作中，为寻找可靠的天文基点利用了殷代月食[③]，并且首先推得发生于殷王武丁时期的庚申月食[④]。其后，董作宾又进而汇集了他所认定

---

① 董作宾：《卜辞中所见之殷历》，《安阳发掘报告》第三册，1931年，第506—507页。

② 郭沫若：《释蚀》，《甲骨文字研究》，上海大东书局石印本1931年版，第1—5页；《卜辞通纂考释》，日本东京文求堂石印本1933年版，第90页。

③ 董作宾：《殷历谱自序》，中央研究院历史语言研究所1945年版，第2页。

④ 董作宾：《方法敛博士对于甲骨文字之贡献》，《图书季刊》新第2卷第3期，1940年。

的六次月食记录，其中包括见于《逸周书·小开解》的一次月食和五次卜辞记录①。董作宾的开创性工作相当杰出，其中一些不成熟的观点也正随着研究工作的逐步深入而得到修正和完善。事实上，尽管今天我们得到的殷代卜辞中记录的五次月食已与董作宾最初的认识大为不同，但这并不意味着我们有资格贬低前人的探索。对于商代月食的研究不仅关系到甲骨学，同时也涉及到天文学，而董作宾当时的研究条件，包括甲骨文资料的整理情况及天文计算的精度，都显然无法与今日相比。因此，董作宾的筚路蓝缕之功难以摆脱时代的局限，而今人的成绩也无非体现了时代进步最终导致的学术的进步而已。

一　乙酉月食

1. 癸亥卜，争贞：旬亡祸？一月。

　　癸未卜，争贞：旬亡祸？二月。

　　癸卯卜，[争贞]：旬亡祸？二月。

　　[癸] 卯 [卜，争] 贞：[旬] 亡 [祸]？ 五月。

　　[癸] 未卜，[争贞]：旬 [亡] 祸？

　　癸未卜，争贞：旬亡祸？三日乙酉夕月业（有）食，闻。八月。
　　　　　　　　　　　《甲》1114＋1156＋1289＋1749＋1801，
　　　　　　　　　　　《新缀》1，《合集》11485（图46，1）

2. [癸未卜]，古 [贞：旬亡] 祸？三日 [乙] 酉夕 [月有] 食，闻。[八月]。　　《燕》632，《合集》11486（图46，2）

　　这两条卜辞同记乙酉月食，分别由贞人争和古所问卜，为同文异版卜辞。两条卜辞于董作宾《殷历谱·交食谱》中分属月食一和月食五，董氏据《殷虚文字甲编》第1289版残辞定第一条卜辞为壬子月食，时间考定于殷王小辛十年八月十五日，即发生于公元前1361年8月9日21^{h}48^{m}的月全食②，后又据德效骞（Homer H. Dubs）《公元前1400年至前1000年安阳和中国所见月食表》加以校订，将月食时间改为小乙六年八月十五日癸卯之夜，即公元前1344年8月

---

① 董作宾：《殷历谱》下编卷三《交食谱》，中央研究院历史语言研究所1945年版，第3—32页。

② 同上书，第21—24页。

图 46

1.《合集》11485　2.《合集》11486

31 日 18ʰ06ᵐ的月偏食[1]，并据卜辞所记"闻"字，认为此次月食殷都或以阴雨之故而不见，他处见之，故以报闻[2]。

第二条卜辞残损过甚，董作宾据此推定为乙酉月食，非常正确。他初将月食考定为殷王武丁三十六年一月十六日，即公元前 1304 年 1 月 15 日 18ʰ21ᵐ的月全食[3]，后又据德效骞表校订，将月食时间改为武丁二十年六月十五日乙酉之夜，即发生于公元前 1320 年 6 月 9 日，食甚时刻为 01ʰ24ᵐ的月偏食[4]。

几乎是在董作宾编订他的《殷历谱》的同时，刘朝阳也注意到了甲骨文中

①　董作宾：《殷代月食考》，《中央研究院历史语言研究所集刊》第 22 本，1950 年，第 142、147—149 页。

②　董作宾：《殷历谱》下编卷三《交食谱》，中央研究院历史语言研究所 1945 年版，第 21—24 页；《殷代月食考》，《中央研究院历史语言研究所集刊》第 22 本，1950 年。

③　董作宾：《殷历谱》下编卷三《交食谱》，中央研究院历史语言研究所 1945 年版，第 32 页。

④　董作宾：《殷代月食考》，《中央研究院历史语言研究所集刊》第 22 本，1950 年。

的月食记录。他据《殷虚文字甲编》第1289版的残辞，在未明月食干支的情况下试图推定月食的具体时间，但苦于没有证据可对月食的年代加以限定，终致无从着手而放弃了这一努力[①]。

这些对于甲骨文所记商代月食的初期研究难免存在谬误和缺点，刘朝阳的工作虽然谨慎，但贡献不大；董作宾的工作虽然系统，但对乙酉月食的干支及同版卜辞的历月皆有误释。这些消极影响甚至在十年之后的相关研究中仍可显现出来[②]。

1951年，严一萍完成了董作宾改定的所谓癸卯月食一版卜辞的缀合，他在《殷虚文字甲编》中又找到五块碎甲，与第1289版拼合成一块干支与文义基本完整的卜甲（图46，1）[③]。

严一萍这一缀合工作的意义可以说怎么评价也不过分，这不仅复原了甲骨文中目前所见唯一一条记有殷历历月的时间明确的月食资料，而且可以使著录于《殷契卜辞》第632版的乙酉月食残辞与之共属同文异版的卜辞得以认证[④]，从而成为迄今所知卜辞中仅有的一条由两位不同的贞人占卜的同一次月食记录。

董作宾当然必须放弃他过去关于癸卯月食的假说，而重新考证这次确凿无疑的乙酉月食。他认定这是一次发生在殷王祖庚二年九月十五日乙酉夕的月食，相当于公元前1279年9月2日，并据德效骞表推算交食初亏 00^h36^m，食甚 02^h 06^m，复圆 02^h57^m，是一次食分为0.63的月偏食[⑤]。这个时间后来在刘宝林的《公元前1500年至公元前1000年月食表》中被计算为初亏 00^h16^m，食甚 01^h 36^m，复圆 02^h57^m[⑥]，仍在殷代的乙酉夕。

乙酉月食有别于其他月食记录的重要特点是记有"闻"字。董作宾认为它具有方国报闻的意义，因为此次月食可能由于天气的原因而使殷都未见[⑦]。陈梦

---

①　刘朝阳：《殷末周初日月食初考》，《中国文化研究汇刊》第四卷上册，1944年，第111页。

②　陈遵妫：《中国古代天文学简史》，上海人民出版社1955年版，第58—59页。

③　严一萍：《八月乙酉月食腹甲的拼合与考证的经过》，《大陆杂志》第9卷第1期，1954年，第17—21页。

④　董作宾：《卜辞中八月乙酉月食考》，《大陆杂志特刊》第一辑下册，1952年。

⑤　同上。

⑥　见《天文集刊》第1号，1978年，第43—60页。

⑦　董作宾：《殷历谱》下编卷三《交食谱》，中央研究院历史语言研究所1945年版，第23—24、32页；《卜辞中八月乙酉月食考》，《大陆杂志特刊》第一辑下册，1952年。

家等学者则认为"闻"字可以通"昏"，指月全食时月色变暗或天地昏暗①，因此这也可能是用于月全食的特殊术语。

二　甲午月食

[己]丑卜，宾贞：翌乙［未］酌，黍登于祖乙？［王］占曰："虫（有）
祟。不其雨。"六日［甲］午夕月虫（有）食。乙未酌，多工率条遣。
己□（丑）卜，□（宾）贞：勿酌登？

《乙》3317＋3545，《缀合》230，《丙》57，

《合集》11484 正（图47）

这次月食在董作宾《殷历谱·交食谱》中列为月食二，其中三个关键的干支字"己"、"未"、"甲"残缺，董作宾做了如上拟补②。此后，郭若愚、张秉权相继将《殷虚文字乙编》第3317版与同书第3435版缀合为一（图47），张秉权并且根据与之对贞卜辞的前辞干支以及他对卜甲实物的认真观察，分析了这种拟补的合理性。他认为，这版卜辞干支残缺的情况比较特殊，上录未记月食的那条对贞卜辞的"己"、"卜"二字之下应有"丑"、"宾"二字，但在实物上只见一片平平的刮治痕迹，除此什么也看不见。至于"丑"、"宾"二字是刻后又被刮去，还是根本未刻，则不得而知。卜甲上另一条祭祀成汤的卜辞的序数"一"刻后又被刮去，在实物上可见刮痕，而拓本上则一无所见，说明卜甲上少数卜辞中的个别文字有刻后又被刮去的现象。但月食对贞卜辞"己"字之下是一块空白，未见削改的痕迹，是刮后漏刻还是故意不刻，已无从猜想。尽管如此，因为两辞是对贞卜辞，便可能相互补足它们的缺文，有了前一条卜辞前辞中"丑"字和后一条卜辞前辞中的"己"字，就可以知道它的卜日为"己丑"了，其他所缺干支的准确日子也就迎刃而解③。

---

① 陈梦家：《殷虚卜辞综述》，科学出版社1956年版，第237页；屈万里：《殷虚文字甲编考释》，"中央研究院"历史语言研究所1961年版；冯时：《殷历岁首研究》，《考古学报》1990年第1期。

② 董作宾：《殷历谱》下编卷三《交食谱》，中央研究院历史语言研究所1945年版，第3页。

③ 张秉权：《殷虚文字丙编考释》上辑（一），"中央研究院"历史语言研究所1957年版，第90—95页。

图 47　《合集》11484 正

　　甲午月食的确定可以使董作宾放心地推算这次月食的时间，但是工作似乎并没有想象的那样顺利。他最初在《殷历谱·交食谱》中将这次月食定在殷王小乙八年二月十六日甲午夕，也即发生于公元前 1342 年 2 月 15 日 02$^\text{h}$17$^\text{m}$ 的月偏食①。但是这次月食在德效骞相对精度更高的月食表中却被算在丙申日凌晨01ʰ30ᵐ②，在殷代可以是乙未夜，却绝不能早到甲午夕。这使董作宾不得不重新决定这次月食的时间，并最终将它定在殷王盘庚二十六年三月十六日甲午夕，也即发生在公元前 1373 年 3 月 27 日 17ʰ49ᵐ 的月偏食。刘宝林表计算的食甚时刻则为 15ʰ49ᵐ，17ʰ17ᵐ复圆③。显然这次月食于殷都安阳不能看到，于是董作宾只能暂以方国报闻来处理④。

这种解释与其看作是一种假说，倒不如说是迁就《殷历谱》的权宜之计。即使董作宾自己也坦率地承认，这样的考证在卜辞及他的《殷历谱》两方面都会遇到很多困难。首先，月食的时间距董作宾自己推定的武丁元年相距 34 年，而月食卜甲上记有宾和殷两人的占卜记录，他们都曾与武丁时的贞人同时供职，因此如果认定甲午月食的考证，就必须首先承认宾与殷的年寿甚高，为盘庚、小辛、小乙、武丁四朝的元老。此外，这次月食于安阳不可见，又必须是方国报闻，但卜辞又没有像乙酉月食那样记有"闻"字。因而这次月食成为董作宾所建立的殷商年代框架中最麻烦的一个问题⑤。

甲午月食考证的重重困难开始使学者怀疑董作宾关于月食干支缺文拟补的合理性，而张培瑜通过检查从公元前 1429 年至前 1230 年二百年间发生的月食，发现没有一次安阳地区可见的甲午夕月食，因而更增大了这种疑虑⑥。这种疑虑在数年之后终于有了回音。1981 年，严一萍发表《壬午月食考》⑦，他由于在《殷历谱》的武丁一世找不到安排这次甲午月食的合适位置，于是把董作宾拟补的月食干支由"甲午"改成了"壬午"，并将这次所谓的"壬午月食"定于《殷历谱》推定的武丁十五年九月十五日壬午夕，即发生于公元前 1325 年 8 月 30 日

---

① 董作宾：《殷历谱》下编卷三《交食谱》，中央研究院历史语言研究所 1945 年版，第 24—26 页。

② Homer H. Dubs，A Canon of Lunar Eclipses for Anyang and China，−1400 to −1000，*Harvard Journal of Asiatic Studies*，Ⅹ−2，1947，pp. 162−178.

③ 刘宝林：《公元前 1500 年至公元前 1000 年月食表》，《天文集刊》第 1 号，1978 年，第 43—60 页。

④ 董作宾：《殷代月食考》，《中央研究院历史语言研究所集刊》第 22 本，1950 年，第 143、150—152 页；平庐：《甲午月食龟版》，《大陆杂志》第 1 卷第 10 期，1950 年，第 4、11、19 页。

⑤ 董作宾：《殷代月食考》，《中央研究院历史语言研究集刊》第 22 本，第 143、150—152；平庐：《甲午月食龟版》，《大陆杂志》第 1 卷第 10 期，1950 年，第 4、11、19 页。

⑥ 张培瑜：《甲骨文日月食纪事的整理研究》，《天文学报》第 16 卷第 2 期，1975 年，第 220 页。

⑦ 见《中国文字》新 4 期，1981 年，第 1—12 页。

23ʰ48ᵐ 到 31 日 03ʰ38ᵐ 的月全食。后来他一直坚信自己的这种判断①。

严一萍的拟补方案虽然可以使《殷历谱》变得畅达，但在甲骨学本身则是难以讲通的。当然他的这种推测也不是毫无影响，丁骕就曾在这次月食究竟属于甲午还是壬午之间犹豫不决，尽管他并不否认拟补甲午似乎比壬午更显得顺

图 48　《合集》11482 正、反

畅一些②。为澄清这些疑虑，张秉权随后撰文重新讨论了甲午月食的干支问题，并从卜辞的文例、文法以及殷人占卜习惯等方面提出了坚实的证据，从而证明董作宾拟补的甲午月食是不可更易的③。当然，如果能最终找到卜甲右上端的残缺碎甲加以缀合，也能使问题得到解决，这是使张秉权曾经耗费巨大精力而未能完成的工作④。事实上，董作宾早年即对他的拟补方案深信不疑⑤，而经过学者的反复论证，这次月食发生在商代的甲午夕应该不容怀疑。至于如何确定这次交食的时间才能合情合理而又合天，那是另外一个问题，但无论如何，我们不能为迁就《殷历谱》而改动卜辞。这意味着，如果人们笃守《殷历谱》的旧轨，甲午月食就将成为卜辞五个月食中最难安排且最难确定的月食⑥。

三　壬申月食

　　癸亥贞：旬亡祸？旬壬申夕月业（有）食。

---

①　严一萍：《殷历谱年历谱证望》，《中国文字》新 11 期，1986 年，第 59—85 页。

②　丁骕：《甲午月食问题》，《中国文字》新 6 期，1982 年，第 1—4 页。

③　张秉权：《甲骨文中的"甲午月食"问题》，《中央研究院历史语言研究所集刊》第 58 本第 4 分，1987 年，第 743—754 页。

④　张秉权：《殷虚文字丙编考释》上辑（一），"中央研究院"历史语言研究所 1957 年版，第 91 页。

⑤　董作宾：《殷代月食考》，《中央研究院历史语言研究所集刊》第 22 本，1950 年，第 143 页。

⑥　平庐：《甲午月食龟版》，《大陆杂志》第 1 卷第 10 期，1950 年，第 4、11、19 页；张秉权：《甲骨文与甲骨学》，国立编译馆 1988 年版，第 278 页。

《簠·天》1.2,《合集》11482 正、反（图 48）

王襄虽然将卜辞中的"夕"、"月"二字倒释,但已认为这是一次月食之贞①。董作宾将这次月食列为《殷历谱·交食谱》的月食三,并将月食时间考定在武丁十二年五月十六日壬申夕,也即发生于公元前 1328 年 5 月 9 日 04^h00^m 的月偏食②。但依照德效骞的计算,这次月食安阳不能见③,因此董作宾又重据德表改定为武丁五十八年十一月十五日壬申夕,即发生于公元前 1282 年 11 月 4 日,食甚时刻为 05^h54^m 的月全食④。而刘宝林表计算这次月食的食甚时刻为 05^h19^m⑤。月食时间的考证在今天看来还有很多不同意见,但仅就卜辞的记载本身而言,这次月食由于干支清楚,因此是卜辞五次月食中争论最少的一个。

四　庚申月食

1. 癸［卯卜］,贞:［旬］亡［祸］?

　　癸丑卜,贞:旬亡祸?王占曰:"虫（有）祟。"七日己未彖,庚申月虫（有）食。

　　癸亥卜,贞:旬亡祸?

　　癸酉卜,贞:旬亡祸?

　　癸未卜,争贞:旬亡祸?王占曰:"虫（有）祟。"三日乙酉夕彖,丙戌允虫（有）来入齿。十三月。

《库》1595 正、反,《合集》40610 正、反,
《英藏》886 正、反（图 49,1）

2. ［癸丑卜,贞］:旬［亡祸?王占曰:"有祟。"］七日己未［夕彖,庚

① 王襄:《簠室殷契征文考释》第一,天津博物院 1925 年版,第 1 页。

② 董作宾:《殷历谱》下编卷三《交食谱》,中央研究院历史语言研究所 1945 年版,第 26—27 页。

③ Homer H. Dubs, A Canon of Lunar Eclipse for Anyang and China, —1400 to —1000, *Harvard Journal of Asiatic Studies*, X—2, 1947, pp.162—178.

④ 董作宾:《殷代月食考》,《中央研究院历史语言研究所集刊》第 22 本,1950 年,第 142、149—150 页。

⑤ 刘宝林:《公元前 1500 年至公元前 1000 年月食表》,《天文集刊》第 1 号,1978 年,第 43—60 页。

申月有食]。

　　　癸亥卜，贞：旬亡祸？

　　　癸未卜，争贞：旬亡祸？王占曰："虫（有）祟。"三日乙酉夕豈，丙
戌允虫（有）来入齿。[十三月]。

　　　　　《铁》185.1＋233.3＋68.3（《天理》B103、B103b），

　　　　　《缀》143，《新缀》492，《合集》17299（图49，3）

　　3. 癸亥。

　　　癸未。十三月。

　　　癸巳卜，贞：旬亡祸？

　　　癸卯卜，贞：旬亡祸？

　　　[癸丑卜，贞：旬亡祸？七日]己未夕豈，庚申月虫（有）食。

　　　　　　《金璋》594正、反，《合集》40204正、反，

　　　　　　《英藏》885正、反（图49，2）

　　这三条卜辞是为同事所卜的成套卜辞，其中第1、2两辞为同文异版卜辞。
著录于《铁云藏龟》185.1的一版卜辞曾被董作宾考证引用①，并据兆序断为第
一卜②。这条卜辞于《铁云藏龟》中只著录了卜骨正面的文字，而背面验辞中的
月食内容一直没有发现，以至于使利用这条卜辞对此次月食的研究，在很长时
间内都无法摆脱只能从正面同文卜辞去推测背面月食记录的窘境③。事实上，
《铁云藏龟》68.3一版入藏日本天理大学附属天理参考馆④，背文残存"七日己
未"四字（图49，3B），显然就是庚申月食背文验辞中的前四字，因此它也系一
条明确无误的月食记录应无可怀疑。

　　董作宾早在1940年就对这次庚申月食做了认真的考证，并定其年代为殷王
武丁二十九年十二月十五日庚申夕，也即发生于公元前1311年11月23日的月

---

　①　董作宾：《方法斂博士对于甲骨文字之贡献》，《图书季刊》新第2卷第3期，1940年。

　②　董作宾：《殷历谱》下编卷三《交食谱》，中央研究院历史语言研究所1945年版，第28页。

　③　范毓周：《甲骨文月食纪事刻辞考辨》，《甲骨文与殷商史》第二辑，上海古籍出版社1986年版，
第311、315页；张秉权：《甲骨文与甲骨学》，国立编译馆1988年版，第279页。

　④　天理大學、天理教道友社编：《天理大學附屬天理参考館藏品——甲骨文字》，B103、B103b，天
理教道友社1987年版。

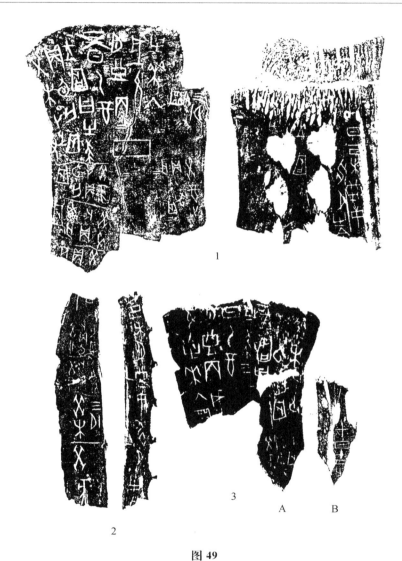

图 49

1.《英藏》886 正、反　　2.《英藏》885 正、反

3.《合集》17299（A、B.《天理》B103、B103b）

全食①。后来他在《殷历谱·交食谱》中将此次月食列为月食四，并精算食甚时

---

①　董作宾：《方法钦博士对于甲骨文字之贡献》，《图书季刊》新第 2 卷第 3 期，1940 年。

刻为 00^h47^m①。这个时间后来在德效骞的月食表中又大约后延了三小时，即公元前 1311 年 11 月 24 日 03^h30^m②，而刘宝林计算这次月食的食甚时刻为 03^h00^m③，但在殷代都应属于庚申夕。

这次月食虽然干支俱全，但涉及到甲骨学本身的问题似乎也并不比某些月食卜辞更少。首先，尽管此次月食与同版共见的癸未条卜辞记有"十三月"，但附记月食的癸丑条卜辞究属何月就极为费解。董作宾认为癸丑日占卜行于癸未日之前，当在殷历十二月④，上录第 1 条卜辞即反映了他的释读次序。陈梦家则以为应以第 3 条卜辞的次序释读卜辞，而以第 1 条卜辞补写第 3 条卜辞的缺文。这样，附记月食的癸丑日占卜记录则必然位于十三月癸未之后，而在殷历的一月⑤。对比《英国所藏甲骨集》著录的 885 与 886 两版卜辞拓本，陈梦家的读法似乎更显合理，因为 886 版左侧癸丑至癸未的卜旬辞相连而中缺癸酉的卜旬辞，这一点通过与 885 版的比较可以看得很清楚。显然，886 版右侧存留的癸酉卜旬辞从左侧所反映的连续卜旬的情况分析，应是其同方向下方残失的癸亥卜旬辞的继续，而不会是左侧癸亥卜旬辞的继续。因此，对观 885 与 886 两版卜辞，可将诸日的占卜次序排列如下：

《英藏》885 正、反	《英藏》886 正、反
	癸〔卯〕
	癸丑 （十二月）
癸亥	癸亥
（癸酉）	（癸酉）
癸未　十三月	癸未　十三月
癸巳	〔癸巳〕
癸卯	〔癸卯〕

---

① 董作宾：《殷历谱》下编卷三《交食谱》，中央研究院历史语言研究所 1945 年版，第 27—31 页。

② 董作宾：《殷代月食考》，《中央研究院历史语言研究所集刊》第 22 本，1950 年，第 145—147 页。

③ 刘宝林：《公元前 1500 年至公元前 1000 年月食表》，《天文集刊》第 1 号，1978 年，第 43—60 页。

④ 董作宾：《殷历谱》下编卷三《交食谱》，中央研究院历史语言研究所 1945 年版，第 3 页。

⑤ 陈梦家：《殷虚卜辞综述》，科学出版社 1956 年版，第 238—239 页。

［癸丑］庚申月有食（一月）　　　　　　［癸丑］庚申月有食（一月）

　　　　　　　　　　　　　　　　　　　［癸亥］

　　　　　　　　　　　　　　　　　　　癸酉

圆括号内是原辞所无，按顺序拟补的干支和月份；方括号内是原辞残掉的干支。据此可知，庚申月食的发生时间是在殷历一月①。

　　这个问题比起此次月食卜辞刻写在两个干支之间的"旦"字的意义的讨论还算不得特别棘手，而"旦"字的出现则使学者对于此次月食到底属于庚申日发生的月食还是在它的前一天己未日发生的月食争论不休。董作宾显然没有对"旦"字的意义做更多的设想，他只忠实地接受了叶玉森释"旦"为"亜"而用为祭名的观点②，因而在《殷历谱·交食谱》中没有对这个问题做过多的议论，于是他在释读卜辞的时候，将"己未旦"与"庚申月有食"分作两句，而定此次月食发生在庚申夕。

　　于省吾在随后的研究中认为，"旦"字应释为"噩"，用在干支之后，有指天气阴蔽的意思③。后来刘朝阳也有近似的看法④。饶宗颐则释此字为"壹"，通作"曀"，也指天气阴沉⑤。根据这样的解释，卜辞中阴蔽的天气显指己未一日，因而庚申月食的确定仍然无法动摇。这个字当然还有其他一些考释结果，但多数学者一般都认为它与时间无关，因此我们先暂且把问题留在这里。

　　董作宾的殷代交食研究虽然得到过天文学家陈遵妫的帮助，但因当时的条件所限，陈遵妫的推算以及董作宾自己编制的《殷代交食表》均属大略，其精度始终不敢使董作宾充分自信。于是董作宾在 1943 年写印《殷历谱》的同时，便函请胡适于美国转求天文学家代为复核。胡适遂托德效骞协助此事，从此便诱发了德效骞对中国商代甲骨文月食研究的兴趣。德效骞的工作不久就有了结果，他除利用德国学者诺伊格鲍尔（P. V. Neugebauer）⑥ 的《天文年

---

　　①　冯时：《殷历岁首研究》，《考古学报》1990 年第 1 期，第 20—21 页。

　　②　叶玉森：《殷契钩沉》乙卷，北平富晋书社 1929 年版，第 5 页；董作宾：《方法敛博士对于甲骨文字之贡献》，《图书季刊》新第 2 卷第 3 期，1940 年；《殷代月食考》，《中央研究院历史语言研究所集刊》第 22 本，1950 年，第 140—142 页。

　　③　于省吾：《双剑誃殷契骈枝续编》，北平虎坊桥大业印书局石印本 1941 年版，第 27—30 页。

　　④　刘朝阳：《殷末周初日月食初考》，《中国文化研究汇刊》第四卷上册，1944 年，第 118—119 页。文中"夕旦"皆误释为"月旦"。

　　⑤　饶宗颐：《殷代贞卜人物通考》，香港大学出版社 1959 年版，第 86 页。

　　⑥　P. V. Neugebauer, *Astronomische Chronologie*. Berlin u. Leipzig，1929.

代学》于 1945 年完成了董作宾请求的对庚申月食的核算之外，还推算了公元前 1284 年至前 1341 年间发生于十月至一月安阳可见的 24 次月食供董作宾参考①。在此基础上，他又于第二年完成了公元前十五至前十一世纪四百年间安阳及中国可见的月食计算，并于 1947 年发表②。德效骞的月食计算使他有充裕的时间考虑殷代的月食和历法问题，或许由于不受甲骨学成见的影响和中国传统文化的束缚，致使他在《商朝年代》一文中大胆地提出，卜辞中位于两个干支之间的"夕"字极有可能含有"夜半"（midnight）或"延续到"（continuning into）的意味，因为董作宾确定的庚申月食，在他看来却应是一次发生在公元前 1192 年 12 月 27 日至 28 日的月食，这次月全食的见食时刻是从 27 日晚 20 时 48 分开始，安阳当地的日期是己未，时间是 21 时 53 分。月全食的时间共计一小时又三刻钟，生光的时间从晚 23 时 37 分开始，复圆则在 28 日凌晨 0 时 40 分，安阳当地的日期是庚申，因而这次月食恰好跨越了己未与庚申两个历日，这意味着甲骨文的"夕"字似乎正为指出这次月食自己未持续到庚申的见食过程③。

德效骞的这些说法显然因袭了美国学者白瑞华（Roswell S. Britton）的观点④。1947 年，白瑞华在纽约遇到董作宾，并同他谈及了类似的想法。他认为，如果要采用古本《竹书纪年》的西周积年，董作宾所定的殷代月食时间就显得过早。他希望把武丁的庚申月食从董氏所定的公元前 1311 年后移到公元前 1192 年，而卜辞中"己未夕庚申"可以解释为一夜包括两个干支。1951 年春，白瑞华去世，同年秋季德效骞就在《通报》上发表了他的《商朝年代》一文，观点和结论都和白氏的相似⑤。

德效骞的假说完全出于对月食的推算，而没有考虑甲骨文"夕"字的实际含义，这当然很危险，但是，"夕"字位于两个干支间的情况确实是普遍存在的现象，其实郭沫若很早就已指出了这一点⑥，因此，尽管董作宾曾连续著文反驳

---

① 董作宾：《殷历谱后记》，《六同别录》（中），中央研究院历史语言研究所集刊外编第三种，1945 年，第 24—25 页；《殷代月食考》，《中央研究院历史语言研究所集刊》第 22 本，1950 年，第 139 页。

② Homer H. Dubs, A Canon of Lunar Eclipses for Anyang and China, −1400 to −1000, *Harvard Journal of Asiatic Studies*, Ⅹ−2, 1947, pp. 162−178.

③ Homer H. Dubs, The Date of the Shang Period, *T'oung Pao*. XL, 4−5, 1951, pp. 322−335.

④ 董作宾：《殷历谱的自我检讨》，《大陆杂志》第 2 卷第 10 期，1951 年。

⑤ 董作宾：《卜辞中八月乙酉月食考》，《大陆杂志特刊》第一辑下册，1952 年。

⑥ 郭沫若：《释蚀》，《甲骨文字研究》，上海大东书局石印本 1931 年版。

这种观点①，而且人们对德效骞关于以子夜零时划分殷代历日的看法也确实不敢轻信，但他对"⊐"字意义的推测还是影响了一些学者。张秉权认为，德效骞的解释虽属望文生义，但"⊐"字作为连接词却不是没有可能②，然而在以后的研究中，他却没有坚持这样的想法③。周法高似乎更坚信德效骞的解释，他认为商代存在两种不同的纪日法，一种是当殷人称说今夕或某夕时，他们的意思是指一整个晚上；而当人们试着将一个完整的夜分为两部分的时候，他们就在两个干支之间插入"⊐"字，并将每一部分赋予一个专门的干支④。这种见解当然也还难以成为定论。

陈梦家的商代月食研究显然没有注意到德效骞的看法，但是他在排比卜辞中的数次月食时发现，唯独庚申月食写作"庚申月有食"，而不像其他月食记录那样写作"某日夕月有食"。庚申月食缘何不作"庚申夕"，确实非常奇怪，但他却以另一种与德效骞不同的思路解释了这一现象。他认为，卜辞称夕者似指一日的夜半以后，而不称夕者则指一日的午夜以前。并举出《尚书大传》郑玄《注》说"将晨为夕，或曰将晨为朝，初昏为夕"。用前者，则夕指夜半至晨前⑤。这种解释不仅迂曲，而且其是否适用于商代卜辞也很成问题。

假如德效骞的解释有一定道理，那么显然，董作宾确定的这次庚申月食就将不可能发生在庚申夕，而成为一次从己未夜晚到庚申凌晨发生的月食。这个问题直接关系到殷商年代的建立，自然十分重要。于是张培瑜就甲骨文月食的实际选算及不同月食的相互配合⑥，范毓周就甲骨文的纪时系统⑦，分别从不同角度讨论了卜辞"⊐"字的用法，认为德效骞的有关结论不甚可靠，至少它会在

---

① 董作宾：《卜辞中八月乙酉月食考》，《大陆杂志特刊》第一辑下册，1952 年；《殷代的记日法》，《文史哲学报》第 5 期，1953 年。

② 张秉权：《殷虚文字丙编考释》，"中央研究院"历史语言研究所 1958 年版，第 13、134—137 页。

③ 张秉权：《甲骨文与甲骨学》，国立编译馆 1988 年版，第 279 页。

④ Chou Fa-kao, Certain Dates of the Shang Period, *Harvard Journal of Asiatic Studies*. Vol. 23, 1960—1961, pp. 108—112; On the Dating of a Lunar Eclipse in the Shang Peried, *Harvard Journal of A-siatic Studies*. Vol. 25, 1964—1965, pp. 243—247；中译文见《论商代月蚀的记日法》，《大陆杂志》第 35 卷第 3 期，1967 年，第 92—93 页。

⑤ 陈梦家：《殷虚卜辞综述》，科学出版社 1956 年版，第 239 页。

⑥ 张培瑜：《殷商武丁世的月食和历法》，《中国古代天文文物论集》，文物出版社 1989 年版，第 24—25 页。

⑦ 范毓周：《甲骨文月食纪事刻辞考辨》，《甲骨文与殷商史》第二辑，上海古籍出版社 1986 年版，第 316—319 页。

对卜辞月食的选定上遇到困难。

　　然而这个问题实际并没有彻底解决，裘锡圭在他 1992 年的论文中继续申说了德效骞的观点，他考释卜辞的"㿝"为"皿"字，读为"向"，"㿝"字置于两个日名之间，犹如《诗·小雅·庭燎》所说的"夜向晨"，而甲骨文中的所谓"甲子㿝乙丑"，则指甲子日即将结束，乙丑即将开始的时候①；而赵光贤则索性将"㿝"释为"至"②。郑慧生又释"㿝"字为"间"，意即两日之间③。如此说来，卜辞记有"㿝"这个怪字的月食就应是一次发生在己未夕或庚申晨的月食，这在商代可能是己未日快要结束的时刻，但仍然应该算作己未夕，而不会是一次庚申夕月食。但是这种解释也不是完全没有问题，有关它的话题看来还会继续谈论下去。

五　癸未月食

　　〔癸〕未〔卜〕，争贞：翌甲申易日？之夕月㞢（有）食。甲阴，不雨。
　　〔贞〕：翌甲申不其易日？（以上面辞）
　　之夕月㞢（有）食。（以上背辞）
　　　　　　《乙》1115＋1665＋1868＋1952＋1959＋2446（正、反），
　　　　　　《丙》59、60，《合集》11483 正、反（图 50）

　　癸未月食作为甲骨文迄今可考的第五个月食，对他的研究得益于张秉权的有意义的缀合。张氏的工作可以分为前后两个时期。1956 年，他根据《殷虚文字乙编》第 1115、1952、1959、1868 四版残碎的龟腹甲完成了第一步缀合，同时依同版卜辞的对贞原则拟补了残缺的干支。缀合后的卜辞可以释读为：

　　〔癸〕未〔卜〕，争贞：翌甲申易日？之夕月㞢（有）食。
　　〔贞〕：翌甲申不其易日？（以上面辞）
　　之夕月㞢（有）〔食〕。（以上背辞）

---

　　①　裘锡圭：《释殷虚卜辞中的"㿝""㿝"等字》，《第二届国际中国古文字学研讨会论文集》，问学社有限公司 1993 年版，第 73—94 页。
　　②　赵光贤：《说"至"》，《殷都学刊》1997 年第 3 期，第 1—2 页。
　　③　郑慧生：《从"间"字之释说到商代的"间祀"》，《史学月刊》1987 年第 3 期，第 7—9 页。

图 50 《合集》11483 正、反

张秉权据此考证这是一次甲申月食，发生在殷王武丁四十一年四月十五日，也即公元前 1299 年 4 月 18 日，食甚时刻为 18^h24^m 的月偏食[①]。张秉权的这种推论虽然从一开始就有人怀疑，但直至最后的缀合工作完成之前，他始终坚信这是一次发生在商代甲申夕的月食。

张秉权在将最初的考证论文写成之后，曾经寄送远在香港的董作宾审阅。董作宾所具有的甲骨学的精深造诣使他敏锐地感觉到张秉权所确定的这次甲申月食恐有问题，并首先考虑到将其推定为癸未月食的可能性。他在致张秉权的复信中谈到：

> 近两天又看你的大文，发现一个问题，须再考查。卜辞所称之日，皆指卜之日，之夕亦然，是此月食可能在癸未之夕，不在甲申也。过去月食无此例，可一查止字索引各片[②]。

---

① 张秉权：《卜辞甲申月食考》，《中央研究院历史语言研究所集刊》第 27 本，1956 年，第 175—182 页。

② 张秉权：《卜辞甲申月食考·附记》，《中央研究院历史语言研究所集刊》第 27 本，1956 年，第 180 页。

董作宾的看法应该说极富卓见，这使张秉权不得不重新认真考虑卜辞中"之"字的用法问题①。

但在进一步的研究之后，张秉权除提出一些他认为的之日、之夕不指卜日的所谓例证之外，并没有对甲申月食的结论做丝毫改变②。坦率地说，张秉权之所以坚持自己的看法，不能不说他或多或少地受到《殷历谱》所定武丁年代的影响，因为在董作宾所定的武丁年代范围内，根本无法安排这样一次癸未月食③。

然而卜辞反映的事实却是客观存在的，尽管张秉权不厌其烦地重述自己的观点，但董作宾却深感这一问题并没有解决，他在给严一萍的复信中明确谈及了自己的疑虑，这促使严一萍开始认真地研究这次所谓的"甲申月食"。

同年8月，严一萍完成了他的题为《卜辞癸未月食辨》的论文④，对癸未月食做了令人信服的论证。首先，他在张秉权缀合工作的基础上续缀了《殷虚文字乙编》第1665版卜辞，从而使这块卜甲更为完整。其次，他考证"之夕月有食"是记事刻辞，而不是验辞，并列举了大量极具说服力的证据，对张秉权提出的卜辞之日、之夕不指卜日的所谓例证进行辩驳，从而在卜辞文法上证明"之夕月有食"是一次发生在卜日癸未的月食。最后，他根据德效骞的月食表，考定此次月食发生于殷王祖庚三年二月十六日，即公元前1278年2月27日，食甚时刻为02^h36^m的月全食。

严一萍对卜辞文法的考证虽然不错，但这多少还带有一些推论的成分，看来，癸未月食问题的最终解决非得有更为坚实的证据不可。不久，张秉权即对严一萍的推论做出了答复，因为严氏的论证实际已经使张秉权关于甲申月食的看法岌岌可危。由于紧接月食卜辞尾部的中甲一直没有找到，这使张秉权感到，要确定这次月食究竟发生在癸未还是甲申，最彻底的解决办法就是要搞清这条月食卜辞是否已经完整无缺，它的文例还有无变更的馀地，如果它是一条残辞，则须找出它残缺的部分，以还月食卜辞的本来面目。于是张

---

① 张秉权：《卜辞甲申月食考·附记》，《中央研究院历史语言研究所集刊》第27本，1956年，第180—181页；《卜辞甲申月食考后记》（上、下），《大陆杂志》第12卷第6期，1956年，第175—178页；第12卷第7期，1956年，第227—229页。

② 同上。

③ 张秉权：《卜辞甲申月食考后记》（下），《大陆杂志》第12卷第7期，1956年，第227—229页。

④ 载《大陆杂志》第13卷第5期，1956年，第133—137页。

秉权花费了整整一日一夜的时间，废寝忘食地去搜寻那一块脱落了的中甲，结果在《殷虚文字乙编》中找到了它。这块编号为 2446 的中甲与张秉权第一次缀合的另外四块卜甲相互拼兑，密合无间，从而使他完成了对癸未月食卜辞的最终缀合①。

这块失而复得的中甲上刻有十分关键的四个字"甲阴不雨"，背面残存一"食"字，正好可以补足面辞和背辞的缺文。"甲阴不雨"四字出现于"之夕月有食"之后，显然是命辞"翌甲申易日"的验辞，这使严一萍关于"之夕月有食"不属验辞而属记事刻辞，且"之夕"一定是指卜日癸未的推论确不可疑。

癸未月食的问题算是解决了，但是它在董作宾《殷历谱》中的位置如何确定仍然令人头痛。这版月食卜辞是由贞人争所占卜，争是武丁时的贞人，但是《殷历谱》所确定的武丁王年竟没有一个癸未夕可以容纳这次月食。严一萍考定此次月食发生在祖庚三年，恐怕是迁就《殷历谱》的最理想的选择，显然，张秉权除了接受这一结论之外，也不可能再有其他任何的考虑②。

六　月食年代的考定

董作宾、严一萍对这五次月食的推算应该反映了有关殷代月食早期研究的成绩，其中董作宾于 1951 年发表的《殷代月食考》和 1952 年发表的《卜辞中八月乙酉月食考》，事实上已经利用新的缀合成果及德效骞相对精确的月食表对他自己于《殷历谱·交食谱》中的工作进行了自我修正。下面我们将这五次月食的早期推算结果集中汇为表一。尽管后来严一萍对甲午月食有了新的理解，但其他四次月食的考证结果还是被他忠诚地继承了下来③，然而这些结论在现在看来都还存在讨论的必要。

---

① 张秉权：《论卜辞癸未月食的求证方法》，《大陆杂志》第 13 卷第 8 期，1956 年，第 237—242 页；《卜辞癸未月食的新证据》，《中央研究院院刊》第三辑，1956 年，第 239—250 页。

② 张秉权：《论卜辞癸未月食的求证方法》，《大陆杂志》第 13 卷第 8 期，1956 年，第 242 页；《卜辞癸未月食的新证据》，《中央研究院院刊》第三辑，1956 年，第 246 页。

③ 严一萍：《殷商天文志》，《中国文字》新 2 期，1980 年，第 1—60 页；《殷历谱年历谱证望》，《中国文字》新 11 期，1986 年，第 59—85 页。

表一   殷卜辞五次月食年代的早期推算结果*

甲午月食	−1372.3.27	盘庚二十六年	偏食	宾	安阳不可见
庚申月食	−1310.11.24	武丁二十九年	全食	争	
壬申月食	−1281.11.4	武丁五十八年	全食		
乙酉月食	−1278.9.2	祖庚二年	偏食	争、古	
癸未月食	−1277.2.27	祖庚三年	全食	争	

* 表中所列为历书时，其与世界时因起算之年的不同有一年之差，馀表皆同，不复说明。

　　刘朝阳的商代月食研究完成于 1944 年，他在甲骨文资料的利用方面并没有超过董作宾，因而结论与董作宾也十分接近[1]。其后陈遵妫的月食推算工作也与此相似[2]。而赵却民的工作则只是对董作宾在《殷历谱》中的许多错误考证的精确化而已[3]。

　　陈梦家的殷代月食研究至迟在 1954 年也已完成，但他所利用的卜辞月食材料同样未能超越董作宾，甚至连严一萍于 1951 年完成的对乙酉月食卜辞的缀合也没有加以利用。然而，陈梦家的月食推算由于要顾及他所确定的西周年代，因而比董作宾所推定的月食时间下移了大约一百年[4]。

　　美国学者德效骞的看法与陈梦家十分接近，他同样认为古本《竹书纪年》记载的西周积年比较可靠，因而对于商代月食年代的决定也与董作宾不同[5]。事实上，这使对于商代月食年代的研究形成了两种截然不同的意见。尽管这其中每次月食的具体发生时间又有差异，但就五次月食大体所在的时间范围看，以董作宾为代表的学者主张定于公元前十四世纪前后，而以陈梦家、德效骞为代表的学者则倾向于晚至公元前十三世纪前后。二十世纪八十年代以前，中国学者一般多以为公元前十四世纪末至前十三世纪初可能是殷王武王的在位时间，但是随着研究的深入，自八十年代以后，不论中国学者还是外国学者，已很少有人再对这一看法抱有信心（表二）。

---

①　刘朝阳：《殷末周初日月食初考》，《中国文化研究汇刊》第四卷上册，1944 年，第 107—111 页。
②　陈遵妫：《中国古代天文学简史》，上海人民出版社 1955 年版，第 57—59 页。
③　赵却民：《甲骨文中的日月食》，《南京大学学报》（天文学）1963 年第 1 期。
④　陈梦家：《殷虚卜辞综述》，科学出版社 1956 年版，第 237—240 页。
⑤　Homer H. Dubs, The Date of the Shang Period, *T'oung Pao*. XL, 4—5, 1951, pp. 322—335.

表二 殷卜辞五次月食年代选算结果一览表

研究者	甲午月食	己未/庚申月食	壬申月食	乙酉月食	癸未月食	备注
董作宾	-1372.3.27*	-1310.11.24	-1281.11.4	-1278.9.2		*安阳不可见
刘朝阳	-1321.12.25*	-1310.11.23	-1281.11.4	—		*甲午晨
陈遵妫	-1321.12.25*	-1310.11.23	-1327.5.8**			*甲午晨 **安阳不可见
德效骞	-1197.11.4	-1191.12.27~28·	-1188.10.25	-1180.11.25	-1277.2.27	
严一萍·张秉权						
陈梦家	-1228.12.17	-1217.11.15~16	-1182.1.28			
赵却民	-1341.2.15*	-1310.11.24	-1327.5.8**	-1303.1.15***		*丙申晨 **安阳不可见 ***乙酉晨
周法高	-1228.12.17	-1191.12.27~28·	-1188.10.25	-1226.5.31~6.1	-1200.7.11~12	
张培瑜(1)	-1372.3.27*	-1310.11.24	-1218.11.4	-1278.9.2**	-1277.2.27	*安阳不可见 **误与《甲》1289分为两次月食
张光直(1)	-1465.4.5~6	-1433.1.13	-1425.2.12~13	-1443.7.29*	-1469.12.11~12	*乙酉晨·安阳不可见
张光直(2)	-1197.11.4	-1217.11.15~16	-1188.10.25	-1226.5.31~6.1	-1200.7.11~12	
	-1228.12.17	—	-1281.11.4	-1278.9.2	-1277.2.27	

研究者	甲午月食	己未/庚申月食	壬申月食	乙酉月食	癸亥月食	备注
丁骕	-1300.5.9* -1274.6.24**	-1310.11.24	-1281.11.4	-1278.9.2		*乙未夕 **安阳不可见
中国天文学史整理研究小组	—	-1217.11.15~16	—	-1226.5.31~6.1	—	
吉德炜	-1197.11.4	-1191.12.27~28·	-1188.10.25	—	-1179.5.22	
温少峰 袁庭栋	-1228.12.17	-1310.11.24	-1281.11.4	-1278.9.2	-1277.2.27	
范毓周	-1197.11.4	-1217.11.15~16	-1188.10.25	-1180.11.25	-1200.7.11~12	
张培瑜(2)	—	-1217.11.15~16	—	-1226.5.31~6.1	—	
张培瑜 孟世凯	-1228.12.17	-1217.11.15~16	-1188.10.25	-1226.5.31~6.1	-1231.8.23~24	
彭瓞钧	-1321.12.25*	-1310.11.24	-1281.11.4	-1278.9.2	-1277.2.27	*甲午晨
冯时	-1197.11.4	-1217.11.15~16	-1188.10.25	-1226.5.31~6.1	-1200.7.11~12	
夏含夷	-1197.11.4	-1191.12.27~28·	-1188.10.25	-1180.11.25	-1200.7.11~12	
徐振韬	-1228.12.17	-1310.11.24	-1281.11.4	-1226.5.31~6.1	-1277.2.27	
黄竞新		-1310.11.24	-1281.11.4	-1278.9.2		
劳榦	-1197.11.4	-1211.2.16*	-1213.3.10** -1188.10.25	-1180.11.25		*安阳不可见 **辛未夕

续表二

研究者	甲午月食	己未/庚申月食	壬申月食	乙酉月食	癸未月食	备注
成家彻郎	−1334.3.28	−1354.4.7	−1372.9.21 −1341.8.10 −1325.3.19 −1320.6.19	−1364.10.22	−1338.12.3	干支全不能合
常玉芝（1）	−1197.11.4 −1176.9.14· −1150.5.2**	−1165.8.14·	−1188.10.25 −1182.1.28	−1180.11.25	−1200.7.11～12 −1184.2.18～19 −1179.5.22	*甲午晨 **与己未/庚申 时月食时间部分重叠
常玉芝（2）	−1465.4.5～6	−1428.4.16·	−1472.8.17 −1425.2.12～13	−1417.3.16	−1468.12.11～12	
刘学顺	−1197.11.4	−1165.8.14·	−1188.10.25	−1226.5.31～6.1	−1200.7.11～12 −1184.2.18～19 −1179.5.22	
张培瑜（3）	−1197.11.4	−1191.12.27～28·	−1188.10.25	−1180.11.25	−1200.7.11～12	
黄彰键	−1228.12.17	−1191.12.27～28·	−1281.11.4	−1278.9.2	−1277.2.27	
李 勇	−1228.12.17 −1197.11.4	−1191.12.27～28·	−1188.10.25	−1180.11.25	−1231.8.23～24	

注：— 讨论而未定　· 主张己未至庚申月食

　　根据甲骨学的研究，商代的五次月食卜辞基本上都应是殷王武丁时代的记录，他的年代下限或许可以晚到祖庚时期。武丁在位共 59 年，祖庚在位 7 年，似乎已是大家相信的说法。但从表一可以看出，从董作宾确定的最早的一次甲午月食到严一萍、张秉权考证的最晚的一次癸未月食共历 95 年，已大大超出武丁、祖庚二王的在位年限，因此，这一组月食年代的可信性其实存在着很大疑问。温少峰、袁庭栋与徐振韬的推算也使月食年代纵跨 80 年以上①。丁骕的研究虽然可以把五次月食（其中不包括他自己没有讨论的癸未月食）纳入武丁的59 年框架之内，但他所确定的甲午月食于安阳不可见②，仍是一桩悬案。

　　张培瑜最初的推算工作并没有彻底摆脱董作宾在《殷历谱》中将两条乙酉月食同文卜辞作为两次月食看待的影响，并且所推的月食年代也与董作宾的结果没有太大的不同③。但在后来的研究中，随着他对月食卜辞材料的系统整理，有关月食年代的选算也越来越接近陈梦家的观点④。张培瑜最终确定的最早一次月食（癸未月食）的年代为公元前 1201 年，距他所定最晚的一次月食（乙酉月食）的年代——公元前 1181 年——相距 21 年⑤，没有超出武丁的年代范围。与此同时，范毓周推定最早的一次月食为庚申月食（公元前 1218 年），最晚的一次月食为乙酉月食（公元前 1181 年），年代跨越 37 年⑥。笔者则推定乙酉月食所见最早（公元前 1227 年），其距最晚的一次壬申月食（公元前 1189 年）相距38 年⑦，也都没有超出武丁的年代范围。

　　张光直提出了两组可能的月食年代，第一组的四个月食年代从公元前 1282

　　①　温少峰、袁庭栋：《殷墟卜辞研究——科学技术篇》，四川省社会科学院出版社 1983 年版，第39—46 页；徐振韬：Shang Dynasty Oracle Bone Eclipse Records and the Earth's Rotation Rate in 1302 BC，中国天文学史年会，重庆，1991 年。

　　②　丁骕：《西周王年与殷世新说》，《中国文字》新 4 期，1981 年，第 72—75 页。

　　③　张培瑜：《甲骨文日月食纪事的整理研究》，《天文学报》第 16 卷第 2 期，1975 年，第 210—223页。

　　④　中国天文学史整理研究小组：《中国天文学史》，科学出版社 1981 年版，第 16—18 页；张培瑜：《殷商武丁世的月食和历法》，《中国古代天文文物论集》，文物出版社 1989 年版，第 17—28 页；张培瑜、孟世凯：《商代历法的月名、季节和岁首》，《先秦史研究》，云南民族出版社 1987 年版，第 240—250 页。

　　⑤　张培瑜：《甲骨文日月食与商王武丁的年代》，《文物》1999 年第 3 期，第 56—63 页；《日月食卜辞的证认与殷商年代》，《中国社会科学》1999 年第 5 期。

　　⑥　范毓周：《甲骨文月食纪事刻辞考辨》，《甲骨文与殷商史》第二辑，上海古籍出版社 1986 年版，第 310—337 页。

　　⑦　冯时：《殷历岁首研究》，《考古学报》1990 年第 1 期，第 20—26 页。

年至前 1229 年（不含庚申月食），第二组的月食年代从公元前 1227 年至前 1189
年。前一组相去 53 年，后一组相去 38 年。由于庚申月食可以考虑为己未至庚申
月食，但这次月食在他所确定的第一组月食年代中无法容纳，因此，即使张光
直本人也并不认为这一组月食年代比第二组年代更具有可信性[1]。而笔者运用不
同方法推算的结果则与张光直的第二组年代不谋而合。

劳榦的工作不仅没有利用严一萍、张秉权有关乙酉和癸未月食卜辞的缀合
成果，甚至沿袭了董作宾在《殷历谱》中关于所谓"癸卯月食"的错误并加以
推算，这使他对乙酉和癸未两次月食没能给予必要的讨论[2]，尽管他后来对于
《殷历谱》收录的乙酉月食残辞的讨论使他研究工作的罅漏略得弥补[3]。但即使
如此，在他讨论的四次月食中，不仅庚申月食是一次安阳不可见到的月食，而
且所选的壬申月食也是一次发生在辛未夕的月食。造成这些失误的原因则是因
为劳榦放心地利用了董作宾当年计算的、但是就连董作宾自己后来也放弃不用
的精度并不很高的交食表，这使他的推算工作未能达到他预期的结果。

德效骞关于卜辞"壴"字含有从某日到次日意义的看法，使传统认为的庚申
夕月食变成了一次己未至庚申（或者说是庚申晨）月食。这个变化事实上限制
了其他四次未记"壴"字的月食的发生时间，德效骞当然部分地考虑到了这一
点，所以除癸未月食卜辞在当时尚未缀合之外，他讨论的其他三次月食的发生
时间都是在子夜零时之前[4]。但是多数接受德效骞观点的学者却对这些问题未能
给予足够的重视，以致使他们考定的月食尽管在年代的搭配上看起来很合理，
但在月食发生的具体时间上却不够协调（表三）。

通过表三可以清楚地看到，为了使庚申月食成为一次发生在己未夕至庚申
的月食，各家所选择的最理想的方案是公元前 1192 年 12 月 27 日至 28 日的一次
月全食。这次月全食除德效骞与刘宝林有关见食时刻的计算稍有差异外，其跨越
己未和庚申两个历日则是一致的。德效骞的月食推算显然是以这一原则为标准的，
因此他所得到的其他几次未记"壴"字的月食都没有延续到子夜零时之后。

① Kwang-chih Chang，*Shang Civilization*. New Haven，Yale University Press，1980，p. 328.

② 劳榦：《从甲午月食讨论殷周年代的关键问题》，《中央研究院历史语言研究所集刊》第 64 本第 3
分，1993 年，第 627—638 页。

③ 劳榦：《殷周年代的问题——长期求证的结果及其处理的方法》，《中央研究院历史语言研究所集
刊》第 67 本第 2 分，1996 年，第 239—262 页。

④ Homer H. Dubs，The Date of the Shang Period，*T'oung Poo*. XL，4—5，1951，pp. 322—335.

表三　己未至庚申月食与其他月食发生时间比较表

推算者	己未/庚申 初亏	己未/庚申 食甚	己未/庚申 复圆	甲午 初亏	甲午 食甚	甲午 复圆	壬申 初亏	壬申 食甚	壬申 复圆	乙酉 初亏	乙酉 食甚	乙酉 复圆	癸未 初亏	癸未 食甚	癸未 复圆	备注
德效骞	−1191.12.27~28 20^h48^m	22^h42^m	00^h40^m	−1197.11.4 21^h00^m	22^h18^m	23^h54^m	−1188.10.25 19^h54^m	21^h18^m	22^h24^m	−1180.11.25 18^h30^m	20^h24^m	22^h18^m				
周法高	−1191.12.27~28	同上		−1228.12.17* 00^h24^m	02^h00^m	03^h24^m	−1188.10.25 同上			−1226.5.31~6.1 23^h00^m	00^h36^m	02^h24^m	−1200.7.11~12 22^h48^m	23^h54^m	01^h18^m	据德表 *月食发生在乙未晨，非甲午
吉德炜	−1191.12.27~28 20^h31^m	22^h27^m		−1197.11.4 20^h31^m	21^h56^m	23^h21^m	−1188.10.25 19^h27^m	20^h40^m	21^h53^m				−1179.5.22 17^h22^m	19^h08^m	20^h54^m	据刘表
夏含夷	−1191.12.27~28	同上		−1197.11.4	同上		−1188.10.25	同上		−1180.11.25 18^h02^m	19^h54^m	21^h45^m	−1200.7.11~12 22^h24^m	23^h39^m	00^h54^m	据刘表

周法高的月食研究工作却未能继承德效骞的推算原则，因而他的结论也不是没有可商讨的地方①，尽管后来他自己又对先前的推算结果做了修正②。首先，周法高所选定的甲午月食年代其实是一次发生在乙未晨的月食，如果按他自己的说法将殷历的日首划在子夜零时，那么这次月食就不能被看作是一次甲午月食。其次，他所选定的乙酉、癸未两次月食的见食时刻都跨越了子夜零时而兼涉两个历日，这在逻辑上就与乙酉、癸未两次月食卜辞未记"㚄"的情况不能圆通。其他持类似主张的学者所选定的癸未月食也存在同样的问题③。

吉德炜（David N. Keightley）的月食选算工作最为慎重，他不仅考虑到德效骞确定的第一条原则，而且还发现德效骞所选的月食年代事实上存在着严重不足。我们知道，"己未夕㚄庚申"月食同版记有"十三月"，因此这次月食有可能发生在殷历十二月或一月，而乙酉月食明记"八月"，这意味着这两次月食所反映的殷历岁首时间必须大致相同，这显然可以作为月食选算的第二条原则。但是从德效骞的考证结果看，己未至庚申月食与乙酉月食所反映的殷历岁首至少相差了三个月，这个误差所造成的气候及物候的显著变化无论如何是不能令人容忍的。然而，如果选取周法高所定的乙酉月食年代，岁首误差尽管稍有缩小，但又与德效骞所确定的"㚄"字的含义相冲突。由于在吉德炜所确定的武丁五次月食的年代范围内已没有第三个可供选择的乙酉月食，因此他只能缺而不论④。事实上，正像董作宾的《殷历谱》无法合理地容纳一次甲午月食一样，德效骞的月食推算工作也无法合理地容纳一次乙酉月食。

常玉芝承裘锡圭的说法，将"㚄"读为"夜向晨"的"向"，因而认为"己

① Chou Fa-Kao，Certain Dates of the Shang Period，*Harvard Journal of Asiatic Studies*. Vol. 23，1960—1961，pp. 108—113.

② Chou Fa-Kao，On the Dating of a Lunar Eclipse in the Shang Period，*Harvard Journal of Asiatic Studies*. Vol. 25，1964—1965，pp. 243—247.

③ Edward L. Shaughnessy，The Last Years of Shang King Wu Ding：An Experiment in Recostruction the Chronology of Ancient China，1990；中译文《商王武丁的末期：中国上古年代学的重构实验》，收入氏著《古史异观》，上海古籍出版社 2005 年版；张培瑜：《甲骨文日月食与商王武丁的年代》，《文物》1999 年第 3 期；《日月食卜辞的证认与殷商年代》，《中国社会科学》1999 年第 5 期；李勇：《武丁月食及其年代研究》，《中原文物》2001 年第 1 期，第 51—55 页；《月龄历谱与夏商周年代》，世界图书出版公司 2004 年版，第 147—151 页。

④ David N. Keightley，*Sources of Shang History：The Oracle-Bone Inscriptions of Bronze Age China*. Berkely，University of California Press，1978，p. 174，n. 19；Shang China is Coming of Age - A Review Article，*The Journal of Asian Studies*. Vol. 41，No. 3，1982，pp. 551—552.

未夕兑庚申"月食实际是一次发生在殷历十二月庚申日黎明前的月食[1]，并把这次月食推定在公元前 1166 年 8 月 14 日。沿着这样的思路，刘学顺也得到了与常玉芝几乎相同的结论[2]。但这个年代与乙酉月食的配合所存在的问题其实并不比以子夜零时划分殷代历日为标准而选算的月食更少，因为这样做将使发生在公元前 1227 年的乙酉月食同己未月食一样成为唯一的选择，但两辞同为贞人争所占卜，时间却相距 61 年。同一位贞人是否能够供职如此长久，这个问题当然不能不予以考虑，况且这也与宾组卜辞只存在于武丁王偏晚的某一段时间而非全部时间的传统断代观相矛盾。常玉芝后来的推算又提出五次月食可以前移到公元前十五世纪初叶至中叶的可能，这显然又嫌过早[3]。事实上，要使武丁时期的五次月食在这样的前提下得到合理的配置确实十分困难[4]。

如果从董作宾第一次注意到殷代卜辞中的月食记录算起，对这个问题的研究已耗费了大约 70 年的时光，工作的进展当然很明显，但问题至今仍没有彻底解决[5]。尽管我们已能预见到可能的结果，而且建立了五次月食的相对宽泛的时间范围，但要真正重现殷人的观测结果，我们面前的路即使不算太漫长，也并不平坦。

第二节　日食

殷卜辞中的日食记录比较复杂，涉及到对卜辞文辞最基本的解读和日食记录的认证等方面的广泛争论。卜辞中与日食有关的记录可以分作两类，一类写作"日有食"，另一类则作"日有戠"。第一类共见五条卜辞（图 51）。

---

① 常玉芝：《"己未夕兑庚申月有食"解》，《殷都学刊》1997 年第 1 期，第 9—14 页。

② 刘学顺：《殷墟卜辞所记月食的年代》，《殷都学刊》1998 年第 1 期，第 21—23 页。

③ 张培瑜：《甲骨文日月食与商王武丁的年代》，《文物》1999 年第 3 期。

④ 张培瑜：《殷商武丁世的月食和历法》，《中国古代天文文物论集》，文物出版社 1989 年版，第 24—25 页。

⑤ 也有学者提出卜辞的"月有食"并非实指月食，而属祭祀卜辞。见陈楚光：《破殷历谱》，1989 年自刊；池田末利：《再び严一萍氏に答える——殷历谱の问题など——》，《甲骨学》第 11 号，1976 年；连劭名：《卜辞中的月与星》，《出土文献研究续集》，文物出版社 1989 年版。学者对这种观点有所辩答，见严一萍：《我的声明》，《董作宾先生逝世十四周年纪念刊》，艺文印书馆 1978 年版。

图 51

1.《佚》374　2.《簠・天》1　3.《屯南》379（H2：713）　4.《合集》11480　5.《合集》33695

1. 癸酉贞：日夕又（有）食，唯若？

　　癸酉贞：日夕又（有）食，非若？　　　　《簠・天》1

2. 癸酉贞：日夕又（有）食，唯若？

　　癸酉贞：日夕又（有）食，非若？　　　《佚》374，《合集》33694

3. 癸酉贞：日夕［有］食，［告于］上甲？

　　　　　　　　　　　　　　　　《京津》3695，《合集》33695

4. ［癸］酉［贞］：日夕［有］食，［告于］上甲？

　　　　　　　　　　　　　　　　《屯南》379（H2：713）

5. 贞：日业（有）食？　　　《林》1.10.5，《合集》11480

图 52　《合集》11481

除此之外，著录于《甲骨文合集》11481 的一版卜辞残损过甚（图 52），但张秉权仍认为是一次日食之贞[1]。

这五条卜辞除第 5 条外，都是典型的"历组"卜辞，而且四辞卜日相同，因此应属为同事占卜的同文异版卜辞。王襄以为这是一次发生在黄昏时的日食记录[2]，并且影响了后来一批学者的看法[3]。但是，这种解释所遇到的反证是相当充分的，其中最重要的便是由于卜辞"夕"字的含义所造成的矛盾解释。"夕"作为殷代全夜的通称[4]，并不具有后世朝夕、昏暮的意思，卜辞自有"莫"、"昏"表示黄昏，因此，发生在入夜之前的日食显然不能称为"日夕有食"[5]。当然，我们可以设想这次日食发生在昼夜之交，即日带食没，但是自公元前 1400 年至前 1000 年，实际并不曾发生过这类安阳可见的癸酉日食[6]。

叶玉森与商承祚将此辞释为"日月有食"[7]，这很容易被理解为日月频食或月日频食。首先涉及的便是卜日问题，日食在朔，月食在望，日期不同，究竟如何决定交食的先后次序，这本身就没有充足的证据。董作宾和陈遵妫曾提出

---

①　张秉权：《甲骨文与甲骨学》，国立编译馆 1988 年版，第 277 页。

②　王襄：《簠室殷契征文考释》，天津博物院 1925 年版，第 1 页。

③　刘朝阳：《殷末周初日月食初考》，《中国文化研究汇刊》第四卷上册，1944 年；Homer H. Dubs, The Date of the Shang Period, *T'oung Pao*, XL, 4—5, 1951, pp. 322—325；张培瑜：《甲骨文日月食纪事的整理研究》，《天文学报》第 16 卷第 2 期，1975 年。

④　董作宾：《殷历谱》下编卷三《交食谱》，中央研究院历史语言研究所 1945 年版，第 36 页；《殷代的纪日法》，台湾大学《文史哲学报》第 5 期，1953 年。

⑤　董作宾：《殷历谱》下编卷三《交食谱》，中央研究院历史语言研究所 1945 年版，第 36 页；《卜辞中八月乙酉月食考》，《大陆杂志特刊》第一辑下册，1952 年。

⑥　张培瑜：《公元前 1399—前 1000 年安阳可见日食表》，《中国先秦史历表》，齐鲁书社 1987 年版；《中国十三历史名城可见日食表（前 1500 年至公元 2050 年）》，《三千五百年历日天象》，河南教育出版社 1990 年版。

⑦　叶玉森：《殷契钩沉》甲卷，北平富晋书社 1929 年版，第 1 页；商承祚：《殷契佚存考释》，金陵大学中国文化研究所 1933 年版，第 51 页。

若干可能的选择①，复验表明，这几次频食的选择大有问题②，事实上，在卜辞可能存在的最大实际年代范围里，无论日月频食或月日频食，都没有令人满意的答案，以至于董作宾最后也不得不放弃了自己的观点③。

当然，学者或有主张"日月"或"日夕"两字应该作为一个字来看待，即"明"字。"明"即"大明"，为日之古称，因此"明有食"就是日食④。但是据辞5"日有食"及其他有关"日有戠"的卜辞分析，殷人称日食是否有称"明"的做法显然还难以确定。

事实上，一个根本问题始终被普遍忽略了，这就是日食记录在卜辞中的位置。胡厚宣注意到，与卜辞月食记录不同的是，上录日食记录全部出现于命辞之中，这是贞卜尚未发生之事，卜问如果发生交食是否有吉凶或致祭某位先王，自然不能视其为已经发生的天象⑤。承认这一点非常重要。

我们且将这场争论暂置于此，继续讨论有关的另一类"日有戠"卜辞。

6. 庚辰贞：日又（有）戠，非祸？唯若？　　《粹》55
7. 乙丑贞：日又（有）戠，其告于上甲？　　《合集》33697

两辞亦为典型的"历组"卜辞。辞6与前录辞1、2，辞7与前录辞3、4文例全同（图53），可以对读，唯辞7卜日先于癸酉九日（图54）。两类卜辞"日有食"与"日有戠"并举，且同卜"唯若"、"非若"或告祭先王上甲，因此，"戠"与"食"的用法相同是完全可能的。

涉及到对"日有戠"卜辞的争论并不亚于"日夕有食"卜辞。郭沫若承认这是日食记录⑥，但由于对"戠"字的本义不能明了，异说一直存在。陈梦家指

①　董作宾：《殷代之天文》，《天文学会十五届年会会刊》，1940年；《殷历谱》下编卷三《交食谱》，中央研究院历史语言研究所1945年版，第37页；陈遵妫：《春秋以前之日食记录》，《学林》第六辑，1941年。

②　张培瑜：《甲骨文日月食纪事的整理研究》，《天文学报》第16卷第2期，1975年。

③　董作宾：《殷代月食考》，《中央研究院历史语言研究所集刊》第22本，1950年；《卜辞中八月乙酉月食考》，《大陆杂志特刊》第一辑下册，1952年。相关研究还可参见张培瑜：《日月食卜辞的证认与殷商年代》，《中国社会科学》1999年第5期。

④　李学勤：《癸酉日食说》，《夏商周年代学札记》，辽宁大学出版社1999年版。

⑤　胡厚宣：《卜辞"日月有食"说》，《出土文献研究》，文物出版社1985年版。

⑥　郭沫若：《殷契粹编考释》，日本东京文求堂石印本1937年版，第13页。

图 53   《粹》55   图 54   《合集》33697

出"畎"当读为"识"或"痣",指日中黑子①,但卜辞的"月有畎"记录却提供了这种解释的反证(图55)。

　　壬寅贞:月又(有)畎,王不于一人祸?
　　壬寅贞:月又(有)畎,其又(侑)土(社),燎大牢?兹用。

《屯南》726

我们知道,月球总以同一面朝向地球,人们看到的总是月球表面在同样地方呈现的花纹或斑点②。显然,以"日有畎"为太阳黑子却不宜解释"月有畎"卜辞。

　　一些学者认为,卜辞的日月有畎意当日月之色变赤③。这种解释虽然优于日

　　①　陈梦家:《殷虚卜辞综述》,科学出版社1956年版,第240页。
　　②　张培瑜:《甲骨文日月食纪事的整理研究》,《天文学报》第16卷第2期,1975年。
　　③　胡厚宣:《重论余一人问题》,《古文字研究》第六辑,中华书局1981年版,第19—21页;严一萍:《我的声明》,《董作宾先生逝世十四周年纪念刊》,艺文印书馆1978年版,第165页;《殷商天文志》,《中国文字》新2期,1980年,第13页。

图 55 　《屯南》726

中黑子的说法，但似乎也不好回避"日有食"与"日有散"的同文现象。岛邦男曾经讨论了卜辞"食"与"散"字的相同用法，尽管有些论证还很牵强。然而，他同时否定了"日食"和"日散"作为天象记录的可能①，这种观点是缺乏根据的。

　　对"日有散"类卜辞是否属于天象记录之所以存在争论，根本原因是我们缺乏对"散"字本义的充分认识，而这个基础研究对于深入讨论卜辞中的日食记录无疑十分重要。在"历组"卜辞的日月食记录中，"食"字大部分为"散"字所取代，这种现象似乎并不像某些学者认为的那样是殷人对日月之会

①　岛邦男：《殷墟卜辭研究》，中國學研究會 1958 年版，第 507 页。

的一种刻意表现形式①，尽管"畝"字确实具有聚会的意思，但问题在于，这种解释不仅缺少卜辞的证据，而且有悖中国天文学的固有传统。恰恰相反，即使是在对交食现象有了科学认识的后世或今天，人们仍然使用"食"字表示日月食。事实上，如果通过卜辞和文献推勘"畝"字本义，其有败伤之意是十分明显的。而中国古人对日月食现象恰恰并存着两种传统的称谓，一为"食"，一为"蚀"。如果将卜辞的"食"与"畝"与这两种称谓分别对应，那么，"畝"与"蚀"的音义确实十分吻合，这意味着卜辞的日、月有畝均指日、月食，它们的正确写法应该是日、月有蚀②。

在解决了这个关键字的论证之后，殷代卜辞迄今所见唯一的一次日食记录终于为学者所揭示。这是一次发生在殷代乙巳日的日食，全部记录统属"历组"卜辞，并且明确显示了预卜和见食两个时期，从而构成殷代乙巳日食的完整记录③。

【预卜期】

一卜：

　　1. 壬子卜，贞：日蚀于甲寅？　　《佚》384（图56，1）

二卜：

　　2. 乙丑贞，日又（有）蚀，其告于上甲？
　　　乙丑贞：日又（有）蚀，其［告］于上甲，三牛？不用。
　　　其五牛？不用。
　　　其六牛？不用。　　《合集》33697（图54）
　　3. 乙丑贞：日又（有）蚀，允唯蚀？三

　　　　　　　　　　　　　　　　　《合集》33700（图56，6）

---

①　温少峰、袁庭栋：《殷墟卜辞研究——科学技术篇》，四川省社会科学院出版社1983年版，第30—31页。

②　冯时：《殷卜辞乙巳日食的初步研究》，《自然科学史研究》第11卷第2期，1992年；《中国天文考古学》第五章第二节，中国社会科学出版社2010年版。

③　同上。

图 56

1.《佚》384　2.《合集》33704　3.《续存》1.194

4.《屯南》3120　5.《后·下》29.6　6.《合集》33700

三卜：

4. 癸酉贞：日夕［有］食，［告于］上甲？

　　　　　　　　　　　　　　　　《合集》33695（图 51，5）

5. ［癸］酉［贞］：日夕［有］食，［告于］上甲？

　　　　　　　　　　　　　　　　《屯南》379（图 51，3）

6. 癸酉贞：日夕又（有）食，唯若？

　　癸酉贞：日夕又（有）食，非若？　　《簠·天》1（图 51，2）

7. 癸酉贞：日夕又（有）食，唯若？

　　癸酉贞：日夕又（有）食，非若？

　　　　　　　　　　《佚》374，《合集》33694（图51，1）

四卜：

8. 庚［辰］贞：［日有蚀，其告于］岳？一

　　庚辰贞：日又（有）蚀，非祸？唯若？一

　　庚辰贞：日又（有）蚀，其告于河？

　　庚辰贞：日又（有）蚀，其告于父丁，用牛九？在**桼**（协）。

　　　　　　　　　　　　　　　　　《粹》55（图53）

9. ［庚辰贞：日有蚀，非祸］？唯若？

　　庚辰贞：日又（有）蚀，告于河？　　《续存》1.194（图56，3）

五卜：

10. 允隹（唯）蚀？

　　辛巳［贞］：日蚀在西，亡祸？　　《合集》33704（图56，2）

11. 辛巳贞：日又（有）蚀，其告于父丁？二

　　　　　　　　　　　　　　　《后·下》29.6（图56，5）

12. □□贞：日又（有）蚀，其告于……

　　□□［贞：日］又（有）蚀，其告于祖□？

　　《屯南》3120（M13：242＋502＋631＋662）（图56，4）

　　五次占卜发生在30天内，其中第一次和第二次占卜内容涉及了日食发生时间，第四次和第五次占卜内容涉及了见食地点，同时，有四次占卜关系到对日食发生时所祭神祇和用牲数量的选择。在第五次占卜之后，我们讲到一条记有验辞的日食记录。

【见食期】

13. 乙巳贞：酚乡，其舌小乙？兹用。日又（有）蚀，夕告于上甲，九

牛。一　　《甲》755（2.2.0359），《合集》33696（图57，1）

14. 乙［巳贞］：酌［彡，其舌］小乙？［兹用］。日又（有）蚀，夕告于
上甲，九牛。一　　《屯南》27＋321，《甲缀》105（图57，2）

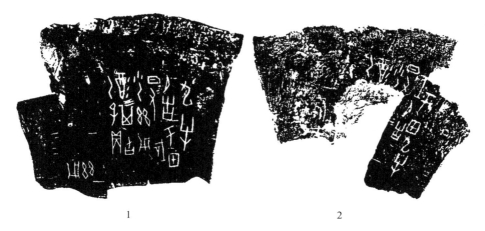

图 57　殷代乙巳日食见食记录

1.《甲》755（2.2.0359）　　2.《屯南》27＋321（《甲缀》105）

日食记录出现在验辞之中，显为已经发生的天象，卜辞是说乙巳日白天发生了
日食，当晚为此事告祭殷先王上甲，祭献了九头牛。这次日食发生在首卜之后
的第 54 天，诸辞内容具有非常密切的联系，这一点在对致祭神祇和用牲数量的
选择方面表现得尤为突出（表四）。很明显，征验记录正是预卜记录选择的结
果。二者之间的这种联系使人相信，在乙巳日食的征验记录出现之前的全部卜
食记录，其性质实际是为同一次日食而举行的预卜。

自公元前 1500 年至前 1000 年，中国大陆可见的乙巳日食共有三次：

日食一：公元前 1161 年 10 月 31 日
日食二：公元前 1062 年 1 月 25 日
日食三：公元前 1016 年 7 月 22 日

考虑到上述庚辰、辛巳两次占卜记录均出现"父丁"称谓，因此日食卜辞的年
代只可能为武丁的子辈祖庚、祖甲时期或康丁的子辈武乙时代，这正体现了目前

表四 　　　　　　　　　　殷卜辞乙巳日食预卜与征验内容关系表

	预卜选择内容				征验记录
	乙丑	癸酉	庚辰	辛巳	乙巳
致祭神祇	上甲	上甲	岳 河 父丁	祖□ 父丁	上甲
用牲数量	三牛（不用） 五牛（不用） 六牛（不用）				
			九牛		九牛

学术界对于"历祖"卜辞的分期互持的两种对立的观点。然而后两次日食的年代显然都嫌过晚，因为即使武王克殷的年代还不能最终定论，但它无论如何不可能比公元前 1015 年更晚，而卜辞反映的殷代最后两位君王的在位时间至少都在 20 年以上，这使得武乙的在位年代与日食二的年代还应存在相当的距离，这意味着乙巳日食只可能出现于祖庚、祖甲时期是毋庸置疑的。如果与武丁时期五次月食的时间相比较，其在祖甲一世也自可肯定。较为准确的计算结果显示，这次乙巳日食发生在安阳地方时的夜晚，日食临近结束之际可于安阳或安阳以东看到带食而出的小食分偏食。

作为最重要的两次预卜涉及了两项重要内容，一次是有关日食发生的具体时间——日夕有食——的卜问，另一次则关系到见食地点——协。"夕"在殷代统赅全夜，并不具有朝夕、昏暮之意，而协的地望也远在殷都东南，约当今河南省商丘市附近。令人惊异的是，两次问卜的内容与对此次日食的实际计算结果吻合无间。首先，计算显示此次日食的食甚时刻及大部分过程都发生在安阳地方时的夜晚，甚至就某些计算而言，此次日食唯中国东部可见，而安阳根本不能见食，所以相对于殷都，这的确是一次卜辞所称的"日夕有食"！其次，殷人在协地举行预卜活动，意味着对此次日食的观测并不局限于殷都一隅，作为在日食发生之前殷都存在可见或不可见食的种种考虑是十分自然的。事实上，所有的计算结果都与这两种选择相适合，特别是在认为殷人的这种问卜属于一种正确预报的时候，张培瑜的计算几乎成了唯一的选择①。这个计算表明，乙巳日食安阳不可见，而协地附近正可看到日带食出的现象。

如果说这种暗合可以视为殷人对乙巳日食发生时间和见食地点的成功预报的话，那么这无疑取决于殷人对交食周期的认识，而预卜记录又恰恰反映了这个周期。对预卜记录的排比结果显示了一个大致相当于三个沙罗周的新周期，即54年。但是，54年并不与三个沙罗周同长，约少33天。事实上，殷人在癸酉日的第三次预卜后，日食并没有立即发生，而它真正的发生时间恰是在癸酉之后的第33天。

殷人对日食的连续预卜暗示了他们并不懂得日食必发生在朔日的一般道理，当然他们更未能明了日月之交的真正原因。恰恰相反，如果与真实的历日相校，我们所看到的殷人的预卜活动都是在朔望之外的其他日子进行的，这一点与巴比伦的情况非常相似。

刘渊临讨论了卜辞中长期被误解的一次所谓的武丁时期的乙卯日食②，这条卜辞我们在第二章第二节关于二十八宿南宫星宿的研究中已有所论列，它的关键部分在验辞中，这里根据较清晰的拓本将此辞完整地释写于下（图36）：

甲寅卜，㱿贞：翌乙卯易日？一
贞：翌乙卯不其易日？一
王占曰："之㣇勿雨。"乙卯允明阴，乞（迄）囧（烈）。食日大星。

《乙》6385、6386

刘朝阳首先把"食日"解为日食，又将"乞囧"误释为"三舀"，谓即日珥③。后为学者信从④。这种认识的错误根源在于没有明晓卜辞"食日"的含义，卜辞"食日"又作"大食"或"大食日"，"食日"、"大食"都是"大食日"的省写，这一点陈梦家早有论及⑤，而小屯南地甲骨的出土更使这一看法不可

① 张培瑜：《三千五百年历日天象》，河南教育出版社1990年版。另可参见刘次源、马莉萍：《中国历史日食典》，世界图书出版公司2006年版，第59、139页。
② 刘渊临：《殷武丁乙卯日食》，《大陆杂志》第57卷第5期，1978年。
③ 刘朝阳：《殷末周朝日月食初考》，《中国文化研究汇刊》第四卷上册，1944年。
④ 陈遵妫：《中国古代天文学简史》，上海人民出版社1955年版，第60页。
⑤ 陈梦家：《殷虚卜辞综述》，科学出版社1956年版，第231—232页。

动摇①。很明显，卜辞的日食记录只称"日有食"或"日食"，绝不称为"食日"，"食日"为一日之内位于明与中日之间的时段称谓。通观卜辞，命辞为卜"易日"之辞，"易日"也就是赐日②，为上天赐以日照，意即太阳出照而天晴。占辞记王断无雨，所以验辞言乙卯日明旦之时果然天阴。"乞囟"读为"迄烈"，意即阴霾逐渐加重，"烈"在这里是形容阴沉的强烈程度，因此"迄烈"意为至烈，是描述天气阴沉得十分厉害③，但最终的结果却并没有下雨，而到大食之时，天竟放晴了。卜辞"星"读为晴，全辞是有关天气阴晴的气象占验，而与日食或日珥没有任何关系④。

---

①　严一萍：《"食日"解》，《中国文字》新 6 期，1982 年，第 49—52 页；曹锦炎：《读甲骨文札记》，《上海博物馆集刊》第四期，上海古籍出版社 1987 年版，第 196—197 页。

②　罗振玉：《增订殷虚书契考释》卷中，东方学会石印本 1927 年版，第 74 页。

③　冯时：《读契劄记》，《纪念殷墟甲骨文发现一百周年国际学术研讨会论文集》，社会科学文献出版社 2003 年版，第 202—204 页。

④　严一萍：《"食日"解》，《中国文字》新 6 期，1982 年；李学勤：《"三焰食日"卜辞辨误》，《传统文化与现代化》1997 年第 3 期。

第　四　章

立表测影与漏刻计时

　　最早的天文仪器其实只有用来测量日影的表。表的用途很广泛，首先可以定方向，其次可以定时间，当然，如果观测每天日中时刻日影的长短变化，还可以决定回归年的长度，不仅如此，最早的子午线的测定也是通过立表测影而完成的。因此可以说，表的广泛利用直接关系到古代天文学的进步和观测水平的提高。

　　商代高度发展的天文学暗示了当时的观测工作早已摆脱了仅凭体察物候的原始状态，而已广泛使用了表。最早的表是一支直立于平地上的木杆，商代的测影工具到底是什么样子，目前还难见这方面的实物。不过卜辞中有关殷人立表测影的讨论则可以提供这方面的些许信息。

　　萧良琼关于卜辞"立中"的讨论曾经产生过广泛影响①。她认为甲骨文的"中"字即为古人用来测度日影的表的象形字，并且根据卜辞所提供的资料探讨了"立中"的含义。她所讨论的第一、二类卜辞言"立中"或"王立中"，似乎看不出"立中"与立表测影的必然联系，即使萧良琼本人也并不讳言这一点，当然这并不意味着这些卜辞所卜的立中之事与测影活动毫无关系。萧良琼讨论的第三类卜辞则以"立中"与风及天晴一类内容上下相承，显示了"立中"与立表测影的密切关系。

---

① 　萧良琼：《卜辞中的"立中"与商代的圭表测景》，《科技史文集》第 10 辑，上海科学技术出版社 1983 年版，第 27—44 页。

1. ［癸］酉卜，宾贞：翌丙子其［立中，亡风？丙］子立中，允亡凤
（风）。　　《合集》7370（图 58，2）

2. 癸卯卜，争贞：翌丙子其［立］中，亡凤（风）？丙子立［中］，允
亡［风］。

亡凤（风）？　　《合集》13357

3. □□［卜］，□贞：翌丙子其立［中］？

□□［卜］，争贞：翌丙子其立［中，亡］凤（风）？丙子立中，
［允］亡凤（风），易（锡）日。　　《金璋》677

4. 丙子其立中，亡凤（风）？八月。［丙子立中，允］亡凤（风），易
（锡）日。　　《合集》7369（图 58，1）

5. ……［丙］子其立中，亡凤（风）？［丙子立中，允］亡凤（风），易
（锡）日。　　《合集》7371

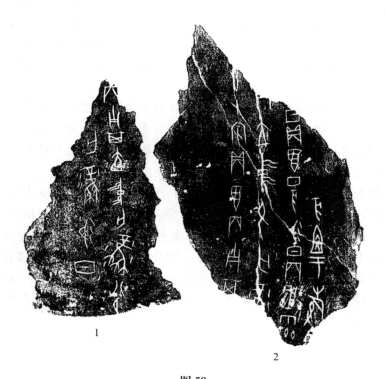

1

2

图 58

1.《合集》7369　2.《合集》7370

这些卜辞都是卜问在丙子这一天"立中"，卜日或在癸酉，或在癸卯，看来"立中"的时间是相对固定的。董作宾认为，"立中"就是建臬①，饶宗颐也有相同的主张，因而以卜辞的"立中"意同"立旗"，故卜日以免旗为风所偃②。日本学者贝塚茂树对饶宗颐将卜辞"立中"与风相联系的考虑颇为赞同，但他又以"中"指中庭③，不免有增字解经之嫌。通过"允亡风"的验辞可以知道，殷人卜问"立中"需要在无风之日，但萧良琼强调的另一点却非常重要，这就是殷人占问"立中"，除关心风的有无之外，还必须是晴天——易日。换句话说，殷人需要在无风的晴天"立中"，"亡风"及"易日"都是"立中"时所必备的条件。这似乎显示了"立中"与观测日影的一种特殊关系。

萧良琼讨论的第四类"立中"卜辞则与祭祀有关。

6. 壬申卜，㱿贞：我立中？
　　壬申卜，㱿贞：勿立中？　　《丙》311
7. 癸亥卜，㞢（右）立中？四月。　　《乙》5276
8. 㞢（右）立中？　　《缀合》476
9. 贞：来乙□其立中，正㞢（右）？　　《合集》7377 正（图 59，2）
10. 辛亥贞：生月乙亥酻系，立中？　　《粹》398（图 59，1）
11. 贞：勿立中？　　《合集》7374（图 59，3）

萧良琼把这些与"立中"一同出现的祭名都解为"立中"时所举行的祭祀仪式，这很有可能。但第10辞中的"系"字是否也像她说的那样相当于圭表测影"置臬以悬"或"水地以悬"所悬的绳子，或者悬绳这一动作，似还需要有更多的证据。

卜辞显示，殷人立中的地点也有差异，可能于不同节令而有所选择。辞7、8、9三辞卜问"右立中"或"正右"，应该反映的就是对立中地点的卜选。卜辞有"右社"之称④，因此"右立中"很可能是在社坛测影，而与"右"位相对的

①　董作宾：《台湾大学所藏甲骨文字考释》，《台湾大学考古人类学刊》第1期，1953年。
②　饶宗颐：《殷代贞卜人物通考》，香港大学出版社1959年版，第352页。
③　贝塚茂树：《京都大學人文科學研究所藏甲骨文字》（本文篇），京都大學人文科學研究所1960年版，第332—333页。
④　冯时：《中国古代的天文与人文》，中国社会科学出版社2009年修订版，第168页。

图 59

1.《粹》398　2.《合集》7377 正　3.《合集》7374

"正"位应该即在中庭①。除此之外，立中测影的观象实践还可能在南部的圜丘进行②。

　　对于卜辞"立中"意义的理解，如果联系姜亮夫对于"中"字本义的探索，或许也会有所帮助。姜亮夫认为，"中"字的字形所表示的实际就是日当正午之时则旌影端正，所以甲骨文"中"作"🀄"，上斿为旌，下斿则为

---

①　参见《礼记·杂记下》。

②　冯时：《陶寺圭表的初步研究》，文本·图像·记忆国际学术研讨会论文，上海，2011 年 1 月。

旌的投影，因此中有中正、平直的意思①。这个见解不仅新颖，而且对于殷人何以选择"中"作为表示日中的专词"中日"的做法的解释也很具有启发。按照姜亮夫的说法，古时旌旗十分普遍，几可为一民族日常生活的信号，而一日之中时刻的变化为先民最易查知者，莫过于旗斿之椊所投下的日影。日影之分齐最明，无所游移者，又莫过于日中之所投，所以古人以"🚩"为一日之中，当是源于生活的最简易的方法，这也就是古人缘何以旌旗之日影表示日中的因由②。

事实上，殷人在称白昼的中点为"中日"的同时，也称黑夜的中点为"中录"，"中"字的意义显然本之于中央的本义，而并非仅体现着正午的日光投影。因此，甲骨文的"中"字不仅反映了时间的取中，或者说是直线的取中，其本义更在于体现着四方的取中，也就是平面的取中，这直接关系到中国传统时空观的起源问题。相关讨论，我们在第一章第二节已有涉及。因此从"中"字的本义分析，其不仅体现了因建旗所获得的中央的观念③，而且因为建旗必须与立表相结合，也自然应该体现着时间的观念，况立表计时需要首先通过垂绳校正表直，这当然又同时体现了"中"所具有的中正思想。立旗虽然可以获知日影正斜的大致变化，但旌旗毕竟不是专门的测影仪具，所以对于时间的取中而言，这一意义只能来源于表，而不可能来源于旗。周原甲骨文于建旗之事而言"称中"（《周甲》H11：112），此于西周卫盉铭文则云"称旂"（《集成》9456），与殷卜辞"立中"所反映的事实明显不同。这不仅意味着卜辞的"立中"其实即为立表测影的工作④，而且"中"字的字形来源也应取象于表旗共建的制度⑤。

圭表的出现到底能不能早到商代，这一点在今天看来已没有任何担心的必要。考古资料显示，公元前第四千纪中叶的仰韶时代不仅已经发现象征性的周

---

①　姜亮夫：《三楚所传古史与齐、鲁、三晋异同辨》，《历史学》1979 年第 4 期。

②　姜亮夫：《"中"形形体及其语音衍变之研究》，《杭州大学学报》（哲学社会科学版）1984 年增刊，第 7 页。

③　唐兰：《殷虚文字记》，中华书局 1981 年版，第 53—54 页。

④　萧良琼：《卜辞中的"立中"与商代的圭表测景》，《科技史文集》第 10 辑，上海科学技术出版社 1983 年版；冯时：《陶寺圭表的初步研究》，文本·图像·记忆国际学术研讨会论文，上海，2011 年 1 月。

⑤　冯时：《中国古代的天文与人文》，中国社会科学出版社 2009 年修订版，第 22—25 页；《陶寺圭表的初步研究》，文本·图像·记忆国际学术研讨会论文，上海，2011 年 1 月。

髀遗迹①，甚至山西襄汾陶寺的夏代或先夏时代墓葬也已出土完整且精致的圭表仪具②。这当然为卜辞"立中"解释为立表测影提供了坚实的物证。

　　学者或从另一途径讨论殷代立表测影的历史③。郭沫若认为甲骨文"督"字或即"晷"字之异④。宋镇豪则通过对甲骨文"督"、"昼"二字字形的分析，认为二字所会之意即为于正午时刻立表测影，所以在卜辞中，二字都是表示时间的名词，指日中时分⑤。不过以音义求之，甲骨文"督"如果不能视为"督"的本字，至少二者的关系也应十分密切⑥。《庄子·养生主》："缘督以为经。"陆德明《释文》引李云："督，中也。"《太玄·唫》："不中不督。"司马光《集注》："督，亦中也。"《尔雅·释诂下》："督，正也。"很明显，"督"字所具有的中正之义与"督"所体现的形训颇相吻合。

　　日影测度的精确与否，首先取决于地面的水平和表与地面的垂直程度，这也就是《周礼·考工记·匠人》所说的"水地以悬，置槷以悬，眡以景"。

　　"水地"就是以水平定地平，学者或以甲骨文的"癸"字为以水测平的象形字⑦。卜辞"癸"作"✕"。《说文·癸部》："癸，冬时水土平，可揆度也，象水从四方流入地中之形。"因此"癸"是揆度之"揆"的本字⑧。按照《说文》的解释，"癸"字可以理解为两条干沟形成的"×"形以及干沟两端直交支沟的写实，这似乎是殷人已知以水平地之法的明证。其实，殷墟考古发掘中虽然发现过一些"一"字形或"丰"字形的沟渠遗迹，但还没有见过像"癸"字字形那样的测平水沟。尽管郭宝钧以为殷墟的水渠足以与甲骨文

---

　　① 冯时：《河南濮阳西水坡 45 号墓的天文学研究》，《文物》1990 年第 3 期；《中国天文考古学》，中国社会科学出版社 2010 年版，第 377—379 页。

　　② 中国社会科学院考古研究所山西队、山西省考古研究所、临汾市文物局：《陶寺城址发现陶寺文化中期墓葬》，《考古》2003 年第 9 期；何驽：《山西襄汾陶寺城址中期王级大墓ⅡM22 出土漆杆"圭尺"功能试探》，《自然科学史研究》第 28 卷第 3 期，2009 年；冯时：《陶寺圭表的初步研究》，文本·图像·记忆国际学术研讨会论文，上海，2011 年 1 月。

　　③ 刘桓：《古代文字研究（续篇）·释时》，《内蒙古大学学报》1980 年第 4 期；《殷契新释》，河北教育出版社 1989 年版。

　　④ 郭沫若：《殷契粹编考释》，日本东京文求堂石印本 1937 年版，第 73 页。

　　⑤ 宋镇豪：《释督昼》，《甲骨文与殷商史》第三辑，上海古籍出版社 1991 年版，第 34—49 页。

　　⑥ 高明、涂白奎：《古文字类编》（增订本），上海古籍出版社 2008 年版，第 739 页。

　　⑦ 温少峰、袁庭栋：《殷墟卜辞研究——科学技术篇》，四川省社会科学院出版社 1983 年版，第 25 页。

　　⑧ 《史记·律书》："癸之为言揆也，言万物可揆度，故曰癸。"《汉书·律历志上》："陈揆于癸。"

"癸"字相印证①，但我们还是希望将来会有真正能够体现"癸"字字形的沟渠遗迹发现。然而不容置疑的是，殷墟发现的水沟确实可能是用来测定水平②，这表明殷人已经掌握了最基本的以水平地的方法。其实，更早的以水校正地平的仪器已在山西襄汾陶寺遗址有所发现③，它的时代应该相当于先夏时代或夏代早期，这是一种具有十字形支足的盛水陶器，而殷人度量地平的工作或许也使用这种仪具。

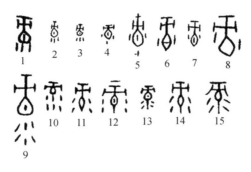

图 60　甲骨文、金文"录"字

1.《佚》427　2.《粹》1276　3.《摭续》121　4.《续存》1.731　5.《邺三》下 45.11

6.《菁》5.1　7.《前》6.1.8　8.《簠・天》2　9. 大保簋　10. 墙盘

11. 录卣　12. 录伯簋　13. 乖伯簋　14. 录作乙公簋　15. 颂壶

　　立表测影既是决定方位的方法，同时也是决定时间的方法，并且直接影响了后世计时日晷的产生。然而由于日光的限制，利用太阳计时的仪器在阴天和夜晚是无法使用的，于是古人逐渐发明了漏刻计时系统。商代先民显然已经普遍使用了以水流计量时间的漏壶，当时的漏壶需要悬挂起来，因而叫作"挈壶"。甲骨文和金文的"录"字便是挈壶滴漏的象形（图 60），它不仅可以定出"中录"夜半等时刻，而且在白天应该与圭表计时的方法配合使用而相互参校④。

---

①　郭宝钧：《中国青铜器时代》，生活・读书・新知三联书店 1963 年版，第 242 页。

②　石璋如：《殷虚最近之重要发现附论小屯地层》，《中国考古学报》第二册，1947 年，第 27—30 页；李亚农：《欣然斋史论集》，上海人民出版社 1962 年版，第 548—549 页。

③　冯时：《陶寺圭表的初步研究》，文本・图像・记忆国际学术研讨会论文，上海，2011 年 1 月。

④　冯时：《殷代纪时制度研究》，《考古学集刊》第 16 集，科学出版社 2006 年版。

第 五 章

商代历法

第一节　时辰

　　商代的纪时制度已初具规模，先民们不仅有能力将一天的早晚做粗疏的划分，甚至更为细致的具体时段的确定在他们看来也已不成问题。商人对于历日时段的划分标准主要来源于对日月周天运行的观测，当然也并不排除他们以某些生活习惯作为这种天象标准的补充。

一　相对时限称谓

　　商代的历法以干支纪日，十干与十二支相配，由甲子至癸亥，60 日而一周。一个完整的历日称为一"日"。一日统赅昼夜两段，昼称"日"，夜称"夕"。因此卜辞的"日"有广狭两种含义。

　　　1. 乙酉卜，今日乙雨？　　《宁沪》1.49
　　　2. 壬辰贞：今日壬启？　　《拾》8.8

这里的"日"显然是指包括一昼夜在内的完整历日。

3. 贞：日雨？十二月。　　　《粹》691

4. 庚午卜，扶：日雨？　　　《乙》386

两辞的"日"应是指日出之后的白昼。

5. 乙夕雨？　　　《宁沪》1.72

6. 贞：夕雨？　　　《续》1.6.7

"夕"字当然是指日没月出之后的夜晚，可以和专指白昼的狭义的"日"对应。

7. 惠翌日酚？

　　惠今夕酚？

　　于翌夕酚？　　　《合集》30839①

8. 甲夕卜，日不雨？

　　甲夕卜，日雨？子曰："其雨。"用。　　　《花东》271（H3：793 正）

这些内容在卜辞中十分常见。日与夕对举，日指白天，大致是从日出到日入的一段；夕指夜晚，约是日入到日出的一段，意思很明显。因此，日、夕的分界也就预示着太阳的升落。

殷人对于夜晚的统称除夕之外是否还有其他的叫法，目前还不清楚。王襄曾认为卜辞的"亦"字可读为夜②，其后也有学者发扬王说，并列举了一些卜辞③。但这些卜辞中"亦"字的用法都未能超越杨树达所论"亦"义为又的范围④，因而也难以解释为夜。

日、夕两部分时间组成一个完整的历日，历日的计算当然要首先确定它开始的时间，也就是日首。原始历法的日首很可能是从日出开始，因此太阳的出

---

①　此版原著录于《殷契粹编》第 437 版，即北图 5986＋5994，经实物校验，不能缀合。参见胡辉平：《国家图书馆藏甲骨缀合校勘例》，《第三届中国文字发展论坛"古文字研究与古文字书写"学术研讨会论文集》，中国文字博物馆编辑部 2011 年版。

②　王襄：《簠室殷契征文考释·天象》，天津博物院 1925 年版，第 5 页。

③　温少峰、袁庭栋：《殷墟卜辞研究——科学技术篇》，四川省社会科学院出版社 1983 年版，第 78 页。

④　杨树达：《释亦》，《积微居甲文说》，中国科学院 1954 年版，第 13—14 页。

没便自然使人产生出早晚的概念。殷历的日首恐怕不会这样原始，早晚的概念也相对复杂一些。

（一）朝与暮

朝与暮作为相对早晚的宽泛时称见于卜辞。

> 9. 癸丑卜，行贞：翌甲寅毓祖乙岁，朝酚？兹用。
> 　　贞：蓦（暮）酚？　　　《合集》23148①

"蓦"字同"暮"，从"隹""莫"声。"莫"象日入于草莽之中，是相对宽泛的时间概念（图61）。卜辞有云：

> 10. 蓦（暮）出，受年？吉。
> 　　及兹夕出采，受年？大吉。
> 　　于生夕出采，受年？吉。
> 　　惠丁卯出采，受年？　　　《屯南》345

学者或主"兹夕"、"生夕"当读为兹月、生月②，但后文详言丁卯，知卜问收获是在某日而非某月。暮在夕之前③，当是黄昏，下引辞15也可以证明这一点。朝、暮对举，应是相对早晚的时限称谓。西周金文有"朝夕"之称，沿袭了商人的传统。卜辞"朝"字作日月于草莽中之形，或以为朝应包括旦和食日，似失之过宽④。学者解朝

图61　《合集》23148

表示下弦月时日方出升而月尚可见的清晨景象⑤，应近于事实。因此，朝应是指

① 此版卜辞可与上海博物馆藏的两骨缀合，见沈之瑜：《甲骨卜辞新获》，《上海博物馆集刊》第三期，上海古籍出版社1986年版。

② 蔡哲茂：《卜辞生字再探》，《中央研究院历史语言研究所集刊》第64本第4分，1993年。

③ 萧楠：《小屯南地甲骨缀合编》，《考古学报》1986年第3期。

④ 姚孝遂：《读〈小屯南地甲骨〉札记》，《古文字研究》第十二辑，中华书局1985年版，第120—121页。

⑤ 罗振玉：《增订殷虚书契考释》卷中，东方学会石印本1927年版，第6页；裘锡圭：《文字学概要》，商务印书馆1988年版，第129页。

从旦开始的日出之后月色尚未尽失的一段时间。

卜辞的"朝"字学者或释"莔"[①]，以为相当于小采之时[②]。卜辞又有"章"，或作"槀"，从"日"从二"中"或二"禾"，学者或释朝[③]，或释莫[④]。从字形分析，甲骨文"中"、"艸"、"木"、"禾"虽义近互用，但出组与无名组卜辞的"莫"字作"蠚"、"莫"或"昔"，与同组的"章"、"槀"判然有别。或以为读为"旰"（旰），为旦时的别称[⑤]。

（二）夙与枛

卜辞有"夙"字，《说文·夕部》解释为"早敬也。从丮夕。持事虽夕不休，早敬者也"。"夙"字在卜辞、金文及文献中多与暮、夕、夜相对而作夙暮、夙夕、夙夜，泛称早晚。

　　11.　癸卯贞：惠彀先于大甲、父丁？
　　　　　癸卯贞：［丁］未延酋示，其唯夙？
　　　　　酋示，莫（暮）。　　　《粹》370（图62，1）
　　12.　癸戌夙伐，戠，不雉［人］？
　　　　　癸于旦硒伐，戠，不雉人？　　　《合集》26897（图62，2）
　　13.　惠今夙彫？
　　　　　［于］旦［彫］。　　　《安明》1685

辞11"夙"与"暮"对举[⑥]，与辞9"朝"、"暮"对举的情况相同，可知夙应为相对时限称谓，夙暮也就是早晚。辞13的"今夙"也便是今早。辞12先言

---

① 王襄：《簠室殷契类纂》卷一，1920年，第3页。
② 宋镇豪：《夏商社会生活史》，中国社会科学出版社1994年版，第83页。
③ 岛邦男：《祭祀卜辭の研究》，弘前大學文理學部1953年版，第169页。
④ 金祥恒：《释槀杏》，《中国文字》第11册，1963年；徐中舒：《甲骨文字典》，四川辞书出版社1988年版，第61—62页。
⑤ 冯时：《殷代纪时制度研究》，《考古学集刊》第16集，科学出版社2006年版。
⑥ 金祥恒认为郭沫若释此辞"莫"字误，而主释"朝"，因以为夙与朝对贞，义为夕。见金祥恒：《说夙》，《中国文字》新13期，1990年。夙解为夕不甚可取，如果卜辞以夙、朝相次并举，也恰好证明夙、朝都是相对宽泛的时限称谓，而夙所辖正比朝为早。

"夙"，后问"于旦"①，知夙应是统辖旦之前的黎明时光。陈梦家指出，卜辞近称的纪时之前加虚字"惠"，远称者加虚字"于"②。卜辞云：

图 62
1.《粹》370　2.《合集》26897

14. 惠今夕？
　　于翌日莫（莫）？　　　　《续》6.21.7
15. 父己岁，惠莫（暮）酻，王受又（祐）？
　　于夕酻，王受又（祐）？
　　　　　　　　　　　《屯南》1443

有时近称纪时前所加的"惠"字可以省略。例如：

16. 今日乙郭启，不雨？
　　于翌日丙启，不雨？
　　　　　　　　　　　《宁沪》1.8

很明显，夙早于旦，是指自日首至日出前的一段时间。

卜辞又有"枏"字，也多与暮、夕对贞。唐兰以为是纪时之辞③。

17. 翌日辛王其省田，枏入，不雨？吉。兹用。
　　夕入，不雨？　　　《合集》28628
18. 王其田，枏入，不雨？
　　夕入，不雨？　　　《合集》28572
19. 莫（暮）往，不遘雨？
　　不其枏入，不遘雨？
　　不夕入于之，不雨？　　《合集》30113＋30094

---

① 辞 12 第一条卜辞缺刻横画，金祥恒释"戍"为"亥"，释"于"为"巳"，因以夙、旦相对，不可据。见金祥恒：《说夙》，《中国文字》新 13 期，1990 年，第 8 页。
② 陈梦家：《殷虚卜辞综述》，科学出版社 1956 年版，第 227 页。
③ 唐兰：《天壤阁甲骨文存考释》，北平辅仁大学 1939 年版，第 46 页。

20. 翌日壬王其省丧田，枫，不［遘］大雨？

　　莫（暮），不遘大雨。　　　《合集》28973

21. 其枫……

　　其莫（暮）？　　　《合集》33743

这些卜辞中的"枫"与"暮"、"夕"对贞，与辞 11"凤"与"暮"对贞的情况相同。类似的例子在卜辞中还有一些，所以裘锡圭、沈培认为，"枫"字可能就是"凤"[①]。

　　唐兰曾释"枫"字为"埶"，并且认为"埶"应是日落之后的上灯之时[②]。我们试看下面的卜辞。

22. 王其省盂田，不雨？

　　莫（暮）往夕入，不遘雨？

　　王其省盂田，莫（暮）往枫入，不雨？

　　夕入，不雨？　　　《屯南》2383

"枫入"发生在"暮往"之后（图 63），似乎是夜间的时称，但同一条卜辞的"夕入"实际与"枫入"对贞[③]，因此枫虽在暮之后，却并不一定非要解释为当日夜间的时段，而不能理解为次日的早晨。宋镇豪认为，"枫入"与"夕入"对卜，"枫"、"夕"应是指夜间的不同时段，而夕也就非得指夜间某一特定的时间不可[④]。这一方面将卜辞的"夕"区分为具有广狭两种含义[⑤]，而另一方面又将"枫"理解为固定的具体时称。其实，卜辞的"枫入"、"夕入"如果看作与卜辞的"日入"具有同样含义的话，那么"枫"便与日、夕一样，也只能理解为相对时限之辞。

　①　沈培：《说殷墟甲骨卜辞的"枫"》，《原学》第三辑，1995 年。

　②　唐兰：《天壤阁甲骨文存考释》，北平辅仁大学 1939 年版，第 46 页；岛邦男：《殷墟卜辭研究》，中国学研究會 1958 年版，第 284—285 页；宋镇豪：《夏商社会生活史》，中国社会科学出版社 1994 年版，第 86 页。

　③　有学者误释此辞之"枫"为"每"，假为"晦"，并为之申说，不合卜辞。见姚孝遂、肖丁：《小屯南地甲骨考释》，中华书局 1985 年版，第 144—145 页。

　④　宋镇豪：《释住》，《殷都学刊》1987 年第 2 期。

　⑤　Chou Fa-kao，On the Dating of a Lunar Eclipse in the Shang Period，*Harvard Journal of Asiatic Studies*. Vol. 25. 1964—1965.

图 63　《屯南》2383

23. 王其田牢，枏，湄日亡戈（烖）？

　　莫（暮）田，亡戈（烖）？　　　《后·上》14.6

于省吾以为这条卜辞中的"湄日"与"暮"对贞，因而解"湄日"即昧爽[1]。但如此论说则于如下一类卜辞不好理解。

24. 戊辰卜，贞：今日王田害，湄日不遘雨？　　　《林》2.26.12

25. 王狃田，湄日不遘大风？　　　《甲》615

26. 今日辛王其田，湄日亡灾，不雨？

　　贞：王其省盂田，湄日不雨？　　　《粹》929

27. 丁丑卜，翌日戊王其田，湄日亡戈（烖）？　　　《京津》4539

28. 王其田狩，湄日亡戈（烖）？　　　《京津》4418

"湄日"一词多出现在田猎卜辞之中。商王的省田、田狩活动所耗时间不会很短，因此，很难想象商王关心的田猎活动是否会有灾祸或遭风遭雨只是早晨昧爽这一个时段之内的事情。"亡灾"是关心商王在田猎活动的全过程中是否会有灾祸，遭风、遭雨也应作同样的理解。显然，杨树达等学者将"湄日"读为弥日，解为终日、整日[2]，似更合卜辞本义。事实上，辞23的"枏"实为时称[3]，辞中并非以"湄日"与"暮"对贞，而是以"枏"与"暮"对贞，全辞是说商王去牢地田猎，是早晨（枏）出发，一天都安然无恙呢，还是黄昏（暮）出发没有灾祸。很明显，"枏"与"暮"对贞，其义为早夙的时限之称似没有问题。

　　饶宗颐释"枏"为"埶"，卜辞又作"卣"，均为"皋"的假借字，时间指日中以后的未时[4]。这种解释在卜辞中似乎也有困难。

---

①　于省吾：《甲骨文字释林》，中华书局1979年版，第121—123页；又见杨升南：《说甲骨卜辞中的"湄日"》，《徐中舒先生百年诞辰纪念文集》，巴蜀书社1998年版，第38—42页。

②　杨树达：《卜辞求义》，群联出版社1954年版，第44页；张秉权：《殷虚文字劄记》，《中央研究院历史语言研究所集刊》第25本，1954年，第237—242页。

③　陈昭容：《说"鸟"》，李宗焜：《卜辞所见一日内时称考》，俱见《中国文字》新18期，1994年。

④　饶宗颐：《释纪时之奇字：卣、皋与枏（埶）》，《第二届国际中国古文字学研讨会论文集》，问学社有限公司1993年版，第63—71页。

29. 戊王其田，湄日不遘大雨？

其遘大雨？

王其田，㮀，亡戈（裁）？

于旦，亡戈（裁）？　　《合集》28514

30. 王其田，㮀，湄日亡戈（裁）？

于旦王廼田，亡戈（裁）？　　《合集》28566

31. 戊王其田虡，㮀，亡戈（裁）？

于旦，亡戈（裁）？　　《合集》29373

这三条卜辞与前引辞 12、13 相同，"㮀"字同"夙"也更为清楚。辞 29 择时先言王田是否一整个白天都不会遇到大雨，再细问究竟是在日出之前田猎好呢，还是日出以后田猎更为安然。辞 30、31 遣辞形式与前引辞 12、13 全同，也证明"㮀"与"夙"一样，都在旦之前。因此，"㮀"是早晨的时限称谓十分明显。

32. 王其田，㮀，湄日不〔雨〕？

中日往，不雨？　　《合集》28569

此辞"㮀"与"中日"对举，"㮀"是早晨，中日是正午。

33. 其禘，今㮀，亡尤？　　《甲》2695

34. 翌丁未㮀𠬝于丁，三牛？　　《合集》1965

35. 甲辰卜，贞：翌乙巳㮀业（侑）于母庚，牢？　　《合集》2543

36. 甲寅卜，中贞：翌㮀卒……　　《合集》25454

卜辞中的"今㮀"也就是今天早晨，"翌㮀"则是第二天早晨。

上列卜辞所显示的"㮀"字的意义很清楚，它可能就是"夙"字。夙作为早晨的时限之称不包括旦时在内，因此它应是早于朝的时限之辞，所辖范围当自日首至日出（旦）之前的一日之中最早的一段时间。

除此之外，卜辞又有"艾"字，本作"秅"，裘锡圭释"艾"[①]。

---

① 裘锡圭：《甲骨文字考释（八篇）》，《古文字研究》第四辑，中华书局 1980 年版，第 153—157 页。

37. 甲辰卜，[殼] 贞：王勿卒入，于艾入？　　　《合集》9520

裘锡圭认为，卜辞的"艾"应读为《诗·小雅·庭燎》"夜未艾"之"艾"，训为尽。卜辞的意思可能是说：王不要在甲辰当天进入，等到夜尽之时，也就是第二天开始时才进入[①]。"艾"在这里有夜尽将晓的意思，学者或以为这一意义在卜辞也用"枏"字来表示[②]。不过在这条卜辞中，"艾"似乎还看不出是固定的时间称谓。

二　具体时辰称谓

商代历日的一个白天又称一日，一日大约是指从日出到日落可以看到太阳的整个白天，但这并不意味着历日的计算是从太阳出升时才开始，因此，干支所纪历日的起始与商代白昼日的起始实际完全不同。我们看下面几条卜辞：

38. 今日辛至昏雨？大吉。　　　《宁沪》1.70

这里的"今日"是指殷历一个完整的历日，包括全天 24 小时，犹言卜辞所见的"冬（终）日"，因此其后记有日干"辛"。如果昏指日入[③]，为日落前后的时辰，那么，"今日辛至昏"应该就是指自日首至日落的一段时间。当然，卜辞显示的昏的时间很可能应在日入以后[④]，这其实并不影响我们对上录卜辞的理解。

39. 今日庚湄日至昏……　　　《京津》3835
40. 今日入省田，湄日不雨？　　　《佚》247
41. [今] 夕入，湄日 [不] 雨？　　　《库》1699

尽管"湄日"开始的时间并非固定于日首不变，而其结束的时间也将随事而易，但将辞 39 与辞 38 对读，卜辞的"湄日"是指从日首至日落以后的一段时间仍然

---

①　裘锡圭：《释殷墟卜辞中的"卒"和"㞢"》，《中原文物》1990 年第 3 期。
②　沈培：《说殷墟甲骨卜辞的"枏"》，《原学》第三辑，1995 年，第 104 页。
③　陈梦家：《殷虚卜辞综述》，科学出版社 1956 年版，第 230 页。
④　冯时：《殷代纪时制度研究》，《考古学集刊》第 16 集，科学出版社 2006 年版，第 330 页。

非常清楚。商代历日称一个白天为"日"与辞 38、39 称自日首到日落以后为"湄日"的这种区别显示，商代历日的日首一定是早于日出旦时的某一时刻。

（一）晨与寤人

卜辞有"辳"，旧释"农"。学者或释为"晨"[1]，常正光谓字象大辰星于草木中缓缓上升，为纪时称谓[2]。

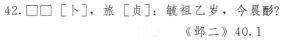

42. □□［卜］，旅［贞］：毓祖乙岁，今晨酌？

《邺二》40.1

43. 癸亥卜，□贞：妣岁，惠今晨酌？

《合集》25157

这两条出组卜辞中"晨"字的遣辞形式分别与前引辞 9、辞 13 相同，显然，"晨"同"朝"、"旰"（敦）、"夙"、"暮"一样，也应为纪时之辞。

44. 壬申卜，即贞：兄壬岁，惠晨？

贞：其温？

［贞：其］夕？　　《合集》23520（图 64）

"温"是日出[3]，"夕"是日入以后的夜时，"晨"与"夕"对贞，显示了卜辞"湄日"的终始。"晨"是日首，而"夕"的开始则标志着一个白昼的结束。

图 64　《合集》23520

学者或主卜辞晨即《淮南子·天文训》之晨明，在旦明之前，或据孔颖达《左传正义》以晨谓夜将旦，即鸡鸣之时[4]。《说文·晨部》："晨，早昧爽也。从

① 岛邦男：《祭祀卜辞の研究》，弘前大学文理学部 1953 年版，第 169 页。

② 常正光：《辰为商星解——释辰、辰、辳》，《古文字研究论文集》（四川大学学报丛刊第十辑），四川人民出版社 1982 年版。

③ 冯时：《殷代纪时制度研究》，《考古学集刊》第 16 集，科学出版社 2006 年版，第 323—324 页。

④ 温少峰、袁庭栋：《殷墟卜辞研究——科学技术篇》，四川省社会科学院出版社 1983 年版，第 68—69 页。

白辰。辰，时也。辰亦声。舁夕为夙，臼辰为晨。皆同意。""晨"，隶变作"晨"，其与《说文·晶部》本训房星的"曟"省形作"晨"实为二字。晨之时本早于昧爽，为鸡鸣之时。《尚书·牧誓》："古人有言曰：牝鸡无晨。"鸡鸣报晓则定一日之晨，所以晨时本即鸡鸣，后引申有清晨、早晨之意。晨时早于旦与昧爽，应是商代一个历日的最早时段。《尚书大传》卷三云："夏以平旦为朔，殷以鸡鸣为朔，周以夜半为朔。"这个记载与卜辞显示的殷人以鸡鸣晨时为一日之首的传统相符[1]，可能更多地体现了人类作为一个生物物种本能的起居传统[2]。

武丁时期的卜辞中又有"瘳人"，为时辰之称[3]。

45. 癸丑卜，王贞：旬？八庚申瘳人雨自西，小，**夗**既。五月。

《合集》20966

46. 癸丑卜，贞：旬？五月。庚申瘳人雨自西，**夗**既。

《合集》20964＋21310

这是两版同文卜辞（图65），"瘳人"的"人"或释为"允"[4]，不确，因此"瘳人"还没有单称为"瘳"的情况。宋镇豪以"瘳人"为纪时之辞，时间在半夜至天明之前，也就是殷代的夕之后与夙之前，当鸡鸣之时[5]。事实上，卜辞明确显示"瘳人"先于"**夗**"而出现，如果"瘳人"确为纪时之辞的话，那么其具体时辰似乎不能排除存在两种可能：验辞所记若是一整天的降雨，"瘳人"之时便应在凌晨，甚至日首，这样，"瘳人"可以排在夕、夙之间。但是，假如验辞所记只是一日之中某一段时间的降雨，那么"瘳人"便只可能是早于**夗**的某一时段。不过我们从殷人纪时用字的特点考虑，"瘳人"作为一日之中最早时段的可能性应该更大[6]。卜辞"瘳人"与"**夗**"对称，似乎也反映了这一事实。文献中

---

[1] 彭裕商：《殷代日界小考》，《殷都学刊》2000年第2期。

[2] 冯时：《殷代纪时制度研究》，《考古学集刊》第16集，科学出版社2006年版，第339—343页。

[3] 宋镇豪：《释"瘳"》，《殷都学刊》1984年第4期。

[4] 贝塚茂樹：《京都大學人文科學研究所藏甲骨文字》（本文篇），京都大學人文科學研究所1960年版，第712页。

[5] 宋镇豪：《释"瘳"》，《殷都学刊》1984年第4期。

[6] 冯时：《殷代纪时制度研究》，《考古学集刊》第16集，科学出版社2006年版，第314—315页。

1

2

图 65

1.《合集》20966　2.《合集》20964＋21310

"寤"与"寐"相对①，为睡后初醒，时值鸡鸣，无有不合。

　　晨时的另一个别称应该是"蚤"（早）。《说文·日部》："早，晨也。"段玉裁《注》："晨者，早昧爽也，二字互训。"黄天树指出，《殷墟花园庄东地甲骨》第267版"叉祭祖甲"的"叉"字应读为"蚤"，为时称②。事实上在宾组卜辞中，"叉"作为时称似乎已经存在（《合集》6450）。"蚤"（早）为日首晨时，是一天中

　　①　黄天树释"寤"为"寐"，指人定之时。见《殷墟甲骨文所见夜间时称考》，《新古典新义》，学生书局 2001 年版。

　　②　黄天树：《花园庄东地甲骨中所见的若干新资料》，《黄天树古文字论集》，学苑出版社 2006 年版。

最早的时段，所以后来引申为泛指早晚之早。西周晚期叔妣簋（《集成》4137）铭云："用夙夜享孝于宗室。""夙"字即作从"夕"从"叉"之形，已见"叉"意为早。

（二）昧爽与睹

卜辞显示的商代纪时制度已有"昧爽"时称，这个称谓按照传统的观点看似乎又有不同的变化。

47. 癸酉王卜，贞：旬亡祸？王占曰："吉。"在十月又一。甲戌妹工典其肖。唯王三祀。　　《续》1.5.1

48. 戊申卜，贞：今日霎？

妹霎？　　《合集》38194

49. 己卯卜，□贞：今日启？王占曰："其启，唯其妹大启。"

《合集》24917

学者认为这里的"妹"字通作"昧"，应指昧爽[①]。李宗焜则认为"妹"字都宜作为否定词，与时称无关[②]。这个意见于辞47、48虽可圆通，但于辞49则有明显的矛盾（图66，2）[③]。

50. [翌] 日戊，旦湄至昏不雨？　　《邺初》33.3（图66，3）

于省吾认为"旦湄"应读作"旦昧"，文献则作昧旦，也就是昧爽[④]。

51. 癸卯卜，㱿，于翌𣪠彭□燎？　　《合集》15738

52. 甲子卜，争，翌乙 [丑] 不其雨？王占曰："其雨。"乙丑夕雨，小。丙寅丧雨。　　《合集》6037

---

① 罗振玉：《增订殷虚书契考释》卷中，东方学会石印本1927年版，第23页；叶玉森：《说契》，北平富晋书社1929年版，第3页；于省吾：《甲骨文字释林》，中华书局1979年版，第117页。

② 李宗焜：《论殷墟甲骨文的否定词"妹"》，《中央研究院历史语言研究所集刊》第66本第4分，1995年，第1129—1147页。

③ 冯时：《殷代纪时制度研究》，《考古学集刊》第16集，科学出版社2006年版，第315页。

④ 于省吾：《甲骨文字释林》，中华书局1979年版，第121—123页。

图 66

1.《合集》6037 2.《合集》24917 3.《邺初》33.3 4.《合集》15738

这两条都是武丁卜辞（图 66，1、4）。辞 51 的"徕"为纪时之称应该没有问题[①]，学者或以为"莫"字的异体[②]，或以为殆即傍晚杳冥之时[③]，似乎不对。陈克长释此字为"朕"，谓即"昧"字的古文，为显示月光影射于木的会意字，

———————————

① 貝塚茂樹：《京都大學人文科學研究所藏甲骨文字》（本文篇），京都大學人文科學研究所 1960 年版，第 166 页。

② 白玉峥：《契文举例校读（一）》，《中国文字》第 34 册，1969 年。

③ 宋镇豪：《试论殷代的记时制度》，《全国商史学术讨论会论文集》，《殷都学刊》增刊，1985 年，第 313 页；重刊稿见《考古学研究》（五）上册，科学出版社 2003 出版社，第 406 页。

指月未没，日未出，夜色昏暗，晨光未明之时，与昧爽、昧旦之义相合①。裘锡圭则主此字似从"月""丧"声，可读为昧爽之"爽"②，近于事实③。辞52"丧"与"夕"对举，显系时称，也就是昧丧（昧爽）之"丧"④。西周小盂鼎、免簋铭文皆作"昧丧"，文献则多作"昧爽"。

武丁卜辞中还有一奇字"𩰊"（《乙》6386，图36），饶宗颐认为是"旦湄"之"湄"的异形，也就是昧旦的"昧"⑤。可知昧爽（昧丧）之称在武丁时期就已经出现了。

昧爽为旦明之前的时辰，指天将明而未明之际。西周小盂鼎铭云：

> 唯八月既望，辰在甲申，昧丧，三左三右多君入服酒。明，王格周庙。……大采，三周入服酒，王格庙……

西周历法继承了商代的纪时系统。陈梦家认为，昧丧即昧爽，他器多记朝于旦时，小盂鼎昧爽则在明之前，知昧爽早于旦明⑥。《诗·郑风·女曰鸡鸣》："女曰鸡鸣，士曰昧旦。子兴视夜，明星有烂。"昧爽在鸡鸣之后，其时星光犹见，当黎明之时。商代历日纪时鸡鸣、昧爽俱见，合于文献。

甲骨文又有"者"字，为纪时之辞。

> 53. 丁未卜，今者火来每（悔）？
> 　　丁未〔卜〕，今者火来每（悔）？　　　《合集》21095（图67）
> 54. 贞：今者王伐？　　　《合集》7585
> 55. 丁亥卜，出贞：来者王其叙丁𠬝𠦪新？　　　《合集》25371

---

① 陈克长：《释莫》，《中国文字》新13期，1990年，第58—59页。

② 裘锡圭：《释"木月"，"林月"》，《古文字论集》，中华书局1992年版，第89页。

③ "𤕟"字或可分析为从"夕""丧"声之字，见冯时：《殷代纪时制度研究》，《考古学集刊》第16集，科学出版社2006年版，第316页。

④ 李宗焜：《卜辞所见一日内时称考》，《中国文字》新18期，1994年。

⑤ 饶宗颐：《释纪时之奇字：卤、槀与𣃗（埶）》，《第二届国际中国古文字学研讨会论文集》，问学社有限公司1993年版，第63—71页。

⑥ 陈梦家：《西周铜器断代（四）》，《考古学报》1956年第2期。

图 67   《合集》21095

"者"字旧释纷纭①，郭沫若等学者释"者"是正确的②。其用为纪时，或以为

---

①　于省吾主编：《甲骨文字诂林》，中华书局 1996 年版，第 1355—1364 页。

②　郭沫若：《卜辞通纂考释》，《郭沫若全集·考古编》第二卷，科学出版社 1983 年版，第 239 页眉批。又可参见温少峰、袁庭栋：《殷墟卜辞研究——科学技术篇》，四川省社会科学院出版社 1983 年版，第 92—93 页；刘钊：《释𣄼》，《古文字研究》第十五辑，中华书局 1986 年版。

年岁之称①，或以为四时之名②，或以为代词③，或以为时辰称谓，即"睹"（曙）之本字，指昧爽之时。"者"字古作"𣄰"，或增"口"符而作"𣅿"，本形正象树影婆娑之状，暗喻未旦之时天光暗昧、物影朦胧之象④。辞53之"火"即大火星（天蝎座α），"来悔"意即星回于天⑤，因此，"今睹火来悔"也即于旦明之前的昧爽观测大火星的朝觌⑥。

（三）旦与明

旦是日出之时，自于省吾将"旦"字释出之后⑦，这一点几乎已没有人再怀疑。

56. 戊戌卜，贞：今旦王疾目，不丧明？　　　《乙》64
57. 旦不雨？
　　食不雨？　　《粹》700
58. 旦至于昏不雨？　　《京津》4450
59. 于翌日旦 [有] 大雨？　　《金璋》381

辞57"旦"与"食"对贞（图68），"食"即大食时⑧，知旦时早于大食时。辞58"旦"与"昏"对贞，旦是日出，本象太阳初升，而"昏"则或以为即指日入⑨，其实应为日入以后的戌时⑩。卜辞中"旦"又有与"各日"对举的情况，也有助于说明旦时的具体时间。

---

① 胡厚宣：《殷代年岁称谓考》，《甲骨学商史论丛初集》第二册，成都齐鲁大学国学研究所1944年版；杨树达：《耐林𤕠甲文说》，上海古籍出版社1986年版，第18—23页；陈梦家：《殷虚卜辞综述》，科学出版社1956年版，第227—228页。

② 叶玉森：《殷契钩沉》甲卷，北平富晋书社1929年版，第1页；于省吾：《双剑誃殷契骈枝》，北平虎坊桥大业印书局石印本1940年版，第5—8页。

③ 温少峰、袁庭栋：《殷墟卜辞研究——科学技术篇》，四川省社会科学院出版社1983年版，第92—93页；刘钊：《释𣅿》，《古文字研究》第十五辑，中华书局1986年版。

④ 冯时：《殷代纪时制度研究》，《考古学集刊》第16集，科学出版社2006年版，第317—321页。

⑤ 冯时：《殷历岁首研究》，《考古学报》1990年第1期。

⑥ 冯时：《殷代纪时制度研究》，《考古学集刊》第16集，科学出版社2006年版，第318页。

⑦ 于省吾：《双剑誃殷契骈枝三编》，北平虎坊桥大业印书局石印本1943年版，第3—4页。

⑧ 于省吾：《甲骨文字释林》，中华书局1979年版，第15页。

⑨ 陈梦家：《殷虚卜辞综述》，科学出版社1956年版，第229—230页。

⑩ 冯时：《殷代纪时制度研究》，《考古学集刊》第16集，科学出版社2006年版，第330页。

60. 旦其改鼎，廼各日，又（有）足？　　　《甲》404

"各日"或以为指落日[1]，宋镇豪已辨其非[2]。卜辞又有"各
枫（夙）"（《屯南》618）、"各夕"（《合集》30923）之称，
可知"各"应读为"格"，义即至，"日"则指旦明以后的
白昼[3]。

卜辞的"明"字也为时称。卜辞云：

图 68　《粹》700

61. 乙未卜，王，翌丁酉酚伐，易日？丁明阴，大
食〔易日〕。　　　《续》6.11.3

62. 丙申卜，翌丁酉酚伐，启？丁明阴，大食日启，
一月。　　　《库》209

两版卜辞所卜为一事。明在大食之前，董作宾以为即指天明之时[4]。陈梦家则
据《说文》训旦为明，指明即为旦明[5]。西周小盂鼎记载明时在昧爽之后，大
采之前，因此明也就是《淮南子·天文训》之旦明。殷人则以其与旦为同一
时辰。

殷代纪时之称又有"軷"。祖庚祖甲卜辞云：

63. 惠軷酚？　　　《续存》1.1937
64. 贞：妣庚岁，惠軷酚，先日？　　　《佚》878
65. □丑卜，旅贞：翌丁未父丁軷岁，其勿牛？　　　《金璋》76

"軷"本作"卓"、"棸"。《说文·軷部》："軷，日始出光軷軷也。从旦，狀声。"义

① 陈梦家：《殷虚卜辞综述》，科学出版社1956年版，第229—230页。
② 宋镇豪：《试论殷代的记时制度》，《全国商史学术讨论会论文集》，《殷都学刊》增刊，1985年；
重刊稿见《考古学研究》（五）上册，科学出版社2003年版，第399页。
③ 冯时：《殷卜辞"市日"考》，《古文字研究》第二十五辑，中华书局2004年版。
④ 董作宾：《殷历谱》上编卷一《殷历鸟瞰》，中央研究院历史语言研究所1945年版，第4—5页。
⑤ 陈梦家：《殷虚卜辞综述》，科学出版社1956年版，第229页。

为日始出，其纪时同于旦时。甲骨文"萆"、"橐"象日初出于草禾之中，形义正合。"萆"与"橐"所从之"屮"、"禾"或兼表音，古音"屮"在透纽月部，"禾"在匣纽歌部，而"㪜"本与"㫃"同字，金文作"🀄"（柞伯鼎"旂"字所从）[1]、"🀄"（㫃鼎，原误作斿鼎，见《集成》2347），至战国时代则形讹作"🀄"（屬羌钟，《集成》157），于旗杠中部的"Ϥ"符已讹变为"日"，但仍从"㫃"声[2]，古音在影纽元部，故"萆"、"橐"、"㪜"古音相同，"萆"、"橐"应读为"㪜"。字又作"旰"。《说文·日部》："暤，晧旰也。"段玉裁《注》："晧旰谓洁白光明之貌。旰同日出光㪜㪜之㪜，非下文训晚之旰也。"《尔雅·释天》陆德明《释文》："旰，日光出也。"是"㪜（旰）"即言日出[3]。

殷代纪时之称又有"日出"。卜辞云：

66. 甲午卜，岁祖乙牝一，于日出改？用。　　　《花东》426（H3∶1347）

此为武丁时期的非王卜辞，"日出"应即旦时[4]。"日出"的另一个别称或许是"日称"（《花东》106）[5]。

甲骨文又有"盟"字，裘锡圭读为"明"，以为纪时之辞[6]。卜辞云：

67. 庚午卜，贞：王宾盟岁，亡尤？　　　《合集》38633
68. 丙午卜，祖丁盟岁，王各祼于父甲？　　　《英藏》2262

"盟"字的用法与"明"、"晨"、"暮"、"夕"等纪时之辞相同。

---

① 朱凤瀚：《柞伯鼎与周公南征》，《文物》2006年第5期。

② 余旧以卜辞"萆"、"橐"乃"㪜"之本字，"㪜"从"厂"声，不确。见冯时：《殷代纪时制度研究》，《考古学集刊》第16集，科学出版社2006年版，第322页。"萆"、"橐"本日出之字，而"㪜"则与"㫃"为同字，后形讹从"日"，遂后人借"萆"、"橐"之本义以训"㪜"。其实据形义而言，"萆"、"橐"与"旰"的关系似更为密切。

③ 冯时：《殷代纪时制度研究》，《考古学集刊》第16集，科学出版社2006年版，第321—322页。

④ 同上书，第322页。

⑤ 黄天树：《花园庄东地甲骨中所见的若干新资料》，《黄天树古文字论集》，学苑出版社2006年版，第449—450页。

⑥ 裘锡圭：《释殷虚卜辞中的"豆""竖"等字》，《第二届国际中国古文字学研讨会论文集》，问学社有限公司1993年版，第89—90页。

甲骨文又有"晒"字，为纪时之辞。

69. 甲申卜，出贞，翌□□子昌其业（侑）于妣辛晒岁，其［至凡］……

《合集》23717

成套卜辞见《甲骨文合集》第 23395 版，饶宗颐以"晒"指旦明之时①。

殷代纪时之称又有"温"。卜辞云：

70. 甲子卜，大贞：告于父丁，惠今温酌？　　《合集》23259
71. 甲戌卜，旅贞：妣昏，惠今温酌？　　《合集》26822

"温"作"🜀"，象人浴于日光之下②，初本作"🜀"，象人浴于盘中③。学者或据"温"、"昏"音近而以"温"指昏时④，然辞 44 显示，晨、温、夕三时并选，当为彼此不相重叠的三个时段。而昏为日入以后的夜时，于殷代则属夕时⑤，故知"温"不当为昏，应该也是旦明之时的别称⑥。文献"温"或作"喗"，以"日"为意符。《集韵·魂韵》："喗，日出而温也。"因此"温"字用以纪时，自有日出而温、见日自温的意思，当指旦明时辰。

董作宾认为，殷历历日以日出为日首⑦，其后也有学者支持这一观点⑧。劳榦对此有所辩驳⑨。其实从卜辞反映的实际情况看，以日出为日首的观点并不能

---

① 饶宗颐：《殷代贞卜人物通考》，香港大学出版社 1959 年版，第 865 页。
② 屈万里：《殷虚文字甲编考释》，"中央研究院"历史语言研究所 1961 年版，第 53 页。
③ 陈邦怀：《殷虚书契考释小笺》，石印本 1925 年版，第 2、23 页；裘锡圭：《文字学概要》，商务印书馆 1988 年版，第 167 页。
④ 裘锡圭：《殷墟甲骨文字考释七篇》，《湖北大学学报》（哲学社会科学版）1990 年第 1 期。
⑤ 冯时：《殷代纪时制度研究》，《考古学集刊》第 16 集，科学出版社 2006 年版，第 223—224、330 页。
⑥ 同上书，第 322—324 页。
⑦ 董作宾：《殷代的纪日法》，台湾大学《文史哲学报》第 5 期，1953 年。
⑧ 宋镇豪：《试论殷代的记时制度》，《全国商史学术讨论会论文集》，《殷都学刊》增刊，1985 年；重刊稿见《考古学研究》（五）上册，科学出版社 2003 年版；常玉芝：《殷商历法研究》，吉林文史出版社 1998 年版，第 181—208 页。
⑨ 劳榦：《从甲午月食讨论殷周年代的关键问题》，《中央研究院历史语言研究所集刊》第 64 本第 3 分，1993 年。

获得十分有利的证据。美国学者德效骞根据对卜辞月食记录的研究，主张殷历历日始于子夜零时[1]，学者多有附和[2]。这个问题我们在第三章中已有讨论，尚需进一步研究。

（四）大采与小采

卜辞"大采"、"小采"二时相对，为朝日夕月之时。卜辞云：

> 72. 乙卯卜，㱿贞，今日王往于敦？之日大采雨，王不步。
>
> 《粹》1043 甲

> 73. 癸亥卜，贞：旬？一月。昃雨自东。九日辛未大采各云自北，雷，延大凤（风）自西，制云率雨，母（晦），睹日……
>
> ……大采日各云自北，雷，凤（风）。兹雨不延唯好。
>
> 《合集》21021（图69，1）

> 74. 癸亥卜，贞：旬？乙丑夕雨。丁卯明雨。戊小采日雨，止风。己明启。　《合集》21016（图69，2）

> 75. 癸巳卜，王，旬？二月。四日丙申昃雨自东，小采既。丁酉雨至东。　《京都》3099

据辞73、74可知，"大采"、"小采"似可称为"大采日"、"小采日"，则"大采"、"小采"当为省称。然而并不是所有学者都同意这种看法，李学勤认为"大采"、"小采"之后的"日"字都是见日的意思[3]，但这样解释仍不好调和因此而使辞73"大采各云自北，雷"与"大采日各云自北，雷"所显现的逻辑上的矛盾。郭沫若虽引《国语·鲁语下》所记"天子大采朝日，少采夕月"，但以为卜辞大采若采均用作动词[4]。董作宾则据此以为，大采相当于朝，小采相当于夕，于殷代则为暮[5]，近于事实。辞75显示，小采在日昃之后，似与日入为同

---

[1]　Homer H. Dubs，The Date of the Shang Period，*T'oung Pao*. XL，4—5，1951.

[2]　Chou Fa-kao，On the Dating of a Lunar Eclipse in the Shang Period，*Harvard Journal of Asiatic Studies*. Vol. 25，1964—1965.

[3]　李学勤：《续说"鸟星"》，《夏商周年代学札记》，辽宁大学出版社1999年版，第65—66页。

[4]　郭沫若：《殷契粹编考释》，日本东京文求堂石印本1937年版，第135—136页。

[5]　董作宾：《殷历谱》上编卷一《殷历鸟瞰》，中央研究院历史语言研究所1945年版，第5—6页。

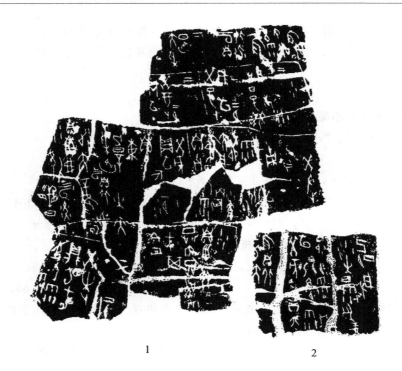

图 69

1.《合集》21021　2.《合集》21016

一时辰。陈梦家定大采在上午八时，小采在下午六时①。

　　辞 74 "止风"之"止"学者或未释出而以为时称②，其实此字乃为"止"字的象形文，所以卜辞文意实即风止之谓③，与时称无关。

　　甲骨文又有"入日"④、"既日"等时辰之称，应该都是小采的别称⑤。卜辞云：

---

　　①　陈梦家：《殷虚卜辞综述》，科学出版社 1956 年版，第 232 页。

　　②　李宗焜：《卜辞所见一日内时称考》，《中国文字》新 18 期，1994 年。

　　③　学者或读此辞为"雨止，风"。见李学勤：《续说"鸟星"》，《夏商周代学札记》，辽宁大学出版社 1999 年版，第 65—66 页。

　　④　李宗焜：《卜辞所见一日内时称考》，《中国文字》新 18 期，1994 年。

　　⑤　冯时：《殷代纪时制度研究》，《考古学集刊》第 16 集，科学出版社 2006 年版，第 326—327 页。

76.……其入日**……　　《合集》13328

77.……大凤（风）自北，入日……　　《合集》21010

辞77虽残，但内容盖言夜半起风而至入日时停止。辞74言"小采日雨，止风"，叙事应该与此相同。《甲骨文合集》第21014云："庚午日延大风自北，夕丏（弭）。"也记风至夜而止①。"入日"于文献则名"日入"，与"日出"相对，为黑夜的起点。

78.贞：中丁岁，惠晨？

　　贞：于既日？二月。　　《合集》22859

"既日"与"晨"相对，其前冠介词"于"，知其在历日中是比"晨"为远的时辰。"既"乃尽义，所以"既日"即言一日（白昼）已尽，其时恰当小采。

（五）大食与小食

卜辞有"大食"与"小食"，为一日两餐之时。

79.丙戌卜，三日雨？丁亥唯大食雨。　　《合集》20961

80.癸丑卜，贞：旬？甲寅大食雨自北。乙卯小食大启。丙辰中日亦雨自南。　　《合集》21021（图69，1）

81.□至食日不雨？　　《河》131

据上录卜辞及前引辞57、62两辞可知，"大食"本称"大食日"，或也可省称"大食"、"食日"或"食"②，个别情况也有称为"食人"的例子（《合集》20908、20956）③。小食之称似也为"小食日"之省。孙海波、刘朝阳曾误定此

---

① 冯时：《殷代纪时制度研究》，《考古学集刊》第16集，科学出版社2006年版，第326页。

② 陈梦家：《殷虚卜辞综述》，科学出版社1956年版，第232页。

③ 李宗焜：《卜辞所见一日内时称考》，《中国文字》新18期，1994年，第200页；黄天树：《释殷墟甲骨文中的"羞"字》，《古文字研究》第二十五辑，中华书局2004年版。

"食日"、"大食"即日食之辞①。我们于"交食"章已做辩说。

董作宾定大食、小食即朝夕两餐之时。古日行两餐，秦汉以后方行三餐。《孟子·告子下》："朝不食，夕不食。"又《滕文公上》："饔飧而治。"都是说朝夕两食。大食为朝食，曰饔；小食为铺，曰飧②。

古人两餐在日中前后，大食在前，小食在后。据辞 62 可知，大食晚于旦明，然早于日中。董作宾则以大食在大采后，小食在小采前③，似合史实。陈梦家定小食为午后四时不误，但以大食同于大采，都在上午八时，并据《淮南子·天文训》蚤食在旦明之后，主张蚤食即卜辞大食④，这个论证则存在问题。前引辞 73、80 两辞为同版所卜，时辰称属见存明、大采、小采、大食、小食、中日（聊）和昃。这是武丁时期的自组卜辞，大采、小采与大食、小食并举，足以证明它们是不相重叠的四个时段。小食为铺时，即后世的申时，小采为日入，都在昃之后，与辞 62 反映的情况一致。因此，大食不应相当于后世的蚤食，而应对应于秦汉时代的"莫时"或"隅中"，约当上午十时⑤。

（六）中日与中录

卜辞的"中日"又作"日中"，即正午时刻。卜辞云：

82. 中日其雨？　　《合集》29790

83. 中日大启？　　《甲》1561

84. 莫于日中延往，不雨？　　　《粹》682

《尚书·无逸》："自朝至于日中昃，不遑暇食。"《国语·鲁语下》："日中考政。"《易·系辞下》："日中为市。"《淮南子·天文训》则谓之正中。中日即太阳中天，为通过立表测影而记录的自日出到日没的全日的中点，所以"中日"正当

---

① 孙海波：《甲骨文录释文》，河南通志馆 1937 年版，第 10 页；刘朝阳：《殷末周初日月食初考》，《中国文化研究汇刊》第四卷上册，1944 年。

② 董作宾：《殷历谱》上编卷一《殷历鸟瞰》，中央研究院历史语言研究所 1945 年版，第 5—6 页。

③ 同上书，第 5 页。

④ 陈梦家：《殷虚卜辞综述》，科学出版社 1956 年版，第 231—232 页。

⑤ 董作宾：《卜辞中之大小采与大小食说》，《庆祝朱家骅先生七十岁论文集》，《大陆杂志特刊》第二辑，1962 年。

中午，乃午前午后的分界。

郭沫若以为卜辞又有"督"字，似为"昼"字之异文①。有关的卜辞有：

85. 叀督酻，□卅？在宗父甲。　　《合集》30365
86. 贞：羍，叀督酻？　　《粹》499
87. 丙寅卜，丁卯其督雨？
　　丁卯卜，今日雨？夕雨。
　　乙亥卜，今日其督不雨？　　《撽续》205

宋镇豪以为"督"字后与"昼"字混而合用，为纪时之辞。有关"昼"字的卜辞有：

88. 甲午卜，晜……
　　二卣？大吉。
　　叀牛？
　　牢？
　　今日？
　　昼？　　《屯南》2392

卜辞"督"、"昼"是同源字，均象立表揆度日影以定时辰。因测度日影恒行于日中，所以成为表示日中时分的专字②，并成为中日的别称③。

殷代纪时之称又有"晡日"（图70）。卜辞云：

89. 壬戌卜，雨？今日小采允大雨，延伐，晡日唯启。

《佚》276

---

① 郭沫若：《殷契粹编考释》，日本东京文求堂石印本1937年版，第73页。学者或释此字为"时"，乃立表测影之象。见刘桓：《古代文字研究（续篇）·释时》，《内蒙古大学学报》1980年第4期；《殷契新释》，河北教育出版社1989年版。
② 宋镇豪：《释督昼》，《甲骨文与殷商史》第三辑，上海古籍出版社1991年版，第34—49页。
③ 董作宾：《卜辞中之大小采与大小食说》，《庆祝朱家骅先生七十岁论文集》，《大陆杂志特刊》第二辑，1962年，第411—412页。

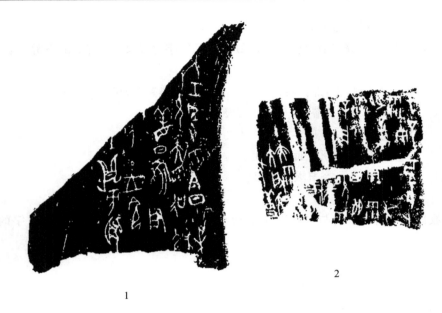

图 70

1. 《佚》276   2. 《合集》20957

90. ……睂日大启，昃亦雨自北，退昃启。   《合集》20957

"睂"或作"䀾"，省去一"目"，从"羊"得声，商承祚读为"睗"①。陈梦家认为，"睂日"纪时在昃之前，疑即晌或饷，为午时食饷之时，也就是《淮南子·天文训》所说的正午之前的隅中②。辞 89 所记"睂日"在小采之后，但即使陈梦家也并不以为此辞的"小采"与"睂日"同属一日，因为大雨可以延续到次日晌午，这样解释才能将辞 89、90 彼此呼应起来。而辞 73、90 所示"睂日"当在大采与昃之间，所以李孝定以为这一时辰应指中日③。卜辞恒见"勿睂"、"不睂"之习语，有未尽继续之意④，因此"睂"似可读为"央"。"央日"意即中日，后世则或称"阳"，仍指日中⑤。

---

① 商承祚：《殷契佚存考释》，金陵大学中国文化研究所 1933 年版，第 42 页。

② 陈梦家：《殷虚卜辞综述》，科学出版社 1956 年版，第 232 页。

③ 李孝定：《甲骨文字集释》卷四，"中央研究院"历史语言研究所 1965 年版，第 1157 页。

④ 张政烺：《殷契苩字说》，《古文字研究》第十辑，中华书局 1983 年版。

⑤ 冯时：《殷代纪时制度研究》，《考古学集刊》第 16 集，科学出版社 2006 年版，第 311—313 页。

　　甲骨文又有"羞中"（《合集》20922），或称"羞中日"（《合集》20908、33986）、"日羞中"（《花东》286），学者或以为时称，意即逼近或接近正午时分①。然而如果这样理解，"羞中"应该不在正午，但《甲骨文合集》第20908版同辞并见"食人"，为大食时，其与中日之间已没有再容纳一个时段的馀地。事实上，若从训诂学的角度分析，"羞"字本为进或进献之意，并没有近附、逼近的意思，因此上述语词更可能只是一种时间叙述形式，"羞"为动词，意为到，所谓"羞中"、"羞中日"或"日羞中"都是"日到中日"或"时向中日"的意思。

　　殷代纪时制度中与"中日"相对的时辰则为"中录"，或作"中渌"，又省作"录"或"渌"（图71）。黄天树以为即夜半之称②。卜辞云：

　　91．乙亥卜，今日至于中录……　　　《屯南》2529（图71，1）
　　92．……唯……中渌……迺……妦（嘉）？二日……

　　　　　　　　　　　　　　　　　　　　《合集》14103（71，3）
　　93．戊辰［卜］，贞：翌辛亚乞（迄）以众人舌，丁录呼保我？

　　　　　　　　　　　　　　　　　　　　《合集》43（图71，2）
　　94．癸卯卜，贞：旬？四月。乙巳渌雨。

　　　　　　　　　　　　　　　《合集》20964＋21310（图65，2）

"录"本挈壶之象形③，或从"夕"为意符，表明"中录"为夜间的时辰。很明显，如果说"中日"的称谓意味着白昼的中点必须依靠立表测影而取其正中而获得的话，那么"中录"称谓的本义便应来源于挈壶滴漏计时而取其正中的做法。事实上，殷人于夜漏正中而称为"中录"与他们于日影正中而称"中日"的传统一样，反映了商代昼夜计时的不同方法和不同特点④。

---

　　①　黄天树：《释殷墟甲骨文中的"羞"字》，《花园庄东地甲骨中所见的若干新资料》，俱见《黄天树古文字论集》，学苑出版社2006年版。
　　②　黄天树：《殷代的日界》，《华学》第四辑，紫禁城出版社2000年版；《殷墟甲骨文所见夜间时称考》，《新古典新义》，学生书局2001年版。
　　③　冯时：《殷代纪时制度研究》，《考古学集刊》第16集，科学出版社2006年版，第298—303页。
　　④　同上书，第310页。

1

图 71

1.《屯南》2529   2.《合集》43   3.《合集》14103

（七）昃

甲骨文"昃"字乃日西而人影倚斜之象，因而其所示时间也自为正午过后，日行西斜之时。《说文·日部》："昃，日在西方时侧也。《易》曰：日昃之离。"知日昃实即日侧。

95. 王占曰："业（有）祟。"八日庚戌业（有）各云自东，冒母。昃亦业（有）出虹，自北饮于河。   《菁》4

96. 允业（有）戠（食）〔微〕，明业（有）各云〔自东〕。昃亦业（有）戠（微），业（有）出虹，自北〔饮〕于河。在十二月。   《缀》248

97. □□〔卜〕，争贞：翌乙卯其宜，易日？乙卯宜，允易日。昃阴于西。六月。   《合集》13312

98. 壬申卜，今日方征不？昃雨自北。   《合集》20421

99. 丁酉卜，今日雨？余曰："戊雨。"昃允雨自西。

《合集》20965（图72）

100. 丁未昃卜，翌日雨？小采雨东。　　《缀合》79

101. 中日至昃不雨？　　《屯南》42

102. 中〔日至〕昃其雨？

　　昃至郭不雨？

　　〔昃至〕郭〔其〕雨？　　《掇一》394

103. 于昃日其……　　《燕》790

104. 王其省田，昃不雨？　　《明》703

105. 惠昃酚？　　《粹》436

昃时所指也比较清楚。据辞101、102"中日至
昃"、"昃至郭"可知，昃在中日之后，郭兮之
前，其时日已偏斜，故曰昃。昃，卜辞又作昃
日，文献则作日昃、日则。《仪礼·既夕礼》
郑玄《注》以"日侧"即"昳"，谓将过正午
之时。《尚书·无逸》孔颖达《正义》以昃为
未时，即午后二时[1]。

图72　《合集》20965

（八）郭兮

"郭兮"一称仅见于卜辞。

106. 中日至郭兮启？吉。兹用。

　　　　《合集》30198

107. 中日至郭兮不雨？大吉。　　《屯南》2729

108. 中〔日雨〕？

　　郭兮雨？　　《林》1.9.9

109. 昃至〔郭〕兮其雨？

　　郭兮至昏不雨？

　　郭兮至昏其雨？　　《粹》717

---

[1]　董作宾：《殷历谱》上编卷一《殷历鸟瞰》，中央研究院历史语言研究所1945年版，第6—7页；
陈梦家：《殷虚卜辞综述》，科学出版社1956年版，第230页。

110. 郭兮至昏不雨？　　　《粹》715

111. 今日乙郭启，不雨？　　《宁沪》1.8

112. 乙启，今日兮不雨？　　《通·别二东大》5

113. 于兮大商（赏）？　　　《粹》1293

"郭兮"又可以省作"郭"或"兮"。岛邦男以为"郭"、"兮"与"食"、"昏"一样，都是地名[1]，显然不对。郭沫若读"郭兮"为"肜曦"，即明曦[2]，乃因误释辞109"戾"字为"昏"所致。董作宾又以"兮"为"昕"[3]，指翌日晨明未旦之时。于省吾解"郭兮"为廓曦，谓晨光开廓曦明[4]。均未逮本义。陈梦家则据郭兮时在戾、昏之间，以为相当于初昏与夕，并证以《洪范五行传》郑玄《注》所云"下侧至黄昏为日之夕"，"初昏为夕"，又引《说文·食部》"餔，日加申时食也"，定郭兮即餔时[5]，也即卜辞之小食。宋镇豪则以郭兮源于度居，用它来表示日落前某一特定时间，其实是对"日入而息"这一作息习俗的有意识的确认[6]。

　　据辞106、107、109、110可知，中日、戾、郭兮、昏是先后为序的。陈梦家假定中日为正午十二时，昏为午后六时，则戾与郭兮应分别为午后二时和四时[7]。因此认为郭兮与小食应是同一时辰的不同称谓，均当申时。当然，也有学者以为郭兮应在戾与小食之间[8]。

　　"郭兮"作为时辰名称无疑反映了该时辰的特点，于省吾读"郭"为"廓"，郭沫若读"兮"为"曦"，很有道理，有助于我们根据这些特点探索相关时辰名称的本义。《说文·茻部》："莫，日且冥也。"段玉裁《注》："且冥者，将冥也。"古代礼制以小采夕月，当在日没月出之时，于是渐以该时称"夕"。《说文·夕部》："夕，莫也。"此时日入而暮色已晚，物影朦胧，唯识其轮廓，这也恰好应合了"郭"（廓）字之意；且其时日沉渐下，所见仅暮色残光，此又正扣"兮"

①　岛邦男：《殷墟卜辞研究》，中国学研究会1958年版，第379—380页。

②　郭沫若：《殷契粹编考释》，日本东京文求堂石印本1937年版，第98页。

③　董作宾：《殷历谱》上编卷一《殷历鸟瞰》，中央研究院历史语言研究所1945年版，第7页。

④　于省吾：《双剑誃殷契骈枝》，北平虎坊桥大业印书局石印本1940年版，第14页。

⑤　陈梦家：《殷虚卜辞综述》，科学出版社1956年版，第231页。

⑥　宋镇豪：《夏商社会生活史》，中国社会科学出版社1994年版，第82—84页。

⑦　陈梦家：《殷虚卜辞综述》，科学出版社1956年版，第231页。

⑧　宋镇豪：《夏商社会生活史》，中国社会科学出版社1994年版，第83页。

（曦）字之意。因此"郭兮"似为小采的别称，时在昏暮，当十二时之日入。时称或分或合，于义未改①。

（九）退昃

殷代纪时之称又有"退昃"（图73）。卜辞云：

114. ……乙丑𪓌（退）昃雨自北。丙寅大……　　　《合集》20962

115. 癸酉，万入，敗？余女曰："宜。"𪓌（退）昃雨自东，休敝大帚（寝）。　　《四海寻珍》238

图73　《合集》20962

"退昃"本作"𪓌昃"，李宗焜以为时称②。"𪓌"字从"黄"从"‖"，学者多读为"黄"③，谓"黄昃"即指黄昏④。但从字形分析，"𪓌"似为从"黄""‖"声之字，"‖"即"丨"之繁文。《说文·丨部》以"丨"读若"退"，所以"𪓌"当读为"退"。辞90显示，退昃时在昃后，故"退昃"意即日西斜下行，其同后世时称之"下昃"。其时日过昃而西下，故言日西退。日西退则日光由明灿而渐黄暗，于是字从"黄"为意符。"下昃"于文献又作"下侧"，时在日昃之后，实即铺时，所以殷代的"退昃"应为小食的别称⑤。

（十）昏

殷代纪时制度有"昏"时。卜辞云：

116. 惠昏酚？

---

① 冯时：《殷代纪时制度研究》，《考古学集刊》第16集，科学出版社2006年版，第325—326页。
② 李宗焜：《卜辞所见一日内时称考》，《中国文字》新18期，1994年。
③ 李宗焜：《卜辞所见一日内时称考》，《中国文字》新18期，1994年；李学勤：《论〈骨的文化〉的一件刻字小雕骨》，《四海寻珍》，清华大学出版社1998年版；黄天树：《殷墟甲骨文所见夜间时称考》，《新古典新义》，学生书局2001年版。
④ 李学勤：《论〈骨的文化〉的一件刻字小雕骨》，《四海寻珍》，清华大学出版社1998年版；黄天树：《殷墟甲骨文所见夜间时称考》，《新古典新义》，学生书局2001年版。
⑤ 冯时：《殷代纪时制度研究》，《考古学集刊》第16集，科学出版社2006年版，第328—329页。

于𠃊（隐）酻?　　　《合集》30838

"昏"与"隐"对举,是较"隐"为近的时辰。同时根据辞109、110所记,则知昏时当在郭兮之后及𠃊之前。学者或以为应指日入①,但据"昏"字的字形特点分析,则象日入不见之形。故昏时应即日没月出、明星灿然之时,也即后世十二时之戌时②。

(十一) 會

殷代纪时之称有"會"。卜辞云:

117. 其會酻?　　　《合集》30956
118. 惠丁亥會?　　　《合集》31824

两条都是无名组卜辞。宋镇豪以"會"为纪时之辞③。字旧释"会"④,裘锡圭释"晻"⑤,可从。"晻"与"暗"同字,文献或作"闇"。《楚辞·天问》:"昏微遵迹。"王逸《章句》:"昏,闇也。"《礼记·祭义》:"夏后氏祭其闇。"郑玄《注》:"闇,昏时也。"知卜辞之"會"即"暗",乃昏时别称。《说文·日部》:"暗,日无光也。"桂馥《义证》:"日无光也者,《贾谊书》:'君子既去其职,则于其民,暗暗然如日之已入也。'"日已入晚于日入,正值昏时⑥。

宋镇豪认为"會"在武丁至祖庚时期相当于暮时,而廪辛至文丁时期则相当

　　① 董作宾:《殷历谱》上编卷一《殷历鸟瞰》,中央研究院历史语言研究所1945年版,第7页;陈梦家:《殷虚卜辞综述》,科学出版社1956年版,第229—230页。

　　② 冯时:《殷代纪时制度研究》,《考古学集刊》第16集,科学出版社2006年版,第330页。

　　③ 宋镇豪:《试论殷代的记时制度》,《全国商史学术讨论会论文集》,《殷都学刊》增刊,1985年;重刊稿见《考古学研究》(五)上册,科学出版社2003年版,第403—404页。

　　④ 郭沫若:《殷契粹编考释》,日本东京文求堂石印本1937年版,第70页;宋镇豪:《试论殷代的记时制度》,《全国商史学术讨论会论文集》,《殷都学刊》增刊,1985年;重刊稿见《考古学研究》(五)上册,科学出版社2003年版,第403—404页。金文"会"字不从"日"。

　　⑤ 裘锡圭:《释"沓"》,《古文字论集》,中华书局1992年版,第43页;蔡哲茂:《卜辞生字再探》,《中央研究院历史语言研究所集刊》第64本第4分,1993年。

　　⑥ 冯时:《殷代纪时制度研究》,《考古学集刊》第16集,科学出版社2006年版,第331页。

于暮、昏之间①。不过从卜辞的实际情况分析，暮似乎并不与昏、旦一样作为具体时辰之称，而可能为相对时限称谓②。

（十二）冥

殷代纪时之称有"冥"。卜辞云：

119．壬辰卜，内，翌癸巳雨？癸巳冥允雨。　　　《合集》12971

李宗焜以"冥"为时称③。于省吾释"冥"即《说文》之"冥"，字本象目有蒙蔽之形④。"冥"、"冢"音义略同⑤，经典"冢"作"蒙"。《尚书·洪范》伪孔《传》："蒙，阴闇。"《广雅·释训》："蒙，暗也。"因此卜辞"冥"字即象以物蔽目，目蔽则暗而不见，以喻夜色黑暗而不见景物，于是古人又以"蒙"为日入所舍之地。《楚辞·天问》："出自汤谷，次于蒙汜。"言日出东方，而暮入西极。《淮南子·天文训》："至于虞渊，是谓黄昏。至于蒙谷，是谓定昏。""蒙谷"也就是"蒙汜"，实即《尚书·尧典》之"昧谷"，"蒙"、"昧"皆言暗昧。所以卜辞之"冥"当读为"蒙"，时在日入以后，谓日没之后夜色暗昧，乃昏时之别称⑥。

（十三）夗

殷代纪时之称有"夗"（图65）。见于𠂤组和午组卜辞，卜辞云：

120．……于壬雨？庚夗雨。壬阴，不雨。　　　《合集》11845（图74）

121．己亥卜，庚又（有）雨？其夗允雨。
于辛雨？庚夗雨。辛启。　　　《合集》20957（图70，2）

122．丙午夗卜，坐（侑）岁于父丁，羊一？　　　《合集》22093（图2）

---

① 宋镇豪：《试论殷代的记时制度》，《全国商史学术讨论会论文集》，《殷都学刊》增刊，1985年；重刊稿见《考古学研究》（五）上册，科学出版社2003年版；《夏商社会生活史》，中国社会科学出版社1994年版，第83页。

② 冯时：《殷代纪时制度研究》，《考古学集刊》第16集，科学出版社2006年版，第292—293页。

③ 李宗焜：《卜辞所见一日内时称考》，《中国文字》新18期，1994年。

④ 于省吾：《甲骨文字释林》，中华书局1979年版，第114页。

⑤ 参见段玉裁《说文解字注》。

⑥ 冯时：《殷代纪时制度研究》，《考古学集刊》第16集，科学出版社2006年版，第331—332页。

图74　《合集》11845

"**夙**"为夜间时辰①，学者或以为夜半②，但从字的形构分析，"**夙**"从重"夕"，乃重"月"之形，而甲骨文表示日初出之象的"旦"则作重"日"之形，所以"**夙**"作重"夕"（月）应与"旦"作重"日"所反映的观念一样，而表现月初出之象。因此，卜辞"**夙**"用以纪时，当指月出之时③。

辞45、46"**夙**"在"痛人"之后，分别为一天中的早晚时辰。"**夙**"字之"夕"也兼读音，故即后世之"夕"时。《诗·王风·君子于役》："鸡栖于埘，日之夕矣，羊牛下来。"云梦秦简《日书》乙种十二时名有"牛羊入"，当日入以后的昏时，也即《诗》所称之"夕"。《礼记·内则》："日入而夕。"朱彬《训纂》引方性夫曰："日入而夕，昏定之礼。"因此殷代之"**夙**"实即"夕"时，为昏时别称，其作重"夕"之形，既可会意月初出之象，又可区别于殷人统称全夜的"夕"④。

殷代之**夙**时有时则径称"月出"，见于无名组卜辞。

123. 于月出**廼**往，亡**戋**（裁）？　　　《安明》1918＋2096

黄天树据此与卜辞"日出"之时对比，以为即纪时之称⑤。

昼夜的更替乃由太阳的出没而决定，所以一般而言，太阳的出没则是古人划分昼夜的基本标准。而月亮因其行移速度快，每日在天球上的位置变化明显，且上下半月的月出时间差异很大，并不适合作为确定历日时辰的标志。但是，殷人纪时以白昼称"日"，黑夜称"夕"，即分别根据日出以后所见之太阳和日入以后所见之月亮标志昼夜，这意味着在殷人的传统观念中，日出所反映的由夜而昼的变化实际体现了月没先于日出的次序，而日入所反映的由昼而夜的变

① 李宗焜：《卜辞所见一日内时称考》，《中国文字》新18期，1994年。

② 黄天树：《殷墟甲骨文所见夜间时称考》，《新古典新义》，学生书局2001年版；《甲骨文"**夙**"字补论》，《古文字论集》（二），考古与文物丛刊第四号，2001年。

③ 冯时：《殷代纪时制度研究》，《考古学集刊》第16集，科学出版社2006年版，第333页。

④ 同上书，第333页。

⑤ 黄天树：《殷墟甲骨文所见夜间时称考》，《新古典新义》，学生书局2001年版。

化则又体现了月出后于日出的次序。尽管上半月的月出时间也就是日入时间，而下半月的月没时间也就是日出时间，甚至在上下半月的某些时段，月出更早于日入，月没也会更晚于日出，但这并不影响古人的上述习惯认识。显然，殷人既以日没之时称为"日入"，便不宜再将此时同时又称为"月出"，因为这样将很容易造成一种以日月运行作为纪时标准的混乱。因此，殷人以"月出"命名时辰，其限定之时段必应厕于日入之后，而指晚于日入的昏时。

（十四）隐人

殷代纪时制度有"隐人"时辰，或称"大隐人"，或省称"隐"（图 75）。

124. 癸未卜，贞：旬？甲申旵（隐）人雨。□□雨，不……十二月。

《合集》21021（图 69，1）

图 75

1.《合集》27522　2.《合集》21013

125. 其又（侑）妣庚，惠入自己夕祼酓？

惠卩（隐）人酓？

惠入自枫祼酓？　　　《合集》27522（图75，1）

126. ……夕。丙子唯大卩（隐）人雨自北，以凤（风）。□雨。戊寅不雨。二月。　　《合集》21013（图75，2）

127. 辛丑卜，奏嫢比（秕）？甲辰卩（隐）雨，小。四月。

《合集》20398（图76）

图76　《合集》20398

“隐”又见于西周金文。穆公簋盖铭云：

> 唯王初如䡵，廼自商𩣓复还至于周。王夕饗醴于大室，穆公侑。𡧛（隐），王呼宰利锡穆公贝廿朋。穆公对王休，用作宝皇簋。

“隐”字本皆作“𡧛”，旧释纷纭，或释“夙”[1]，或释“廼”[2]，或释“厄”[3]，或释“𠂤”[4]，或释“住”[5]，或释“剢”或“厄”[6]，或释“隐”[7]。“隐人”用于纪时，学者或以为即人定之时[8]，甚确。前录辞 116“昏”、“隐”对贞，昏为近时，隐为远时，知隐在昏后。辞 125“夕”、“隐人”、“枏”对贞，夕是包括隐人与枏（夙）在内的全夜，兼跨两日，知隐人为前日夜时，而枏是次日早晨，又知隐人先于枏，则殷人先问大时夕而后择细时隐人。穆公簋盖铭之“隐”于王夕饗醴之后，自属日入以后的夜时。故隐人之时当值昏后晨前，时有人定、夜半可比。殷人以夜半称“中录”，故“隐人”则是人定。后世“人定”之名取人于深夜熟寐安定之意，此与“隐人”之意正相吻合。《方言》卷六：“隐，定也。”《广雅·释诂四》：“隐，定也。”又《广雅·释诂一》：“㿀，眯、隐，安也。”诸字通训，皆熟睡之意。所以“隐人”实言定人，后世十二时之“人定”即承其名[9]。

（十五）宵

殷代纪时之称又有“宵”（图 77）。卜辞云：

128. 甲子卜，贞：今妏（宵）王勿累归？九月。

---

[1]　商承祚：《殷虚文字类编》卷七，决定不移轩自刻本 1923 年版，第 6 页。

[2]　郭沫若：《殷契粹编考释》，日本东京文求堂石印本 1937 年版，第 67 页。

[3]　唐兰：《甲骨文自然分类简编》，山西教育出版社 1999 年版，第 75 页。

[4]　于省吾：《双剑誃殷契骈枝三编》，北平虎坊桥大业印书局石印本 1943 年版，第 27—28 页。

[5]　陈邦怀：《甲骨文零拾考释》，天津人民出版社 1959 年版，第 25—26 页；宋镇豪：《释住》，《殷都学刊》1987 年第 2 期。

[6]　黄天树：《殷墟甲骨文所见夜间时称考》，《新古典新义》，学生书局 2001 年版。

[7]　冯时：《殷代纪时制度研究》，《考古学集刊》第 16 集，科学出版社 2006 年版，第 334 页。

[8]　宋镇豪：《试论殷代的记时制度》，《全国商史学术讨论会论文集》，《殷都学刊》增刊，1985 年；重刊稿见《考古学研究》（五）上册，科学出版社 2003 年版；宋镇豪：《释住》，《殷都学刊》1987 年第 2 期；黄天树：《殷墟甲骨文所见夜间时称考》，《新古典新义》，学生书局 2001 年版。

[9]　冯时：《殷代纪时制度研究》，《考古学集刊》第 16 集，科学出版社 2006 年版，第 334—335 页。

《合集》10719（图 77，2）

129. 甲戌卜，𣪘贞：王于生七月入于［商］?

　　乙亥卜，𣪘贞：生七月姣（宵）……　　　《合集》7782（图 77，1）

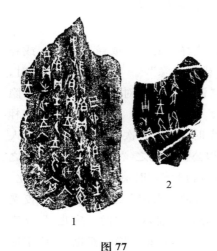

2

1

图 77

1.《合集》7782　2.《合集》10719

"宵"本作"姣"，从"夕""交"声①，学者或释"嬎"，读为"黄"，以为时指黄昏②。事实上，黄昏的意义乃谓暮色昏黄，"黄"为五色之名，若"黄"、"昏"分称，"黄"便不能具有黄昏的意义，所以黄昏可以省称为"昏"，却没有理由省称为"黄"。况且此字从"夕"，指明为夜时，夜时天色黯黑，与"黄"也正相矛盾。因此，卜辞之"姣"当读为"宵"，意谓定昏。《周礼·秋官·司寤氏》："禁宵行者，夜游者。"郑玄《注》："宵，定昏也。"卜辞之"姣"从"交"声。《广雅·释诂四》："交，定也。"知"宵"即定昏，为人定之时的别称③。

（十六）鼓

"鼓"作为时间之称也很明显。卜辞云：

130. 祖丁舌，惠枬?

　　祖［丁］舌，其鼓?　　　《屯南》4351

"鼓"与"枬"对贞，显系时称。古以五鼓即五更、五夜，枬是早，鼓当然应指昏后入夜击鼓行夜戒守之时，也即初更④。沈建华举出两条卜辞以论证殷代夜间更鼓之制。

①　冯时：《殷代纪时制度研究》，《考古学集刊》第 16 集，科学出版社 2006 年版，第 335 页。

②　黄天树：《殷墟甲骨文所见夜间时称考》，《新古典新义》，学生书局 2001 年版。

③　冯时：《殷代纪时制度研究》，《考古学集刊》第 16 集，科学出版社 2006 年版，第 335—336 页。

④　同上书，第 336 页。

131. □未贞：昪束于兹三鼓？　　　《屯南》2576

132. 惠五鼓□，上帝若，王［受］又（有）又（祐）？

《合集》30388

她认为，卜辞的"三鼓"、"五鼓"是以击鼓的次数来作为时间的准则[1]，甚是。《周礼·地官·鼓人》郑玄《注》引《司马法》云："昏鼓四通为大鼜，夜半三通为晨戒，旦明五通为发昫。"是一夜三击备守鼜也。殷代昏鼓四通但称"鼓"，也即一鼓初更，不言鼓数，是以一、二、三、四、五为五更五夜之序，所以卜辞的"三鼓"、"五鼓"可能就是三更、五更。

133. 贞：昃入，王屮（侑）报于之，亦鼓？　　　《合集》14932

学者或主此辞之"鼓"也指夜时[2]，但卜辞侑报之时在昃，所以"鼓"应指昃时致祭而行鼓，似与五夜无涉。卜辞"亦鼓"恐也不宜读为"夜鼓"，"亦"于卜辞中尚未见有可用为"夜"的确凿证据[3]。

（十七）馀论

1. 小亦

除上述殷代时辰名称和五更之外，学者或主殷代纪时尚有"小亦"之称，读为"小夜"[4]。

134. ……今夕□？之夕小亦启。　　　《合集》13135

---

①　沈建华：《甲骨卜辞中所见的鼓》，《于省吾教授百年诞辰纪念文集》，吉林大学出版社 1996 年版。

②　沈建华：《甲骨卜辞中所见的鼓》，《于省吾教授百年诞辰纪念文集》，吉林大学出版社 1996 年版；黄天树：《殷墟甲骨文所见夜间时称考》，《新古典新义》，学生书局 2001 年版。

③　杨树达：《释亦》，《积微居甲文说》，中国科学院 1954 年版，第 13—14 页；宗静航：《"亦雨"、"夜雨"辨》，《第三届国际中国古文字学研讨会论文集》，问学社有限公司 1997 年版。

④　裘锡圭：《殷墟甲骨文字考释七篇》，《湖北大学学报》（哲学社会科学版）1990 年第 1 期；李宗焜：《卜辞所见一日内时称考》，《中国文字》新 18 期，1994 年；黄天树：《殷墟甲骨文所见夜间时称考》，《新古典新义》，学生书局 2001 年版。

推敲文义，卜辞"小亦启"似乎应同"亦小启"，"小启"相对于"大启"而言。卜辞或以"小"缀于"启"后为文。卜辞云：

> 戊申卜，已其雨？不雨，启，小。　　《乙》449
>
> 壬寅卜，夫（天）不其雨？其启，小。十月。　　　《英藏》619

"启，小"意即小启。唯"小亦启"置"小"字于副词"亦"之前，相同的卜辞文例如：

> 贞：今夕不其小雨？　　《合集》12712
>
> 贞：今夕小其雨？　　《合集》12711

两辞对读，可明"小其雨"即同"其小雨"。此"小其雨"与"小亦启"遣辞相同，"亦"为副词，应与时称无涉。

2. 市日

学者或以殷代有"市日"之时[①]。卜辞云：

> 135. □寅卜，今市日……　　《合集》30645
>
> 136. ……市日，又（有）足？　　《合集》30646
>
> 137. 今日丁市日王其弋，亡戋（烖）？　　《合集》28754
>
> 138. 乙卯卜，今日市王其弋，亡［戋（烖）]？大吉。　　　《合集》28751

辞136之"有足"于卜辞习见，一般皆与祭事有关。卜辞云：

> 惠辛丑酌，又（有）足？
>
> 卯五卤，又（有）足？
>
> 十卤，又（有）足？　　《京津》4237
>
> 惠甲，又（有）足？

[①] 李宗焜：《卜辞所见一日内时称考》，《中国文字》新18期，1994年。饶宗颐释为"崇日"，谓即元日。见氏著《殷代贞卜人物通考》，香港大学出版社1959年版，第890页。

其牢又一牛？　　　　《续》2.24.2

于旦，又（有）足，王受又（祐）？　　　《甲》1494

"有足"所言多涉祭事。第三辞"于旦"之"旦"当读为"坛"[1]，为致祭之所，而非时称。前引辞 60 之"旦"为时辰，"改"、"鼎"皆为祭名，"各日"读为"格日"，辞言改、鼎之祭自旦始而至整个白天。与此对读，可明"市日"似非时辰之称。

甲申卜，翌日乙王其迟，亡戋（烖）？　　　《粹》1021

□□〔卜〕，今日辛〔王〕其迟……　　　《续存》1.415

辛巳卜，市毛，王其迟于丧，亡戋（烖）？吉。　　　《合集》29015

由此可明，王迟之行只择日而不择时辰，其遣辞与辞 136 至 138 相同，知"市"或"市日"当非纪时。第三辞"市毛"例同"市日"，"毛"为祭名，"市"字之意也似非时辰之称。卜辞又云：

贞：于乙日市西，王受又（祐）？

贞：弜祖乙册用于之，若？　　　《合集》27202

其又（侑）长子，惠黽至，王受又（祐）？

于兹日市□□廼又（侑）ㄅ，王受〔祐〕？　　　《合集》27641

由此观之，"市"字皆系动词。学者或以为祭名[2]，或以为时间副词[3]，或以为当读为"持"，"持日"谓持定某日[4]。

3. 售

甲骨文有"售"字。卜辞云：

---

①　陈梦家：《殷虚卜辞综述》，科学出版社 1956 年版，第 472 页。

②　岛邦男：《祭祀卜辞の研究》，弘前大學文理學部 1953 年版，第 173 页；池田末利：《殷虚書契後編釋文稿》卷一，廣島大學文學部中國哲學研究室 1964 年版，第 93 页。

③　许进雄：《明义士收藏甲骨释文篇》，多伦多皇家安大略博物馆 1977 年版，第 124 页。

④　冯时：《殷卜辞"市日"考》，《古文字研究》第二十五辑，中华书局 2004 年版。

139. 翌日雟其畀？　　　《屯南》2505

140. 丁丑卜，父甲杳……

　　　己丑卜，翌日庚雟其又杳于父甲？

　　　己丑卜，父甲杳，牢一？　　　《屯南》2682

141. 于雟北对？

　　　于南阳西叟？　　　《屯南》4529

辞 141 "雟" 与 "南阳" 为对，应系地名①，前两辞之 "雟"，学者或以为祭名②，或以为时称③，尚待考索。

　　4. 列

　　卜辞有 "列" 字。《殷虚文字乙编》第 6386 版的卜辞云：

　　　王占曰："之翠勿雨。" 乙卯允明阴，乞函（列）。食日大星。

这条卜辞过去一直被作为日食记录来看待，我们在第三章已有讨论（图 36）。严一萍否认了 "食日" 是日食的可能性，但是，尽管他纠正了有人将 "乞列" 误读为 "三函"，并与 "食" 字连读作 "三函食" 的错误看法④，然而却一直没有放弃以辞中的 "之翠"、"乞列" 与 "明" 同作为纪时之词看待的观点⑤。饶宗颐释 "翠" 即 "眉" 字，借为昧旦之 "昧"，应该不错。又读 "乞列" 之 "列" 为云梦秦简所见之 "枭"，当未时之日戻。卜辞 "乞列食日" 即谓迄于未时之下铺时刻⑥。但是，卜辞中更常见的 "食日" 之称似乎又与小食（铺）不同，而为上午之时，因此也有学者把 "列" 看作是早于朝食的某一时刻⑦。这些解释如果仅仅作为一种圆通之辞，那么显然，它还缺乏卜辞所能提供的其他旁证。因为 "列"字作为时称的这种孤例与其说更能使人相信它作为一种纪时单位，倒不如说它

①　中国社会科学院考古研究所：《小屯南地甲骨》下册第一分册，中华书局 1983 年版，第 1156 页。

②　于省吾主编：《甲骨文字诂林》，中华书局 1996 年版，第 1733—1734 页。

③　李宗焜：《卜辞所见一日内时称考》，《中国文字》新 18 期，1994 年。

④　严一萍：《殷商天文志》，《中国文字》新 2 期，1980 年。

⑤　严一萍：《"食日" 解》，《中国文字》新 6 期，1982 年。

⑥　饶宗颐：《释纪时之奇字：卥、枭与卙（執）》，《第二届国际中国古文字学研讨会论文集》，问学社有限公司 1993 年版，第 63—71 页。

⑦　宋镇豪：《夏商社会生活史》，中国社会科学出版社 1994 年版，第 83 页。

应该首先适合于卜辞"列"字的更为通常的解释，因此"列"字可能与时间并没有什么联系。

这是一条有关气象的占卜记录应该十分清楚，事实上，如果仔细推求文义，"乞囱"似乎可以读为"迄烈"，乃是形容自旦明开始的阴天逐渐加重的程度，而食日之时则转阴为晴①。

三　时辰次序与十二时

殷代的一个历日，白天时段的先后次序相对比较清楚，这方面的资料以《小屯南地甲骨》中的两版卜辞记述的最为系统（图78、图79）。

142. 弜田，其遘大雨？

　　自旦至食日不雨？

　　食日至中日不雨？

　　中日至昃不雨？　　《屯南》42

143. 辛亥卜，翌日壬旦至食日不［雨］？吉。

　　壬旦至食日其雨？

　　食日至中日不雨？吉。

　　食日至中日其雨？

　　中日至郭兮不雨？

　　中日至［郭］兮［其雨］？　　《屯南》624

据此，我们便可放心地梳理出以上时段的先后次序：

旦——食日——中日——昃——郭兮——昏

图78　《屯南》42

① 冯时：《读契劄记》，《纪念殷墟甲骨文发现一百周年国际学术研讨会论文集》，社会科学文献出版社 2003 年版，第 202—204 页。

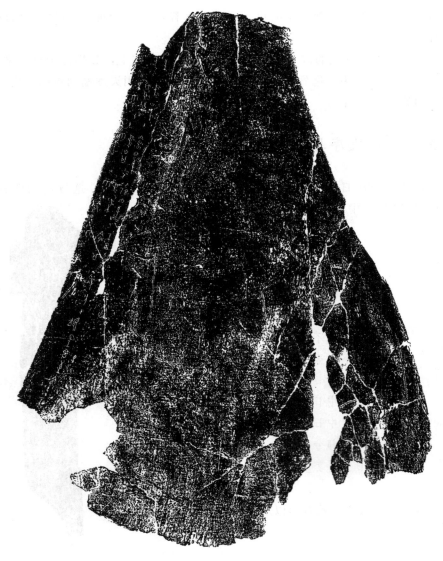

图 79   《屯南》624

学者或以为这六个时段就是商代一个白天的完整分段①。如果是这样，那么自中

---

①   姚孝遂、肖丁：《小屯南地甲骨考释》，中华书局 1985 年版，第 139 页。

日划分的上下两半段内的时段并不是对称的。事实上，前面讨论的卜辞中存在的确无可疑的时辰名称还可使这个简单框架得到充分的补充，至少旦时之后的大采在武丁时期就已经出现了，而旦明之前的晨、昧爽也早就为殷人所认识。所以，董作宾将殷代一个白天的时段划分为七段[①]：

明——大采——大食——中日——昃——小食——小采

这七个时辰大约依次相当于后世的卯、晨、巳、午、未、申、酉各时[②]。大采在大食之前，小采在小食之后。中日分上下午各三时，彼此对称。符合卜辞的实际情况。董作宾又以卜辞分新旧两派，上举一日七时的名称之中，新派又以朝、暮代替大采、小采[③]。但朝、暮更可能为相对时限之辞，而非时辰之称。

　　尽管董作宾确定的时间框架并不完整，也不成熟，譬如他以郭兮之兮指日出之前的晨曦，即是沿袭了郭沫若的错误考释[④]，但卜辞的时称确实存在不止一套的名称，似乎反映了殷代纪时制度的复杂性。郭沫若曾经以为，晨、朝、昧爽等字未见于卜辞，可能是周人的发明[⑤]。这个推测与卜辞反映的实际情况不符。

　　殷代一日于夜晚的时间是否也像白天一样划分为若干时段，目前还没有一致的意见。董作宾以为殷人于全夜称夕[⑥]，似乎尚没有时段的划分。陈梦家一方面持有相同的看法[⑦]，另一方面也不排除卜辞的夕字是指夜半以后[⑧]。而宋镇豪则认为武丁时期一天分为十三时段，其中白天九段，夜晚四段，到廪辛至文丁时，一天则分为十六时段，即白天九段，夜晚七段[⑨]。事实上，殷历历日夜晚时段的划分可能和白天一样细致，从已知的殷历时称分析，上述时间框架至少还

　　① 董作宾：《殷历谱》上编卷一《殷历鸟瞰》，中央研究院历史语言研究所 1945 年版，第 4 页。

　　② 董作宾：《殷代的纪日法》，台湾大学《文史哲学报》第 5 期，1953 年。

　　③ 董作宾：《殷历谱》上编卷一《殷历鸟瞰》，中央研究院历史语言研究所 1945 年版，第 6 页；《卜辞中之大小采与大小食说》，《庆祝朱家骅先生七十岁论文集》，《大陆杂志特刊》第二辑，1962 年。

　　④ 董作宾：《殷历谱》上编卷一《殷历鸟瞰》，中央研究院历史语言研究所 1945 年版，第 6—7 页。

　　⑤ 郭沫若：《殷契粹编考释》，日本东京文求堂石印本 1937 年版，第 98 页。

　　⑥ 董作宾：《卜辞中所见之殷历》，《安阳发掘报告》第三册，1931 年，第 489—490 页；《殷历谱》上编卷一《殷历鸟瞰》，中央研究院历史语言研究所 1945 年版，第 4 页。

　　⑦ 陈梦家：《殷虚卜辞综述》，科学出版社 1956 年版，第 229 页。

　　⑧ 同上书，第 239 页。

　　⑨ 宋镇豪：《试论殷代的纪时制度》，《考古学研究》（五）上册，科学出版社 2003 年版，第 418 页。

有安排两个夜间时辰的馀地。这意味着对于已经掌握了漏刻计时方法的殷商先民而言，划分夜间时辰或许并不是一项困难的工作。

殷代的时辰名称虽然复杂，但其中有相当一部分都是根据太阳视运动位置的不同而决定的，如日出之旦明，日入之郭夕，因此有学者认为，殷人实行的是一种不均匀的分段纪时制①。然而由于地球的公转，一年中太阳出没的时间相差很大，这意味着每天的时刻于一年中会随时发生变化，其昼夜时间的长短比例与时段的分配也将随季节的不同而有所改变，从而给先民的生产与生活造成极大不便，因此，所谓的不均匀分段纪时制由于无法提供一个统一的纪时标准，必将大大降低用以纪时的实际意义。显然，这种模糊的时间概念应该远非殷商先民的认识水平。相反，如果殷历历日实行的是一种等间距的时间划分，那么这些时辰名称其实已经从其原本具备的对于时间的标识作用蜕变为一种单纯记录时辰的象征符号，这个传统在中国古历中沿行了很久。因此我们必须强调的是，将殷历时辰与其名称所体现的意义做严格的对应虽然必要，但这样的工作必须纳入相应的纪时体系中进行才更有意义。

科学的历日计时毫无疑问应该体现着等间距的时间计量，这种做法如果不借助相应的计时仪器将很难完成。殷代计时漏壶的出现显然为这种计时工作提供了条件，这意味着殷历时辰的划分不仅已经颇具系统，而且形成了相当完善的纪时制度②。

中国早期的纪时制度包括十时与十二时两个体系，十时制虽然古老，但十二时则是行用最久的纪时制度。长期以来，人们似乎并不以为十二时纪时制的形成时间可以早到春秋以前③，但殷卜辞所反映的商代计时仪器的出现与时辰名称的完整，却足以使这个问题必须重新考虑。事实上，殷人已经行用等间距的十二时纪时体系是相当清楚的，现在我们将殷历十二时体系综合整理如下。

十二时	殷历十二时
鸡鸣	晨，寤人，叉（蚤）。

---

① 宋镇豪：《试论殷代的纪时制度》，《考古学研究》（五）上册，科学出版社 2003 年版。

② 冯时：《殷代纪时制度研究》，《考古学集刊》第 16 集，科学出版社 2006 年版。

③ 顾炎武：《日知录》卷二十，上海古籍出版社 1985 年版；赵翼：《陔馀丛考》卷三四，商务印书馆 1957 年版；饶宗颐：《云梦秦简日书研究》，《楚地出土文献三种研究》，中华书局 1993 年版，第 424—426 页；于豪亮：《秦简（日书）记时记月诸问题》，《于豪亮学术文存》，中华书局 1985 年版。

平旦	妹（昧）、眉（昧）、旦湄（昧），䘮（爽）、丧（爽），者（睹），五鼓。
日出	旦，䡕（盰），日出、日称，明、盟，昞，温。
食时	大采。
隅中	大食日、大食、食日、食人、食。
日中	中日、日中，督，昼，䀱（央）日。
日昳	昃日、昃。
餔时	小食，退昃。
日入	小采，郭兮（廓曦）、郭（廓）、兮（曦），入日，既日。
黄昏	昏，會（晻、暗），冟（蒙），月出，夕夕（夕），鼓。
人定	大隐人、隐人、隐，㝅（宵）。
夜半	中录、中彔、录、彔，三鼓。

四　日首

对于殷历日首的争论由来已久，主要集中在对夜半、鸡鸣和日出之旦这三个时辰的选择。美国学者德效骞根据他对卜辞月食记录的研究，首先提出殷历历日始于子夜零时①，多有学者附和②。但对前引辞 91“今日至于中录”的分析表明，“中录”所指的夜半显然仍应属于“今日”的范畴，这意味着夜半不可能作为历日之首③。其他学者也从不同角度对殷代日首不始于夜半的意见提出了自己的分析④。

以日出作为历日开始的想法最初则由董作宾提出⑤，并且长期影响着学者的

---

① Homer H. Dubs, The Date of the Shang Period, *T'oung Pao*. XL, 4—5, 1951.

② Chou Fa-Kao, On the Dating of a Lunar Eclipse in the Shang Period, *Harvard Journal of Asiatic Studies*, Vol. 25, 1964—1965；李学勤：《〈英藏〉月食卜骨及干支日分界》，《夏商周年代学札记》，辽宁大学出版社 1999 年版；黄天树：《殷代的日界》，《华学》第四辑，紫禁城出版社 2000 版。

③ 冯时：《殷代纪时制度研究》，《考古学集刊》第 16 集，科学出版社 2006 年版，第 340—341 页。

④ 宋镇豪：《殷商纪时法补论——关于殷商日界》，《中国文字》新 27 期，2001 年；常玉芝：《商代日始论辩》，《考古学研究》（五）上册，科学出版社 2003 年版；葛英会：《殷历日始浅析》，《商承祚教授百年诞辰纪念文集》，文物出版社 2003 年版。

⑤ 董作宾：《殷代的纪日法》，台湾大学《文史哲学报》第 5 期，1953 年。

看法①。劳榦曾对此提出辩驳②，其实从卜辞反映的实际情况看，以日出为日首的观点同样不能获得任何有力的证据。前引辞 8 云"甲夕卜，日雨"，占卜之时在夕，问"日"而不言"翌日"，知"夕"、"日"当同属一日，明证日首不在旦，而在日出之前的黑夜。而辞 12 所言夙、旦同在癸日，夙为近时，旦为远时，亦知日首必不在旦，而在日出之前。类似的例证当然还有很多③。因此，殷历的日首显然也不始于旦，而一定是在日出旦明之前的某一时刻。

卜辞反映的殷历一日最早出现的时辰为晨时，或名寤人，相当于后世十二时的鸡鸣。前引辞 44 以"晨"与同日之"温"、"夕"并称，辞 78 以"晨"与同日之"既日"并称，辞 45、46 以"寤人"与同日之"夕"并称，都明确显示出晨是夜半以后的一日之中最早的时辰。很明显，如果夜半不可能作为历日之首的话，那么晨时就应该标志着新的一日的开始。事实上，日首的确定标准除天文学的意义之外，在早期社会中则更多地体现了人类自身的生物节律以及由此决定的作息和用事习俗。晨时于殷代又名"寤人"，意即夜寐初醒，足见殷人是将一觉醒来作为新的一天到来的标志。古以鸡鸣起而行事为习，于是晨便成为了历日的开始④。《尚书大传》载殷"以鸡鸣为朔"，与卜辞反映的史实正合⑤。

五　有关十二辰纪时的讨论

《殷契粹编》第 784 版记有这样一条卜辞，很值得注意（图 80）。

144. 甲申卜，今日亥不雨？

---

① 宋镇豪：《试论殷代的记时制度》，《全国商史学术讨论会论文集》。《殷都学刊》增刊，1985 年；重刊稿见《考古学研究》（五）上册，科学出版社 2003 年版；常玉芝：《殷商历法研究》，吉林文史出版社 1998 年版，第 181—208 页。

② 劳榦：《从甲午月食讨论殷周年代的关键问题》，《中央研究院历史语言研究所集刊》第 64 本第 3 分，1993 年。

③ 冯时：《殷代纪时制度研究》，《考古学集刊》第 16 集，科学出版社 2006 年版，第 341—342 页。

④ 同上书，第 342—343 页。

⑤ 彭裕商：《殷代日界小议》，《殷都学刊》2000 年第 2 期；王晖：《古文字与商周史新证》第三编第四章，中华书局 2003 年版。

郭沫若认为，此辞当是甲申后四日丁亥所追契之辞，故称"今日亥"①。这种解释似不甚可取。温少峰、袁庭栋则提出"今日亥"即指今日亥时，是殷人以十二辰纪时的结果②。这个说法虽于文义无有不合，但要获得卜辞方面更多的证据恐怕也很困难。

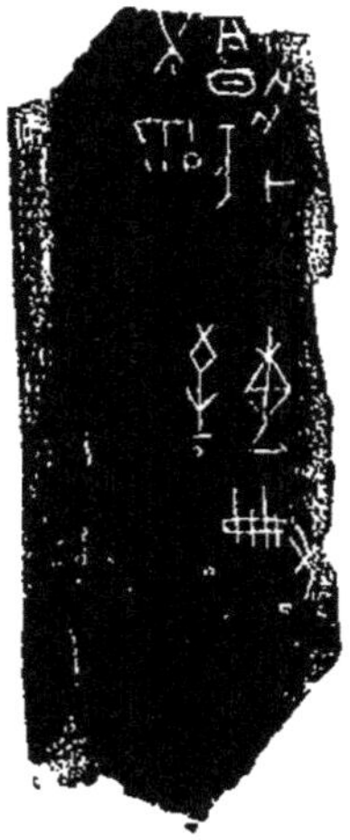

图 80　《粹》784

亥是十二辰之一，殷历纪日虽以日干为主③，但也并不像某些学者所认为的那样只限于日干④，而不用地支。黄天树曾经讨论卜辞所见殷人以地支纪日的传统⑤，显示了殷历纪日法的复杂性。

145. 今辛未王夕步？

　　今未勿夕步？　　　《合集》7772

146. 贞：翌己巳勿宜？

　　贞：翌巳勿宜？　　　《合集》40521＋5468

147. 甲戌贞：乙亡尤？

　　乙亥贞：子亡尤？　　　《安明》2612

148. 乙丑卜，内，翌寅启？丙允启。　　　《合集》13140

149. 贞：翌申雨？

　　庚不其雨？　　　《合集》12349

150. 翌卯虫（侑）……

　　翌卯勿虫（侑）？　　　《合集》6478 反

151. 戊申卜，翌酉舞？允……　　　《金璋》408

上引卜辞中的纪日干支或干支相配，或独称天干，或独书地支。另有一类干支

---

①　郭沫若：《殷契粹编考释》，日本东京文求堂石印本 1937 年版，第 105 页。

②　温少峰、袁庭栋：《殷墟卜辞研究——科学技术篇》，四川省社会科学院出版社 1983 年版，第 78—80 页。

③　董作宾：《卜辞中所见之殷历》，《安阳发掘报告》第三册，1931 年。

④　陈梦家：《殷虚卜辞综述》，科学出版社 1956 年版，第 93 页；张秉权：《甲骨文中所见的"数"》，《中央研究院历史语言研究所集刊》第 46 本第 3 分，1975 年。

⑤　黄天树：《甲骨文中所见地支纪日例》，《中国语文研究》第 10 期，吴多泰中国语文研究中心 1992 年版。

纪日形式，因涉重文而省略天干[1]。

　　　　152. 乙亥卜，又（侑）十牢、十伐大甲，申？　　　《粹》477

这条卜辞又可与下一条卜辞对观。

　　　　153. 己酉卜，又（侑）伐大乙，乙卯？　　　《合集》32217

知辞152的"大甲申"应读为"大甲甲申"，"甲"字因重复而省，因此严格地说，这种情况不应视为地支纪日。类似的例子还有：

　　　　154. 丁卯卜，延曹通大戊，辰？　　　《合集》19834
　　　　155. 己巳卜，又伐祖乙，亥？　　　《合集》32072

其实，尽管十二地支在殷代可以单独用来纪日，但似乎也无助于说明地支在当时可以扩大用于记录时辰。裘锡圭考释辞144之"亥"为"万"，读为"萬"[2]，应该更符合卜辞本意。因此殷人虽然已经完成了等间距的时间测量工作，并在此基础上建立起了严格的十二时纪时制，但应该还没有形成以十二辰配纪十二时的制度。

第二节　纪时法

　　甲骨文的纪时方法虽然一般是在表示时间的名词之前冠以指示代词，以限定时间的这时或那时，但也有其他一些纪时形式。商代人对于过去、现在和将来的时间已有细致的划分，陈梦家曾概括地把它们称为"三时"[3]。

---

　　① 裘锡圭：《甲骨文中重文和合文重复偏旁的省略》、《再谈甲骨文中重文的省略》，俱见氏著《古文字论集》，中华书局1992年版。
　　② 裘锡圭：《甲骨文中的几种乐器名称——释"庸""豐""鞀"》，《古文字论集》，中华书局1992年版。
　　③ 陈梦家：《殷虚卜辞综述》，科学出版社1956年版，第114页。

一　过去纪时法

殷人用"昔"字表示过去应是再明显不过的事了，这个意义当然来源于人们对于旧日发生的水患的追忆，因为"昔"字所从的"〲〲"象洪水[1]，那么发生洪水的日子显然就是过去的日子[2]。

1. 丁亥卜，𣪊贞：昔乙酉……　　《后・上》28.3
2. 癸未卜，贞：昔丁丑……　　《前》4.27.3
3. ［丁巳］，……昔甲辰……　　《菁》5

辞 1 的昔日乙酉在卜日丁亥前二日，辞 2 的昔日丁丑在卜日癸未前六日，辞 3 的昔日甲辰在丁巳前十三日，由此可见，商人是将自今前二日以往的时间统称为昔。

表示过去的时间指示词还有"之"，卜辞常见"之日"、"之夕"，并不是"此日"、"此夕"，而是表示过去的"是日"、"是夕"[3]。

4. 贞：今日壬申其雨？之日允雨。　　《乙》3414
5. 贞：翌辛丑不其启？王占曰："今夕其雨，翌辛不雨。"之夕雨。辛丑启。　　《菁》8
6. 王占曰："吉。翌辛其雨。"之日允雨。　　《遗》147
7. 辛酉卜，𣪊，翌壬戌不雨？之日夕雨，不延。　　《乙》5278

"之日"、"之夕"都出现在验辞之中，也就是占卜之事的应验记录。辞 4 所记在壬申日占卜，卜问当日是否会下雨，结果当天果然下雨，于是卜人在第二天癸酉追记验辞"之日允雨"，显然，"之日"是指事情应验的当天，也就是前一天占卜之日。同样道理，辞 5 在庚子日卜问第二天辛丑是否天晴，商王占断说："庚子当天夜晚将会下雨，第二天辛丑则不会下雨。"卜人于是在辛丑追记验辞，

---

① 叶玉森：《说契》，北平富晋书社 1929 年版，第 1 页。
② 朱芳圃：《甲骨学商史编》卷六，中华书局 1935 年版，第 3 页。
③ 陈梦家：《殷虚卜辞综述》，科学出版社 1956 年版，第 114 页。

称述前一天庚子晚上果然下了雨，而辛丑当天却开始放晴，"之夕"指的还是前一天卜日。但后两辞的情况与此稍有不同，辞 6 卜问辛日是否降雨，而卜人于辛日的第二天壬日追记验辞，称前一日辛日果然下雨，"之日"虽指前一天，但不是卜日。辞 7 的情况与此相同。由这些记录我们知道，卜辞所记的"之日"、"之夕"都是指前一天而言，等于我们今天常说的那天那晚或昨天昨晚。董作宾曾认为，"之日"、"之夕"均指卜日[①]，这显然是一种误解[②]。因此，殷人纪时于过去的时间区分得比较严格，一般称前一天为"之日"、"之夕"，相当昨日昨夕，而称两天以前的时间则统赅为"昔"。

二　现在纪时法

殷人记录现在的时间，最常用的时间词就是"今"。

8. 惠今酻？　　《京都》1869

9. 今日不其雨？　　《丙》59

10. 今夕其雨？　　《前》3.31.3

11. 今日乙延雨？　　《京津》3858

12. 今乙其田，雨？　　《京都》2057

13. 今辛未大凤（风）？　　《前》8.14.1

14. 惠今己亥酻？　　《京都》1791

15. 辛酉卜，贞：自今五日雨？　　《乙》7312

16. 庚午卜，争贞：自今至于己卯雨？　　《后·上》32.9

17. 今旬雨？　　《续》4.24.9

18. 自今旬雨？　　《粹》747

19. 自今旬壬子雨？　　《粹》751

20. 今一月雨？　　《续》1.27.9

---

① 董作宾致张秉权函。见张秉权：《卜辞甲申月食考·附记》，《中央研究院历史语言研究所集刊》第 27 本，1956 年；严一萍：《卜辞癸未月食辨》，《大陆杂志》第 13 卷第 5 期，1956 年。

② 张秉权：《卜辞甲申月食考·附记》，《中央研究院历史语言研究所集刊》第 27 本，1956 年；《卜辞甲申月食考后记》（上、下），《大陆杂志》第 12 卷第 6、7 期，1956 年；《论卜辞癸未月食的求证方法》，《大陆杂志》第 13 卷第 8 期，1956 年。

21. 及今二月雨？　　　《前》7.16.4

22. 今者方其大出？　　　《前》1.46.4

23. 今者王勿黍？　　　《续》1.53.3

24. 今秦（秋）我入商？　　《后·下》42.3

25. 今岁商受年？　　　《燕》493

26. 其唯今九祀。　　　《前》3.28.5

以上的这些"今"字都表示现在，它所限定的期限短则可为一时、一日、一旬、一月，长则可达一季、一年。陈梦家以为，卜辞的"今"字纪时有这样一些特点："者"和"夕"之前，卜辞没有加数词而作"今几者"或"今几夕"的，相反，卜辞"今几月"却也没有不加数词而称"今月"的。"年"之前可以加数词，但却不与"今"字并称①。这后两项标准似乎不甚可据。

卜辞"今"字所指有时也并不仅限于一日，而可能扩大到一日附近的某段时间，这个意义与今时有些相似。

27. 丁亥卜，惠今庚寅酚，用及？　　《粹》447

28. 癸未贞：惠今乙酉又（侑）㝷岁于祖乙，五豕？兹用。

《佚》883

庚寅去卜日丁亥四日，乙酉去卜日癸未三日，但都称"今"，可见"今"有今时之意，这种用法比较特殊。学者或以为今时的意义在卜辞中更多地写为"今者"②，其实"者"为"暏"字的初文，乃时辰之名③。

卜辞"兹"字的用法略同于"今"，也表示现在，但不如"今"字通用④。

29. 兹旬其雨？　　《库》597

30. 及兹二月㞢（有）大雨？　　《前》3.19.2

31. 及兹夕又（有）大雨？　　《粹》765

---

① 陈梦家：《殷虚卜辞综述》，科学出版社1956年版，第115—116页。

② 同上书，第228页。

③ 冯时：《殷代纪时制度研究》，《考古学集刊》第16集，科学出版社2006年版，第317—321页。

④ 陈梦家：《殷虚卜辞综述》，科学出版社1956年版，第116页。

胡厚宣以为，卜辞的"兹"无一不读为兹今之"兹"①，因此辞 29 的"兹旬"也就相当于辞 17 的"今旬"，辞 30 的"及兹二月"自然可以等同于辞 21 的"及今二月"。在帝乙帝辛的卜辞中常有"今夕亡祸"之语，偶也有作"兹夕亡祸"（《缀》182、183），因此，辞 31 的"兹夕"也就是卜辞常见的"今夕"。

陈梦家虽然确定了卜辞"今几月"不作"今月"的原则，但却将"兹夕"统释为"兹月"，显然存在矛盾，否则他的原则就需要重新考虑。

"此"用为指示代词与"兹"具有相同的意义，这一点我们在第二章第二节讨论二十八宿的觜宿时已有所涉及。

三　将来纪时法

殷人对于未来时间的纪时方法比起记录过去和现存的方法丰富一些，这恐怕与占卜这种活动本身的性质有很大关系，因为占卜主要是决定未来的行为准则和行事忌宜，所以对未来远近的差别自然会有细致的划分。

殷人对于未来时间的记录，最简单的方法就是直接在未来日期之前附以距占卜之日的日数，而日数的计算一般是从占卜之日的当天算起。

　　32. 癸未卜，……三日乙酉。　　　《佚》923
　　33. 甲申卜，……三旬又一日甲寅。　　　《乙》7731

但是这种自卜日计数未来日期的方法却不是殷人的一贯做法，有时他们历数日期，也会从卜日的第二天起算。

　　34. 壬寅卜，……四日丙午。
　　　　癸卯卜，……三日丙〔午〕。　　　《合集》20449
　　35. 壬寅卜，……四日丙午。　　　《合集》20837
　　36. □卯卜，……四日□未。　　　《后·下》35.2
　　37. 丙午，……二日戊申。　　　《合集》11918
　　38. 〔戊〕子卜，……九日丁酉。　　　《合集》12948

---

① 胡厚宣：《释兹用兹御》，《中央研究院历史语言研究所集刊》第 8 本第 4 分，1940 年。

这种纪日习惯与殷人常见的方法不同。辞 34、35、36 三辞属**自组卜辞**，辞 37、38 两辞属宾组卜辞。董作宾认为，以卜日次日计数未来日的做法应是**自组卜人**特有的方法①，这个看法显然不对。学者曾列举了一些以卜日当日计算未来日期的**自组卜辞**②：

39. 甲戌卜，……至五日戊［寅］。 　《乙》356
40. 己丑卜，……自今五日至于癸巳。 　《乙》59
41. 癸丑卜，……八［日］庚申。
 　　癸亥卜，……八日庚午。
 　　癸酉卜，……四日丙子。
 　　癸［巳］卜，……四日丙申。 　《合集》20966
42. 癸酉卜，……七日己卯。 　《合集》20842

事实很清楚，以卜日当日计数未来日和以卜日次日计数未来日的方法在**自组**和宾组卜辞中都同时存在，只是后一种以卜日次日计数未来日的方法比较少见而已③。正因为有这两种纪日法的并存，所以当殷人选记未来日期的时候，有时则显得颇为犹疑。

43. 丁亥［卜］，□贞：自今五六日至壬辰虫（有）至？ 　　《福》37

壬辰去卜日丁亥如依常法计入卜日则为六日，如依异法不计卜日则为五日，这是兼用两种纪日法纪日的特例。

殷人对于指示最近的将来往往使用"翌"字，"翌"在卜辞中的绝大部分用法都是用来指示次日，即第二天。

44. 甲寅卜，**敝**贞：翌乙卯易日？ 　《佚》113
45. 癸卯卜，**敝**，翌甲辰酚大甲？ 　《乙》7258
46. 癸未卜，行贞：今日至于翌甲申不雨？ 　　《河》178

---

① 董作宾：《殷历谱》下编卷四《日至谱二》，中央研究院历史语言研究所 1945 年版，第 4 页。

② 严一萍：《正日本薮内清对殷历的误解并辨日至》，《大陆杂志》第 5 卷第 9 期，1952 年；罗琨：《卜辞"至"日缕析》，《胡厚宣先生纪念文集》，科学出版社 1998 年版，第 148 页。

③ 同上。

47. 壬子卜，箙，翌癸丑雨？允雨。　　　《前》7.44.1

48. 甲辰卜，贞：翌日乙王其宜于敦，衣，不遘雨？

《后·上》20.1

"翌"或称"翌日"，后接纪日干支，可以清楚地看出，翌日指的都是卜日的次日。由于这个意义太为人们所熟知，所以卜辞以"翌"纪日，"翌"字后面的纪日干支常常可以省去。

49. 丁亥卜，翌雨？　　　《合集》29969

50. ［庚］戌卜，今日庚至翌日启？　　　《合集》30189

51. 乙未贞：大御其遘，翌日酚？　　　《合集》32671

52. 甲子卜，翌日王其田，亡［戋（烖）]？　　　《合集》28456

53. 丁亥卜，翌日遘雨？　　　《合集》30105

54. 癸酉卜，翌日王其又（侑）于上甲，三牛，王受又（祐）？

《屯南》2617

55. 癸巳卜，睴贞：翌日祖甲岁其牢？　　　《合集》27336

这些卜辞中的"翌"或"翌日"之后虽然不书干支，但它们实指卜日次日的意思仍非常明显。因此，"翌"指次日的通常用法便也形成了"翌日"与"今日"的对贞。

56. 惠翌日酚？

惠今夕酚？

于翌夕酚？　　　《合集》30839

57. 惠今夕酚？

［惠］翌日酚？　　　《合集》30842

辞56原著录于《殷契粹编》第437版（北图5986＋5994），最新的校验成果显示，"惠翌日酚"（北图5994）与下面两辞（北图5986）并不能缀合①。尽管如

---

① 胡辉平：《国家图书馆藏甲骨缀合校勘例》，《第三届中国文字发展论坛"古文字研究与古文字书写"学术研讨会论文集》，中国文字博物馆编辑部2011年版。

此，据北图 5986 仍然可明，"今"与"翌"对贞，"今夕"是今天夜上，"翌夕"则是次日夜晚。

卜辞"翌"字的通常用法固然是指次日，但这并不意味着"翌"字所限定的时间只能在一日之内，恰恰相反，有时它却可以放宽到十日以内，甚至更远。

58. 壬申卜，……翌甲戌。　　　《续》4.17.4（后 3 日）

59. 辛卯卜，……翌甲午。　　　《前》5.29.1（后 4 日）

60. 丁卯卜，……翌辛未。　　　《零拾》156（后 5 日）

61. 乙未卜，……翌庚子。　　　《缀合》307（后 6 日）

62. 戊戌卜，……翌甲辰。　　　《掇二》136（后 7 日）

63. 甲申卜，……翌辛卯。　　　《零拾》18（后 8 日）

64. 癸亥卜，……翌辛未。　　　《掇二》195（后 9 日）

65. 戊午卜，……翌丁卯。　　　《后·下》27.6（后 10 日）

66. 乙卯［卜］，……翌乙丑。　　《铁》197.2（后 11 日）

67. 丙戌卜，……翌丁酉。　　　《六·元》72（后 12 日）

68. 丁卯卜，……翌己未。　　　《京都》341（后 13 日）

69. 丁卯卜，……翌庚辰。　　　《明》692（后 14 日）

70. 癸酉卜，……翌甲午。　　　《佚》266（后 22 日）

71. 乙丑卜，……翌丁酉。　　　《铁》119.4（后 33 日）

72. 癸卯卜，……翌丙子。　　　《合集》13357（后 34 日）

73. 庚午卜，……翌日辛亥。　　《合集》30142（后 42 日）

74. 乙亥卜，……翌乙亥。　　　《前》7.4.1（后 61 日）

这些卜辞中的"翌"字所指，或近在卜日之后三、四日，或远至卜日之后六十馀日。过去一些学者并不接受"翌"字所指会如此宽泛的事实，而将其所辖限定过窄。罗振玉认为可指再次日[1]，王国维以为可远及第四日[2]，董作宾则认为一旬以内的日期皆可称"翌"[3]，丁骕虽然比董作宾更有勇气承认"翌"字所限之日可以越至一旬以上，但却附设了种种条件，认为这种情况只在祭祀中出现，

---

① 罗振玉：《增订殷虚书契考释》卷中，东方学会石印本 1927 年版，第 77 页。

② 王国维：《戬寿堂所藏殷虚文字考释》，仓圣明智大学 1917 年版，第 27—28 页。

③ 董作宾：《卜辞中所见之殷历》，《安阳发掘报告》第三册，1931 年。

如果这不是因为卜祭祀早有典册规定好日子，又必须早卜的缘故，便一定是"翌"字的用法在后期发生了意义上的改变①。这种解释其实并没有什么道理，很明显，辞74远指六十日的卜辞即为典型的武丁卜辞，而上录卜辞中超越一旬的记录也并非全部是卜祭祀之事，况且殷人对于次日以远的纪日方法并不仅限于"翌"字一种，如果"翌"字本身不可能用来限定一旬以外的日期，那么即使祭祀典册已有定日，这也并不妨碍人们不可以选用其他的纪时用字而非得使用"翌"字来表达它本不能表达的意义。

唐兰根据卜辞的实际情况提出，卜辞"翌"字不限于明日，与后世用翼日为明日不同，称"翌"者可远至六十日以上②。陈梦家也持相同的观点，他以卜辞"翌"与"昔"同等对待，都是以现在为起点，现在以前为"昔"，以后为"翌"。"昔"既然可反映前二日或前六十日，那么"翌"也应如此③。显然，"翌"字在指比次日更远的日期的时候，它的意义可能同"来"更为相似。

有些学者认为，卜辞中缺乏"翌"字限定卜日之后第十天的记录，因为这时若计算卜日在内，恰好是一旬，所以殷人可以用"旬"来表示第十日④。这种解释其实是一种误解，卜辞中不仅存在这样的记录，而且称十日为旬的做法只出现在卜旬卜辞或验辞之中，而与记述未来日期的一般形式不同。

卜辞的"翌"字只用来限制历日，而从不涉及比历日更大的旬、月、季等时间称谓。"翌"字所指未来的日期尽管可以放宽，但这却不是它的主要用法。"翌"字除少部分用例用来限定一旬以远的日期以外，大多数情况则是指示一旬以内日期，尤其是以限定五日以内的日期为多，而指示次日则是它的基本含义。

卜辞"来"字指示时间比"翌"字更为宽泛，在指示历日的时候，它虽然有时也指次日，但通常情况下却比"翌"所指限的日期更远。

　　75. 庚申卜，……来辛酉。　　《佚》255（后 2 日）

　　76. 壬午卜，……来乙酉。　　《合集》21065（后 4 日）

　　77. 乙巳卜，……来辛亥。　　《续》2.6.1（后 7 日）

①　丁骕：《今来翌之疑》，《殷都学刊》1994 年第 2 期。

②　唐兰：《殷虚文字记》，中华书局 1981 年版，第 13 页。

③　陈梦家：《殷虚卜辞综述》，科学出版社 1956 年版，第 114 页。

④　常玉芝：《"翌"的时间所指》，《徐中舒先生百年诞展纪念文集》，巴蜀书社 1998 年版，第 43 页。

78. 甲戌卜，……来辛巳。　　　《前》6.2.4（后 8 日）

79. 丁酉卜，……来乙巳。　　　《续》3.15.1（后 9 日）

80. 癸未卜，……来壬辰。　　　《粹》790（后 10 日）

81. 自今辛至于来辛。　　　　　《粹》692（后 11 日）

82. 乙亥卜，……来丁亥。　　　《续存》1.1467（后 13 日）

83. 辛丑卜，……于来甲寅。　　　《粹》186（后 14 日）

84. 乙卯卜，……来乙亥。　　　《缀合》173（后 21 日）

85. 壬辰卜，……来甲寅。　　　《缀合》290（后 23 日）

这些卜辞显示，与"翌"一般指次日的情况不同，"来"字指示时间则更多限定的是比次日为远的日期，相当于将来。如果说殷人对于次日或者五日以内的未来日期更习惯于使用"翌"字的话，那么超过这段时限的日期则更多是用"来"字来表示。

学者认为，商人以甲日至癸日为一旬，"翌"字指时多限在一旬之内，而逾旬则称为"来"。"来"可指一旬以外的日期，也可指数旬以外的日期[1]。这个认识虽然从"翌"、"来"的主要用法考虑不致大误，但它却不可能是殷人使用"翌"、"来"纪日所建立的人为标准。理由很简单，"翌"指次日，假如适值旬末占卜次日之事，殷人却绝无不用"翌"字的道理。前录辞 45 记癸卯占卜次日甲辰，辞 46 记癸未占卜次日甲申，均已逾旬，但却使用"翌"而不用"来"。即使我们承认商代旬的概念可能是从癸日到壬日[2]，那么辞 47 壬子占卜次日癸丑，辞 58 壬申占卜三日后甲戌，辞 59 辛卯占卜四日后甲午，辞 62 戊戌占卜七日后甲辰，辞 65 戊午占卜十日后丁卯，也均逾旬，但同样称"翌"而不称"来"。卜辞"来"字所显示的情况也是如此，辞 77 乙巳与辛亥同在一旬，辞 78 甲戌与辛巳同在一旬，不称"翌"而称"来"。因此，卜辞"翌"记次日或近几日实际并不受旬的限制，"来"也同样如此。

卜辞"来"字纪日比"翌"为远，逾旬便是自然的事情。我们看下面一条卜辞：

① 董作宾：《卜辞中所见之殷历》，《安阳发掘报告》第三册，1931 年；朱芳圃：《甲骨学商史编》卷六，中华书局 1935 年版，第 2—3 页。

② 马汉麟：《关于甲骨卜旬的问题》，《南开大学学报》（人文科学）1956 年第 1 期。

86. 己丑卜，殻贞：来乙巳王入于商？
　　庚寅卜，殻贞：来乙巳王入于商？
　　辛卯卜，殻贞：来辛丑王入于商？　　　　《前》2.1.3

这是己丑、庚寅、辛卯连续三天的卜事。其中前两天己丑、庚寅均卜问乙巳之事，相去分别为十七日和十六日，后一天辛卯卜问辛丑之事，相去十一日，虽有远近的不同，但都称"来"。这个意义与"翌"字纪日的某些用法是相同的。但即使如此，殷人在记录五日以远或者一旬以外的日期的时候，更多使用的是"来"而不是"翌"。因此，卜辞"翌"字主要应该是近指时称，而"来"则是远指时称。

　　有些学者根据下条卜辞证说殷人于十日以外的日期才可称"来"。

87. 癸丑卜，争贞：自今至于丁巳我戋舀？王占曰："丁巳我毋其戋，于来甲子戋"。旬又一日癸亥车，弗戋，之夕皂，甲子允戋。

　　　　　　　　　　　　　　　　　　　　　　《丙》1（图 81）

认为卜人以癸丑（今）为基点，丁巳不能称"来丁巳"，无疑也包括甲寅不能称为"来甲寅"。因此，从今以往的第一轮天干之内不能称"来"，而可以称"翌"[1]。这种解释并没有什么坚实的证据，丁巳虽去卜日癸丑五日，其不称"来"，但也未见其称"翌"，显然它只是一般的干支纪日形式。像这种不称"翌"、"来"而直书未来日期干支的现象在卜辞中俯拾皆是。况且前录辞 75至辞 80 所卜之日俱在第一轮天干之内，其称"来"而不称"翌"也十分明确。

　　"来"与"翌"的另一项重要区别在于"翌"只指限历日，而"来"则不仅指限历日，还可以同时指限其他时间单位。

88. □□〔卜〕，出贞：来者王其祎丁？　　《燕》29
89. 贞：来春不其受年？　　《粹》881
90. 甲子卜，来岁受年？八月。　　《簠·岁》9

---

①　姚孝遂、肖丁：《小屯南地甲骨考释》，中华书局 1985 年版，第 142 页。

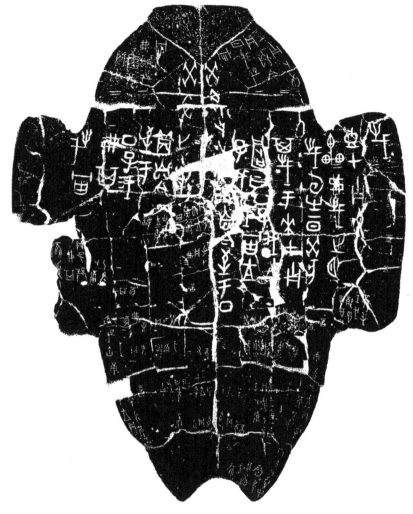

图81　《丙》1

"来者"意即来睹，为指限历日时辰，而"来春"、"来岁"意即明年春季和明年，都比历日为大。在与这些大于历日的时称附丽纪时的时候，殷人却从不使用"翌"。这从另一个侧面说明，卜辞的"来"本是指限比"翌"更远的时间。

殷人表示未来时间的指示词还有"生"字。卜辞有"生月"，向来误释为

"之月"，以为是本月、是月。陈梦家则主张"生月"即下月[①]。

91. 兹月至生月又（有）大雨？　　　　《库》998

92. 兹月又（有）大雨？
　　于生月又（有）大雨？　　　　《后·下》18.13

93. 丁丑卜，宾贞：𠂤往？六月。
　　丙辰卜，宾贞：于生八月酢？　　《粹》508

94. 辛亥贞，生月乙亥酢系，立中？　　《粹》398

95. 今三月屮（有）事？
　　乙亥卜，生四月妹屮（有）事？　　《甲》209

96. 帝其及今十三月令雷？
　　帝其于生一月令雷？　　　　《乙》3283

97. 庚寅卜，贞：于𣃟？十月。
　　贞：于生十一月令𠂤？　　　《金璋》569

98. 丁亥卜，王出，今五月？
　　［丁］亥卜，王于生月出？　　《库》983

99. 辛亥卜，内贞：今一月𫗦正化其屮（有）至？
　　其于生二月至？　　　　《乙》7289

陈梦家认为，由辞91、92可知"生月"与"兹月"相对，而"生月"在"兹月"之后；由辞93可知六月丁丑至丙辰为四十日，丙辰为七月，则"生八月"指丙辰卜时的下一个月；由辞94可知辛亥至"生月乙亥"为二十五日，则生月应指下一个月而非下两个月；由辞95"今三月"、"生四月"的对贞，知所卜是今月和下月；辞96因十三月后为明年一月，所以今十三月后的"生一月"自是明年一月；辞97十月与"生十一月"对举，辞98"今五月"与"生月"对举，辞99"今一月"与"生二月"对举，也都可证明"生月"是指下月。这种称法多见于武丁时代[②]。

　　尽管卜辞"生"字意用同"来"的这种用法已为多数学者接受[③]，但有些学

---

① 陈梦家：《殷虚卜辞综述》，科学出版社1956年版，第117—118页。
② 同上书，第118页。
③ 金祥恒：《释生——止之》（上），《中国文字》第5册，1961年。

者却并不以陈说为是，而仍主张卜辞"生月"意即本月，并解辞91"兹月至生月"为上月至本月①。殷人占卜意在预知未来之事，如此做法则不合殷人占卜之制。因此，卜辞"生月"为即来之下月应该不会有太多的疑问。

"生"字除指月以外，还可以用来指夕。

100. 蠢（暮）出采，受年？大吉。

　　　及兹夕出采，受年？吉。

　　　于生夕出采，受年？吉。

　　　惠丁卯出采，受年？　　　《屯南》345

萧楠以为此辞的"暮"、"兹夕"、"生夕"、"丁卯"是先后为序的，"夕"虽然也可读为"月"，但从本辞的上下文意看，收获庄稼的时间不可拖得太长，因而以月计不甚合适。"暮"是当日傍晚，"兹夕"是今晚，"生夕"是明晚，"丁卯"则指第三日②。这种解释当然并不能为所有的学者都接受，因为卜辞虽然大量出现"生月"的记录，但可以确切读为"生夕"的卜辞却并不多见，况且如果占卜的时间是在月底，那么收割时间当然不致太长③。当然，如果殷人用"生"字表示下月的用法真的是从月亮于晦朔之后死而复生这一意义引申而来的话④，那么他们移用来表示第二天夜晚似乎也并非不合情理。

卜辞中还有"木月"、"林月"。卜辞云：

101. 己卯卜，亚侯……

　　　于木月至？　　　《粹》1273

102. ……于木月……至？　　　《安明》2228

103. 戊戌卜，王于木月入？　　　《安明》2667

104. 癸未贞：惠乙酉延方？

　　　癸未贞：于木月延方？　　　《屯南》171

105. 丁巳卜，惠今月彭宜？

① 赵诚：《甲骨文字补释》，《古代文字音韵论文集》，中华书局1991年版。

② 萧楠：《小屯南地甲骨缀合编》，《考古学报》1986年第3期。

③ 蔡哲茂：《卜辞生字再探》，《中央研究院历史语言研究所集刊》第64本第4分，1993年。

④ 同上。

丁巳卜，于木月酚宜？　　　《京津》3974

106. 己酉卜，旨方来，告于父丁？

于木月告？　　　《京都》2520

107. 己丑卜，木月雨？　　　《京都》2391

108. 辛亥卜，乙卯又（侑）彳岁于祖乙？

辛亥卜，于木月又（侑）？　　　《安明》2313

109. 辛亥贞：王木月正（征）召……　　　《屯南》4103

110. 己丑贞：于林月酚？　　　《合集》34544

这些卜辞中的有些"月"字，学者或释为"夕"，这当然不是没有可能。郭沫若认为"木月"即来月，"木"字的写法为"来"字缺刻所致，并非"木"字①。陈梦家同意这种看法，因而将辞 105 释为"今夕"、"来夕"②。但"来月"、"来夕"的称法在卜辞中其实并不存在。严一萍将"木月"、"林月"看作是"暮"字的析书③，陈克长则认为是"昧"字的省文④，学者或有辩驳⑤。饶宗颐以"木月"即用木取火之月⑥，但也不好解释"林月"。裘锡圭将"木月"、"林月"都解为生月⑦，最近事实。

陈梦家以为卜辞又有"下岁"之称（《六·中》10）⑧，"下岁"或可能是"二岁"的误释。卜辞有见"二岁"（《甲》2961）、"三岁"（《乙》8658）、"十岁"（《金璋》571）之称。

殷人指示未来的时间，除具有"翌"、"来"、"生"这些简单的时间概念以外，还经常将现在式与未来式结合起来使用。卜辞常见"今来"、"今翌"、"今来翌"、"今生"，犹如我们今天常说的"今后"。

---

① 郭沫若：《殷契粹编考释》，日本东京文求堂石印本 1937 年版，第 166 页。

② 陈梦家：《殷虚卜辞综述》，科学出版社 1956 年版，第 117 页。

③ 严一萍：《释 彳 Ｄ》，《中国文字》第 3 册，1961 年。

④ 陈克长：《释莫》，《中国文字》新 13 期，1990 年。

⑤ 裘锡圭：《释"木月"、"林月"》，《古文字论集》，中华书局 1992 年版，第 86—87 页。

⑥ 饶宗颐：《殷卜辞所见星象与参商、龙虎、二十八宿诸问题》，《胡厚宣先生纪念文集》，科学出版社 1998 年版，第 34—35 页。

⑦ 裘锡圭：《释"木月"、"林月"》，《古文字论集》，中华书局 1992 年版，第 85—89 页。

⑧ 陈梦家：《殷虚卜辞综述》，科学出版社 1956 年版，第 117 页。

卜辞所称的"今来"，陈梦家认为意近于最近的将来①，这本不错。岛邦男则以为指自今时至于来时②，还有学者主张为今时、来时的合称，"今来"附记的时称是指距今最近的一时以及将来的一时，"今来乙酉"就是最近的一个乙酉和六十日后的乙酉，"今来岁"则是今岁和来岁③。颇为费解。我们试比较下面的卜辞。

111. □寅，……今来□辰。　　　《簠·征》44（后 3 日）

112. 戊午卜，……今来辛酉。　　　《前》1.32.2（后 4 日）、

113. 辛亥卜，……今来乙卯。　　　《缀合》282（后 5 日）

114. 己亥卜，……今来乙。　　　《乙》1537（后 7 日）

115. 丁丑卜，……今来乙酉。　　　《续》1.48.3（后 9 日）

116. 壬子卜，……今来乙丑。　　　《缀合》435（后 14 日）

很清楚，"今来"所指的干支距行占之日均在三日以上，长的甚至达十四日。因此，"今来"之意当近于"来"。卜辞中"来"与"今来"又有互用的例子。

117. 丙戌卜，争贞：于来□巳［奉］？

　　　庚寅卜，争贞：今来乙未奉？　　　《善》4435

第一卜占于丙戌日，所卜之日天干残缺。距丙戌最近的巳日是癸巳，二者相去八日。第二卜占于庚寅日，卜问乙未日奉祭，二者相去六日。这两个日期都在前面推定的"来"或"今来"的范围之内。因此"今来"与"来"意当相近，均指较"翌"为远的时间，也就是今后④。

118. 今蠡（秋）盟禾壱？

　　　今翌受［禾］？　　　《粹》878

①　陈梦家：《殷虚卜辞综述》，科学出版社 1956 年版，第 119 页。

②　岛邦男：《殷墟卜辞研究》，中國學研究會 1958 年版，第 262 页。

③　姚孝遂、肖丁：《小屯南地甲骨考释》，中华书局 1985 年版，第 142、143 页。

④　冯时：《殷代农季与殷历历年》，《中国农史》第 12 卷第 1 期，1993 年。

"今翌"一词又见于《尚书·大诰》，旧训为翌。卜辞的"今翌"之意可与"今来"比较而知。"今来"近于"来"，指比"翌"更远的时间，则"今翌"当近于"翌"，指最近的将来①，限定比历日更大的时间概念。

　　119. 己亥贞：今来翌受禾？

　　　　 不受禾？　　　《屯南》2106

"今来翌"为卜辞仅见，也是出现在祈年的内容中。殷人卜问丰收有称"今来岁"者，也有称"今翌"者，"今翌"不像"今来岁"那样附记时称"岁"而称"今翌岁"，原因是卜辞"翌"字不能与"岁"合称作"翌岁"，显然，"今翌"应是泛指最近之将来而非历年。"今来翌"不附记时称，也是同样的道理。因此，"今来翌"当别于"今来岁"，其义同"今翌"，均指距"今"不远的未来。

　　120. 庚寅卜，今生一月方其亦虫（有）告？　　　《甲》3066
　　121. 丁酉卜，今生十月王敦通，受又（祐）？　　　《合集》33069
　　122. 今生二月来②？　　《合集》11562 正

卜辞"今生某月"与"今来某日"一样，都是现在式与未来式相结合的用法，指即来的下一个月③，而不会像某些学者认为的那样是指今某月④，或今月与生月的省称⑤。此外，对于卜辞中可能存在的其他一些纪时语词，学者也有讨论⑥。
　　殷人用"生"、"来"等文字表示未来的时间概念其实体现着一种根深蒂固的重农传统。"生"字本象禾苗生长，而"来"则为麦作的象形文，显然，如果种子的播种属于"今"这一时间范畴之内的事情的话，那么其抽芽生长乃至成

---

　　①　冯时：《殷代农季与殷历历年》，《中国农史》第 12 卷第 1 期，1993 年。

　　②　学者或误释此条卜辞为"来生二月"。见赵诚：《甲骨文字补释》，《古代文字音韵论文集》，中华书局 1991 年版。学者已正其误，见蔡哲茂：《卜辞生字再探》，《中央研究院历史语言研究所集刊》第 64 本第 4 分，1993 年。

　　③　陈梦家：《殷虚卜辞综述》，科学出版社 1956 年版，第 119 页。

　　④　张秉权：《殷虚文字丙编考释》，"中央研究院"历史语言研究所 1965 年版，第 397 页；赵诚：《甲骨文字补释》，《古代文字音韵论文集》，中华书局 1991 年版。

　　⑤　刘桓：《殷契新释》，河北教育出版社 1989 年版，第 118—119 页。

　　⑥　常玉芝：《殷商历法研究》，吉林文史出版社 1998 年版。

熟就只能等到将来。这些具有将来时间涵义的文字多取自与农作有关的活动，无疑反映了古人对于作物丰稔的强烈期盼①。

第三节　旬法

殷人以干支纪日，十个天干从甲至癸组成一个独立的周期，这个周期与殷人认识的旬是否同属一个概念，一直存在争论。王国维首先认识了甲骨文"旬"字，从此以后人们才知道卜辞里有一类专门贞卜关于每十天吉凶事变的卜辞，学者或称为卜旬卜辞。

　　1. 癸卯卜，宾贞：旬亡祸？　　　《续》4.45.4
　　2. 癸酉王卜，贞：旬亡祸？王占曰："吉。"在正月。

《续》4.39.11

王国维认为，殷人以自甲至癸为一旬，而于此旬之末卜下旬之吉凶②。由于这类卜旬卜辞毫无例外都是在癸日占卜，因此王国维的解释便似乎近情合理了。

　　董作宾的解释比王国维更周全一些，他认为殷人纪旬是关乎甲子的，纪旬卜旬虽有不同，都是始于甲而终于癸，但系日于旬却只从癸日起③。这类证据在卜辞中当然很多。

　　3. 癸未卜，……旬亡祸？三日乙酉。　　《库》1596
　　4. 癸巳卜，……旬亡祸？……五日丁酉。　　《菁》2
　　5. 癸未卜，……旬亡祸？……六日戊子。　　《菁》1
　　6. ［癸亥卜，……旬亡祸］？……七日己巳。　　《菁》2
　　7. ［癸卯卜，……旬亡祸］？……八日庚戌。　　《菁》4
　　8. ［癸未卜，……旬亡祸］？……九日辛卯。　　《菁》3

---

① 冯时：《中国古代的天文与人文》第一章第五节，中国社会科学出版社 2009 年修订版。
② 王国维：《戬寿堂所藏殷虚文字考释》，仓圣明智大学 1917 年版，第 49 页。
③ 董作宾：《卜辞中所见之殷历》，《安阳发掘报告》第三册，1931 年。

我们可以清楚地看到，卜旬后所记的日期都是从占卜之日的癸日起算。因此，尽管王国维、董作宾都主张殷人纪旬是以自甲至癸为一周，但这些纪日的卜旬卜辞所提供的证据却并不能支持这种看法。这使马汉麟有理由认为，卜旬卜辞既然以癸日为计日的第一天，那么殷人所卜的旬也应当与传统的始甲终癸的次序不同，而应始于癸而终于壬[①]。

这些争论当然都是围绕着卜旬卜辞来申说是非，有些学者则摆脱卜旬而以殷人的纪日系统探索旬的终讫[②]，确实很有启发。

> 9. 甲辰卜，亘贞：今三月光呼来？王占曰："其呼来，乞（迄）至唯乙。"旬业（又）二日乙卯允业（有）来自光，以羌刍五十。　　《遗》620

这条卜辞不是卜旬卜辞，卜日是甲辰，"旬又二日乙卯"是以卜日甲辰为基点起算，旬显然是指自甲至癸的十日。

> 10. 乙卯卜，㲃贞：来乙亥酚下乙，十伐业（又）五，卯十牢？二旬业（又）一日乙亥酚，雨。　　《缀合》173

这也不是卜旬卜辞，卜日是乙卯，"二旬又一日乙亥"是以卜日乙卯为基点起算，旬显然是指自乙至甲的十日。

> 11. 戊子卜，王贞：生十一月帝雨？二旬业（又）六日［癸丑］……
> 　　　　　　　　　　　　　　　　　　　　　　《续存》1.108

这仍不是卜旬卜辞，卜日是戊子，"二旬又六日癸丑"是以卜日戊子为基点起算，旬显然是指自戊至丁的十日。

> 12. 癸酉卜，亘贞：臣得？王占曰："其得，唯甲乙。"甲戌臣涉，舟延㽞，弗告。旬业（又）五日丁亥执。十二月。　　《缀合》109

---

① 马汉麟：《关于甲骨卜旬的问题》，《南开大学学报》（人文科学）1956 年第 1 期。

② 温少峰、袁庭栋：《殷墟卜辞研究——科学技术篇》，四川省社会科学院出版社 1983 年版，第 85—86 页。

这同样不是卜旬卜辞，卜日是癸酉，"旬又五日丁亥"是以卜日癸酉为基点起算，旬显然是指自癸至壬的十日。

像这样的例子在卜辞中还有很多，如：

13. ……旬业（又）二日辛……　　《续存》1.813
14. ……二旬业（又）七日庚申……　　《乙》4130
15. ……五旬业（又）一日庚申……　　《乙》5397
16. ……九旬业（又）一日丁……　　《佚》28
17. 旬一日戊申至。　《库》1778
18. □百□旬三日丁巳……　　《外》365
19. 五百四旬七日至丁亥……　　《乙》15

这些记录显然也都不属于卜旬卜辞，我们可以根据残存的干支很容易算出旬的周期。因此很明显，殷人心目中旬的概念至少在单纯用于计算日期的时候，只是指简单的自卜日起算的十日，而与干支甲子周期毫不相干。

但是，这个事实是否可以移用于卜旬卜辞，看来问题也不是不可能通过对卜辞单纯的纪时记录得到解决。事实上，卜旬卜辞几乎无例外的都是在癸日占卜，这意味着如果不是这种对日期有意识地选择一定具有某种特殊意义的话，那么殷人对于旬的周期就应该有一种不同于通常纪时原则的特殊理解。

卜辞中有一些在"旬"字之后直接附记干支的记录，它们之中有些不属于卜旬卜辞。

20. 癸丑卜，敵贞：五百叟用……旬壬戌用叟百。三月。

《京津》1255

21. 戊子卜，敵贞：帝及四月令雨？王占曰："丁雨。不惠辛。"旬丁酉允雨。　《乙》3090

在这些卜辞中，旬所限定的日期距卜日的长度恰为十日，显然，旬在这里含有"第十日"的意思，而两条卜辞显示，旬的开始仍是从卜日起算的。

我们再看一些记有验辞的卜旬卜辞。

22. 癸丑卜，贞：旬？甲寅雨。四月。　　　　《柏》3

23. 癸［卯］卜，内贞：旬？庚戌凤（风）。　　　《掇一》237

24. 癸巳卜，争贞：旬［亡祸？二日］甲午山（有）闻，曰：戊……史春复。七月，在□。

　　　癸巳卜，争贞：旬［亡祸］？五日丁巳……　　《续》5.2.4

25. 癸未卜，贞：旬亡祸？三日乙酉山（有）来自东，画呼宁告旁，
曳……　　《后·下》37.2

26. 癸丑［卜，㱿］贞：旬［亡］祸？丙辰山（有）毁（徵）。三月。

　　　　　　　　　　　　　　　　　　　　　　《京津》1781

27. 癸未卜，㱿贞：旬亡祸？丁亥雨。

　　　癸未［卜，㱿贞］：旬亡祸？庚寅雨。

　　　癸巳卜，㱿贞：旬亡祸？丁酉雨。己雨。庚亦雨。

　　　　　　　　　　　　　　　　　　　　　　《续》4.10.1

28. ［癸丑卜，㱿贞：旬亡］祸？戊午凤（风）。　　《林》2.16.12

29. 癸亥卜，㱿贞：旬亡祸？己巳雨。　　《续》4.8.2

30. ［癸未卜］，争㱿贞：旬亡祸？壬辰雨。

　　　［癸卯卜，争］㱿贞：旬亡祸？丁未雨。己酉……

　　　　　　　　　　　　　　　　　　　　　　《林》1.27.10

31. ［癸酉卜，□贞］：旬亡祸？旬壬午允山（有）来……

　　　　　　　　　　　　　　　　　　　　　　《宁沪》2.30

32. 癸［亥卜］，争贞：旬亡祸？王占曰："山（有）祟。"旬壬申中……

　　　　　　　　　　　　　　　　　　　　　　《邺初》29.3

33. ［癸亥卜］，□贞：旬亡祸？旬象壬申……　　《续》4.28.3

我们看到，凡卜旬卜辞所记的验辞，日期从没有超过壬日，也就是说都在自癸日起算的十日之内，而没有附记癸日的验辞记录。原因很简单，癸日已作为下一次卜旬的开始，因此不可能出现在上一次卜旬的验辞之中，这暗示了癸日只能是卜旬辞的起首之日。同时我们也看到，与前录非卜旬卜辞一样，壬日不同于一旬之中的其他各日而直接称"旬"，这似乎表明，商代卜旬卜辞中旬的周期是以卜日癸日为始，壬日为终的。显然，殷人并不存在对卜旬卜辞中旬的概念有别于通常纪时原则的特殊理解。

34. 癸亥卜，古贞：旬亡祸？之夕旦，甲子灌，饮王。

《南·南》2.131

"之夕"是指卜日癸亥之夕。在卜旬卜辞中，验辞已记卜日癸亥之日，明确显示了卜旬卜辞中旬的周期是起于癸日而终于壬日。

事实上，卜旬卜辞中这种固定的旬制与卜辞其他以旬纪时而限定任意十日的纪时区别，并不意味着商代存在两种不同的旬的概念或纪旬方法，换句话说，殷人以旬纪时的一贯做法使我们没有理由相信当时存在两种完全不同的旬制，即一种旬制仅泛记十日，而另一种旬制则始甲终癸或始癸终壬。旬即指十日，与干支无涉，这应是商人对旬的基本理解。而卜旬卜辞中的旬之所以限定于自癸至壬的十日，其根本原因则在于卜日固定于癸日的缘故。这样，根据殷人以卜日为基点纪日且十日为旬的观念，卜旬卜辞中的旬包含起癸终壬的十日便是必然的结果。显然，过去无论以癸为一旬的首日还是末日，似都失之片面。其实，我们与其不厌其烦地解释卜旬卜辞中旬的周期终起，还不如设法说明殷人固定于癸日卜旬的原因更显重要。事实上，十个天干自甲至癸的先后次序是毋庸怀疑的，甲骨文习见的干支表即已清楚地证明了这一点，这个周期应该就是十干产生之初的旬的周期。确切地说，旬的概念似应来源于十天干自甲至癸的十日。而在这一概念产生之初，先人卜旬总是选择旬末的癸日进行，以问下旬的吉凶，这种做法相袭而成传统。干支发明既早，以旬纪日当然也绝不是始于商代或终于商代[1]。而商人理解的旬已与干支产生之初旬与干支相配的观念有所不同，它的含义已从特指始甲终癸的一周泛化为凡十日之称。这种变化取决于商人对于一月三旬的划分，因为殷历使用太阴月，历月的安排需要大小相间。这种布历方法自然导致甲乙干支在一月之中的位置不断游移，而上中下三旬在旬与十干固定配合的前提下是无法建立的，而殷历显然又已存在这种三旬的分配了[2]。然而在这种旬的概念变化的同时，殷人却在卜旬的活动中恪守了先民只在癸日卜旬的传统，这可能就是卜旬卜辞常问于癸日的原因。有了这些最基本的认识，再回过头来看董作宾主张的殷代旬与甲子之间常有一种颇为固定的分

---

①　董作宾：《卜辞中所见之殷历》，《安阳发掘报告》第三册，1931年。

②　冯时：《卜辞中的殷代历法》，薄树人主编：《中国天文学史》，文津出版社1996年版，第37页。

配法的想法，便可判断它的是非。原来殷人纪旬只记十日，不问甲子。不过那种始甲终癸的古老思想在商代的周祭系统中还有遗留，这当然只是为着适应祭祀的需要[①]。

<h1 style="text-align:center">第四节　月法</h1>

商代的历法是阴阳合历，所谓阴阳合历，是指一种以太阴月和太阳年相配合的历法。太阴月是以月亮围绕地球的运转为周期，平朔的长度约为 29.5306日，而实际布日不可能出现半日，因此相间安排大小月是解决这一困难的唯一方法。这种做法虽然不能使历法精密不误，但对于天文计算尚不十分发达的商人来说，已足够建立一部行之有效的历法了。

一　大月与小月

商代历月的长度是关乎殷人使用一种什么样的历法的基本问题，因而受到人们的格外关注，以致使殷历朔策究竟是存在 30 日和 29 日两种，还是只存在30 日一种这两派针锋相对的观点长期以来争论不休。董作宾、吴其昌都主张殷历平年十二月，闰年十三月，月有大小，大月 30 日，小月 29 日[②]，与今天的农历没有什么区别。这些观点并不是从一开始就得到所有学者的支持。束世澂虽然也承认殷历平年十二月，闰年十三月，但却认为每月日数都固定为 30 日，纪日干支有一定组合，每月一日不是甲子便是甲午，第 30 日不是癸巳便是癸亥[③]。持有类似看法的还有刘朝阳，他以为殷历一年只有十二个月，卜辞中出现的"十三月"只是人们对正月或一月的不同叫法而已，而历月的长度当然也都是整齐的 30 日，逢一为甲，逢十为癸，分为上、中、下三旬，固定不移，只是在特

①　陈梦家：《殷虚卜辞综述》，科学出版社 1956 年版，第 237 页。
②　董作宾：《卜辞中所见之殷历》，《安阳发掘报告》第三册，1931 年；《殷历中几个重要问题》，《中央研究院历史语言研究所集刊》第 4 本第 3 分，1934 年；吴其昌：《丛缶甲骨金文中所涵殷历推证》，《中央研究院历史语言研究所集刊》第 4 本第 3 分，1934 年。
③　束世澂：《殷商制度考》，《中央大学半月刊》第 2 卷第 4 期，1930 年。

殊的情况下才于某月附加 10 日或 20 日作为闰旬①。尽管他最初仍然相信殷代后期似乎已有大小月的划分②，但在他随后建立的殷历体系中，这种信念显然已经荡然无存了。这些看法至少从表面上看与卜辞中大量出现的卜旬记录没有什么矛盾，因而也得到一些学者的支持③。

每个月都为整齐的 30 天，始甲终癸，这种历制是否就是卜辞反映的殷历的实际情况？对此表示怀疑的始终大有人在④。董作宾曾就刘朝阳的某些观点予以辩驳⑤。莫非斯则最先举出一例卜辞，认为它无论如何不能作为每月始甲终癸的 30 日来解释。

> 1. 癸丑卜，𡧘贞：王旬亡祸？在四月。甲寅彡日亥甲，曰劀祖乙，禩
> （祹）。
>
> 癸亥卜，𡧘贞：王旬亡祸？在五月。甲子彡日羌甲。
>
> 《前》1.42.1

这两条卜辞同刻于一版，干支衔接，绝不能认为不是同年所卜。孙海波为维护一甲十癸的说法，曾牵强地解释癸丑为四月二十日，甲寅为四月二十一日，癸亥为四月三十日，甲子为五月一日。这对于殷人的纪时系统来说已经很难令人理解。事实上，卜辞反映的实际情况只能是五月月首在甲寅至癸亥的十天之中。

这条卜辞对于否定所谓的"一甲十癸"说当然不够充分，因为周祭卜辞所记的历月与其后致祭先王先妣的历日并不一定同属于一月，这使甲寅有可能成为五月的月首。然而胡厚宣随后提出的有关卜辞则使这种观点得到彻底否定的事实变得不可动摇了。

> 2. 丙申卜，[旅] 贞：今夕亡祸？在十月。

---

① 刘朝阳：《殷历质疑》，《燕京学报》第十期，1931 年；《再论殷历》，《燕京学报》第十三期，1933 年；《三论殷历》，《史学专刊》第 1 卷第 2 期，1936 年。

② 刘朝阳：《殷历质疑》，《燕京学报》第十期，1931 年。

③ 孙海波：《说十三月》，《学文》第 1 卷第 5 期，1932 年；《卜辞历法小记》，《燕京学报》第十七期，1935 年。

④ 郭沫若：《释支干》，《甲骨文字研究》，上海大东书局石印本 1931 年版，第 5 页；莫非斯：《春秋周殷法考》，《燕京学报》第二十期，1936 年。

⑤ 董作宾：《殷历中几个重要问题》，《中央研究院历史语言研究所集刊》第 4 本第 3 分，1934 年。

　　　　　　丁酉卜，旅贞：今夕亡祸？在十月。

　　　　　　戊戌卜，旅贞：今夕亡祸？在十月。

　　　　　　己亥卜，旅贞：今夕亡祸？在十月。

　　　　　　庚子卜，旅贞：今夕亡祸？在十月。

　　　　　　辛丑卜，旅贞：今夕亡祸？在十月。

　　　　　　壬寅卜，旅贞：今夕亡祸？在十月一。

　　　　　　癸卯卜，旅贞：今夕亡祸？在十月一。　　　　《河》42

　　3.　庚午卜，旅贞：今夕亡祸？在十月一。

　　　　　　辛未卜，旅贞：今夕亡祸？在十月二。　　　　《河》55

　　4.　〔甲〕申卜，行贞：今夕亡祸？三月。

　　　　　　乙酉卜，行贞：今夕亡祸？四月。　　　《续》4.40.11

我们看到，辞 2 的八次占卜干支相连，但辛丑在十月，而壬寅在十一月，足证壬寅为十一月首日。辞 3、4 的两条卜辞干支相厕，却分属两个历月，辛未、乙酉显然也都是各月首日，因此，殷历历月并非始甲终癸自可明断[①]。

　　像这样的例证在卜辞中还有一些。

　　5.　己亥卜，行贞：今夕亡祸？在十月。

　　　　　　庚子卜，行贞：今夕亡祸？在十一月。　　　《粹》1364

　　6.　甲午卜，旅贞：今夕亡祸？在十一月。

　　　　　　乙未卜，旅贞：今夕亡祸？在十二月。　　　《合集》26306

以上两辞每辞两卜干支相衔，但同样分属两个历月，庚子、乙未显系各月首日，月首的日期并不固定[②]。沿着这样的思路，学者还提出一些类似的卜辞[③]。因此，

---

　　①　胡厚宣：《一甲十癸辨》，《责善半月刊》第 2 卷第 19 期，1941 年；《甲骨学商史论丛初集》第二册，成都齐鲁大学国学研究所 1944 年版。

　　②　董作宾：《殷历谱》下编卷六《朔谱》，中央研究院历史语言研究所 1945 年版，第 5—8 页；陈梦家：《殷虚卜辞综述》，科学出版社 1956 年版，第 219—220 页；张培瑜、卢央、徐振韬：《试论殷代历法的月与月相的关系》，《南京大学学报》（哲学社会科学）1984 年第 1 期。

　　③　莫非斯：《春秋周殷历法考》，《燕京学报》第二十期，1936 年；董作宾：《殷历谱》下编卷七《月谱》，中央研究院历史语言研究所 1945 年版，第 1 页；方述鑫：《关于卜辞中的殷历问题》，中国古文字研究会第四届年会论文，1981 年；常玉芝：《殷历月首研究》，《传统文化与现代化》1997 年第 5 期。

对于某些学者主张殷历历月都呈整齐的 30 天，月首干支不得移动的论点，卜辞中的反证是相当充分的。

由于月球围绕地球的运行周期并不是整数，而实际布历又不能出现半日，这导致了使用太阴记月的历法必须有大小月的安排。上引卜辞所反映的殷历朔日游移不定的现象实际已显示了殷历历月有大小分配的事实，而且到今天，几乎已没有人再对这一点抱有疑虑。

董作宾最早证明了殷历大小月存在的事实，他所列举的卜辞证据应该说是坚实的。这版著名的大龟四版中的第四版系 1929 年 12 月 12 日殷墟第三次发掘的最后一天所获得，上面的卜辞初由董作宾自己考释[①]，后收入《殷虚文字甲编》第 2122 版[②]，内容释录于下：

> 7. 癸酉卜，争贞：旬亡祸？十月
>
> 癸巳卜，宾贞：旬亡祸？十一月。
>
> 癸卯卜，古贞：旬亡祸？十一月。
>
> 癸丑卜，㱿贞：旬亡祸？十二月。
>
> 癸亥卜，㱿贞：旬亡祸？
>
> 癸酉卜，㱿贞：旬亡祸？十二月。
>
> ［癸未］卜，古［贞］：旬［亡］祸？
>
> 癸巳卜，古贞：旬亡祸？十三月。
>
> 癸丑卜，贞：旬亡祸？
>
> 癸酉卜，古贞：旬亡祸？二月。
>
> 癸未卜，古贞：旬亡祸？二月。
>
> 癸［巳卜］，古［贞］：旬［亡］祸？
>
> 癸卯卜，古贞：旬［亡］祸？
>
> 癸丑卜，古贞：旬亡祸？
>
> 癸亥卜，古贞：旬亡祸？
>
> 癸酉［卜，古］贞：旬亡［祸］？四月。
>
> ［癸未卜］，古贞：［旬亡］祸？

---

① 董作宾：《大龟四版考释》，《安阳发掘报告》第三册，1931 年。

② 此版后与《甲》第 2106 版缀合，见屈万里：《殷虚文字甲编考释》，"中央研究院"历史语言研究所 1961 年版，第 265—267 页。

　　　　癸巳卜，古贞：旬亡祸？四月。

　　　　癸卯卜，古贞：旬亡祸？五月。

　　　　癸丑卜，古贞：旬亡祸？五月。

　　　　癸亥卜，㱿贞：旬亡祸？五月。

这是一版至少连续九个月的卜旬卜辞（图 82），它们的历日分配应该是这样：

十月			癸酉
十一月	癸未	癸巳	癸卯
十二月	癸丑	癸亥	癸酉
十三月	癸未	癸巳	[癸卯]
（一月）	[癸卯]	癸丑	癸亥
二月	癸酉	癸未	癸巳
三月	癸卯	癸丑	癸亥
四月	癸酉	癸未	癸巳
五月	癸卯	癸丑	癸亥

很明显，十二月末旬和二月首旬均有癸酉，所以十三月和一月的长度只能包含自甲戌至壬申的 59 日，其中必须安排一大月和一小月，当然大月的日数只能是 30 日，而小月的日数也只能是 29 日[①]。这些结论后来被移用于他的《殷历谱·闰谱三》之中。

　　董作宾对于大龟第四版卜旬日期的分配是否就是唯一的解释，刘朝阳很快就作出了回答。他当然不认为董作宾安排的十三月和一月只有五个癸日的情况一定暗示了这两个月只有 59 天的事实，因为按照他自己的理解，始甲终癸的历月分配实际只需要将癸日安排在逢十的日子，所以，两个月仅含五个癸日的现象不妨解释为一个月有 30 日，而另一个月只有 20 日，这 20 日的月大可以作为闰月来处理[②]。况且，董作宾对于卜旬辞历月的分配似乎也不是没有改变的可能，其实只要不把这残存的二十一条卜旬记录看作自十月至次年五月连续九个

---

　　① 董作宾：《卜辞中所见之殷历》，《安阳发掘报告》第三册，1931 年。

　　② 刘朝阳：《殷历质疑》，《燕京学报》第十期，1931 年。

图82　《甲》2122＋2106（《合集》11546）

月的卜旬记录，而将它扩大到自十一月癸巳到次年十二月癸酉的十五个月的卜

事，或者自二月癸酉到次年五月癸亥的十七个月的卜事，再或者自二月癸酉到第三年十二月癸丑的二十四个月的卜事，董作宾所论定的小月就都不可能存在①。这种论证方法似乎显得过于随意，至少从甲骨学的角度讲，这种无限期拉长卜旬事日期的做法是难以理解的。事实上，即使董作宾所排定的大龟第四版的卜旬日期真的可以像刘朝阳所设想的那样加以改变，但对于卜辞中那些并非始于甲日的月首记录，否定殷历存在大小月的学者仍然无法解释。

对于殷历大月的证明当然比小月显得更容易一些，但是在这方面，董作宾后期于《殷历谱》中的论证却似乎反不如他前期的工作更有说服力。事实上，董作宾最初通过大龟四版第四版的考证在证明殷历小月存在的同时也证明了大月的存在，而他对大龟四版第一版的论述尽管不够严密，但至少比他于《殷历谱》中举出的某些证据更能反映

图 83　《后·下》1.5

殷历大月的实际②。

　　卜辞中有关殷历大月的证据还有一版经常为学者引用，这是著录于《殷虚书契后编》下卷第 1.5 版的一张历日表（图 83），学者或认为它应是古代时宪书的复刻本。表中的文字虽然大部分都缺刻横画，但却整齐地抄录了两个月的月名和历日干支。我们把它转写在下面：

　　　　月一正曰食麦，甲子、乙丑、丙寅、丁卯、戊辰、己巳、庚午、辛未、壬申、癸酉、甲戌、乙亥、丙子、丁丑、戊寅、己卯、庚辰、辛巳、壬午、癸未、甲申、乙酉、丙戌、丁亥、戊子、己丑、庚寅、辛卯、壬辰、癸巳。

　　　　二月父秸，甲午、乙未、丙申、丁酉、戊戌、己亥、庚子、辛丑、壬寅、癸卯、甲辰、乙巳、丙午、丁未、戊申、己酉、庚戌、辛亥、壬子、癸丑、甲寅、乙卯、丙辰、丁巳、戊午、己未、庚申、辛酉、壬戌、癸［亥］。

这两个月的干支，正月起于甲子，二月起于甲午，均为 30 日，不仅是殷历大月

　　① 刘朝阳：《再论殷历》，《燕京学报》第十三期，1933 年。
　　② 董作宾：《卜辞中所见之殷历》，《安阳发掘报告》第三册，1931 年。

的佳证，同时也是连大月的佳证[1]。郭沫若最初曾将这次连大月作为殷历月无大小的证据[2]，但是自从董作宾证明殷历小月存在的事实以后，这条材料恐怕在助证所谓"一甲十癸"的30日朔策方面已没有任何积极的意义了。

二　频大月与频小月

频大月或者也叫连大月。由于太阴月的朔策并不是一个整数，这使大小月相间的布历原则虽然能够解决短时间的历数合天问题，但零积误差的长期积累便会无可避免地导致历法与真实天象的不合。因此，古人需要在相间安排大小月的同时，在适当的位置安排连大月，这是协调历月与月球绕地周期的最为便捷的方法。

主张殷历历月有大小之分的学者也同样主张殷历有连大月[3]。但是由于卜辞缺乏连贯的材料，因此，殷人对于连大月的分配究竟是像后世那样已经具有了固定的周期，还是仅仅凭借随时观测月相的变化而相机安排，现在还不十分清楚，但这并不妨碍我们讨论殷历连大月的情况。前引《殷虚书契后编》下卷第1.5版历表抄刻了一月甲子至癸巳，二月甲午至癸亥的完整干支，证明存在连大月。董作宾提出的另一版卜辞记刻了四个月的卜事，反映出同样的结论[4]。这版卜辞后收入《殷虚文字甲编》第2124版（图84），我们把有关历月与干支的对应情况整理在下面：

五月	丙寅	丁卯	辛未	
六月	丁未	壬子	丁巳	
七月	丙寅	辛未		
八月	癸丑	甲寅	乙卯	甲子

---

[1]　董作宾：《殷历谱》上编卷一《殷历鸟瞰》，第9页；下编卷六《朔谱一》，第3—4页，中央研究院历史语言研究所1945年版。

[2]　郭沫若：《卜辞通纂考释》，日本东京文求堂石印本1933年版，第1—2页。

[3]　吴其昌：《从瓽甲骨金文中所涵殷历推证》，《中央研究院历史语言研究所集刊》第4本第3分，1934年；莫非斯：《春秋周殷历法考》，《燕京学报》第二十期，1936年；董作宾：《殷历谱》上编卷一《殷历鸟瞰》，中央研究院历史语言研究所1945年版，第9页。

[4]　董作宾：《卜辞中所见之殷历》，《安阳发掘报告》第三册，1931年。

图84　《甲》2124

自五月丙寅至八月甲子共含 119 日，说明四个历月中至少有三个 30 日的大月，无论怎样安排大小月，必有一个连大月。

卜辞的实际情况显示，殷人对于连大月的安排可能远不如他们对于大小月的决定那样充满自信，而可能处于比较混乱的状态。董作宾在《殷历谱·闰谱五》中曾经讨论了帝辛十祀的闰九月，陈梦家因其说[①]。我们把这个日谱排列在下面：

唯十祀在九月甲午　征人方，告于天邑商

在九月癸亥　征人方，在崔

唯十祀在十月甲午　征人方，在雷

---

① 陈梦家：《殷虚卜辞综述》，科学出版社 1956 年版，第 222 页。

在十月又一癸卯　征人方

在十月又一癸丑　征人方，在亳

在十月又一癸亥　征人方

在十月又二己巳　步于攸

在十月又二癸酉　征人方

在十月又二癸未　征人方

在十月又二癸巳　征人方

唯十祀彡，在十月又二甲午　在瀙𣢧

在正月［丁］酉　在□𣢧

己亥　步于淩

在正月庚子　在淩𣢧

在正月癸卯　来征人方，在攸侯喜鄙

如果仅仅排检这个征人方日表，那么很明显，十祀的九月有甲午日，十月又有甲午，两甲午之间相去 61 天，自非两个太阴月所能容纳，所以一定要在九、十两月间加入一个闰月。这是董作宾论定帝辛十祀闰九月的主要依据。

这个闰九月是否没有一点怀疑的馀地呢？并非如此。李学勤通过对十祀周祭的验证，认为九、十两月间其实并没有设置闰九月的空间[1]。

正月彡小甲　唯王九祀　　《明》61（图 85，2）

九月甲午鬯上甲　唯王十祀　　《通》592（图 85，3）

十二月甲午彡　唯王十祀　　《英藏》2563（图 85，1）

将周祭系统与征人方日谱比较，自九祀正月彡小甲到十祀九月甲午鬯上甲，其间的间隔如果以周祭一祀需时 36 或 37 旬两种周期计算，实际只相差七个整月，这样便造成从彡小甲到鬯上甲的相去时间有两种可能，一种可能于甲寅彡小甲，相距 22 旬共 221 天；另一种可能则于甲子彡小甲，相距 21 旬共 211 天。而七个整月或者 206 天，或者 207 天，因此，即使正月彡小甲是在正月的最后一天，则十

---

① 李学勤：《评陈梦家殷虚卜辞综述》，《考古学报》1957 年第 3 期；《殷代地理简论》，科学出版社 1959 年版，第 41 页。

图 85

1. 《英藏》2563　2. 《明》61　3. 《通》592

祀九月甲午要么可能是九月初四（初三），要么可能是九月十四（十三），也就是说，根据帝辛的祭祀系统，十祀九月甲午曩上甲绝不可能出现在九月下旬。但是前录征人方日谱显示，次年正月月首只可能在乙未、丙申、丁酉三日之内，依闰九月的原则回推，九月甲午必须位于九月下旬，彼此的矛盾显而易见，因此这个闰九月无法安排①。事实上，九月甲午的占卜记录已明确卜问九月下旬酉日之事（下酉），这反证了甲午日绝无可能是在九月下旬。既然此点不能成立，那么闰九月的安排也就根本没有可能②。

　　① 　中国天文学史整理研究小组：《中国天文学史》，科学出版社 1981 年版，第 14—15 页；张培瑜、卢央、徐振韬：《试论殷代历法的月与月相的关系》，《南京大学学报》（哲学社会科学）1984 年第 1 期。
　　② 　冯时：《卜辞中的殷代历法》，薄树人主编：《中国天文学史》，文津出版社 1996 年版，第 37 页。

其实问题比我们想象的还要复杂，征人方日谱不仅显示了九、十两月有甲午日，而且十二月又复见甲午，这实际等于告诉我们，若从九月甲午算至十二月甲午，在没有闰月的情况下，四个月的日数共计 121 日，因此，这一年的殷历不仅可能连续出现了四个大月，甚至至少还必须有一个月的日数达到 31 天。这种情况当然只有在使用实朔的历法中才可能出现①，这意味着殷人布历仍然需要依靠随时观测来调整可能出现的误差。

殷历之所以出现连续安排四个大月的现象，不能不说当时历法与天象的误差已经到了相当明显的程度，这意味着连大月的安排可能仍然要靠随时观测而临时决定，并没有什么规律可言②，至少对于那些因某种特别原因而安排的连大月而言，其所体现的应该是一种非常规的做法。当然，我们完全有理由将卜辞反映的这种四个连大月视为殷代某个时期出现的一种特殊现象。

连大月的情况出现过多是否也可能存在连小月，即连续安排的小月，莫非斯曾经做出过类似的推测③。许进雄也通过对晚殷周祭祀谱的排检提出殷历存在连小月的可能④，但如果在他本无闰月的祀谱中适当地添置闰月，那么他据以说明连小月的卜辞材料便会失去意义。严一萍据曾毅公的缀合工作提供了殷历连小月的卜辞证据（图 86），很有意义。

8. 癸巳卜，贞：在黄林𬸚，天邑商公宫，衣，［兹月亡祸？宁］。

图86　《缀》183

①　中国天文学史整理研究小组：《中国天文学史》，科学出版社 1981 年版，第 14—15 页；张培瑜、卢央、徐振韬：《试论殷代历法的月与月相的关系》，《南京大学学报》（哲学社会科学）1984 年第 1 期。
②　莫非斯：《春秋周殷历法考》，《燕京学报》第二十期，1936 年。
③　同上。
④　许进雄：《殷卜辞中五种祭祀的研究》，台湾大学文学院 1968 年版，第 127—130 页；《五种祭祀卜辞的新缀合例——连小月的现象》，《中国文字》新 10 期，1985 年，第 175—186 页。

　　　壬戌卜，贞：在狱，天邑商公官，衣，兹月亡祸？宁。

　　　辛卯卜，贞：在狱，天邑商公官，衣，兹月亡祸？宁。

　　　辛酉卜，贞：在狱，天邑商公官，衣，兹月亡祸？宁。

　　　辛卯卜，贞：在狱，天邑商公官，衣，［兹］月亡祸？宁。

　　　　　　　　　　　　　　　　　《林》1.27.8＋《缀·附图》65＋

　　　　　　　　　　　　　　　　《金璋》621＋《明》376，《缀》183

这些占卜当月吉凶的卜辞都是在每月的月首举行，董作宾曾据以编制月谱，但材料并不完整[①]。严一萍通过研究相关的卜辞资料，认为可以反映殷历四个历月的实际情况：

　　　第一月　癸巳朔（小月）

　　　第二月　壬戌朔（小月）

　　　第三月　辛卯朔（大月）

　　　第四月　辛酉朔（大月）

　　　第五月　辛卯朔

第一卜癸巳去第二卜壬戌共29日，第二卜壬戌又去第三卜辛卯29日，显然是连续安排了两个小月[②]。但连小月之后又接着出现了连大月，似乎大小月安排的规律并不十分严格。事实表明，殷代历法中连小月的现象同连大月一样也是存在的，尽管我们还不能明了它的布历原则，不过可以肯定的是，过多安排的连大月似乎并不是连小月存在的唯一原因。

　　卜辞显示，殷历大小月的分配与连大月的安排都已存在，这说明殷人已基本掌握了某些布历原则。所有这一切虽然不能说不具有一定规律，但还不能十分严密。我们看到了晚殷卜辞中出现连小月及四个连大月的情况，足以说明至少在殷代的某个时期，大小月的分配是比较混乱的。

三　月　名

　　殷人除用数字纪月之外，于历月还有其他的名称，这些名称如果不是像古

---

①　董作宾：《殷历谱》下编卷七《月谱》，中央研究院历史语言研究所1945年版，第1—3页。

②　严一萍：《殷历谱订补》，《中央研究院历史语言研究所集刊》第47本第1分，1975年，第77—84页。

代的月令那样反映某些月忌月宜的话，至少也应该与祭祀有关。

《殷虚书契后编》下卷第 1.5 版历表刻辞明确显示了正月和二月的专名，

正月　　食麦

二月　　父秥

学者或认为"食麦"即麦收以后，"父秥"或是播种的意思[1]。这种解释似乎流于表象，因为以《礼记·月令》对证，"正月食麦与羊"的礼俗若与殷历正月的专名相匹合，真是再贴切不过了[2]。况且二月名"父秥"似可读为"稫稄"，意即刘取晚熟未获之禾，这又与殷代的农业周期十分吻合[3]。

卜辞中又有"叔月"的称呼。

9. 癸巳卜，于叔月又（侑）肖（心）?　　《合集》21661（图 21）

10. 叔月又（有）事?　　《前》8.5.6

陈梦家以为"叔"字象奉禾于示，与农事有关[4]。罗振玉考"叔"即"敊"[5]，于省吾读为报赛之"赛"[6]，赛祭行于冬季。商代叔祭的举行时间可能并不固定[7]，但"叔月"之中所行的赛祭应是全年中最隆重的一次，因此，"叔月"很有可能是殷历冬至前后的历月专名。

卜辞常见的月名还有"秉月"。

11. 今秉月岳又（有）事?　　《菁》11.20

---

[1]　陈梦家:《殷虚卜辞综述》，科学出版社 1956 年版，第 227 页。

[2]　郭沫若:《卜辞通纂考释》，《郭沫若全集·考古编》第二卷，科学出版社 1982 年版，第 2 页;冯时:《商代麦作考》，《东亚古物》创刊号，2005 年。

[3]　冯时:《商代麦作考》，《东亚古物》创刊号，2005 年。

[4]　陈梦家:《殷虚卜辞综述》，科学出版社 1956 年版，第 228 页。

[5]　罗振玉:《增订殷虚书契考释》卷中，东方学会石印本 1927 年版，第 18 页;又可参见李学勤:《季姬方尊研究》，《中国史研究》2003 年第 4 期;李家浩:《季姬方尊铭文补释》，《黄盛璋先生八秩华诞纪念文集》，中国教育文化出版社 2005 年版。

[6]　于省吾:《甲骨文字释林》，中华书局 1979 年版，第 35—37 页。

[7]　于省吾:《双剑誃殷契骈枝》，北平虎坊桥大业印书局石印本 1940 年版，第 43 页。

12. 今乘月［有］事？　　　　《续》6.26.7

13. 庚申［卜］，……今乘又（有）事？　　　《戬》36.13

14. 庚申卜，我今乘又（有）事？　　　《拾》7.6

15. 今菜用？　　　《类纂·存疑》14

16. ［今］乘又（有）事？

　　　于叙□□？　　　《前》8.10.3

根据辞 16 可知，乘月的位置应在叙月之前。陈梦家仍以乘月与农事有关，这从辞 15 一例"乘"字从"采"应该反映得很清楚①。过去对于"乘"字有种种解释，叶玉森释"秋"②。郭沫若释为"稈"的古文，读为"旱"③。唐兰释为"稍"，谓有获禾之义④。于省吾释为"𥝤"，解为束禾之形，以为即腊月之名⑤。金祥恒释"束"⑥，温少峰等释"和"⑦。以辞 15"乘"字可以从"采"的特点考虑，唐兰、于省吾对字义的解释最为近实。但乘月究属何月，仍待研究。

饶宗颐曾据日本京都大学人文科学研究所藏甲骨文片列 234 号而释卜辞又有"亥月"。

17. 亥月癸巳？

此片或即《京都》第 2473 版，实为卜旬辞⑧。饶宗颐从杨树达解金文"馘（酉）月戊寅"（陈纯釜）、"咸（戌日）丁亥"（国差𰯼）之酉月、戌日为十二辰纪月之说⑨，以亥月为十二辰所表之月名⑩。然而商代尚无以十二辰纪月的制度，况金

①　陈梦家：《殷虚卜辞综述》，科学出版社 1956 年版，第 228 页。

②　叶玉森：《殷契钩沉》甲卷，北平富晋书社 1929 年版，第 2 页。

③　郭沫若：《殷契粹编考释》，日本东京文求堂石印本 1937 年版，第 113 页。

④　唐兰：《天壤阁甲骨文存考释》，北平辅仁大学 1939 年版，第 23 页。

⑤　于省吾：《双剑誃殷契骈枝》，北平虎坊桥大业书局石印本 1940 年版，第 9—12 页。

⑥　金祥恒：《续甲骨文编》卷六，艺文印书馆 1959 年版，第 13 页。

⑦　温少峰、袁庭栋：《殷墟卜辞研究——科学技术篇》，四川省社会科学院出版社 1983 年版，第 88—89 页。

⑧　貝塚茂樹：《京都大學人文科學研究所藏甲骨文字》（本文篇），京都大學人文科學研究所 1960 年版，第 599 页。

⑨　杨树达：《积微居金文说》（增订本），科学出版社 1959 年版，第 41 页。

⑩　饶宗颐：《殷历之新资料》，《大陆杂志》第 9 卷第 7 期，1954 年。

文的"瀊月"与"咸"究竟是否确属十二辰纪月，学者也有不同看法①。

第五节　朔策与岁实

太阴月的长度叫作朔策，即月球围绕地球的运行周期。太阳年的长度叫作岁实，即地球围绕太阳的公转周期。这两个周期的测定直接影响到历法编算的精疏。

一　朔策

月球围绕地球运转的平均周期为 29.5306 日，这叫平朔。由于月球的运动常受各种因素的影响而比较复杂，因此，月球绕地球运行的实际周期则可摆动于 29.2—29.9 日之间，理论上讲，极端情况还可能长达 30.1598 日或短至 28.9052 日，这叫定朔或实朔。由于历日的安排不可能出现半日，因此使用太阴月的历法，历月的长度原则上只能出现大月 30 日和小月 29 日两种形式。

殷历是否存在小于 29 日的小月？这种可能性应该是不存在的，因为在理论上于极端情况下可能出现的朔策的极小值实际与二十九个整日的时间也极其接近，它们之间的差距即使在今天通过肉眼观察也很难发现，何况对于数千年前使用相对粗疏历法的殷商先民！因此在布历的时候，这个朔策极小值也应以二十九个整日计算。所以，殷商历法无论使用平朔还是实朔，都不可能出现小于 29 天的小月。

然而，正像今天的人们习惯于用审视的目光俯察古人的科学劳迹一样，并非所有学者都能将殷人编制历法的水平放在一个具有科学前提的客观的发展历程中作恰如其分的评估，因此不免会有人认为，殷历存在小于 29 天的小月。印证这种说法似乎可以利用下面的一条卜辞：

　　1. 辛未卜，争贞：生八月帝令［多］雨？

---

① 　学或以咸为"弌日"合文，即《诗·豳风·七月》的"一之日"。说见董珊：《"弌日"解》，《文物》2007 年第 3 期。

贞：生八月帝不其令多雨？

丁酉雨，至于甲寅旬业（又）八日。九月。   《合集》10976 正

论者以为，"生八月"即下个月八月，因此卜日辛未当在七月，验辞记九月的丁酉至甲寅连续降雨十八天，而辛未距丁酉共二十七天，如果假设辛未为七月的最后一天，且丁酉为九月首日，那么八月也只有壬申至丙申的二十五天。因此，殷历存在小于 29 天的小月，确切地说是仅有 25 天的小月[①]。

这个论证过程从开始引用资料的第一步就存在问题。《甲骨文合集》第10976 版正面的刻辞原文如下（图 87）：

辛未卜，争贞：生八月帝令多雨？

贞：生八月帝不其令多雨？

戊寅……内，呼雀買？

勿［呼］雀買？

壬戌卜，㱿贞：呼多犬网鹿于麓？八月。

壬戌卜，㱿贞：取豕呼网鹿于麓？

丁酉雨，至于甲寅旬业（又）八日。九月。

同版之上还有其他一些卜辞，不过对于讨论殷历是否存在 25 天的小月，这些内容已足够充分了。我们可以清楚地看到，卜辞在七月辛未之后的第五十二天壬戌日还有占卜，而且清晰地记有"八月"，也就是说八月壬戌去七月辛未有五十二日，去九月丁酉有三十六日，其间自七月辛未距九月丁酉实有八十七日，可以安排两个历月，而不只是区区二十五日。因此，有关殷历历月存在 25 日的小月的论证实际是对卜辞资料任意裁制的结果，由此所作出的一切假设便都难以成立，它不仅不能助成殷历存在小于 29 日的小月的设想，反而恰恰证明了武丁时期具有年中置闰的事实[②]。

---

①   常玉芝：《殷历月首研究》，《传统文化与现代化》1997 年第 5 期；《殷商历法研究》，吉林文史出版社 1998 年版，第 290—292 页。

②   冯时：《殷历武丁期闰法初考》，中国考古学的回顾与展望学术研讨会论文，西陵，1999 年。载《中国历史文物》2004 年第 2 期。裴锡圭也对常玉芝就《合集》第 10976 版卜辞的解释提出辩驳，参见《从一组卜辞看殷历月的长度和大小月的配置》，《揖芬集》，社会科学文献出版社 2002 年版，第 186—187 页。

图 87　《合集》10976 正

小于 29 日的历月不可能出现，那么大于 30 日的历月是否存在呢？通过对实朔长度的分析，这种可能性似不宜排除①。

殷历存在 31 日的大月并不是没有人想到过②，但严密论证这类大于 30 日历

---

①　中国天文学史整理研究小组：《中国天文学史》，科学出版社 1981 年版，第 15 页。

②　金祖同：《殷契遗珠·发凡》，中法文化出版委员会 1939 年版，第 16 页。

月的却是日本学者薮内清，他所列举的卜辞资料，其中一些无论在卜辞的契刻及释读次序上都不存在争议。

2. 癸巳［卜，㱿］贞：［旬亡祸］？七［月］。

癸卯卜，㱿贞：旬亡祸？八月。

癸丑卜，㱿贞：旬亡祸？八月。

癸亥卜，㱿贞：旬亡祸？八月。

癸酉卜，㱿贞：旬亡祸？八月。

［癸］未卜，［㱿］贞：旬［亡］祸？九月。　　　　《明》687

很明显，八月含有四个癸日。如果殷历的历月只有 29 日和 30 日两种情况，那么这种现象就不可能出现。董作宾强以八月癸亥与癸酉分属两年[①]，极不合理。这类含有四癸日的历月在卜辞中其实并不少见，不过人们在很长的时间内一直把这多出的一个癸日看作是比正常月份多出的一旬，而不是仅仅多出了一日，从而使学者长期陷入闰旬的谜团。这种将太阴月与旬制配合的做法显然违反了以朔望周期编制历法的原则，并且从根本上动摇了殷历以太阴月的循环周期构筑阴阳历中阴历体系的基础。薮内清基于对殷历月首始于新月初见之日的考虑，认为殷人如以观测实朔纪月，那么由于月球运行的不均匀性或有时受气象状况的影响，实际观测的结果可能会与实朔存在一日的误差，因此殷历历月出现含有四个癸日的大于 30 日的朔策便不是不可能的事情[②]。

像这种含有四个癸日的历月直至商代晚期依然存在，下列的一版乙辛时代的黄组卜辞明确证明了这个事实（图 88）。

3. 癸酉王卜，贞：旬亡祸？王占曰："引吉。"在二月。甲戌祭小甲，召大甲。唯王八祀。

癸未王卜，贞：旬亡祸？王占曰："吉。"在三月。甲申召小甲，召大甲。

癸巳王卜，贞：旬亡祸？王占曰："吉。"在三月。甲午祭戔甲，召

①　董作宾：《殷历谱》下编卷八《旬谱三、四》，中央研究院历史语言研究所 1945 年版，第 3—4 页。

②　薮内清：《殷暦に關する二、三の問題》，《東洋史研究》第 15 卷第 2 號，1956 年。

小甲。

　　　癸卯王卜，贞：旬亡祸？王占曰："吉。"在
三月。甲辰祭羌甲，叀毕甲。

　　　癸丑王卜，贞：旬亡祸？王占曰："吉。"在三
月。甲寅祭阳甲，叀毕甲，叕毕甲。

　　　癸亥王卜，贞：旬亡祸？王占曰："吉。"在四
月。甲子叀阳甲，叕羌甲。

　　　《英藏》2503（《库》1661＋《金璋》382）＋
　　　《甲》297，《合补》10958

　　这版卜辞自董作宾最后的缀合工作完成之后就一直没有摆
脱历日的搅扰，因为自三月癸未至癸丑共有四个癸日，这
在他看来几乎是不可想象的事情。所以董作宾决然断定，
记有癸丑的"三月"应为四月的误摹①。然而有关卜辞的
拓本今日已见发表，学者强调指出，隶属癸丑的"三月"
所记不误②。显然，这种情况只有作为一月包含四癸日的
大于 30 日的朔策看待。

　　含有四个癸日的历月作为朔策 31 天的大月来处理，
也就是将第一和第四个癸日分别视为一月的首、末日，这
种解释显然更为合理。众所周知，平朔与实朔并不相同，
以平朔和以实朔为月首的历法，月首会有一日的误差。殷
历若以朏日为月首，则可能出现因月球的运转或气象的影
响而使朔策延长的情况。如果殷历以朔为月首，由于朔日
的决定尚不精密，这种现象的出现则更不可避免，一旦殷
人误定当月之晦为次月之朔，则 31 日的朔策就有可能出

图 88　《合补》10958

现。或有学者否认殷历存在 31 日的大月③，这种认识显然与黄组周祭卜辞一类
一月明确含有四癸日的材料相抵牾。

---

　　① 董作宾：《殷历谱后记》，《六同别录》（中），中央研究院历史语言研究所集刊外编第三种，1945
年，第 2 页。

　　② 李学勤：《英国所藏甲骨集·前言》，中华书局 1985 年版，第 6 页。

　　③ 刘学顺：《有关商代历法中的两个问题》，《殷都学刊》1992 年第 3 期。

薮内清所设想的情况似乎把殷人的天文学水平估计得过于低下，因为我们很难想象在经过长期的观测实践之后，殷人竟会对历月周期的了解如此肤浅，以至于连偶发的气象影响都会使他们轻易改变对朔策的习惯认识。因此从天文学的角度讲，31 日朔策出现的机会在以朔为月首的历月中似乎要比以朒为月首的历月更为常见。然而，我们同样不能排除另一种可能，即 31 日大月的出现与其说反映了观测的失误，倒不如说是人为设定的更显合理。因为我们已经发现了殷人抄刻的整齐的历书，这意味着当时的历法早已摆脱了每月都要随时观测以确定当月日数的原始状态。

殷历历月存在大于 30 日的大月的事实现在已为越来越多的学者所接受[①]，不过把这类含有四个癸日的历月无限放大到含有比 31 日更多的历日的设想似乎还需要讨论，因为我们不能不承认，如果像某些学者理解的那样，殷历不仅含有 31 日、32 日甚至大于 32 日的大月，同时也含有 28 日或小于 28 日的小月的话[②]，那么这样的一部历法混乱到什么程度自是不难想见的，它实际已失去了作为一部真正历法的任何价值。显然，殷人对于天算的愚鲁总不会到如此的地步。

二　岁实

从卜辞中探讨殷历岁实并不是一件容易的事情，不过可以肯定的是，根据卜辞中闰月大量存在的事实分析，殷人对于岁实的认识与地球公转的真实周期已不会相距太远[③]。

殷历大小月的分配虽无从查知，但假设全年大小月相间分布，则可推得殷历平年当为 353—354 日，闰年当为 383—385 日[④]。闰月的设置倘若初具规律，则与真实的岁实已十分接近。事实上，殷历完善的干支纪日体系已为推算相对真实的岁实提供了保证。因为系统的干支体系首先可以累计没有间断的日期记

---

① 温少峰、袁庭栋：《殷墟卜辞研究——科学技术篇》，四川省社会科学院出版社 1983 年版，第 104—107 页；冯时：《卜辞中的殷代历法》，薄树人主编：《中国天文学史》，文津出版社 1996 年版，第 33—34 页，常玉芝：《殷历月首研究》，《传统文化与现代化》1997 年第 5 期。

② 薮内清：《殷曆に關する二、三の問題》，《東洋史研究》第 15 卷第 2 號，1956 年；常玉芝：《殷历月首研究》，《传统文化与现代化》1997 年第 5 期。

③ 中国天文学史整理研究小组：《中国天文学史》，科学出版社 1981 年版，第 13 页。

④ 陈梦家：《殷虚卜辞综述》，科学出版社 1956 年版，第 220 页。

录，而这正是得出朔望月与回归年日数的基础。有了不间断的日期记录就可以知晓月相盈亏变化的约 30 日周期，并从而得出一个误差小于一日的真实岁实①。

董作宾对殷历岁实的研究很有意义，他认为，殷历已实行四分历的岁实，确切地说，当时一年的长度已经被确定为 365.25 日。他所依据的卜辞记录是（图 89）：

图 89 《乙》15

4.□亡□若□在□行衰，

五百四旬七日，至，丁亥，从。在六月。　　《乙》15

对这条卜辞，董作宾做了如上写定，他的解释是："五百四旬七日"加卜日一日共计 548 日，这个数字恰好是四分历回归年一年半的长度。他同时将丁亥与"至"字相连而解为冬至，遂定六月卜日为夏至②。这个结论的关键部分实际并不需要做很大修正。张政烺曾重读这条卜辞，与董作宾的理解稍有不同。

衰，五百四旬七日至，丁亥，从。在六月。

他认为，这是一条卜辞的占辞，547 日需加卜日半日（不足一日），卜日当在夏至，丁亥当为次年冬至③。

事实上，"至"在卜辞中恐怕未必含有至日的意义，将其解为动词似更符合卜辞本义④。按照这样的理解，卜辞的文意应该是说经过 547 天到丁亥日开始衰田。问题在于，547 日无论增加卜日的一日还是半日，都可以构成回归年一年半的长度，这个数字的出现绝非偶然，它证明殷历岁实至少应在 365—366 日之

① 陈遵妫：《中国天文学史》第一册，上海人民出版社 1980 年版，第 203 页。

② 董作宾：《殷历谱》下编卷一《年历谱》，第 10 页，卷四《日至谱二》，第 4—7 页，中央研究院历史语言研究 1945 年版。

③ 张政烺：《卜辞衰田及其相关诸问题》，《考古学报》1973 年第 1 期。

④ 唐兰致董作宾函。见董作宾：《殷历谱后记》，《六同别录》（中），中央研究院历史语言研究所集刊外编第三种，1945 年，第 13 页；薮内清：《殷代的曆法——董作賓氏の論文について》，《東方學報》第 21 册，1952 年。

间，行用四分术并不是没有可能。

卜辞中出现的 547 日这样一个特殊周期无疑是极富意义的，尽管学者仍然试图通过论证卜辞的"至"是否具有至日的含义来建立它与岁实的联系①，其实仅就这个数字本身而言，它所暗示的回归年一年半长度的事实已足够清楚了。因此，我们似乎不必拘泥于上述卜辞中的卜日和丁亥日为至日的说法，因为如果殷历的岁首并不像传统理解的那样在冬至月后的第一月，而是定在秋分后的第一月②，那么在使用平气的时代，作为一年半长度的 547 日就完全可以当作两个分日之间的长度来看待。卜辞显示，殷人的衰田活动只发生在殷历的六月和十二月，均在岁中与岁末。这条卜辞如果视为殷历六月春分日的占卜记录，则一年半之后的丁亥自当是殷历次年十二月的秋分③。

当然，对于卜辞中出现的 547 这个重要数字是否存有歧义，学者也确曾提出过不同的看法。因为卜甲下部残断，这使一些人并不以为卜甲存留的卜辞是一条首尾完整的记录。陈梦家尽管并不赞同董作宾关于四分岁实的论证，但还没有将"五百四旬七日"分开释读④。岛邦男认为，不仅卜辞"五百"、"四旬"、"七日"之间都有残佚，而且"六月"的释读也有问题，因此卜辞不妨读作"七日至［于］丁亥从"⑤。常正光虽然不认为卜辞残失，然将全辞分作两条释写为：

> 亡……若……在……行……
> 衰五百，四旬七日至丁亥，从。在冬（终）月。

他认为，"五百四旬七日"应该分读，"衰五百"如果不是衰五百田，就应该是指以五百人衰田。而"四旬七日至丁亥"应是规定衰田的日期，"终月"也就是

---

① 严一萍：《正日本薮内清氏对殷历谱的误解兼辨"至日"》，《大陆杂志》第 5 卷第 9 期，1952 年；罗琨：《卜辞"至"日缕析》，《胡厚宣先生纪念文集》，科学出版社 1998 年版，第 144—157 页。

② 冯时：《殷历岁首研究》，《考古学报》1990 年第 1 期；《中国天文年代学研究的新拓展》，《考古》1993 年第 6 期。

③ 冯时：《卜辞中的殷代历法》，薄树人主编，《中国天文学史》，文津出版社 1996 年版，第 40—41 页；《殷代农季与殷历历年》，《中国农史》第 12 卷第 1 期，1993 年；《中国天文年代学研究的新拓展》，《考古》1993 年第 6 期。

④ 陈梦家：《殷虚卜辞综述》，科学出版社 1956 年版，第 220 页。

⑤ 岛邦男：《殷墟卜辭研究》，中國學研究會 1958 年版，第 512—513 页。

十二月①。这种解释虽不尽合理，但影响很大，以致又有学者将"袤五百"及其前后的内容视为彼此不相干的三条卜辞，认为"袤五百"是讲袤田活动，"四旬七日至丁亥，从，在六月"应该释为"四旬七日至丁亥，比（祐）在冬（终）夕"，是祐祭活动②。更有学者在接受常正光解释的基础上，推测卜日在六月的辛丑日或庚子日③。这些解释所遇到的困难是难以自解的，学者或有辩驳④。罗琨据《殷虚文字乙编》清晰的拓本将此辞重新释写为：

　　　　戊〔寅〕卜，……若……在……行……袤，五百四旬七日至，丁亥，从。在六月。

比较接近卜辞的原貌⑤。事实上，如果这条卜辞真的与殷历岁实有关的话，那么"五百四旬七日"这个数字就是至为关键的内容，原辞在"五百"和"四旬"之下恰好断失，是否存在缺文，这种可能性不宜排除，因为依照卜辞纪日的通例，如果将"五百四旬七日"作为一个完整数字看待的话，那么"五百"或者"四旬"之下都似乎缺少了连词"又"，补足"又"字则成"五百又四旬又七日"，或者也可能应在"五百"之下增加一个"日"字，而作"五百日又四旬又七日"，这样的纪日体例在卜辞中是合乎规范的。因此陈梦家曾将此辞补释为⑥：

　　　　袤五百〔日〕
　　　　四旬〔业〕
　　　　七日至〔于〕
　　　　丁亥从〔　〕
　　　　在六月

---

①　常正光：《殷历考辨》，《古文字研究》第六辑，中华书局 1981 年版，第 101—102 页。

②　温少峰、袁庭栋：《殷墟卜辞研究——科学技术篇》，四川省社会科学院出版社 1983 年版，第 20—21 页。

③　常玉芝：《卜辞日至说疑议》，《中国史研究》1994 年第 4 期。

④　罗琨：《卜辞"至"日缕析》，《胡厚宣先生纪念文集》，科学出版社 1998 年版，第 144—157 页。

⑤　同上。

⑥　陈梦家：《殷虚卜辞综述》，科学出版社 1956 年版，第 220 页。

不过还有一点应该注意，卜日戊寅距丁亥的日数与547日不符，假如547日不是去卜日的距离，而是去预定衷田的某日的距离的话[1]，那么至少在命辞中，这个日子也已残失了。其实从卜辞的文意分析，将"五百［又］四旬［又］七日"理解为验辞中的内容似乎更顺畅一些。

第六节　闰　法

古人为平衡太阴年与太阳年的长度而创立置闰法。殷代已有闰法可以说是不争的事实，但闰法的真实情况如何，学术界则远没有取得共识。对一部行之有效的历法而言，闰法的建立有着关键的意义，因此学者对于这方面的研究也投入了极大精力。

一　年终闰与年中闰

殷历一部分闰月置于年终，称为"十三月"，另一部分闰月置于年中。传统认为，殷代早期实行年终闰，晚期改行年中闰，两法分立。尽管除帝乙帝辛以外的其他各期卜辞都见有十三月，但是这种认识对于早期卜辞的某些材料仍难以解释。

殷墟卜辞大量出现的"十三月"是否能够说明殷代实行一种"归馀于终"的闰法，这在首先发现殷历确有置闰的罗振玉看来也并没有十足的把握[2]。刘朝阳等学者曾对卜辞"十三月"的存在表示过怀疑[3]，后来又以十三月乃至十四月为殷人积月之误，即十三月应为一月，十四月应为二月，而非置闰之法[4]。这些疑虑在日益丰富的卜辞实例面前愈来愈显得苍白，以至于在董作宾看来，卜辞的"十三月"与"归馀于终"的闰制之间是否存在真正的联系才是最终值得讨

---

①　罗琨：《卜辞"至"日缕析》，《胡厚宣先生纪念文集》，科学出版社1998年版，第145页。

②　罗振玉：《增订殷虚书契考释》卷下，东方学会石印本1927年版，第54页。

③　刘朝阳：《从天文历法推测尧典之编成年代》，《燕京学报》第七期，1930年。

④　刘朝阳：《殷历质疑》，《燕京学报》第十期，1931年；《再论殷历》，《燕京学报》第十三期，1933年；孙海波：《说十三月》，《学文》第1卷第5期，1932年；《卜辞历法小记》，《燕京学报》第十七期，1935年。

论的关键问题①。

董作宾最初相信的殷历存在"归馀于终"的年终闰及无中置闰的年中闰不久就被一种新的学说取代了②。他首先提出，殷历并行两种闰制，以武丁为代表的旧派实行年终置闰，当闰之年于年终增加一闰。以祖甲为代表的新派实行年中置闰，当闰之年置闰于应闰之月，仍以前月之名为名，不复立新名。这两种闰制都应是在无节置闰的原则下安排的。基于这样的认识，他把殷代闰制分为四个时期：第一段为盘庚至祖庚时期，属闰法前期；第二段为祖甲至武乙时期，属闰法后期；第三段为文武丁时期，复兴武丁古法；第四段为帝辛时期，继承祖甲闰制。而他设想的祖庚七年的历法改革则是造成前后期闰制不同的根本原因③。这个体制划分得不可谓不严密，但是对于董作宾本人来说，从一开始便遇到了挑战这个体制的许多麻烦。有关置闰标准的问题我们后面再说，这里首先讨论年终闰与年中闰的时代。《殷契遗珠》第199版存有五条卜旬辞，经学者与《甲骨文合集》第16685版缀合，已著录于《甲骨缀合集》第41版（图90）。现将全辞释写于下：

1. 癸亥卜，宾贞：旬亡祸？二月。

　　癸酉卜，贞：旬亡祸？三月。

　　癸未卜，贞：旬亡祸？

　　癸卯卜，宾贞：旬亡祸？五月。

　　癸丑卜，宾贞：旬亡祸？五月。

　　癸亥卜，宾贞：旬亡祸？五月。

　　癸酉卜，宾贞：旬亡祸？六月。

　　癸未卜，贞：旬亡祸？

　　癸巳卜，宾贞：旬亡祸？

图90　《甲缀》41

---

①　董作宾：《卜辞中所见之殷历》，《安阳发掘报告》第三册，1931年。

②　董作宾：《卜辞中所见之殷历》，《安阳发掘报告》第三册，1931年；《殷历中几个重要问题》，《中央研究院历史语言研究所集刊》第4本，1934年。

③　董作宾：《殷历谱》下编卷五《闰谱》，中央研究院历史语言研究所1945年版，第1—4页。

这是一版武丁时期的卜旬卜辞。如果武丁时期只有年终"十三月"一种闰制的话，那么自三月的初旬癸酉至五月就不可能超过九旬的日期，但卜辞显示的结果却至少跨越了十二旬，矛盾显而易见。金祖同曾意识到卜辞干支与月份之间存在的这种冲突，并且做出种种假设以圆通不合，但最终不得不以误刻为论①。董作宾对金祖同的解释当然不满，然而他仅据癸未与癸卯两条卜旬辞之间契留的一道刻线便轻率地将前五条卜旬辞分置两年，以维护他的武丁时期年终置闰的体制②，这种做法同样令人难以接受。况且类似的刻线在缀合版中也出现在癸丑与癸亥两辞之间，但两条卜辞却同属于五月。陈梦家认为，癸酉显然是三月的首旬，如依干支相接的次序，则癸卯不当在五月，可知三月与五月之间应再加入六旬，历日的分配如下：

二月	（癸卯）	（癸丑）	癸亥
三月	癸酉	癸未	（癸巳）
（闰三月）	（癸卯）	（癸丑）	（癸亥）
（四月）	（癸酉）	（癸未）	（癸巳）
五月	癸卯	癸丑	癸亥
六月	癸酉	癸未	癸巳

三月癸未至五月癸卯相距八旬，正可安排两个历月，其中必应置一闰月③。

如果说陈梦家对于武丁时期实行年中闰的论证还嫌单薄的话，那么杨升南列举的另一版卜辞则使武丁实行年中置闰的事实已没有任何可怀疑的馀地了。

2. □□〔卜，古贞〕：来乙亥辈其𤔲，王若？九月。

□□〔卜，古〕贞：大示牛？九月。

□□卜，古贞：大示三牢？九月。

丁酉卜，古贞：大示五牛？九月。

癸亥卜，古贞：秦年自上甲至于多毓？九月。

甲子卜，古贞：秦年自上甲？九月。

---

① 金祖同：《殷契遗珠·发凡》，中法文化出版委员会1939年版，第16—17页。

② 董作宾：《殷历谱》下编卷五《闰谱》，中央研究院历史语言研究所1945年版，第5—6页。

③ 陈梦家：《殷虚卜辞综述》，科学出版社1956年版，第220—221页。

　　　　己巳卜，古贞：其［秦］年于上甲，燎？九月。　　　　《合集》10111

前三条卜辞的卜日干支虽然残失，但从卜辞的内容分析，由于记时同在九月，而丁酉至己巳共计 33 日，显然已不能容纳在一月之中，因此其中必有一个闰月[1]。这当然可以作为武丁时期已行年中置闰的佳证[2]。这样的证据我们在第五节中也有讨论[3]。除此之外，严一萍还研究了自组卜辞中的年中闰问题[4]，但他因循董作宾的断代标准将其列为文武丁时期，其实那仍是武丁时期的遗文。

　　祖甲时期的年中置闰当然连董作宾自己也不否认[5]，但问题是当时是否像董作宾认为的那样已不存在年终闰，换句话说，年终闰与年中闰究竟是相互替代还是相互并存。陈梦家列举了祖庚、祖甲时期的年终闰记录。

　　　3. 癸巳［卜］，兄［贞］：旬亡祸？十三月。　　　《佚》47
　　　4. □卯卜，㹜贞：王其迎壴？十三月。　　　《戬》45.9
　　　5. 戊午卜，行贞：王宾岁，亡尤？在十三月。　　　《河》456

由此可见，年终置闰法在祖庚、祖甲时期依然存在[6]。而学者或据商代晚期青铜器铭文出现的"十月又三"的例证，认为年终闰法至商代末期仍然行用[7]。

　　董作宾对于祖甲时期——严格地说应该扩大到祖庚时期——年中闰的讨论是确凿无疑的。他首先引据《殷契佚存》第 399 版的卜旬卜辞以证明这种闰法的存在。

　　　6. 癸丑卜，大贞：旬亡祸？六月。

---

　　①　杨升南：《武丁时行"年中置闰"的证据》，《殷都学刊》1986 年第 4 期。
　　②　岛邦男也曾对武丁时期的年中置闰有所讨论，但所举卜辞摹写有误，见《殷墟卜辭研究》，中國學研究會 1958 年版，第 511 页。
　　③　冯时：《殷历武丁期闰法初考》，《中国历史文物》2004 年第 2 期。
　　④　严一萍：《甲骨文断代研究新例》，《庆祝董作宾先生 65 岁论文集》，"中央研究院"历史语言研究所集刊外编第四种下册，1960 年。又参见丁骕：《由节气求法计四期之闰》、《由帝辛十祀闰九月推测殷世之闰法》，俱见《中国文字》新 8 期，1983 年。
　　⑤　董作宾：《殷历谱》下编卷五《闰谱四》，中央研究院历史语言研究所 1945 年版，第 11—13 页。
　　⑥　陈梦家：《殷虚卜辞综述》，科学出版社 1956 年版，第 221 页。
　　⑦　常玉芝：《殷商历法研究》，吉林文史出版社 1998 年版，第 303—305 页。

癸亥卜，大贞：旬亡祸？六月。

癸酉卜，大贞：旬亡祸？

癸未卜，兄贞：旬亡祸？六月。

癸巳卜，兄贞：旬亡祸？

癸卯卜，贞：旬亡祸？

癸丑卜，出贞：旬亡祸？七月。

癸巳卜，兄贞：旬亡祸？

月份与历日的分配是：

六月	（癸卯）	癸丑	癸亥
六月（闰）	癸酉	癸未	癸巳
七月	癸卯	癸丑	

此年闰六月是非常清楚的。我们看到，从武丁到祖甲时期的年中置闰，闰月名称都重复前月月名，而并不像年终闰月那样采用新名。

像这样的年中闰的例证在卜辞中还有一些，学者或有讨论[1]。这些证据表明，至少自武丁至祖甲时期，殷历并行年终与年中两种闰制应是不容否定的事实。或者更准确地说，年中闰与年终闰虽然在表面上似乎表现为两种不同的闰制，其实则可能只是为适合同一种置闰标准而产生的置闰体系[2]。这意味着董作宾首创的关于殷代泾渭分明的新旧两派不同闰制的看法必须修正[3]。

关于殷历的置闰周期，由于缺乏连贯的卜辞资料，颇难推考。岛邦男曾经试图通过对卜辞十三月的数量统计为这一问题提供一些参考性的解释，最后他认为，仅殷王武丁一世，十三月的记录就占到记有一至十二月卜辞平均数的一半以上，因此这时大约每两年就要设置一个闰月[4]。这个统计结果似乎并不能客

<hr />

① 温少峰、袁庭栋：《殷墟卜辞研究——科学技术篇》，四川省社会科学院出版社1983年版，第111—113页。

② 冯时：《殷历武丁期闰法初考》，《中国历史文物》2004年第2期。

③ 严一萍：《甲骨文断代研究新例》，《庆祝董作宾先生65岁论文集》，"中央研究院"历史语言研究所集刊外编第四种下册，1960年。

④ 岛邦男：《卜辞上の殷暦——殷暦谱批判——》，《日本中国学会报》第十八集，1966年。

观反映殷历闰周的真实情况，因为如果计入岛邦男未能计入的武丁时期与年终闰并行的年中闰月，那么闰月的设置显然过繁。很明显，我们在承认殷历年中与年终两种闰制并行的同时，也必须承认岛邦男的简单统计可能重复累计了相当数量的十三月记录。

二 一年再闰

太阳年与太阳年的周期差为 10 或 11 日，因此在通常情况下，三年一闰、五年再闰的闰周对于调节季节的误差应该是足够充裕了。但是，因失闰所造成的季候变化是不是可以被殷人无限度地容忍，以至于为调整这种误差需要在一年之中连续设置两个闰月，也就是一年再闰，学者却有着不同看法。争论的缘起在于孙海波对卜辞"十四月"的讨论[①]，他所提出的两条证据一见于《殷虚书契前编》第 8.11.3 版（图 91，2），一见于明义士《殷虚卜辞》第 1568 版（图 91，3），我们将其释写如下：

图 91

1. 《续存》2.1492 2. 《前》8.11.3
3. 《明》1568

　　7. 辛巳卜，贞：雀受又（祐）？十三月。

　　辛巳卜，弗受又（祐）？

　　□□卜，戋缶？冬（终）十月三。

　　缶？十四月。　　《前》8.11.3

　　8. □□卜，贞，〔旬〕亡祸？十四月。　　《明》1568

孙海波当然并不以为"十四月"是闰月，也就更谈不上一年再闰，他主张"十

---

① 孙海波：《卜辞历法小记》，《燕京学报》第十七期，1935 年。

四月"同"十三月"一样，都是古人积月之误①，这种解释无法令人信服是显而易见的。莫非斯承认卜辞存在"十四月"的事实，并以其为殷历实行一年再闰的证据②。他同时还想通过《簠室殷契征文·杂事》第 36 版卜旬卜辞试图证明殷历一年再闰现象的存在③，但这些论证由于他对卜辞的误释而变得毫无意义。

日本学者桥本增吉为解决十四月所遇到的困难曾经设计了一套恒星月的历法，他以每月 28 天，平年十三月，闰年十四月，同时尝试着解释其他方面的资料，似乎也能自圆其说④。不过这与卜辞反映的殷历大月 30 日，小月 29 日的事实相去甚远，自然难以令人首肯。

董作宾并不敢轻易相信卜辞"十四月"的记录，他认为"卣十四月"四字似为习契者羼入，因卜辞中尚没有简至一字而又注月名的例子，因此不妨视此为仿刻上面的卜辞，而又误"三"为"四"所致⑤。董作宾对另一条由明义士手摹的卜辞（辞 8）也同样采取怀疑的态度，而认为"十四月"可能出于明义士本人的误摹⑥。其实据对拓本的观察，这种怀疑是有根据的。岛邦男随后列举的有关一年再闰的卜辞证据似乎加深了人们的这种疑惑，因为他提出的《甲骨续存》第 2.1492 版的一条所谓"十四月"的新证据，明显是对"四月"的误摹（图 91，1）⑦，这使金祥恒有理由相信，卜辞中根本不存在可以解释一年再闰的十四月⑧。

周器都公謿鼎铭文记有"十四月"，郭沫若则以为当是十三月之讹，"四"字下面一笔过短，盖是锈纹⑨。科学史家也倾向于否定十四月的记录，在他们看来，历法即使落后，也不会错乱到需要经常一年设置两个闰月来纠正季节的程

---

① 孙海波：《卜辞历法小记》，《燕京学报》第十七期，1935 年。

② 莫非斯：《春秋周殷历法考》《燕京学报》第二十期，1936 年。

③ 同上。

④ 橋本增吉：《支那古代曆法史研究》，東洋文庫記叢 1943 年版，第 29 页。

⑤ 董作宾：《殷历谱》下编卷五《闰谱》，中央研究院历史语言研究所 1945 年版，第 3—4 页。

⑥ 莫非斯：《春秋周殷历法考》《燕京学报》第二十期，1936 年。

⑦ 岛邦男：《殷墟卜辭研究》，中國學研究會 1958 年版，第 512 页。这条卜辞后来又被当作新发现的十四月证据提了出来，见方述鑫：《殷代闰法小考》，《古文字论集》（一），1983 年，第 112 页；常玉芝：《殷商历法研究》，吉林文史出版社 1998 年版，第 303 页。

⑧ 金祥恒：《甲骨文无十四月辨》，《大陆杂志》第 33 卷第 10 期，1966 年。

⑨ 郭沫若：《两周金文辞大系图录考释》第八册，科学出版社 1957 年版，第 176 页。

度。甚至说发展到西周仍会存在这种现象，那更是令人难以想象的事情①。然而在观象授时的时代，如果偶有在年终置闰后仍发现与天象不合，再设一闰也不是完全没有可能②。事实上，尽管有些学者承认一年再闰的现象③，但是他们提出的似是而非的卜辞材料却并不足以印证这种可能性的存在④。然而商末及西周早期金文的"十四月"资料却是相对明确的⑤，这些罕有的一年再闰的证据表明，当时的历法出现连续失闰的情况是极其罕见的⑥。

不过可以肯定的是，卜辞"冬"（终）与月名配合而组成的"终八月"、"终十三月"并不如某些学者认为的那样应该解释为闰月⑦，因为按照这样的理解，"终八月"如果可以解释为后八月的话⑧，那么"终十三月"就是一年再闰了。殷历置于年中的闰月重书前月月名的事实已经很清楚，况且这种解释与辞 7 "十四月"与"终十三月"同版并见的现象也存在矛盾。显然，殷代"终某月"的含义也应与卜辞的"终日"、"终夕"一样而具有始终的意义。

三　闰旬与闰日

董作宾以他建立的阴阳合历与刘朝阳力主的纯阳历一栖两雄，进行了针锋相对的长期论辩。在阴阳合历的体系中，闰月的设置只能是根据月球绕地运行一周而形成的完整的太阴月，而不可能有其他的形式。但是在纯阳历的框架中，置闰既可以是一旬，也可以是两旬，与月球的运动并无关系。刘朝阳为证明他的理论列举了三条卜辞，但《簠室殷契征文·地望》第 10 版误释九月癸巳及十一月癸酉两辞均在十月，同书《杂事》第 34 版则误释十一月癸卯在十月，而唯

①　陈久金：《历法的起源与先秦四分历》，《科技史文集》第一辑，上海科学技术出版社 1978 年版，第 11 页。

②　温少峰、袁庭栋：《殷墟卜辞研究——科学技术篇》，四川省社会科学院出版社 1983 年版，第 115 页。

③　常玉芝：《殷历月首研究》，《传统文化与现代化》1997 年第 5 期。

④　刘学顺：《有关商代历法中的两个问题》，《殷都学刊》1992 年第 3 期。

⑤　见小子𝑥簋（《集成》4138）和叔矢方鼎（《文物》2001 年第 8 期）。

⑥　李学勤：《谈叔矢方鼎及其他》，《文物》2001 年第 10 期。

⑦　莫非斯：《春秋周殷历法考》，《燕京学报》第二十期，1936 年。

⑧　陈遵妫：《中国古代天文学简史》，上海人民出版社 1955 年版，第 35 页；《中国天文学史》第一册，上海人民出版社 1980 年版，第 203—205 页。

一在释文方面没有错误的一条则是前面我们已经讨论过的《殷虚卜辞》第687版八月含有四癸日的例子①，这种情况如果解释为首尾两癸日分值一月的首末日而成31日，显然就不必非要将其视为闰旬不可。

殷历31日朔策存在的可能性意味着闰旬说的成立必须获得一月含有五癸日的证据的支持，也就是说一个历月一定要大月40日，尽管这种五癸日的情况完全可以看作是设置了一个闰月而不是闰旬，但即使如此，主张殷历存在闰旬的学者在这方面仍然没能取得任何收获②。

董作宾的阴阳合历与刘朝阳的纯阳历二者之间的互不相容在莫非斯看来却并不是不可以调和的，于是他在承认殷历历月分有大小的同时，也接受刘朝阳提出的闰旬设想③。这种做法实际使他苦心经营的殷历处于一种彼此矛盾的混乱状态之中，因为大小月的存在完全取决于月球绕地运行的周期，而闰旬的设立又将彻底破坏这个周期，这已是再明显不过的事实。况且，莫非斯本人并没有拿出任何可以支持闰旬理论而使其不可动摇的证据，事实上，卜辞中也根本不存在这样的证据。

闰旬与阴阳合历的格格不入在历理上表现得尤为鲜明。尽管这种学说存在着严重缺陷，但它的影响却相当深远④，原因就在于在相当长的时间内，人们并没有真正找到卜辞存在的造成一月含有四癸日的症结，以至于金祥恒虽著文系统地否定殷历闰旬的可能性，但对于卜辞中明确无误的一月四癸日的现象仍未能给予正确的解释⑤。

属于阴阳合历的殷历体制既然不允许闰旬存在，那么一月含有四癸日的现象便只能是朔策31天的反映。这种朔策的出现除去我们已经讨论的那样可能是观测失误所致，或许也还会有其他的原因。

商代的历法究竟是尚完全处于观象授时的阶段，还是观象授时已经作为一种原始推步术的补充，现在还有争论。不过对于这样一部行用数百年，并且相

---

①　刘朝阳：《再论殷历》，《燕京学报》第十三期，1933年。

②　孙海波：《卜辞历法小记》，《燕京学报》第十七期，1935年。

③　莫非斯：《春秋周殷历法考》，《燕京学报》第二十期，1936年。

④　岛邦男：《殷墟卜辞研究》，中国学研究会1958年版，第511—529页；方述鑫：《殷代闰法小考》，《古文字论集》（一），1983年，第110—112页；徐凤先：《商末周祭祀谱合历研究》，世界图书出版公司2006年版。

⑤　金祥恒：《甲骨卜辞"月末闰旬"辨》，《沈刚伯先生八秩荣庆论文集》，1976年。收入《金祥恒先生全集》第一册，艺文印书馆1990年版，第121—138页。

当繁复的历法而言，每月都要靠随时观测才能决定月首恐怕也很难令人理解。从中国天文学发展的角度讲，观象授时作为推步的一种补充应该更符合商代天文学的实际，当然这时的推步工作应该是比较原始和粗疏的。

如果殷人于一年的年终颁行第二年的历谱，事实上甲骨文存在的历表已可证明这一点，那么 31 天的大月就很难解释成只是出于观测的失误。因为很明显，观象授时如果仅仅作为推步的补充的话，那么这种活动本身就一定不会是造成历算误差的原因，而只能是弥补推步误差的手段。确切地说，由原始推步所造成的历法与天象不合的现象需要及时通过观象活动来修正，这才是观象活动存在的意义所在。众所周知，在推步方法尚不精密的时代，历法久之则不能合天，因此，殷历必然会出现即使是在后世的历法中也并不鲜见的"朔晦月见"的现象，这种现象事实上在早期历法中是普遍存在的。如果我们将在一月 31 日中比正常历月多出的一日视为为调整"朔晦月见"误差的"闰日"，那么它的设置简直与为调整太阴年与太阳年的误差而设置的闰月有着异曲同工的妙意①。

四　无节置闰与无中置闰

中国的传统历法采用无中置闰法，也就是将闰月设置在没有中气的月份。董作宾则另倡商代历法实行"无节置闰"法，以至于在他以后的一系列著作中，凡是有关殷商年代的，都是以这个方法贯穿始终。董作宾创立的这种置闰方法源自于他对卜辞庚申月食推算的过分自信，因为这次月食卜辞同版见有"十三月"，而他所推定的月食年代——公元前 1311 年——的应闰之月却只含中气冬至，不含大雪节，所以需要在年终设一闰月②，这就是他的所谓"无节置闰"法的由来。

董作宾的这个置闰方案颇为迂曲，因为他相信武丁时期只实行年终一种闰制，所以，尽管他推定的无节之月是在当年的一月，但也不能在应闰之月设置闰月，而要把所闰之月移于年终。这个奇怪的置闰方法后来始终为董作宾所恪守，成为建立殷历年终闰与年中闰的统一标准。

董作宾的这一创举并没有赢得多少喝彩，相反，自唐兰对这种没有多少根

---

① 冯时：《卜辞中的殷代历法》，薄树人主编：《中国天文学史》，文津出处社 1996 年版，第 34 页。

② 董作宾：《殷历谱》下编卷五《闰谱二》，中央研究院历史语言研究所 1945 年版，第 7—8 页。

据的闰制提出怀疑之后①，反对之声就不绝于耳②。客观地说，在董作宾庞大的殷历体系中虽然不乏真知灼见，但闰法的讨论却是最不成功的部分。董作宾对于庚申月食年代的推算在今天看来已没有什么可取的地方，这实际已从根本上动摇了所谓"无节置闰"的理论基础，而为他津津乐道用以印证这一理论的帝辛十祀闰九月其实并不存在，因此，所谓"无节置闰"已没有任何存在的理由了③。

　　然而，假如殷历闰月的设置并非混乱不堪的话，它就一定具有置闰的原则，这种原则毫无疑问应该体现着中国传统的"无中置闰"法的渊源。很明显，中气本自于二分二至，这是可以借助圭表测得的，而节则无法通过测量来取得，所以闰月的创置一定是和中气有关，而不会与节气有关。

　　一些学者认为，殷历年中闰的闰月名称重复前月月名，而年终闰的闰月名称则别用新名，因此这两种闰法不可能同时施行。事实上，武丁至祖甲时期年终闰与年中闰并行的事实已足以说明，闰月名称的不统一并不能作为否定两种闰法同时施行的依据，这实际是殷历置闰原则的必然反映。假如我们不将年终闰看作是一种孤立的闰法，那么它与年中闰的配合就确实表现出一定的置闰规律。据我们研究，殷历的闰月一般设置于三月、六月、九月及十三月，基本上呈等间距安排，闰月位置相距约三个月。这个规律大致符合黄河流域的四时变化。更准确地说，如果依据卜辞将殷历岁首定在寒露至霜降间，也就是秋分之后的第一个月④，那么闰月的位置与分至的位置就完全可以对应起来。做出这样的推测或许并不过分。因为殷历闰月显然不会是随意安排的，它可能是通过观测星象或测度日影以期达到与分至的统一。换句话说，殷历的历月本应与二分二至有着固定的对应关系，也即冬至、春分、夏至、秋分一定要出现在殷历的

---

　　① 唐兰致董作宾函。见董作宾：《殷历谱后记》，《六同别录》（中），中央研究院历史语言研究所集刊外编第三种，1945年，第13页。

　　② 薮内清：《殷暦に關する二、三の問題》，《東洋史研究》第15卷第2號，1956年；劳榦：《殷周年代的问题——长期求证的结果及其处理的方法》，《中央研究院历史语言研究所集刊》第67本第2分，1996年。

　　③ 由于殷历闰法遗留的问题太多，促使丁驌设想了一种所谓岁星历，并认为行用于武丁三十二年以前。此历以361日一年，积七年28日置一闰，称十三月。见《殷历何法》，《中国文字》新11期，1986年。严一萍随即给予辩驳。见《跋〈殷历何法〉》，《中国文字》新11期，1986年。

　　④ 冯时：《殷历岁首研究》，《考古学报》1990年第1期；《中国天文年代学研究的新拓展》，《考古》1993年第6期。

三月、六月、九月和十二月，一旦这种关系失衡，分至在应该出现的月份没有出现，置闰便成为了唯一的调节手段。保持分至与历月的固定对应关系的做法不仅与中国传统古历的历法原则完全相同，实际上也正是殷历年中闰月只重复前月月名而不别立新名的根本原因，理由很简单，年中闰月名称的改变将导致这种历月与分至对应关系的彻底混乱，而唯一对这种对应关系没有影响的就是置于年终的闰月，因此闰十二月便可放心地别称为"十三月"[①]。当然，"十三月"的名称其实体现着比殷历更原始的历法所具有的"归馀于终"的闰法孑遗。

对殷代月食的研究支持了这种看法。殷卜辞中的庚申月食与甲午月食都发生在殷历一月，乙酉月食发生在殷历八月，且庚申月食卜辞同版记有"十三月"，知其前一年有闰。三次月食的发生时间分别是[②]：

> 一月庚申月食　公元前 1218 年 11 月 15 日（殷正朔日为 11 月 1 日）
> 一月甲午月食　公元前 1198 年 11 月 4 日（殷正朔日为 10 月 21 日）
> 八月乙酉月食　公元前 1227 年 6 月 1 日（殷正朔日为公元前 1228 年
> 　　　　　　　10 月 22 日）

这三个年份的分至时刻如下[③]：

> 公元前 1218 年 10 月 4 日戊寅 22^h16^m 秋分
> 公元前 1198 年 10 月 4 日癸亥 18^h47^m 秋分
> 公元前 1228 年 10 月 4 日丙戌 11^h46^m 秋分

很明显，秋分均出版在殷历的年终月，这至少可以作为殷历置闰的标准之一[④]。

晚殷卜辞直接涉及闰法的材料并不多见，然而，根据乙辛周祭祀典的复原，

---

①　冯时：《卜辞中的殷代历法》，薄树人主编：《中国天文学史》，文津出版社 1996 年版，第 35—36 页；《殷历武丁期闰法初考》，《中国历史文物》2004 年第 2 期。

②　冯时：《殷历岁首研究》，《考古学报》1990 年第 1 期。

③　张培瑜：《分至八节表（前 1500 年至公元 2050 年）》，《三千五百年历日天象》，河南教育出版社 1990 年版。

④　冯时：《中国天文年代学研究的新拓展》，《考古》1993 年第 6 期；《卜辞中的殷代历法》，薄树人主编：《中国天文学史》，文津出版社 1996 年版，第 35—36 页；《殷历武丁期闰法初考》，《中国历史文物》2004 年第 2 期。

仍可以排出年中与年终两种闰月①。我们同样不把这两种闰月视为彼此孤立的闰制，而应将其作为调节历月与分至日的对应关系的完整体系。特别需要注意的是，晚殷卜辞普遍缺乏十三月，这或许反映了闰月名称渐趋统一的发展过程。总之，殷历置于年终的闰月"十三月"虽然保留了更早的历法"归馀于终"的闰月名称，但它的作用却都宜视为闰十二月的异称，其性质已不具有"归馀于终"的意义②。如果说殷历闰法中"十三月"的存在至少在月名上还留有原始古历"归馀于终"的闰制痕迹的话，那么至商代末期，历法的进步已使这种痕迹几乎得到了彻底的根除。

从天文学的角度讲，年终闰向年中闰的发展乃是极其重要的进步，殷卜辞反映的情况似乎表明，这个过度至少在武丁时代就已经完成了。殷代实行的闰制虽然从表面上看似乎是一种年终闰与年中闰并行的闰法体系，但实质却是为适应着调整历月与分至日的对应关系的同一种置闰标准，从而最终达到平衡太阴年与太阳年关系的目的。显然，这种做法也是随时观测的结果，因而带有更大的原始性。

历月与分至对应的闰法虽然与后世行用的"无中置闰"法有所不同，但彼此却存在着明显的渊源关系。"无中置闰"法需要在没有中气的月份设置闰月，这当然是推步术渐致精密的结果，而历月与分至对应的闰法只能在分至本该出现却没有出现的历月的后一个月设置闰月，这又是古人需要随时测度分至的必然反映。这种原始的"无中置闰"法的含义虽然与后世的闰法略有区别，但却都以中气作为置闰的原则，显然，它们代表了中国传统闰法发展的不同阶段。

第七节　月首

殷历实行以月亮的朔望变化为周期的太阴月，这使月首的决定成为一项重要工作。传统认为，中国古历中以朔作为月首产生于西周，《诗·小雅·十月之交》记载的发生于朔日辛卯的一次日食是有关朔日的最早记录。关于这次日食发生的确切时间始终存在争议，但即使以较晚的一次——公元前 735 年 11 月 30

---

① 董作宾：《殷历谱》下编卷二《祀谱二》，卷三《祀谱三》，第 1—51 页，中央研究院历史语言研究所 1945 年版；许进雄：《殷卜辞中五种祭祀的研究》，台湾大学文学院 1968 年版，第 136—167 页。

② 冯时：《卜辞中的殷代历法》，薄树人主编：《中国天文学史》，文津出版社 1996 年版，第 35—36 页；《殷历武丁期闰法初考》，《中国历史文物》2004 年第 2 期。

日——而论，也已在东周平王时期，此去西周未远，显然，在西周后期的历法中，朔的概念已被采用应该没有疑问。

自西周上溯殷商，"朔"是否已作为历月之首一直存在着两种不同的认识。董作宾不同意刘朝阳设想的纯阳历[①]，而主张殷人已知合朔，朔为太阴月的初一日[②]。日本学者薮内清则坚信殷人尚不知合朔，而以新月初见之朏为月首[③]。这两种观点看似只有一两日的不同，但却是极不相容的。

使用朏作为月首的历法或许比以朔决定月首更为原始，因为在相当多的人看来，朏可以通过观测取得，而朔的获知似乎只能依靠计算，因而朏的使用一定比以朔为月首更为方便。这种认识其实是没有深入了解古人观象行为的一种误解，恰恰相反，朏——月出——的现象只有在一个白天结束之后的傍晚才可能看到，假如古人对历月周期茫然无知，而只能通过对朏日的观测决定月首的话，那么在他们看到新月初现的时候，月首的一日实际已经即将过去，所以，如果这样的观象活动确实存在，那么殷人欲想借助新月初见这一天象决定月首显然是为时过晚了，这意味着他们只可能以看到新月的第二天为月首，而不可能将月首定在朏日当天，因为这样做将使全部历月的月首一日成为没有计时意义的废日。但是如果在同样的观象活动中，殷人为决定月首关心的不是朏日而是晦日的话，那么他们在看到残月消失之后便可从容地将第二天定为月首，这种做法不仅符合古人观象活动的实质，同时也得到了最原始的朔日。当然对原始先民来说，这种做法显然比以朏决定月首方便得多。事实上，在人们更多地依赖于月光作为夜间照明光源的上古时代，一个朔望月中仅有的两天月光消失的日子无疑比其他任何月相都更能引起古人的注意，原始的朔的概念便应从这时孕育产生了。

薮内清主张殷历以朏为月首的另一个理由是因为他相信殷历的朔策还处在可以任意摆动于 28.5 日到 30.5 日之间的混乱状态，这似乎在以朔为月首的历法中是难以想象的。这个观点后来为某些学者所接受，以致使他们产生出将殷人有时称呼次月为"生月"的做法作为殷历以朏为月首的证据[④]。这种比附似乎过

---

① 纯阳历以每月始于甲日，终于癸日。见刘朝阳：《再论殷历》，《燕京学报》第十三期，1933 年。这种认识与殷历的实际情况不合。

② 董作宾：《殷历谱》下编卷六《朔谱》，中央研究院历史语言研究所 1945 年版，第 1—2 页。

③ 薮内清：《殷暦に關する二、三の問題》，《東洋史研究》第 15 卷第 2 號，1956 年。

④ 常玉芝：《殷历月首研究》，《传统文化与现代化》1977 年第 5 期。

于勉强，显然，即使我们承认卜辞"生月"的含义可能与月之生死有关，也不宜将月死月生的古老观念与确定月首加以联系。事实上，卜辞中并未出现小于29天的小月，而31天的大月所多出的一日也完全可以作为调整"朔晦月见"的"闰日"来理解①。因此，影响殷历以朔为月首的障碍其实并不存在。

如果将殷商天文学放到中国天文学发展的历史中去考察，那么不能不承认，薮内清的观点显然过于保守了。更为重要的是，殷卜辞中的乙酉月食记录在揭示了殷人对于交食观测的同时，也反映了殷历月首的真实情况。现在我们将严一萍复原的乙酉月食发生之年殷历一至八月的历谱转录下：

一月		癸亥	（癸酉）
二月	癸未	（癸巳）	癸卯
三月		（癸丑）	（癸亥）
四月	（癸酉）	（癸未）	（癸巳）
五月	癸卯	（癸丑）	（癸亥）
六月	（癸酉）	癸未	（癸巳）
七月	（癸卯）	（癸丑）	（癸亥）
八月	（癸酉）	癸未	（癸巳）

将此谱与乙酉月食发生之年前八月的真实朔日比较，可以得到相关月份的历日：

殷历三月朔癸卯　　　　公元前 1228 年 12 月 20 日
　　　合朔时刻　　　（1）12^h24^m　（2）12^h41^m　（3）12^h21^m
殷历四月朔癸酉　　　　公元前 1227 年 1 月 19 日
　　　合朔时刻　　　（1）00^h17^m　（2）00^h56^m　（3）00^h43^m
殷历五月朔壬寅　　　　公元前 1227 年 2 月 17 日
　　　合朔时刻　　　（1）13^h14^m　（2）13^h49^m　（3）13^h41^m

我们看到，公元前 1228 年 12 月 20 日癸卯应为殷历三月月首，卜辞却列在二月。自癸卯次日甲辰至殷历五月癸卯的前一日壬寅共含 59 日，因此，殷历五月初旬

---

① 冯时：《卜辞中的殷代历法》，薄树人主编：《中国天文学史》，文津出版社 1996 年版，第 34 页。

癸卯无论如何只能有两种选择，一为初一，一为初二。如果以其为殷历五月初二，则五月初一壬寅恰是五月朔日，显然这是持殷人不知合朔观点的人们所不能接受的。那么我们暂设癸卯为五月首日，检查一下此日的月相情况。

张培瑜对于五月壬寅合朔时刻的最初计算为 13^h14^m，这个结果比他后来的计算早了大约半小时[1]，因此他据此计算得到的结论是，五月癸卯当晚已可看到月相大于 2％的眉月[2]。由于 2％大小的月相刚好处于可见和不可见的边缘，所以合朔时刻计算精度的高低便成为决定殷历月首的关键因素。张培瑜最初的合朔计算显然没有他后来的计算精密，这一事实在张培瑜自己也曾反复强调[3]。于是学者根据他后来的合朔时刻计算，却得出了与张培瑜早期的计算相反的结论，癸卯日落时刻距合朔之时大约 27—28 小时，月球距日约 14 度，月相小于 0.017，不能看到[4]。显然，在有可能作为月首的五月壬寅、癸卯二日都不能见月，殷历的历月便只能始于朔而不始于朏。

需要特别强调的是，我们所说的殷人认识的朔与现代天文学意义的朔并非同一概念，后者是指日月黄经差等于零度的时刻，由于这一现象无法看到，因此需要推步取得。长期以来，人们深受这种观念所囿，故而认为以朔作为历月之首必须发生在相对进步的推步历法的时代。理论上讲这虽无可厚非，但若历史地加以考察，情况便不同了。含有朔时刻的历日为朔日，它与现代天文学意义的朔不能等同，二者在早期历法中的差异更为明显。在中国文献中，作为日月交会的概念称为"辰"。辰的范围很宽疏，并不特指朔时刻。《左传·僖公五年》："丙之晨，龙尾伏辰。……丙子旦，日在尾，月在策，鹑火中，必是时也。"并不成朔，但可称辰。此外，《春秋》所载日食有些并不书朔，盖当时并不以日食在朔。这些都说明，早期历法中朔的概念十分粗疏，它可以是含有朔时刻的一天，也可以摆动于朔时刻的前后，但却必须是不见月光的日子，殷代

---

①　张培瑜、卢央、徐振韬：《试论殷代历法的月与月相的关系》，《南京大学学报》（哲学社会科学）1984 年第 1 期；张培瑜：《冬至合朔时日表（公元前 1500 年至前 105 年）》，《中国先秦史历表》，齐鲁书社 1987 年版；《合朔满月表（前 1500 年至公元 2052 年）》，《三千五百年历日天象》，河南教育出版社 1990 年版。

②　张培瑜、卢央、徐振韬：《试论殷代历法的月与月相的关系》，《南京大学学报》（哲学社会科学）1984 年第 1 期。

③　张培瑜：《中国先秦史历表·前言》，齐鲁书社 1987 年版；《三千五百年历日天象·前言》，河南教育出版社 1990 年版。

④　冯时：《殷历月首研究》，《考古》1990 年第 2 期。

的情况基本如此。不容否认，观象授时与推步历法之间存在着一个以观象校正推步术的过渡时期，事实上，推步历法的产生正是人们长期辛勤观测的结果。换句话说，观象与推步都可以求得朔日，区别只是哪一种方法能够求得精度更高的朔日，殷历虽以朔日为月首，但朔日的确定可能仍需依赖辛勤的观测，因而月首之日与真实的朔日之间可能存在一日的误差。不难理解，因月行有疾迟等原因，使用平朔而导致历法不能合天的现象是常有的事情，因此，殷历出现"朔晦月见"的现象也应十分自然。

第八节　岁首

传统的三正是将殷历岁首定在建丑之月，也就是冬至以后的第一个月。这种确定岁首的方法若从天文学发展的角度讲是颇为合理的，因为在人们不能预先推知冬至出现的准确时间的前提下，实测冬至的结果只能是为未来时间的确定提供依据，这与殷人在不能预先推知新月出现日期的情况下，而只能通过观测晦日推定次月月首的做法如出一辙。

然而，丑正殷历究竟能在多大程度上反映殷代历法的真实情况，这一点自古以来就一直有人怀疑。董作宾似乎并不把殷正建丑视为与真实殷历毫不相干的无稽之谈，这倒不是因为他盲目遵从三正的缘故，而同样是出于他对卜辞庚申月食研究的过分自信。

我们在殷历闰法一节中已经谈过，董作宾将庚申月食考定于公元前1311年11月9日，这样他便可以放心地检查冬至的位置。由于这次月食卜辞同版记有"十三月"，而冬至恰好出现在此月，因此他相信殷正建丑是以小寒为正月节自是拥有了卜辞与天文学的双重证据[①]。

董作宾虽然想使自己的工作建立在一个尽量严谨的基础之上，但却无法摆脱时代的局限，很明显，二十四节气是否在殷代已经形成，即使董作宾本人对此也没有能提出有利的证据。当然，如果说这一缺陷还可以通过冬至的存在得以弥补的话，那么对于甲骨文所见的其他几次月食怎样同庚申月食配合的问题，

---

① 董作宾：《殷历谱》下编卷三《交食谱》，中央研究院历史语言研究所1945年版，第30—31页；《殷历谱后记》，《六同别录》（中），中央研究院历史语言研究所集刊外编第三种，1945年，第13—15页。

董作宾却一直未能给予圆满的解决。这些疏略都使人们不得不对他确定的庚申月食的年代抱有疑虑，这实际使他由庚申月食据以论定的殷正建丑的结论面临着严重挑战。

事实上，尽管长期以来人们并不怀疑丑正殷历作为时王之术的可能性，但某些矛盾现象仍不能使人充分确信这一点。一方面，汉传殷历的合天年代约当公元前五世纪，已属战国时期；另一方面，卜辞的很多内容与丑正殷历相互抵牾。这意味着对时王殷正必须重加考虑。

对一种不同于传统丑正殷历的新探索虽然从总体上讲已比董作宾的研究手段丰富得多，但有些研究仍然不能令人满意。学者或据卜辞反映的殷代气象、农事、祈年等活动推定殷正建未，相当于农历六月[①]。但这种研究方法似乎并不能把殷历正月限定在一个相对固定的狭小的范围内，因此我们很快便看到了几乎是利用相同的资料而得出的与殷正建未不同的结论。常正光更相信卜辞所记的一月食麦是收获冬麦之后的活动，因而提出殷正建巳的观点，也即相当于农历四月[②]。温少峰等学者则提出殷正建辰，相当于农历三月[③]。王晖又提出殷正建午，相当于农历五月[④]。不难看出，由于人们对于卜辞所记气象、农事内容的理解不同，殷历建正的看法也很难取得一致的意见，甚至出现完全相反的看法也并不是没有可能[⑤]。

事实上，殷代的气候与农事安排与今天的情况可能存在很大的差异，而温度的变化导致雨季的不同已经是很明显的事情，况且殷代可能并没有冬麦的种植，这通过卜辞祈年及收获记录的研究完全可以证明[⑥]。因此，殷代的气候及农事活动与其说可以放心地作为推论殷正的已知条件，倒不如将其视为在真实殷

---

①　郑慧生：《"殷正建未"说》，《史学月刊》1984 年第 1 期。

②　常正光：《殷历考辨》，《古文字研究》第六辑，中华书局 1981 年版。又见刘桓：《关于殷历岁首之月的考证》，《甲骨证史》，黑龙江教育出版社 2002 年版，第 87—114 页。

③　温少峰、袁庭栋：《殷墟卜辞研究——科学技术篇》，四川省社会科学院出版社 1983 年版，第 116—119 页。

④　王晖：《殷历岁首新论》，《陕西师大学报》1994 年第 2 期；《古文字与商周史新证》第二编第一章，中华书局 2003 年版。

⑤　张培瑜、孟世凯：《商代历法的月名、季节和岁首》，《先秦史研究》，云南民族出版社 1987 年版；冯时：《殷代农季与殷历历年》，《中国农史》第 12 卷第 1 期，1993 年。

⑥　冯时：《殷代农季与殷历历年》，《中国农史》第 12 卷第 1 期，1993 年；《商代麦作考》，《东亚古物》创刊号，2005 年。

正建立以后需要进一步研究的未知因素更适宜。与此同样重要的是，如果殷历的岁首可以安排在农历的三至六月，那将意味着我们不仅在中国的历法制度中根本找不到这种传统，而且这样的历制体系也与西周的历法无法衔接①。

董作宾的工作虽有不足，但他根据卜辞月食记录寻找重建殷历岁首的天象基础的方法则是科学的。这使学者意识到，由于天文年代学研究的进步，董作宾于半个世纪之前对于殷历建正的探索有理由也有可能继续下去。

学者通过对卜辞月食的研究几乎同时得到了殷历建正大约出现在冬至前两个月的结论，不同的是，张培瑜根据庚申、乙酉两次月食的研究认为，殷历正月可以摆动于建申（农历七月）、建酉（农历八月）和建戌（农历九月）的三个月内，包括今天立秋到寒露、霜降的一段时间②。而我们则据庚申、乙酉、甲午三次月食的研究，以殷历正月朔日摆动于寒露至霜降间作为殷历建正的标准形式③。

庚申、乙酉、甲午三次月食所在的殷历月份，卜辞或已明记，或可推知。这是利用卜辞月食资料重建殷正的关键条件。除乙酉月食卜辞径记"八月"外，庚申月食与甲午月食的殷历时间均可据同版所记的历月或祭事推定为殷历一月。我们考定的三次月食的准确时间是：

> 八月乙酉月食　公元前 1227 年 5 月 31 日
> 一月庚申月食　公元前 1218 年 11 月 15 日
> 一月甲午月食　公元前 1198 年 11 月 4 日

三次月食日期都处在三个殷历月的望日，依当时的合天历表回推三次月食发生之年的殷正朔日，可以建立岁首与农历节气的对应关系。

月　　食	殷正朔日干支	儒略历（公元前）	儒略周日	农历节气
一月庚申月食	丙午	1218.11.1	1276853	秋分后 28 日
八月乙酉月食	甲辰	1228.10.22	1273191	秋分后 18 日
一月甲午月食	庚辰	1198.10.21	1284147	秋分后 17 日

---

① 冯时：《西周金文月相与宣王纪年》，《考古学研究》（六），科学出版社 2006 年版。
② 张培瑜、孟世凯：《商代历法的月名、季节和岁首》，《先秦史研究》，云南民族出版社 1987 年版。
③ 冯时：《殷历岁首研究》，《考古学报》1990 年第 1 期。

据此可知，殷正朔日摆动于儒略历的十月下旬至 11 月上旬，当农历节气的寒露至霜降间，而殷历正月则当农历的九至十月[1]，也就是秋分之后的第一月，这是卜辞反映的真实的时王殷正。

正像农年与历年于早期历法中相互重叠一样，殷历也仍然保持着这种古老传统。农历的九至十月不仅是一个农业周期结束的时候，同时也是殷历历年的更替时节。因此，殷代农季与历年的关系是一致的，殷代一个农业季节的结束，基本上就是一个历年的结束。准确地说，农年与历年的结合是从这两个循环周期的终点开始的，即农年的终点也同时作为历年的终点[2]。但是殷历历年除去为适应这种农事周期之外，还应有它独特而明确的天文学标准，这个标准不仅包括殷人对其主祀之星大火星（天蝎座 α，心宿二）朝觌的观测，还包括对于秋分的测定。换句话说，作为岁时更迭这样一个重要时刻的天象标准，测度日影与观候星象是密不可分的两项内容。殷历年终之月含有秋分（详见第五章第六节"闰法"），岁首是在秋分之后的第一月，显然，殷人度量日影以定秋分对确定岁首有着直接的意义[3]。与此同样重要的则是殷人对大火星的观测，计算表明，殷历岁首期间正是大火星的朝觌时候，这应是决定岁首的又一个可以参考的标准。在目前所见的殷卜辞中，涉及大火星的记录多集中出现于岁末和岁初，这些活动可能与决定岁首有关[4]。因此有理由认为，殷人制历实行以测度日影与观候大火星相结合的综合标准，这个标准在反映历年周期的同时，也反映了农业周期。它表明，当人们经历秋分，迎来丰收季节的时候，当一个农季结束之后，大火星在黎明之前重新从东方升起的时候，殷代新的一年便开始了[5]。

第九节 季节

商代的季节是不是也同我们今天一样分为四季，这在相当长的时间内一直

---

① 冯时：《殷历岁首研究》，《考古学报》1990 年第 1 期。
② 冯时：《殷代农季与殷历历年》，《中国农史》第 12 卷第 1 期，1993 年。
③ 冯时：《中国天文年代学研究的新拓展》，《考古》1993 年第 6 期。
④ 冯时：《殷历岁首研究》，《考古学报》1990 年第 1 期。
⑤ 冯时：《卜辞中的殷代历法》，薄树人主编：《中国天文学史》，文津出版社 1996 年版，第 43 页。

为人们深信不疑。叶玉森最早系统地考释了他所认为的卜辞中的四季名称①，但他的工作未能将殷历季节纳入历法的框架加以综合考察，暴露出许多不足，因而能够赢得人们首肯的结论并不很多。尽管如此，他的开创性工作还是对以后的研究给予了很大启发，这使后人对于殷历季节的研究基本上没能超出叶玉森所界定的范围。

　　董作宾最初对殷历季节的研究几乎照搬了叶玉森的结论②，但他很快便意识到，唐兰对于卜辞季名的考释似乎更能令人信服，于是转从唐说③。唐兰并不认为殷代已经存在四时的划分，他以卜辞"今春"、"来春"、"今秋、""来秋"意即今年、来年，而后世四时之起取春、秋二名，又益以夏、冬，于是春、秋之古谊晦④。这个观点虽不乏学者附和⑤，但董作宾对于殷代已有四时的划分仍然坚信不疑⑥。

　　叶玉森以为卜辞的"春"字作"ᛃ"、"ᛃ"或"ᛃ"，象草木初生之形。这个考释虽然为董作宾和唐兰所遵依推演，但也并不是没有人怀疑⑦。然而由于叶玉森将它看作是与季节有关的文字，于是其后学者或释"条"，借为"秋"⑧；或释"夏"⑨，仍不能摆脱叶说的羁绊⑩。唐兰的解释事实上弥合了叶玉森所注意到的卜辞春季与其所记历月不合而自觉难通的缺憾。而杨树达发现，叶玉森所释的所谓"春"字与季节用字根本不同，它所系记的殷历月份甚至包括自四月至

　　①　叶玉森：《殷契钩沉》甲卷，北平富晋书社1929年版，第1—2页；《擎契枝谭》卷甲，北平富晋书社1929年版，第9—10页；《殷虚书契前编集释》卷五，上海大东书局石印本1933年版，第41页。

　　②　董作宾：《卜辞中所见之殷历》，《安阳发掘报告》第三册，1931年。

　　③　董作宾：《殷历谱》下编卷九《日谱一》，中央研究院历史语言研究所1945年版，第39页，《尧典天文历法新证》，《清华学报》新1卷第2期，1956年。

　　④　唐兰：《殷虚文字记》，中华书局1981年版，第1—6页。

　　⑤　胡厚宣：《殷代年岁称谓考》，《中国文化研究汇刊》第二卷，1942年，第14—23页；《甲骨学商史论丛初集》第二册，成都齐鲁大学国学研究所1944年版；饶宗颐：《殷代日至考》，《大陆杂志》第5卷第3期，1952年；杜松柏：《由卜辞探论殷代的历法》，《台北市立女子师范专科学校学报》1975年3月。

　　⑥　董作宾：《殷历谱》下编卷九《日谱一》，中央研究院历史语言研究所1945年版，第39页，《尧典天文历法新证》，《清华学报》新1卷第2期，1956年。

　　⑦　郭沫若：《卜辞通纂考释》，日本东京文求堂石印本1933年版，第13页；商承祚：《殷契佚存考释》，金陵大学中国文化研究所1933年版，第5—6页；孙海波：《卜辞历法小记》，《燕京学报》第十七期，1935年。

　　⑧　于省吾：《双剑誃殷契骈枝》，北平虎坊桥大业印书局石印本1940年版，第5—8页。

　　⑨　连劭名：《商代的四方风名与八卦》，《文物》1988年第11期。

　　⑩　丁骕：《契之春秋字》，《中国文字》新15期，1991年，第1—6页。

十二月几乎一年的时间，这个现象尽管与唐兰的解释并不矛盾，但他还是根据字形的分析，考释此字为“载”[①]，似乎称年为载要比借春秋暗寓更为直接明快。这个考释至少在对字形的分析上不能令人满意，于是陈梦家重释此字为“世”，谓“今世”、“来世”即今时来时[②]。郭沫若又据字形释此字为“者”[③]，多有信从。看来这个字与季节应该没有关系。叶玉森同时考释的另两个所谓“春”字学者多释为“[illegible]”和“耖”，与春季也没有什么联系。

叶玉森考释的卜辞“夏”字有两种字形，第一种字形作“[illegible]”，他认为即蝉的象形字，而蝉为夏虫，闻其声即可知为夏，所以卜辞借“蝉”为“夏”。第二种字形作“[illegible]”，叶玉森隶定为“[illegible]”，并以《说文》解“楙”为木盛，而说“[illegible]”字表示夏日木盛之时，为“夏”字的别体。这些考释存在的问题很多，唐兰以为，叶玉森释为“夏”字的第一种字形不仅不象蝉形，而且他也无法证明殷人何以在众多的夏虫之中独以蝉应夏时不可。而唐兰把这类字释为“龝”，谓象龟形，字或从“火”作“[illegible]”，读为秋天之“秋”，但不指季节，而指历年[④]。这个观点虽然影响很大，但字的形象与龟确实不太一样。岛邦男首先指出它应是蝗虫的象形[⑤]，于是学者或释“蟅”，借为“夏”[⑥]；或释“[illegible]”[⑦]，但仍指秋季[⑧]。

叶玉森考释的第二种“夏”字显然也是纪时用字[⑨]，于省吾释为“春”，字本作“[illegible]”，从“林”从“日”　“屯”声[⑩]。这个考释的关键部分在于对卜辞

---

① 杨树达：《释[illegible]》，《岭南学报》第11卷第1期，1950年；《耐林庼甲文说》，群联出版社1954年版，第14—16页。

② 陈梦家：《殷虚卜辞综述》，科学出版社1956年版，第223页。

③ 郭沫若：《卜辞通纂考释》，《郭沫若全集·考古编》第二卷，科学出版社1983年版，第13页眉批。

④ 唐兰：《殷虚文字记》，中华书局1981年版，第6—10页。

⑤ 島邦男：《殷墟卜辭研究》，中國學研究會1958年版，第206—207页。

⑥ 鲁实先：《说文正补之六》，《大陆杂志》第39卷第2期，1969年。

⑦ 郭若愚：《释[illegible]》，《上海师范学院学报》1979年第2期。

⑧ 島邦男：《殷墟卜辭研究》，中國學研究會1958年版，第207页；Chang Tsung-tung，*Der Kult der Shang-Dynastie im Spiegel der Orakelinschriften：Eine paläographische Studie Zur Religion im Archaischen China*. Wiesbaden：Dtto Harrassowitz，1970，p. 122；彭邦炯：《商人卜[illegible]说——兼论甲骨文的秋字》，《农业考古》1983年第2期；温少峰、袁庭栋：《殷墟卜辞研究——科学技术篇》，四川省社会科学院出版社1983年版，第91—92页。

⑨ 唐兰：《天壤阁甲骨文存考释》，北平辅仁大学1939年版，第23页。

⑩ 于省吾：《双剑誃殷契骈枝》，北平虎坊桥大业印书局石印本1940年版，第1—4页。

"屯"字的释读，应该可以令人接受。此字或作"屯"、"暜"、"芚"、"楮"、"萏"等形，显然应是从"屯"得声之字。但仍有学者别释为"暑"[①]；或释为"牙"[②]，指为夏季。也有学者认为可以径释为"秋"[③]。这些说法当然都远比不上于省吾的说法更能令人信服。

叶玉森对于"秋"字的考释显然使他将卜辞的"秌"字与后世的"秋"（秌）字视为至少在字形上具有一脉相承的发展关系，这实际是一种误解[④]。"秌"在卜辞中的实际用法应是月名，而非季名，这一点我们在第四节已有讨论。

叶玉森对于卜辞"冬"字的考释是唯一在字形上不存在太大争议的文字，但"冬"字是否可以作为季节用字而指冬季，似乎也并不像某些学者认为的那样乐观[⑤]。商承祚认为，"冬"是"终"的本字[⑥]，已为多数学者认同。因此，卜辞的"冬"虽然在字形上与冬季的"冬"没有什么不同，但用法却有着本质的区别。

中国传统四季的划分十分古老，以致使人们不能不相信殷代已经存在四时，因此，学者通过对叶玉森释读的卜辞四季名称的重新归纳分析，试图找出殷代四季的系统称谓[⑦]。这一工作不能说很成功，但它似乎并不妨碍学者根据卜辞四方风的暗示探讨殷人的四时观念[⑧]。

殷人是否已有足够的知识划分季节，甚至辨别四季，其实并不是没有人对此存有疑虑。商承祚认为，叶玉森考释的四季名称如果同它们附记的殷历历月配合对照，那么所谓季节的分配显然是混乱的[⑨]，这意味着殷人并不具有四时的观念[⑩]。孙海波于此也有相同的主张[⑪]。

---

① 貝塚茂樹：《京都大學人文科學研究所藏甲骨文字》（本文篇），京都大學人文科學研究所 1960 年版，第 225—226 页。

② 丁驌：《释互屯以与》，《中国文字》新 2 期，1980 年；李干、夏渌：《卜辞中南方民族史料偶拾》，《楚史论丛》，湖南人民出版社 1984 年版，第 293—296 页。

③ 白玉峥：《契文举例校读（三）》，《中国文字》第 31 册，1969 年。

④ 孙海波：《卜辞历法小记》，《燕京学报》第十七期，1935 年。

⑤ 朱芳圃：《甲骨学商史编》第六，中华书局 1935 年版，第 8 页。

⑥ 商承祚：《殷契佚存考释》，金陵大学中国文化研究所 1933 年版，第 6 页。

⑦ 夏渌：《释甲骨文春夏秋冬——商代必知四季说》，《武汉大学学报》（社会科学版）1985 年第 5 期。

⑧ 李学勤：《商代的四风与四时》，《中州学刊》1985 年第 5 期。

⑨ 商承祚：《殷契佚存考释》，金陵大学中国文化研究所 1933 年版，第 5—6 页。

⑩ 商承祚：《殷商无四时考》，《清华周刊》（文史专号）第 37 卷第 9、10 期，1932 年。

⑪ 孙海波：《卜辞历法小记》，《燕京学报》第十七期，1935 年。

于省吾则似乎找到了一种比对殷人已知四季抱有完全肯定或完全否定的态度更能令人接受的解释。他坚信自己对于卜辞"春"字以及唐兰对于卜辞"秋"字的考释是正确的，这显示出商代只有春、秋两季[①]。

1. 惠今秋？
   于春？　　　《粹》1151

2. 惠春令娄田？
   惠秋令娄？　　《续存》1.1999

于省吾认为"春"与"秋"为对贞之辞。尽管他后来并不以为唐兰关于"龝"字本象龟而具两角的解释具有说服力[②]，但他仍然认为殷代只有春、秋两季而并无冬、夏，至于四时的起源，则已是西周晚期的事情。

陈梦家当然也不会承认叶玉森关于殷代已有四时区分的说法，他分辨辞1"惠"为近指虚词，"于"为远指虚词，"惠"、"于"的相对犹如"秋"、"春"的相对一样，可证卜辞中只有春、秋两季，这一季节概念在卜辞中还可以通过"岁"来表示[③]。

卜辞中的春、秋对贞文例显示了它们是较历年为小的纪时单位，也就是季节单位，这一点在今天看来已没有什么疑问。但长期以来，人们一直将殷代春季与后世的春季或春、夏季等同看待，却并不是没有可讨论的馀地。卜辞显示，殷代春季与历月的关系可能比较复杂，我们很难从中找到与后世春季相合的痕迹。

春　　　八月　　《丙》86

今春　　九月　　《前》4.6.6

今春　　十月　　《外》452

春　　　十三月　《簠·人》52

今春　　二月　　《合集》37852

---

①　于省吾：《双剑誃殷契骈枝》，北平虎坊桥大业印书局石印本1940年版，第4页。

②　于省吾：《岁、时起源初考》，《历史研究》1961年第4期。

③　陈梦家：《殷虚卜辞综述》，科学出版社1956年版，第226页。

我们无法将二月视为春季的开始，因为那样做的结果虽然可以印证唐兰的说法，但却与卜辞春、秋对贞而反映的"春"为小于历年的时间单位的事实相抵牾，因此，殷代的春季至少应该包括自八月到次年二月的七个月时间。很明显，它与后世春季的长度是不同的。

甲骨文"春"字以"木"、"艸"为意符，"屯"为声符，本义表示植物生长，这与文献对"春"字的训释也相吻合。因此，殷代春季正应像其季名所表示的那样为全年中植物生长的季节[①]。事实上，这个结论同时暗示了殷代的春季与农业季节的某种联系。卜辞屡有"今春受年"和"来春受年"的占卜，却罕有祈问秋季受年的记录。"受年"是指作物丰收，这证明殷代的春季其实应与整个农业季节相重合。因此，如果我们把时王殷历的岁首定在农历的九至十月，那么殷代的春季就恰值后世的夏、秋两季，与植物生长和作物收获的时间适相一致[②]。

殷代与春季并存的另一个季节是否就是秋季当然还有争议。唐兰考释"龜"字所以通作"秋"，主要是由于两字的读音相同，但他释字的基础又是以为字象龟而生具两角，这个分析其实大有问题[③]。叶玉森最初对此字字形的分析似乎并非全无道理，他观察这个象形字描写的是生有双翼的昆虫[④]，应该不会有误。后来岛邦男等学者都认为它应是蝗虫的象形[⑤]，郭若愚则释此字为"螽"[⑥]，于字形的辨析最为入理。显然，在承认这种考释的前提下，"螽"字是否还可以用指秋季自然便存在讨论的可能，于是有的意见径以"螽"读为"冬"，指为冬季[⑦]。

然而新近发现的春秋中晚期青铜器郑太子之孙与兵壶铭文却对甲骨文"螽"字的讨论提供了十分重要的资料。壶铭存有"春秋"一词，"秋"字作"穛"，从

① 冯时：《殷历季节研究》，《中国科学技术史国际学术讨论会论文集（北京·1990）》，中国科学技术出版社 1992 年版，第 6 页。

② 冯时：《殷代农季与殷历历年》，《中国农史》第 12 卷第 1 期，1993 年。

③ 于省吾：《岁、时起源初考》，《历史研究》1961 年第 4 期。

④ 叶玉森：《殷契钩沉》甲卷，北平富晋书社 1929 年版，第 2 页；《㪉契枝谭》卷甲，北平富晋书社 1929 年版，第 9 页。

⑤ 岛邦男：《殷墟卜辭研究》，中國學研究會 1958 年版，第 206—207 页。

⑥ 郭若愚：《释螽》，《上海师范学院学报》1979 年第 2 期。

⑦ 冯时：《殷历季节研究》，《中国科学技术史国际学术讨论会论文集（北京·1990）》，中国科学技术出版社 1992 年版，第 6—10 页。

"禾""龝"声，而"龝"字作"𧒽"，从"屮"从"黽"，与甲骨文"龜"字的字形具有一脉相承的演变关系①。因此，唐兰以为甲骨文中与此相同的字读为"秋"应该没有问题。其实从"龜"字的读音上考虑，上古音"龜"在冬部，"秋"在幽部，二字阴阳对转，音同可通。而春秋金文的"秋"从"龝"，字从"屮"从"黽"，无论何为声符，古音都在蒸部，显示了其与"龜"字读音的密切关系。

甲骨文的"龜"字本象蝗虫，用为季节名称则指秋季。卜辞有关殷代秋季的有益材料有这样一些颇值得研究。

> 3. 丁亥卜，贞：今秋受年，吉秭？吉。
>   贞：今秋受年，不吉秭？　　《屯南》620＋2991
> 4. 今秋秭？三月。　　《前》4.5.3
> 5. 今秋畾禾屯？　　《粹》878

辞3虽记"今秋受年"，但祈问的目的却是"秭"的吉凶。"秭"是刈取庄稼收获后遗留的秸秆②，显然是农业季节结束之后的活动。卜辞有关作物秸秆的收取时间集中在十三月至次年三月，正是殷代春、秋之交的时节。辞5的"畾"字读为"戝"，意为聚藏③。殷人于秋季敛藏谷物，可知其时为收获和储藏的季节。

殷代的春季统辖自八月至次年二月的七个月时间，秋季的开始为殷历三月，这些认识都已有确凿的卜辞证据作为支持。其实对于殷代秋、春季节的交替，卜辞也有明确的记录（图92）。

> 6. 庚申卜，今秋亡丞之？七月。
>   庚申卜，今春亡丞？七月。　　《乙》8818

---

① 王人聪：《郑太子之孙与兵壶考释》，《古文字研究》第二十四辑，中华书局2002年版。
② 彭邦炯：《从甲骨文的"秭"字说到商代农作物的收割法》，《甲骨文与殷商史》第二辑，上海古籍出版社1986年版，第303—309页。
③ 冯时：《殷历季节研究》，《中国科学技术史国际学术讨论会论文集（北京·1990）》，中国科学技术出版社1992年版，第7页。

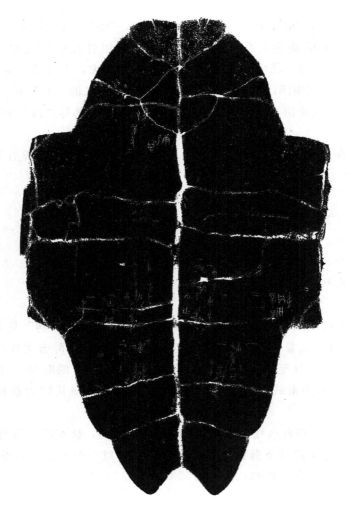

图 92 《乙》8818

"春"字本作从"蚰""屯"声①，学者或释"春"②。"今秋"与"今春"同在七

---

① 裘锡圭：《释"木月"、林月"》，《古文字论集》，中华书局 1992 年版，第 88 页。

② 冯时：《殷历季节研究》，《中国科学技术史国际学术讨论会论文集（北京·1990）》，中国科学技术出版社 1992 年版，第 7 页；裘锡圭：《释"木月"、林月"》，《古文字论集》，中华书局 1992 年版，第 88 页。卜辞又有"蚰"字，为"春"字或体。见中国科学院考古研究所：《甲骨文编》，中华书局 1965 年版，第 643 页。

月，当然只能视七月为两季的交替时节①。因此，殷代的秋、春两季以及与此相关的农季可作如下的划分：

秋季　殷历三月至七月
春季　殷历八月至次年二月
农季　殷历九月至十二月

殷代秋季为首季，约当后世的冬、春两季，统赅五个太阴月；春季为末季，约当后世的夏、秋两季，并不含后世春季，统赅七个太阴月。如果我们将殷历岁首确定在秋分后的第一月，那么殷代的春、秋二季便交于农历十一月，秋、春二季便交于农历四月。季节的划分与黄河流域气候的变化特点极为一致。

殷代的农业季节安排在自殷历九月至年终十二月（或十三月）的四个月间，为春季所辖，这使人有理由相信，殷代的春季基本上就是殷代的农季，当然也是全年温暖温润的季节，而秋季作为一年中的闲适季节，同时也是寒冷干燥的季节。卜辞同时显示，殷代的秋季又是储藏的季节，这与后世月令所记冬主盖藏有着相同的传统②。可以说，卜辞所建立的殷历二时的关系是十分圆满的。

秋与春作为季节名称，显然是后世春夏秋冬四季名称的来源。对殷代季名用字的分析表明，它们都表示作物的生长与消亡。因此，殷代的秋、春两季具有鲜明的农业季节的特点。这充分反映了以二分二至为代表的标准时体系和以秋、春为代表的农业季节体系在早期文明阶段是彼此分离的。作为殷代农季的秋、春两季，其划分不与分至四时及历年同步，恰可助证这一点。这意味着中国传统的四季的建立可能源于两个互为独立的体系，首先，四季的名称与农业密切相关，因而来源于农业季节的名称。其次，四季的划分又以分至四气为基础。农业季节作为早期的季节周期，强烈地适应着农作物的自然生长期，而分至四气的确定则适应着授时正位的需要。两个体系的最终结合便是四季的形成

---

① 冯时：《殷历季节研究》，《中国科学技术史国际学术讨论会论文集（北京·1990）》，中国科学技术出版社 1992 年版。

② 冯时：《殷历季节研究》，《中国科学技术史国际学术讨论会论文集（北京·1990）》，中国科学技术出版社 1992 年版，第 7 页；《殷代农季与殷历历年》，《中国农史》第 12 卷第 1 期，1993 年。

之时，然而这种结合在殷代显然还没有发生[1]。

第十节　商代的年岁称谓

《尔雅·释天》："夏曰岁，商曰祀，周曰年，唐虞曰载。"实际情况却并不像文献记载的这样简单。夏和唐虞的事情固不可知，但金文反映的西周年岁称谓却存在"年"、"祀"两种叫法。这直接影响到人们对于商代年岁称谓的理解。

殷人实行太阳纪年，但年岁的称谓则久讼不决。罗振玉力主殷人称年为"祀"[2]，束世澂、董作宾因其说[3]。胡厚宣首先提出殷人以"年"、"岁"、"祀"并称历年[4]，董作宾后来也有相同的主张[5]。但这些解释似乎并没有被人所接受，以至于陈梦家在采纳董作宾以"祀"称年说法的同时，则将卜辞的"年"、"岁"赋予了新的含义[6]。而岛邦男认为，卜辞"年"、"岁"、"祀"的本义与历年无涉，尽管"祀"的用法可能与历年有些关系[7]。显然，论定殷人对于历年的称谓系统其实是颇费思量的。

一　年、岁与载

卜辞的"年"字虽然大部分用作"秦年"、"受年"而与作物的丰收有关，但也确见用于年岁的称谓。胡厚宣列举的部分卜辞证据是：

　　1. 受来年黍？十一月。　　　《通》452

　　2. 癸未卜，贞：燎于🐷，十小牢，卯十牛，年十月用？　　　《通》774

---

①　冯时：《殷卜辞四方风研究》，《考古学报》1994 年第 2 期。

②　罗振玉：《增订殷虚书契考释》卷下，东方学会石印本 1927 年版，第 53 页。

③　束世澂：《殷商制度考》，《中央大学半月刊》第 2 卷第 4 期，1930 年；董作宾：《卜辞中所见之殷历》，《安阳发掘报告》第三册，1931 年。

④　胡厚宣：《殷代年岁称谓考》，《中国文化研究汇刊》第二卷，1942 年。《甲骨学商史论丛初集》第二册，成都齐鲁大学国学研究所 1944 年版。

⑤　董作宾：《殷历谱》上编卷三《祀与年》，中央研究院历史语言研究所 1945 年版，第 1—2 页。

⑥　陈梦家：《殷虚卜辞综述》，科学出版社 1956 年版，第 224—228、236—237、396—397 页。

⑦　岛邦男：《殷墟卜辞研究》，中国学研究会 1958 年版，第 504—507 页。

　　3. 甲戌卜，出贞：自今十年又五王豊？　　　《续》1.44.5

　　4. □□卜，贞：□至于十年宝？　　　《粹》1279

　　5. ……仔一年？　　　《侯》19

郭沫若曾将辞1"受来年黍"与《礼记·月令》"孟冬之月，天子乃祈来年于天宗"对证，实际已认为卜辞的"年"即指历年[1]。陈梦家则以"来"为麦，与"年"、"黍"并列，不能读作"来年"[2]。这个解释似乎更显迂曲。其馀诸辞或与数字缀连，或与历月相接，显然都应作为历年来解释[3]。

　　董作宾在其后的讨论中除增添了一些有争议的卜辞之外，没能再为胡厚宣的殷人称历年为"年"的说法补充新的证据[4]。然而与辞4同版的另三条卜辞后来也被发现，这对殷人称历年为"年"的说法提供了极为有力的支持。

　　6. 乙巳卜，贞：尹至五年宝？

　　　乙巳卜，贞，尹至于七年宝？

　　　乙□□，□，□至□□□□？　　　《文物》1987.8

胡厚宣认为，这两版四条卜辞如果连续释读，可以看出其内容所言为五年、七年、几年、十年。三条称"年"的例子非常清楚，另一条卜辞虽然残缺，但推测其中也一定有一个几年的"年"字。这些卜辞都属武丁至康丁时期，因此可以说，殷人至少在康丁以前称历年为"年"应毋庸置疑[5]。

　　卜辞"岁"字作为历年的称谓似乎比"年"更为明确。胡厚宣列举的部分卜辞证据是[6]：

---

　　① 郭沫若：《卜辞通纂考释》，日本东京文求堂石印本1933年版，第96页。

　　② 陈梦家：《殷虚卜辞综述》，科学出版社1956年版，第117页。

　　③ 胡厚宣：《殷代年岁称谓考》，《中国文化研究汇刊》第二卷，1942年；《甲骨学商史论丛初集》第二册，成都齐鲁大学国学研究所1944年版。

　　④ 董作宾：《殷历谱》上编卷三《祀与年》，中央研究院历史语言研究所1945年版，第1页；《殷历谱后记》，《六同别录》（中），中央研究院历史语言研究所集刊外编第三种，1945年，第10—11页。

　　⑤ 胡厚宣：《殷代称"年"说补证》，《文物》1987年第8期。

　　⑥ 胡厚宣：《殷代年岁称谓考》，《中国文化研究汇刊》第二卷，1942年；《甲骨学商史论丛初集》第二册，成都齐鲁大学国学研究所1944年版。

7. 癸卯卜，争贞：今岁商受年？　　　《明》493

8. 庚申卜，出贞：今岁螽不至兹商？二月。　　《河》687

9. □亥卜，□贞：受禾今岁？　　　《甲》2511

10. 癸丑卜，贞：今岁受禾？引吉。在八月。唯王八祀。　　《粹》896

董作宾列举的另一些证据也很说明问题[1]。

11. 贞：其于十岁酹业正？　　　《金璋》571

像这样的例子当然还有不少。

12. 甲子卜，来岁受年？八月。　　　《簠·岁》9

13. 戊寅贞：来岁大邑受禾？在六月卜。　　　《邺三》39.5

14. 贞：今来岁不其受年？九月。　　　《合集》9654

15. 癸丑贞：二岁其业（有）祸？　　　《甲》2961

16. 辛未卜，自今三岁毋婞？五　　　《甲室》藏骨

很明显，不论"今岁"、"来岁"、"今来岁"或"岁"前缀以数字而称几岁，都宜于解释为年岁之"岁"[2]。因此，"今岁"、"来岁"即指今年、来年，"今来岁"是指一年之中今后的时间，即九月之后的下半年，"二岁"、"三岁"、"十岁"也就是二年、三年、十年。"岁"字用于时称的做法盛行于殷王武丁至帝乙帝辛时期，足见它是比"年"更为普遍使用的历年称谓。

陈梦家并不以为卜辞的"年"、"岁"含有历年的意义，而以"年"为收获季节，"岁"则指一年中的春、秋两季，这两季依他的理解或者称作禾季和麦季[3]。这种解释在卜辞和文献两方面都缺乏根据。对卜辞祈年记录的研究表明，殷人祈年虽无月无之，但都集中于九月至次年三月之间，而五月至八月的四个

---

① 董作宾：《殷历谱》上编卷三《祀与年》，中央研究院历史语言研究所1945年版，第1页。

② 胡厚宣：《殷代年岁称谓考》，《中国文化研究汇刊》第二卷，1942年；《甲骨学商史论丛初集》第二册，成都齐鲁大学国学研究所1944年版；董作宾：《殷历谱》上编卷三《祀与年》，中央研究院历史语言研究所1945年版，第1—2页。

③ 陈梦家：《殷虚卜辞综述》，科学出版社1956年版，第224—228页。

月中不仅祈年活动最少，甚至没有对任何具体作物的祈年记录。这种现象所暗示的事实相当清楚，假如这段时间确有作物生长，那么我们很难想象殷人会对它的生长情况如此漠不关心，毫无疑问，合理的解释只能是在殷历的五月至八月并没有作物的种植，而于殷历九月存在的大量隆重的祈年活动，也理所当然地应该视为一个农业季节开始的标志。因此，殷代农季始于殷历九月，终于年终十二月。如果说殷历岁首可以定在秋分之后的第一月，那么农季便跨越自芒种至秋分的四个月①。这个事实意味着殷代全年的作物只生长一季，显然我们没有理由将一年分作麦、禾两季，并由此推论卜辞的"今岁"、"来岁"是指春季、秋季或禾季、麦季，而不可以解释为今年、来年。

　　岛邦男同样否定殷人以"年"、"岁"称呼历年的事实，甚至他的解释比陈梦家的说法更令人费解。岛邦男以"今岁"、"来岁"的"岁"为祭祀用语，意为供载牺牲，因此"今岁"即为今之载祀期，"来岁"便是未来的载祀期②。这种解释恐怕从一开始便没有什么人相信。

　　事实上，殷人称历年为"年"、"岁"与后世的情形没有什么太大的不同。甲骨文"年"字象人负禾而行，表示人们把成熟的谷物收运回家，本义即指谷物的成熟。卜辞的"年"字不仅表示丰收，同时也已用作历年称谓。"年"字之所以具有历年的意义，实际源于其表示农季周期的结束，即谷熟一次乃为一年③。因为殷代农年与历年的结合是从它们的终点开始的，这一点我们在第九节中已经谈过。同样，卜辞"岁"字也用作年岁称谓，其字形乃象收割庄稼的农具。与"年"字一样，"岁"字也因谷物收割一次称为一岁而具有年岁的意义④。显然，"年"、"岁"作为历年的意义其实是由先民将农年终点转变为历年终点的结果，以致使后来农年与历年完全合一。而这种转变过程在农业民族的历法演进中是普遍存在的⑤。

---

　　①　冯时：《殷代农季与殷历历年》，《中国农史》第 12 卷第 1 期，1993 年。

　　②　岛邦男：《殷墟卜辞研究》，中國學研究會 1958 年版，第 504—506 页。

　　③　胡厚宣：《殷代年岁称谓考》，《中国文化研究汇刊》第二卷，1942 年；《甲骨学商史论丛初集》第二册，成都齐鲁大学国学研究所 1944 年版。

　　④　冯时：《殷代农季与殷历历年》，《中国农史》第 12 卷第 1 期，1993 年。也有学者以殷人称年为岁乃，起于对岁星的认识，见胡厚宣：《殷代年岁称谓考》，《中国文化研究汇刊》第二卷，1942 年；《甲骨学商史论丛初集》第二册，成都齐鲁大学国学研究所 1944 年版。

　　⑤　管东贵：《中国古代的丰收祭及其与"历年"的关系》，《中央研究院历史语言研究所集刊》第 31本，1960 年。

　　殷人对于历年除"年"、"岁"的称谓之外是否还有其他的叫法，这也是学者关心的问题。杨树达曾释甲骨文"♨"字为"载"，为历年之称①。学者或释为"材"，也主历年之称②。这似乎使得文献关于"唐虞曰载"的旧传得到了证实。然而，如果杨树达的想法确实有他的道理的话，那么唐健垣对于此字字形的分析则更为可取。他认为，此字应是"栽"的初文，象柔弱初生的植物，其用为年岁的"载"，则取树木一年一落叶一发芽的意义，犹如年的称谓来源于禾熟一次为一年的道理③。不过从卜辞的文意去玩味"♨"字的本义，如果将它作为年岁之称，似乎在时间的限定上也过于宽泛。有关对它的不同理解，我们在第九节中已有讨论。

二　祀

　　殷人称年为"祀"似乎为人们深信不疑，这个传统在胡厚宣看来是始于殷王武乙文丁之时④，在董作宾看来则始于帝乙帝辛之际⑤。由于学者对于文丁周祭祀典的讨论⑥，胡厚宣的看法似乎去事实不远。

　　殷人缘何以"祀"称年，董作宾自以为找到了合理的解释，因为他排定的帝乙帝辛时期的周祭周期恰为三十六旬，近于一年的长度，这显然可以看作殷人将"祀"移用于称年的原因⑦。况且这也与孙炎解说殷人称祀谓取义于"四时祭祀一讫"的想法相合⑧。

　　然而董作宾的解释似乎并未能消除人们对这一问题所存有的疑虑，因为大量的周祭卜辞所显示的证据对董作宾的看法都很不利。

---

　　①　杨树达：《释♨》，《岭南学报》第 11 卷第 1 期，1950 年；《耐林庼甲文说》，群联出版社 1954 年版，第 14—16 页。

　　②　赵峰：《清江陶文及其所反映的殷代农业和祭祀》，《考古》1976 年第 4 期。

　　③　唐健垣：《释栽载》，《中国文字》新 9 期，1984 年，第 161—164 页。

　　④　胡厚宣：《殷代年岁称谓考》，《中国文化研究汇刊》第二卷，1942 年；《甲骨学商史论丛初集》第二册，成都齐鲁大学国学研究所 1944 年版。

　　⑤　董作宾：《殷历谱》上编卷三《祀与年》，中央研究院历史语言研究所 1945 年版，第 2 页。

　　⑥　严一萍：《文武丁祀谱》，《中央研究院历史语言研究所集刊》第 46 本第 2 分，1975 年；李学勤：《小屯南地甲骨与甲骨分期》，《文物》1981 年第 5 期；常玉芝：《商代周祭制度》，中国社会科学出版社 1987 年版，第 300—301 页。

　　⑦　董作宾：《殷历谱》上编卷三《祀与年》，中央研究院历史语言研究所 1945 年版，第 2 页。

　　⑧　董作宾：《卜辞中所见之殷历》，《安阳发掘报告》第三册，1931 年。

17. 癸巳王卜，贞：旬亡祸？在九月。王占曰："大吉。"甲午祭上甲。

《金璋》579

18. 癸亥王卜，[贞]：旬亡祸？在三月。甲子肖祭上甲。

《后·上》20.13

19. 癸未王卜，贞：酚乡日自上甲至于多毓，衣，亡壱自祸？在四月。唯王二祀。　　《合集》37836（图41，3）

20. 癸未王卜，贞：旬亡祸？在三月。王占曰："大吉。"甲申乡上甲。

《金璋》334

21. 癸丑王卜，贞：旬亡祸？在九月。甲寅翌上甲。

《续存》1.2652

22. 癸丑卜，泳贞：王旬亡祸？在六月。甲寅酚翌上甲，王廿祀。

《合集》37867（图93）

殷代周祭祀周的长度是指用翌、祭、晝、晷、乡五种祭法遍祀先王和直系先妣一周的时间，按照卜辞自身的命名，使用祭、晝、晷三种祭法的祭祀周期总称为"晷日"，使用翌、乡两种祭法的祭祀周期分别称为"翌日"和"乡日"。这三个祭祀周期的总长就是一"祀"。"翌日"、"晷日"、"乡日"的开始都始于贡典仪式之后对上甲的祭祀，而卜辞显示的事实是，不论"翌日"、"晷日"、"乡日"三者谁为周祭一祀的祀首，它们都可以游移于一年之中的任何一月，而并不一定非要出现在正月不可。这意味着年与祀只能是部分的重叠，而不会是全部的重叠。显然这是殷人以"祀"称年所不便解释的。这个事实曾使陈梦家在接受董作宾以"祀"称年想法的同时，仍然对殷人何以这样做的原因抱有疑问[1]。甚至岛邦男

图93　《合集》37867

---

① 陈梦家：《殷虚卜辞综述》，科学出版社1956年版，第397页。

提出，卜辞的"祀"其实就是周祭的祭祀周期，"王几祀"则是由时王所行的五种祭祀的回数，而并不是殷王的在位年数①。

三十六旬的祭祀周期肯定不会是周祭祀周的唯一形式，而且它也并不与一个回归年同长。于是包括董作宾在内的学者又创周祭长度也有三十七旬的周期，认为它的目的是用来调整因三十六旬的祭祀周期而与太阳年所造成的误差②。其实，卜辞大量存在的祀首位移的事实已明确显示，周祭祀周如果不能与回归年同步的话，这种调整便没有任何实际的意义。

以"祀"称年的另一个反证是卜辞及商代金文中"祀"的用法与西周以"祀"称年的称用存在着本质的区别。商代祀与历月关系的完整记录是这样的：

【殷谱】

癸巳，……唯王六祀乡日。在四月。　　　　《陶斋》3.32

庚申，……在六月。唯王廿祀翌又五。　　　《三代》16.48

己酉，……在九月。唯王十祀肜日五。　　　《博古》8.15

丁巳，……在九月。唯王九祀肜日。　　　　《考》4.5

壬午，……在五月。唯王六祀乡日。　　　　《佚》518

全部材料显示出两种不同的纪时系统，一类为历日系统，包括纪日干支和月份；另一类为周祭系统，包括祀和祭日。作为一种绝对的现象，"祀"仅统领祭日，绝不统领历月，准确地说，商代的古文字材料存在"年某月"的纪时形式，却绝不见有"祀某月"的纪时，显然祀与年并无关涉③。我们再对比分析以下三条记录：

乙酉，……遘于武乙乡日。唯王六祀乡日。　　　《考》4.44

丙辰，……在正月。遘于妣丙乡日大乙祔，唯王二祀。　　　《癥盒》12

甲子，……在十月又二。遘祖甲肜日，唯王廿祀。　　　《古文字研究》16

---

①　島邦男：《殷墟卜辭研究》，中國學研究會1958年版，第506—507頁。

②　島邦男：《殷墟卜辭研究》，中國學研究會1958年版，第115—116頁；许进雄：《殷卜辞中五种祭祀的研究》，台湾大学文学院1968年版，第77页。

③　冯时：《卜辞中的殷代历法》，薄树人主编：《中国天文学史》，文津出版社1996年版，第38—40页。

　　　　癸巳，……在六月。甲午彡羌甲，唯王三祀。　　　《续》1.23.5

显然，一般在记明周祭祀典的时候，"祀"所统领的祭日可以重记，也可以省略。这种省略形式有时也扩大于一些并不记录周祭祀典的内容之中。

　　　　壬申，王易（锡）亚鱼贝，……在六月。唯王七祀翌日。
　　　　　　　　　　　　　　　　　　　　　　　　　　　　　《新收》140
　　　　□酉卜，……王今［夕］亡祸？在十月。［唯］王四祀。
　　　　　　　　　　　　　　　　　　　　　　　　　　　　　《燕》462

　　对读可知，"唯王几祀"显然是"唯王几祀某日"的省略形式，这似乎可以解释某些学者对祀与年的区别所抱有的疑虑①。殷人以"祀"统领祭日所表达的意义其实很清楚，翌、劦（祭、䜌、劦）、彡的祭祀周期分别称为"翌日"、"劦日"、"彡日"，都有自己的专名，三个周期的总长便组成了一个完整的周祭周期，这便是一"祀"，二者的隶属关系十分明确。相反，假如"祀"指历年而不是五种祭法的总合，那么这实际意味着五种祀典所组成的周祭的完整周期并没有自己独立的名称，这当然是不合逻辑的推测。
　　殷代"祀"与历月并无直接关系的这种现象在西周金文中已得到了根本改变。

【周谱】
唯九月，……唯王廿又三祀。　　　　　　　大盂鼎
正月既望甲午，……唯十又二年　　　　　　大师虘簋
唯王三祀四月既生霸辛酉　　　　　　　　　师遽簋
唯廿又七年三月既生霸戊戌　　　　　　　　卫簋

将殷、周两谱对观，差异相当明显。周谱中的"年"、"祀"均有互用之例，"祀"作为历年称谓，可以统领历月，这暗示了殷周两代"祀"的含义并不相同。
　　殷人以"年"、"岁"两名为历年称谓，如果承认这个事实，那么"祀"就

――――――――――

①　许进雄：《殷卜辞中五种祭祀的研究》，台湾大学文学院1968年版，第76—77页。

很有可能只是表示由五种祭法所组成的周祭祀周的终始，因为辞 10 "今岁" 与 "唯王八祀" 同见于一条卜辞的现象已使人不能不这样理解，而上面讨论的 "祀" 与历年的种种区别也同样不能不使人这样理解，甚至周祭系统本身也反映了 "祀" 与历年的这种区别[①]。"祀" 作为祭祀周期又可作 "司"，读为 "祠"[②]，更为明证。晚殷周祭，一祀需时大约一年，这是周人以 "祀" 为年的根本原因，而殷商当朝，祀周的长度在早晚期并不相同，时代愈晚，入祀先王愈多，祀周的长度也愈长。帝辛当然不会想到自己会成为终讫周祭的亡国之主，显然，变 "祀" 为年的做法没有理由发生在殷代[③]。事实上，殷代晚期可能同时并行着两种纪时方法，卜辞显示的历月及历日干支反映了天文历年的纪时系统，祀周及祭日则反映了与历年并存的祀周纪时系统，而且由于殷王对于周祭的重视，同时周祭祀周不与历年同步，又不能借助历年纪时系统得到反映，因而为保证周而复始的周祭不致混乱，标明自己的祭祀周期便是必要的工作，这使祀周纪时系统在当时甚至成为更广泛采用的纪时形式。

第十一节　节气与至日

正像中国天文学的许多内容直至战国时期才纷纷确立了各自的体系一样，传统的二十四节气的最后形成一般也被认为是这一时期的产物。但董作宾似乎并不把殷人已将二十四节气作为建立历法的基本要素视为不可想象的事情，《殷历谱》的编制处处体现了这种思想。董作宾的大胆设想要想使人充分相信恐怕并不容易，薮内清虽然承认殷人可能懂得了冬至和夏至，但对当时二十四节气已经形成却大惑不解[④]，这种质疑即使在坚决维护《殷历谱》的学者看来也是不能不回避的问题[⑤]。

二分二至由于可以因先民辨方正位的需要而用圭表直接测得，因此对于古人而言，这已算不得什么神秘的知识。显然，如果说二十四节气在商代就已产

---

①　冯时：《卜辞中的殷代历法》，薄树人主编：《中国天文学史》，文津出版社 1996 年版，第 39—40 页。

②　罗振玉：《增订殷虚书契考释》卷下，东方学会石印本 1927 年版，第 53 页。

③　冯时：《坂方鼎、荣仲方鼎及相关问题》，《考古》2006 年第 8 期。

④　薮内清：《殷暦に関する二、三の問題》，《東洋史研究》第 15 卷第 2 號，1956 年。

⑤　严一萍：《答薮内清氏〈关于殷历的两三个问题〉》，《大陆杂志》第 14 卷第 1 期，1957 年。

生的设想过于大胆的话，那么殷代历法以太阳纪年的事实表明，殷人认识分至应该没有任何可怀疑的馀地。但问题是甲骨文中是否存在分至的记录，这个问题一直为学者们苦苦探寻。

董作宾曾经讨论了两条他认为是日至的记录，其中一条我们在第五节中已有讨论，它虽反映了一年的岁实，但辞中的"至"字却并不一定非得解释为日至。而另一条卜辞涉及的问题更多（图94）。董作宾的释文是：

1. □□卜，[贞]：御吴于帚，三牢？五月。
　丙辰。
　丙辰卜，贞：福告吴疾于丁，新卢？
　贞：于翌丁巳至，吴御？
　贞：今之夕，至，吴御于丁？
　戊午卜，贞：今日至，吴御于丁？
　　　　　　《续》1.44.6＋《林》1.22.20，
　　　　　　《合集》13740

董作宾认为，殷人初在丙辰日占卜，以为次日丁巳应该是至日，但丁巳这天日影并没有到达至日应有的长度，故重新贞问日至时刻可能出现在夜间，而在第三日戊午这天，果然测得了至日①。董作宾的解释当然不能说很周全，其中关键的问题是对"至"字的理解。唐兰以为，卜辞的本义恐怕仍是记某人之至，而不是日至②，这使董作宾后来放弃了以上说法，并将这条所谓武丁日至的记录从他的《殷历谱》中删去③。

图 94　《合集》13740

尽管董作宾已经改变了初衷，但这一事实似乎并未引起人们的注意，以至

---

① 董作宾：《殷历谱》下编卷四《日至谱一》，中央研究院历史语言研究所 1945 年版，第 3 页。
② 唐兰致董作宾函。见董作宾：《殷历谱后记》，《六同别录》（中），中央研究院历史语言研究所集刊外编第三种，1945 年，第 13 页。
③ 董作宾：《殷历谱后记》，《六同别录》（中），中央研究院历史语言研究所集刊外编第三种，1945 年，第 13 页；《殷历谱的自我检讨》，《大陆杂志》第 9 卷第 4 期，1954 年。

于对他旧说的清算一直没有停止①。不过值得注意的倒是一种与唐兰对董作宾旧说持有疑义的相反的观点，它实际肯定了董作宾最初对于日至的论证。罗琨把这条人们关心的卜辞重新释写如下：

> ……祸［凡］屮（有）［疾］？
> 贞：今生月至，吴御于丁？
> 丙辰。
> 贞：于翌丁巳至，吴御？
> 丙辰卜，贞：福告吴疾于丁，新鬯？
> 戊午卜，贞：今日至，吴御于丁？
> □□卜，［贞］：御吴于帚，三牢？五月。

这个释文纠正了董作宾的一些错误。罗琨认为，董作宾以卜辞于丙辰日曾为吴疾而用新鬯福告于丁，因而吴在王侧，卜辞中的"至"非记吴至的说法并没有什么不对②，其实，卜辞的"吴御于丁"实际应是"御吴于丁"的被动式，不能解释为"命吴御祭丁"。从我们所看到的最早占卜的"骨凡有疾"到最晚占卜的"御吴于妇"，都是围绕着吴的疾病拟为其举行御疾之祭而在数日内进行的占卜，所以吴不可能是远道而来的主祭人。显然，辞中的"至"既不是"吴至"，也难以解释为某人至③。这些解释有其一定的道理，但若非要将辞中的"至"解释为日至不可，就似乎还有一个问题也需要一同考虑。卜辞显示，如果"至"是指日至，那么它的时间很可能出现在殷历的五月，这意味着不论将其视为夏至或冬至，据此回推的殷历岁首只能分别出现在雨水前后或处暑前后，约当农历的一月或七月，也即建寅或建申之月。这意味着如果不是卜辞至日的推论有疑问的话，那么殷历的岁首就需要结合至日与月食的研究而重新确定。

---

①　常正光：《殷历考辨》，《古文字研究》第六辑，中华书局 1981 年版，第 98—100 页；温少峰、袁庭栋：《殷墟卜辞研究——科学技术篇》，四川省社会科学院出版社 1983 年版，第 16—19 页；常玉芝：《卜辞日至说疑议》，《中国史研究》1994 年第 4 期。

②　董作宾：《殷历谱》下编卷四《日至谱一》，中央研究院历史语言研究所 1945 年版，第 3 页。

③　罗琨：《卜辞"至"日缕析》，《胡厚宣先生纪念文集》，科学出版社 1998 年版，第 149—150 页。

　　饶宗颐讨论了董作宾并不认为是日至的另一些卜辞记录[1]，他曾举出六条卜辞以论证殷代日至的存在。

2. 其至日戊酚?　　　《甲》1520

3. ……至日……　　　《甲》2008

4. 今日至日?　　　《甲》3550

5. 戊子奠至来戊晒用?

　　戊子卜，至巳御父丁百豕?

　　戊子卜，至巳御子庚羌牢?

　　至御父丁?

　　戊子卜，至御子庚?

　　壬辰卜，至日?

　　壬辰卜，弜至日?　　　《乙》5399

6. 弜至日?

7. 至日酚，受年?　　　《续》6.10.5

　　饶宗颐认为，"至日"连文，已是日至的明确记录。而甲骨文"至"字象矢抵地，古人每取飞鸟及射矢以喻日景，如《庄子·天下篇》引惠施历物之语，有云："飞鸟之景，未曾动也。镞矢之疾，而有不行不止之时。"《墨子·经说》云："景，光之人，照若射。"《易·晋》象日出地上为《晋》与象日入的《明夷》正相对，而甲骨文"晋"字上从双矢，下从日，即以矢镞譬拟日景光速的证据。而日至之"至"本取日景长短极至为名，所以有长至短至之称。又据日行南陆北陆之极至，故又呼短至曰南至，义实相承。因此凡称日至，此二义当兼而含之，一取极至之至，一取来至之至，而借矢镞抵地以示之[2]。

　　日至是否可以称为"至日"，这似乎并不是什么关键问题，但是正由于两词构词的这种区别，为学者提供了辨别"至日"含义的机会。严一萍首先讨论了这些卜辞，他认为卜辞中的"至日"都只有"到这一天"的意义，绝非日至。因为不仅辞5中的七条卜辞可以对读，而且同时可以与辞2的卜辞比较，这表明

　　① 饶宗颐：《殷代日至考》，《大陆杂志》第5卷第3期，1952年；《殷历之新资料》，《大陆杂志》第9卷第7期，1954年。

　　② 饶宗颐：《殷代日至考》，《大陆杂志》第5卷第3期，1952年。

"至日"的形式实际等同于"至巳"与"至日戊",不过省去纪日干支而已。况且诸条卜辞都没有记录月名,也很难肯定"至日"一定是指日至①。饶宗颐虽然并不赞同这种解释②,但严一萍的分析仍然得到一些学者的支持③,而下面一些卜辞似乎对否定"至日"为日至也很有利:

8. 惠今夕酓?

于翌日甲酓?

其至日戊酓?　　　《合集》27454

9. 即日甲酓,王受又(祐)?　　　《合集》29705

10. 戠日甲申酓,王受又(祐)?　　　《合集》29699

如果比较诸条卜辞,那么"日甲"、"日戊"、"日甲申"似乎没有理由不认为是指某一日,而"至"字如果不能与其同版的"今"、"翌"具有相同词性的话,就应该看作与"即"、"戠"的性质相近。"戠日甲申"当然可以解释为"等到甲申日"④,"即日甲"也可以理解为"在甲日"。以此例彼,"至日戊"便不会是指日至⑤。因此,一些学者否认屈万里将"日戊"连读⑥,似乎也过于武断。

我们是否可以根据这些论述否定卜辞日至的存在,这似乎并不像人们想象的那样乐观。学者指出,辞5的释文同样存在问题,旧释"奠"的字本应为"福",作为祭名;而"至巳"的"巳"也应释"子",为子组卜辞的主人。因此"子御父丁"与辞1"吴御于丁"同例,意思应是御子于父丁。显然"至"字解为到并不妥当,将其理解为日至则更为顺畅⑦。看来这个问题还可能继续争论下去。

寻找有别于上述方法的不同途径探讨殷代分至的存在并不是没有可能的事

---

① 严一萍:《正日本薮内清氏对殷历谱的误解兼辨"至日"》,《大陆杂志》第5卷第9期,1952年。

② 饶宗颐:《殷历之新资料》,《大陆杂志》第9卷第7期,1954年。

③ 屈万里:《殷虚文字甲编考释》,"中央研究院"历史语言研究所1961年版;池田末利:《再び嚴一萍氏に答える——殷曆譜の問題など——》,《甲骨學》第11號,1976年;常玉芝:《卜辞日至说疑议》,《中国史研究》1994年第4期。

④ 裘锡圭:《说甲骨卜辞中"戠"字的一种用法》,《语言文字学术研究论文集》,知识出版社1989年版,第166—172页。

⑤ 张玉金:《说卜辞中的"至日"、"即日"、"戠日"》,《考古与文物》1992年第4期。

⑥ 姚孝遂、肖丁:《小屯南地甲骨考释》,中华书局1985年版,第149—150页。

⑦ 罗琨:《卜辞"至"日缕析》,《胡厚宣先生纪念文集》,科学出版社1998年版,第150—156页。

情。学者认为，卜辞四方神名的本义实际反映了分至四中气昼夜长短的变化特点，四方神也就是分至之神①。这意味着即使人们否认卜辞的"至"有时可以用来表示日至，殷人已经懂得分至甚至可以加以预测也都应是不容怀疑的事实②。

第十二节　四方风问题

迄今所见商代甲骨文中完整的四方风材料共有两版，一为叙事刻辞（图95），另一为祈年卜辞（图96）。

　　1. 东方曰析，凤（风）曰劦（协）。

　　南方曰因，凤（风）曰叔（微）。

　　西方曰夷，凤（风）曰彝。

　　［北方曰］九（夗），凤（风）曰殳（役）。　　《合集》14294（图95）

　　2. 辛亥，内贞：今一月帝令雨？四日甲寅夕豆，乙卯帝允令雨。一二三四五

　　辛亥卜，内贞：今一月［帝］不其令雨？一二三四［五］

　　辛亥卜，内贞：帝（禘）于北，方曰九（夗），凤（风）曰殳（役），秦年？一月。一二三四

　　辛亥卜，内贞：帝（禘）于南，方曰岁（微），凤（风）［曰］尸（遟），秦年？一月。一二三四

　　贞：帝（禘）于东，方曰析，凤（风）曰劦（协），秦年？一二三［四］

　　贞：帝（禘）于西，方曰彝，凤（风）曰丮，秦年？一二三四

　　　　《合集》14295＋3814＋13034＋13485＋《乙》5012③（图96）

---

①　冯时：《殷卜辞四方风研究》，《考古学报》1994年第2期。

②　萧良琼：《卜辞中的"立中"与商代的圭表测景》，《科技史文集》第10辑，上海科学技术出版社1983年版，第39—40页；温少峰、袁庭栋：《殷墟卜辞研究——科学技术篇》，四川省社会科学院出版社1983年版，第22—24页；姚孝遂、肖丁：《小屯南地甲骨考释》，中华书局1985年版，第150页；刘桓：《关于殷商历法中的"日至"问题》，《纪念徐中舒先生诞辰110周年国际学术研讨会论文集》，四川出版集团巴蜀书社2010年版，第24—28页。

③　林宏明：《殷虚甲骨文字缀合四十例》，国立政治大学八十九学年度研究生研究成果发表会论文，2000年。

图 95　《合集》14294

卜辞中有关四方风的零星记录还有一些（图 25、图 97），一并转录于下：

3. 卯于东方析，三牛，三羊，南三？　　　《英藏》1288（图 97，1）

4. 乙酉贞：又（侑）岁于伊、西彝？　　　《粹》195（图 97，4）

5. 其孛（宁）惠日、彝、辣？用。　　　　《京津》4316（图 97，2）

图96 《合集》14295＋3814＋13034＋13485＋《乙》5012

6. 辣风惠豚，又（有）大雨？ 《合集》30393（图25）
7. ［东方曰析］，凤（风）曰劦（协）。
   南方…… 宇野藏骨① （图97，3）

① 松丸道雄：《介绍一片四方风名刻辞骨——兼论习字骨与"典型法刻"的关系》，《纪念殷墟甲骨文发现一百周年国际学术研讨会论文集》，社会科学文献出版社2003年版。

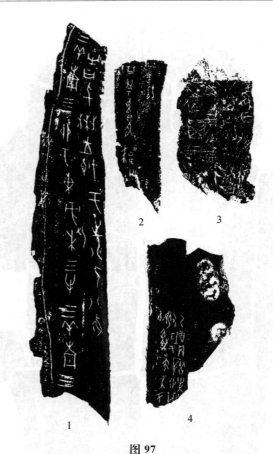

图 97

1. 《英藏》1288   2. 《京津》4316   3. 宇野藏骨   4. 《粹》195

我们今天看到的四方风内容虽然完整，但这却凝聚了学者半个世纪摩挲缀拾的成果。胡厚宣最初揭示的辞 2 一版武丁时期的大龟，其实只有第 3、5、6 三条有关东方、西方和北方神名风名的残辞，这是 1936 年殷墟第十三次发掘所得，编为《殷虚文字乙编》第 4548 版。1953 年，胡厚宣完成了《战后京津新获甲骨集》第 428 版与大龟（《乙》4548）的缀合①，增加了南方神名的内容。与此同时，郭若愚也意识到《殷契拾掇》二集的第 6 片（与《京津》428 版为一版两拓）可以与大龟缀合，他又同时增缀《殷虚文字乙编》第 5161 版，陈梦家续

---

① 胡厚宣：《战后京津新获甲骨集·序要》，群联出版社 1954 年版，第 4 页。

缀《殷虚文字乙编》第 4794 与 4876 两版[1]，使大龟的缀合迈出了关键的一步。1956 年，胡厚宣重新研读四方风卜辞又有新的收获，他将《殷虚文字乙编》第 6533 版与大龟拼兑，补足了南方及西方风名[2]。六十年代，张秉权补缀《殷虚文字乙编》第 4883 版及第十三次发掘所获的编号为 13.0.13777、13.0.13778 和 13.0.13780 三版碎甲[3]，后更缀以《殷虚文字乙编》第 5047 版[4]，使大龟的内容更趋完整。其后桂琼英撷拾《考古研究所精拓契文》（未刊）第 53 版缀成大龟，收入《甲骨文合集》第 14295 版；而台湾学者林宏明又补缀《殷虚文字乙编》第 4882、4890 和 5012 版[5]，遂成我们今天看到的面貌。

殷代的四方风卜辞虽然重要，但在胡厚宣系统地整理研究之前却并未引起人们的重视。辞 1 一版武丁时代的牛胛大骨原属刘体智善斋旧藏，郭沫若虽曾择善斋所藏之精撰成《殷契粹编》，但却与这版粹中之粹的刻辞失之交臂。胡厚宣首先揭示了卜辞四方风与传世文献所载相关内容的渊源关系[6]，振聋发聩，使卜辞中这一重要史料从此昭然于世。

殷代四方风材料比较完整地保留在《尚书·尧典》与《山海经》中，我们有必要将原文转录于下，以便比较。《尧典》云：

> 乃命羲、和，钦若昊天，历象日月星辰，敬授人时。
>
> 分命羲仲，宅嵎夷，曰旸谷。寅宾出日，平秩东作。日中，星鸟，以殷仲春。厥民析，鸟兽孳尾。
>
> 申命羲叔，宅南交。平秩南讹。敬致。日永，星火，以正仲夏。厥民因，鸟兽希革。
>
> 分命和仲，宅西，曰昧谷。寅饯纳日，平秩西成。宵中，星虚，以殷

---

① 郭若愚、曾毅公、李学勤：《殷虚文字缀合》，第 261 版，《序》、《编者附记》，科学出版社 1955 年版。

② 胡厚宣：《释殷代求年于四方和四方风的祭祀》，《复旦学报》（人文科学）1956 年第 1 期。

③ 张秉权：《殷虚文字丙编》中辑（一），第 216 版，"中央研究院"历史语言研究所 1962 年版。

④ 林宏明：《殷虚甲骨文字缀合四十例》，国立政治大学八十九学年度研究生研究成果发表会论文，2000 年。

⑤ 同上。

⑥ 胡厚宣：《甲骨文四方风名考》，《责善半月刊》第 2 卷第 19 期，1941 年；丁声树、胡厚宣：《甲骨文四方风名考补正》，《责善半月刊》第 2 卷第 22 期，1942 年；胡厚宣：《甲骨文四方风名考证》，《甲骨学商史论丛初集》第二册，成都齐鲁大学国学研究所 1944 年版。

仲秋。厥民夷，鸟兽毛毨。

申命和叔，宅朔方，曰幽都。平在朔易。日短，星昴，以正仲冬。厥民隩，鸟兽氄毛。

帝曰："咨，汝羲暨和！期三百有六旬有六日，以闰月定四时成岁。"

《山海经》云：

有人名曰折丹，东方曰折，来风曰俊，处东极以出入风。（《大荒东经》）

有神名曰因[因]乎，南方曰因[乎]，夸（来）风曰[乎]民，处南极以出入风。（《大荒南经》）

有人名曰石夷，西方曰夷，来风曰韦，处西北隅以司日月之长短。（《大荒西经》）

有人名曰鹓，北方曰鹓，来[之]风曰狻，是处东极隅以止日月，使无相间出没，司其短长。（《大荒东经》）

胡厚宣的贡献其实并不仅仅在于他拂去了卜辞四方风史料的千年封尘，同时还在于他对四方风含义的考释从一开始便走上了一条正确的道路。他辨别辞1大骨与辞2大龟所记方名与风名的不同，认为西方风名应以大龟为是，而南方风名则以大骨为准，而且将卜辞四方风与《山海经》、《尧典》对比研究，缕析方名与风名的演变轨迹。他又以四风之名反映了四时的气候特征，以四风与典籍所述八风比较，对后来的研究给予了很大启发①。

胡厚宣的一系列重要发现引发了学者探讨这一问题的极大兴趣。杨树达在随后的研究中已明确将四方之名视为神名，这是一个重要结论，同时他还将卜辞四风名与文献所记八风名综合分析，也是正确的方法。但他由于颠倒了西方风名与方名，又未能正确认出南方之名，因而考证四方之名的本义为职司草木之神②，则似乎距《山海经》和《尧典》的原意愈来愈远了。

杨树达对于四方神名与风名的考证影响很大，这使后来一些学者索性根据《尧典》伪孔《传》的某些解释，将四方神名的本义理解为反映了四季农人耕作

---

① 胡厚宣：《甲骨文四方风名考证》，《甲骨学商史论丛初集》第二册，成都齐鲁大学国学研究所1944年版。

② 杨树达：《甲骨文中之四方风名与神名》，《积微居甲文说》，中国科学院1954年版。

的农事活动，显然这与卜辞四方神作为神祇的身份难以相容。事实上，杨树达的重要论点在于他将四方之神与四时的彼此配合，但这种配合究竟是像他认为的那样通过四神对四时草木生长枯荣的职司来体现，还是其他的某种形式，这却是需要讨论的问题。

东方之神名"析"，风名"协"。胡厚宣以为神名"析"与《山海经》所记神名"折"意义相同，而风名"协"则有惠风和畅之意①。杨树达则以神名"析"暗喻草木甲坼之事，指春天草木破土而生②。这些意见后来几乎没有人怀疑。

南方之神名"因"，或名"遟"，风名"峕"，而或体则似可释为"殼"。胡厚宣初释神名为"夹"，以为夹辅之意③。杨树达则疑为"荚"字初文，喻夏天草木著荚之时④。这些解释显然是在未能正确认识南方神名的基础上推演而来，自然难以令人相信。裘锡圭考大骨所记南方神名为"因"，大龟所记南方名为"尸"（夷），"因"、"尸"相通⑤，解决了字的释读问题，这使学者似乎有理由沿着杨树达的思路而解神名"因"有喻指夏天草木高长之意⑥。风名"峕"在胡厚宣看来应是指微风⑦，杨树达则据文献指为"凯风自南"的凯风⑧。当然这个字是否可以考释为"峕"也并不是没有争论，林沄认为它应是"彭"字，而指南方飘风⑨。但文献中飘风本指迅疾之风，并非某方之风⑩，因此这个解释似乎也有问题。

西方之神名"彝"，风名"束"，或作"弓"、"韇"。胡厚宣以为卜辞的西方之名"彝"与文献的西方神名"夷"可以互通⑪，但这个正确意见并没有被杨树

① 胡厚宣：《甲骨文四方风名考证》，《甲骨学商史论丛初集》第二册，成都齐鲁大学国学研究所1944年版。

② 杨树达：《甲骨文中之四方风名与神名》，《积微居甲文说》，中国科学院1954年版，第54页。

③ 胡厚宣：《甲骨学四方风名考证》，《甲骨学商史论丛初集》第二册，成都齐鲁大学国学研究所1944年版。

④ 杨树达：《甲骨文中之四方风名与神名》，《积微居甲文说》，中国科学院1954年版，第54—55页。

⑤ 裘锡圭：《释南方名》，《古文字论集》，中华书局1992年版，第50—52页。

⑥ 郑慧生：《商代卜辞四方神名、风名与后世春夏秋冬四时之关系》，《史学月刊》1984年第6期。

⑦ 胡厚宣：《甲骨文四方风名考证》，《甲骨学商史论丛初集》第二册，成都齐鲁大学国学研究所1944年版；《释殷代求年于四方和四方风的祭祀》，《复旦学报》（人文科学）1956年第1期。

⑧ 杨树达：《甲骨文中之四方风名与神名》，《积微居甲文说》，中国科学院1954年版，第56页。

⑨ 林沄：《释史墙盘铭中的"逊虘彭"》，《陕西历史博物馆馆刊》第一辑，三秦出版社1994年版，第22—30页；《说飘风》，《于省吾教授百年诞辰纪念文集》，吉林大学出版社1996年版。

⑩ 参见《诗·小雅·四月》及《淮南子·天文训》、《时则训》。

⑪ 胡厚宣：《甲骨文四方风名考证》，《甲骨学商史论丛初集》第二册，成都齐鲁大学国学研究所1944年版；《释殷代求年于四方和四方风的祭祀》，《复旦学报》（人文科学）1956年第1期。

达采纳，他将风名与神名对调，而以"朿"指秋天草木垂实，迁就他的神名主司草木的议论①。这个解释其实与文献所记西方神名已明显不合。陈邦怀转从胡厚宣的意见，但他以《说文》所释"糵"字从"米"为器中之实而可与风名"朿"象木华实之相累彼此呼应②，则又沿袭了许慎的误说。于省吾则以神名"彝"（夷）有毁伤之意，指万物收缩之时③。这个解释固然圆通，但他否定风名"朿"字的考释，以为应读作"介"，而承胡厚宣说指西方厉风为大风④，至少在字形上没有王国维对"𩏼"字的释读以及杨树达对"朿"字的释读考虑得周全⑤。因为《山海经》于西风之名作"韦"，恰可视为存"𩏼"字之声⑥。郑慧生又引申于说，以神名"彝"、"夷"义为芰夷草木，风名"朿"义为束薪以芰，以求神名风名相应⑦。这种解释虽然照顾到了卜辞本身，但与文献所记四方风的内容已相去很远了。

　　北方之神名"九"，风名"役"。"九"是"宛"的初文⑧，于省吾更径释为"宛"⑨，胡厚宣则初疑北方之名或为"宛"字，几无可怀疑⑩。杨树达以为"宛"即屈草自覆之意，喻冬时阳气闭藏，万物潜伏，有蕴郁覆蔽之象⑪。陈邦怀也解"宛"有蕴意，为万物蕴藏之义⑫。这种解释后来诱发学者想象卜辞的北方"宛"可能就是伏方，因为"伏"字的意思也就是伏藏⑬。但是伏方的说法已是较晚的

---

① 杨树达：《甲骨文中之四方风名与神名》，《积微居甲文说》，中国科学院 1954 年版，第 55 页。

② 陈邦怀：《四方风名》，《殷代社会史料征存》卷上，天津人民出版社 1959 年版。

③ 于省吾：《释四方和四方风的两个问题》，《甲骨文字释林》，中华书局 1979 年版，第 124—127 页。

④ 胡厚宣：《甲骨文四方风名考证》，《甲骨学商史论丛初集》第二册，成都齐鲁大学国学研究所 1944 年版；《释殷代求年于四方和四方风的祭祀》，《复旦学报》（人文科学）1956 年第 1 期。

⑤ 商承祚：《殷虚文字类编》第七，决定不移轩自刻本 1923 年版，第 7 页；杨树达：《甲骨文中之四方风名与神名》，《积微居甲文说》，中国科学院 1954 年版，第 55 页。

⑥ 杨树达：《释𩏼风》，《积微居甲文说》，中国科学院 1954 年版，第 16—17 页；裘锡圭：《说"𩏼 𩏼白大师武"》，《考古》1978 年第 5 期。

⑦ 郑慧生：《商代卜辞四方神名、风名与后世春夏秋冬四时之关系》，《史学月刊》1984 年第 6 期。

⑧ 冯时：《殷卜辞四方风研究》，《考古学报》1994 年第 2 期。

⑨ 于省吾：《商周金文录遗·序言》，科学出版社 1957 年版，第 2 页。又可参见刘钊：《古文字考释丛稿》，岳麓书社 2005 年版，第 41—42 页。

⑩ 胡厚宣：《甲骨文四方风名考证》，《甲骨学商史论丛初集》第二册，成都齐鲁大学国学研究所 1944 年版；《释殷代求年于四方和四方风的祭祀》，《复旦学报》（人文科学）1956 年第 1 期。

⑪ 杨树达：《甲骨文中之四方风名与神名》，《积微居甲文说》，中国科学院 1954 年版，第 55 页。

⑫ 陈邦怀：《四方风名》，《殷代社会史料征存》卷上，天津人民出版社 1959 年版。

⑬ 曹锦炎：《释甲骨文北方名》，《中华文史论丛》1982 年第 3 期。

事情，而且它与《山海经》、《尧典》难以建立什么联系，何况就卜辞的字形分析，释"伏"也没有释"夗"更为切实可信。

北方风名则是难解的题目，胡厚宣以为是继西方厉风而来的寒风，因为"役"象手执兵器以刺人之形，与"刿"义相当，而"刿"正可与《山海经》北风名"狭"相通①。陈邦怀则以"役"为《易·说卦》"致役乎坤"之"役"②，说也难通。于省吾则训"役"为洌，指寒风而言③，与胡厚宣见解相同。此外，陈梦家释"夗"为"元"④，去字形也远。或有学者释"夗"为"氐"，义为草木生机伏于根底，而北风为"役"，为草木弃旧易新⑤，意思已极为隐晦。

这些解释毫无疑问都是沿袭了杨树达有关四方神名与四时草木枯荣的联系的思路，而没有超越传统的春生、夏长、秋收、冬藏的四时模式。但令人费解的是，《山海经》四方之神的职司已明确规定为司管日月之短长，而《尧典》的四方神又是与羲和四子相联系，分别主掌二分二至，都没有提到他们兼掌草木枯荣之事，而某些学者认为的四方神名所体现的草木枯荣之事，直接影响了对四风名称的解释的见解，更与《尧典》以鸟兽云云替代卜辞四风的变化难求一致。因此，卜辞四方风的真义应该如文献所反映的那样表现了一种古老纪时体系的原始模式，而并非仅仅简单地记录了四时的物候现象。

胡厚宣将卜辞四方风与传统的八风系统的综合考察极富创见⑥，这意味着人们有理由将卜辞四方风与殷代的授时系统加以联系⑦。事实上，卜辞的东方神名"析"与西方神名"彝"都有平分、平齐的意义，表示春分与秋分时昼夜平分；南方神名"因"（遟）与北方神名"九"（夗）又分别意蕴长短，表示夏至日长至和冬至日短至。这个解释不仅可与《尧典》羲和四子分主春分（日中）、夏至（日永）、秋分（宵中）和冬至（日短）的记载吻合，也同时可与《山海经》四神司掌日月短长的文意相贯通。因此，卜辞的四方神实际就是分至四神，而四

---

① 胡厚宣：《释殷代求年于四方和四方风的祭祀》，《复旦学报》（人文科学）1956 年第 1 期。

② 陈邦怀：《四方风名》，《殷代社会史料征存》卷上，天津人民出版社 1959 年版。

③ 于省吾：《释四方和四方风的两个问题》，《甲骨文字释林》，中华书局 1979 年版，第 127—129 页。

④ 陈梦家：《殷虚卜辞综述》，科学出版社 1956 年版，第 586 页。

⑤ 郑慧生：《商代卜辞四方神名、风名与后世春夏秋冬四时之关系》，《史学月刊》1984 年第 6 期。

⑥ 胡厚宣：《甲骨文四方风名考证》，《甲骨学商史论丛初集》第二册，成都齐鲁大学国学研究所 1944 年版；《释殷代求年于四方和四方风的祭祀》，《复旦学报》（人文科学）1956 年第 1 期。

⑦ 常正光：《殷代授时举隅——"四方风"考实》，《中国天文学史文集》第五集，科学出版社 1989 年版，第 39—55 页。

方风与分至四中气相配，则应反映了四气的物候征象。东风协意为交合，南风微意为稀少，西风夹意为含盛，北风役意为丰盛，分别喻指东风至则鸟兽交尾，南风至则鸟兽脱毛，西风至则鸟兽蓄毛，北风至则鸟兽毛盛，借以象征二分二至之物候征象，这显然又与《尧典》四方神之后复以鸟兽之变应四时的记载若合符契。显然，卜辞的四方神与四风神实际构成了完整的标准时体系，也就是殷代的历制体系①。

胡厚宣早就指出，《尧典》于四方神之后所记的鸟兽云云其实就是卜辞四风引申演变的结果，因为甲骨文借为"风"的字本来就写作凤凰的"凤"②，极为精辟。这些观点后来又得到了进一步的发展和完善③。凤当然就是最早的历正，这意味着四风作为四凤，本来就是分至之神④，这个古老观念当然来源于古人对于太阳与鸟的一种特殊联系，其渊源可以追溯很远⑤。分至四神分居于四方，这在《尧典》中反映得相当清楚，因而也有学者认为，卜辞的四方风名都由地名而来⑥，也并非全无道理。

卜辞四方风在体现殷代标准时体系的同时，还应反映了其他一些值得重视的内容。学者或据以追溯四时的起源、风角占术的起源及早期宇宙思想⑦，或探

---

① 冯时：《殷卜辞四方风研究》，《考古学报》1994 年第 2 期。

② 胡厚宣：《甲骨文四方风名考证》，《甲骨学商史论丛初集》第二册，成都齐鲁大学国学研究所1944 年版。

③ 斯维至：《殷代风之神话》，《中国文化研究汇刊》第八卷，1948 年；蔡哲茂：《甲骨文四方风名再探》，《金祥恒教授逝世周年纪念论文集》，1990 年。

④ 冯时：《殷卜辞四方风研究》，《考古学报》1994 年第 2 期。

⑤ 冯时：《星汉流年——中国天文考古录》，四川教育出版社 1996 年版，第 66—79 页；《中国天文考古学》，社会科学文献出版社 2001 年版，第 154—160 页；《中国古代的天文与人文》第二章第二节，中国社会科学出版社 2006 年版。

⑥ 严一萍：《卜辞四方风新义》，《大陆杂志》第 15 卷第 1 期，1957 年。

⑦ 李学勤：《商代的四风与四时》，《中州学刊》1985 年第 5 期；饶宗颐：《四方风新义》，《中山大学学报》（哲学社会科学版）1988 年第 4 期；江林昌：《甲骨文四方风与古代宇宙观》，《殷都学刊》1997年第 3 期；李学勤：《申论四方风名卜甲》，《华学》第六辑，紫禁城出版社 2003 年版；收入氏著《中国古代文明研究》，华东师范大学出版社 2005 年版，第 28—32 页；沈建华：《卜辞中的"听"和"律"》，《东岳论丛》2005 年第 3 期；收入氏著《初学集——沈建华甲骨学论文选》，文物出版社 2008 年版，第 137—142 页。由于新的缀合成果，学者或认为以往有关二月听风的解释似乎需要重新考虑。参见林宏明：《殷虚甲骨文字缀合四十例》，国立政治大学八十九学年度研究生研究成果发表会论文，2000 年。其实问题的关键并不在听风的时间，而是对卜辞"听"字含义的揭示。若殷历岁首当秋分之后的第一月，则二月适值立冬前后，正合古八风从律之制。

讨四方风名与四仲卦的关系及其他问题①，都很有意义。不过值得注意的是，商代仅有的春、秋两个季节显然尚不足以与四方或四方风相对应②，但这并不意味着以分至四个历点建立的标准时体系不与四方风构成一种固定的对应关系。分至四中气是历法体系，季节则源于农业周期，这两个体系相互融合的结果才最终导致了四季的形成，这些问题我们在第九节已有所讨论。殷代虽已建立以分至为基点的标准时体系，但与此并行的为适应农业生产的春、秋两季却尚未与之结合。因此，以分至四中气为历年的四个标准时点的历制体系，与为适应雨季和日照为基本内容的农业季节周期在当时还处于彼此独立的发展状态，这使卜辞的四方风名的本质只能理解为如后来演变为羲和四子的司分司至之神，而这种并非殷人始创的四方与四凤（四鸟）的纪时系统，甚至可以从新石器时代的古老文化中一步步追溯出来③。

---

① 连劭名：《商代的四方风名与八卦》，《文物》1988 年第 11 期；郑杰祥：《商代四方神名和风名新证》，《中原文物》1994 年第 3 期；肖春林：《殷代的四方崇拜及相关问题》，《考古与文物》1995 年第 1 期；魏慈德：《中国古代风神崇拜》，台湾古籍出版有限公司 2002 年版。

② 于省吾：《释四方和四方风的两个问题》，《甲骨文字释林》，中华书局 1979 年版，第 124 页。

③ 冯时：《中国古代的天文与人文》第二章第二节，中国社会科学出版社 2009 年修订版。

第 六 章

商代历法的重建工作

　　商代的历法其实并不仅仅体现着商代天算家对天体运行规律的认识程度，更重要的是它是建立一种有效的社会秩序的基础，因此对于殷商年代的重建甚至商史的重建，恢复殷商历法的基本面貌无疑都具有首要的意义。甲骨文蕴涵的历法材料十分零散，这使学者很容易根据各自占有的不同资料得出不同的认识。事实上，殷商历法研究的历史就是充分发掘卜辞资料所进行的立论和驳论的历史，其中的艰辛自然可以想见。

　　向来谈论殷商历法的学者除去对殷人以干支循环纪日的方法没有异议之外，都各自根据对卜辞的理解而对殷商历法有一个基本评估，这体现了殷商历法研究的几种不同趋向。束世澂主张殷代平年十二月，闰年十三月；十日为一旬，一月有三旬，即 30 日，一年 360 日或 390 日；每月的首日不是甲子就是甲午，每月的末日不是癸巳就是癸亥，即实行所谓“一甲十癸”的整齐的历法①。这种观点后来被刘朝阳和孙海波所接受，尽管刘朝阳最初并不认为郭沫若提出的殷历于较早之时月有三旬而无大小，入后似有大小月的分别的变通方案没有可能实行②，但他很快便改变了主张，认为殷代一年只有十二个月，并无闰月；每月三旬，计 30 日，无大小月的不同，特殊情况下可以于某月附加 10 日或 20 日作为闰旬，使之成为含有 40 日或 50 日的月，因此每年的长度可以有 360 日，也可

---

　　① 束世澂：《殷商制度考》，《中央大学半月刊》第 2 卷第 4 期，1930 年。
　　② 郭沫若：《释支干》，《甲骨文字研究》，上海大东书局石印本 1931 年版，第 4—5 页；刘朝阳：《殷历质疑》，《燕京学报》第十期，1931 年。

能出现 370 日或 380 日；纪日干支与旬和月的次序都较固定，即始甲终癸。至于春夏秋冬四季则于一年中游移不定，每个月都可能轮到某一季，这就是所谓的"流动年法"①。刘朝阳与孙海波对卜辞存在的"十三月"的解释也很新奇，他们并不以"十三月"为闰月，而认为是殷人积月计数的错误，因此"十三月"就是正月②。这些学说是否可以成立的关键其实并不在于能够获得多少卜辞证据的支持，而在于它如何解释卜辞中存在的反证。因为董作宾找到了殷历大小月的实证③，胡厚宣找到了月首不始于甲日的实证④，这些卜辞证据使得主张殷历属于纯阳历的政治性历法的学说面临着严峻挑战。

董作宾所设计的方案与传统的农历没有什么本质的不同。他认为殷历是一种阴阳合历，平年十二月，闰年十三月；大月 30 日，小月 29 日；十日为旬，但纪日干支与月并没有固定的关系，每月初一未必是甲日，每月末日未必是癸日；历月始于朔日，历年始于冬至之后的一月；置闰采用无节置闰的原则，早期实行年终置闰，称为"十三月"，祖甲改制后，置闰则在当闰之月；历法已行四分术⑤。这些观点后来也被吴其昌部分地接受⑥。

董作宾的这种以殷历属于阴阳合历的看法当然与刘朝阳的纯阳历格格不入。但是在莫非斯看来，这两种方案似乎并不是没有调和的可能，于是他既主张殷代历月有大小之分，同时又附和可于某月加闰 10 日或 20 日的观点⑦，这些想法看似颇有道理，但却使纯阳历与阴阳合历赖以建立的根本原则遭到了彻底破坏，因此是不可以接受的。

半个多世纪的检验证明，董作宾的主张应该与殷历的真实面貌最为接近，但这并不是说他的殷历方案不存在缺陷。事实上，董作宾在对殷代历法状况的

---

① 刘朝阳：《再论殷历》，《燕京学报》第十三期，1933 年；《三论殷历》，《史学专刊》第 1 卷第 2 期，1936 年。

② 刘朝阳：《再论殷历》，《燕京学报》第十三期，1933 年；《三论殷历》，《史学专刊》第 1 卷第 2 期，1936 年；孙海波：《说十三月》，《学文》第 1 卷第 5 期，1932 年；《卜辞历法小记》，《燕京学报》第十七期，1935 年。

③ 董作宾：《卜辞中所见之殷历》，《安阳发掘报告》第三册，1931 年。

④ 胡厚宣：《"一甲十癸"辨》，《责善半月刊》第 2 卷第 19 期，1941 年；《甲骨学商史论丛初集》第二册，成都齐鲁大学国学研究所 1944 年版。

⑤ 董作宾：《殷历谱》，中央研究院历史语言研究所 1945 年版。

⑥ 吴其昌：《丛甀甲骨金文中所涵殷历推证》，《中央研究院历史语言研究所集刊》第 4 本第 3 分，1934 年。

⑦ 莫非斯：《春秋周殷历法考》，《燕京学报》第二十期，1936 年。

基本估价的同时，却用四分术重建当时的历法，这显然难以得到证实，同时他对殷商历法方案诸多细节的论证和原则的确定，也都不是没有商榷的馀地。

第一节　各种表谱的编制

商代甲骨文的发现为探讨殷商历法提供了良好的机会，这种机会后来逐渐扩大为一种重建殷商历法的可能。很明显，学者在根据甲骨文资料确定了历法的诸项历理原则之后，重建当时历制的工作便不是可有可无的事情了，刘朝阳基于自己对殷历的理解，于 1945 年发表了《晚殷长历》一文[1]，算是他三论殷历之后的最终结论[2]。这个工作当然不甚符合殷历的实际情况。

也是在这一年，董作宾的《殷历谱》出版问世。董作宾的殷历研究工作可以追溯到二十世纪三十年代初期，1931 年他发表《卜辞中所见之殷历》[3]，已经显示了因卜辞中清晰的年月日的记录而促使他决计研究殷历的决心[4]，而《殷历谱》的编制则是自 1934 年开始，至 1943 年结束，十阅寒暑，表达了董作宾对殷商历法的基本认识。其实，《殷历谱》虽然以历法——确切地说是以年代——作为贯穿始终的主线，但却并不仅仅是一部历法研究著作。董作宾试图通过重建殷商历法而达到重建殷商历史的目的，在他看来，《殷历谱》完全可以实践他的这种设想。

董作宾对于殷历的设计来源于甲骨文本身的实证以及甲骨文之外的某些推测，这使他得出的一些结论可能过于大胆。董作宾认为，殷历与汉传古六历中的颛顼历具有密切的关系，颛顼历除以无中置闰法的闰法标准及截取古六历中的殷历为历元两点为秦人改作之外，其本来面目则与殷代祖甲以前的历制完全相合。因此可以相信，吕不韦所得到的颛顼历实际就应是殷商以前的古历，殷因夏礼，所以颛顼历的法术也就是殷历的法术。于是董作宾根据颛顼历得出了殷历历术的四项要点：

---

① 载华西大学《中国文化研究所专刊》乙种第三册，1945 年。

② 刘朝阳：《殷历质疑》，《燕京学报》第十期，1931 年；《再论殷历》，《燕京学报》第十三期，1933 年；《三论殷历》，《史学专刊》第 1 卷第 2 期，1936 年。

③ 载《安阳发掘报告》第三册，1931 年。

④ 董作宾：《殷历谱的自我检讨》，《大陆杂志》第 9 卷第 4 期，1954 年。

岁实：1 年＝365.25 日。

朔策：1 月＝29.53085 日。

章法：1 章＝19 年＝235 月＝6939.75 日。

蔀法：1 蔀＝4 章＝76 年＝940 月＝27759 日。

董作宾所主张的殷代历法就是在这样的基础上建立起来的[①]。于是他用奥伯尔兹（Th. v. Oppolzer）的《日月食典》对证定朔，更换格列高里历，求定气恒气，以相间安排大小月，每14—15 个月置一连大月及 19 年 7 闰的术数建立了一部精密的殷代历法。这样的历术出现在遥远的殷商时代自然引起人们的怀疑[②]，而这些怀疑客观地说多是实事求是的。

我们不能不说董作宾可能过高地估计了殷代天算家的历算水平。颛顼历是否就是殷历暂且不论，仅就董作宾借以建立这种严密历术的卜辞证据分析，他的重建工作显然也过于乐观。

董作宾之所以相信颛顼术并非出于他的玄想，这实际还是来源于他对卜辞庚申月食的研究。董作宾认为，这次月食的推定在殷代历术上至少有三方面的意义，它不仅可以证明古四分术，证明殷代早期的置闰法则，而且可以确定殷历正月建丑[③]，因此这次月食的考定实际已成为一部庞大的《殷历谱》的基石。被董作宾同样看重构筑他的历法体系的重要历点的还有帝辛十祀闰九月[④]，但是在今天看来，这两个历点都不是不可以动摇的，甚至对于庚申月食的推算而言，已是非重新考虑不可的事情了，这意味着董作宾得以建立殷代历法的所谓合天的历术基础将毁于一旦。

事实上，董作宾对于殷商年代研究的切实贡献并不在于他所建立的殷商历术本身，而在于他所运用的研究方法以及对甲骨文中有关殷历资料的系统整理。

---

①　董作宾：《殷历谱》下编卷一《年历谱》，中央研究院历史语言研究所 1945 年版，第 8—10 页。

②　薮内清：《殷代の暦法——董作賓氏の論文について》，《東方學報》第 21 册，1952 年；《殷暦に關する二、三の問題》，《東洋史研究》第 15 卷第 2 號，1956 年；Homer H. Dubs, The Beginning of Chinese Astronomy, *Journal of America Association of Oriental Society*. 78：4，1958；鲁实先：《殷历谱纠譑》，台北中央书局 1954 年版；岛邦男：《卜辞上的殷暦——殷暦谱批判——》，《日本中国学会报》第十八集，1966 年；常正光：《殷历考辨》，《古文字研究》第六辑，中华书局 1981 年版。

③　董作宾：《殷历谱》下编卷三《交食谱》，中央研究院历史语言研究所 1945 年版，第 30—31 页。

④　董作宾：《中国古历与世界古历》，《大陆杂志》第 2 卷第 10 期，1951 年。

因为如果不是过于急切地要将某些卜辞附之于某位殷王的话，那么卜辞本身所反映的殷代信史应该是充分而丰富的。换句话说，董作宾的工作其实是要通过断代研究的方法以建立殷代的历法和由各种卜辞所排列的谱，并籍以解决殷商的年代问题，揭示殷商历史。历法在历，证史在谱，历求合天，谱征信史①。显然，董作宾于历的方面的工作并不成功，但这并不影响他运用排谱的方法去探究商史。

董作宾试图通过他所创立的十谱重建殷商的年代和史实。十谱之中以《年历谱》为总纲，下分九谱，《年历谱》为历谱，只涉及天文计算而不关卜辞。九谱则是以卜辞材料为基础，包括《祀谱》、《交食谱》、《日至谱》、《闰谱》、《朔谱》、《月谱》、《旬谱》、《日谱》和《夕谱》。其中最重要的内容当推《祀谱》，这也是董作宾对自己整个殷历体系中最坚信不疑的部分②。董作宾不仅发现了商代一种独特的有秩序的祭祀制度——周祭（董作宾称为"五祀统"），并且对祖甲、帝乙、帝辛三王的周祭祀典进行了初步复原。由于帝乙、帝辛时期周祭的一个周期用时大约一年，因此这两个王世祀谱的重建也就几乎相当于王年的重建。

《日谱》的编制也是董作宾的重要贡献之一，他试图通过寻找不同版卜辞间的内在联系，以达到重建殷商信史的目的。董作宾先后编定《武丁日谱》和《文武丁日谱》，探赜武丁田猎及征伐土方、舌方及下危等事件发生的前后关系。尤其是对《帝辛征人方日谱》的排比，使散佚的卜辞资料得以串联一贯，再现了晚殷对东夷用兵的重要史实，其价值自然不可低估。

这两开先河的工作当然也都是董作宾《殷历谱》中最得意的部分，事实也的确如此，利用破碎而分散的卜辞以重建殷人庞大而烦琐的祭祀体系，再现当时的重要史实，不能不令人钦佩。尽管后来包括董作宾自己在内的一些学者又对这两部分内容有所修订和补充，但董作宾的开创性工作以及他运用新方法整理卜辞资料的成绩则堪称不朽。

殷人占卜一旬之吉凶是一项经常性的工作，这使董作宾得以哀辑有关卜辞编制《旬谱》。但《旬谱》的贡献却似乎不如《祀谱》，而且有些卜辞的释读也

---

① 董作宾：《殷历谱·自序》，中央研究院历史语言研究所1945年版。
② 董作宾：《殷历谱的自我检讨》，《大陆杂志》第9卷第4期，1954年。

还存在争议。其后严一萍对《殷历谱》的《旬谱》有所补充[1]，他根据自己将《殷虚文字甲编》第 3625、3633、3635 三版卜骨缀合得到的自十二月至次年五月的卜旬记录，发现了确凿无疑的小月存在的事实[2]。

董作宾以无节置闰为标准建立了《殷历谱》的《闰谱》，当然，帝辛十祀闰九月是他最感精彩的内容，然而正是由于这个闰九月引起了人们的种种纷议[3]，这显然还需要进一步的研究。董作宾排在《闰谱》的一版武丁五十年年终闰，后来由于甲午月食的重新考定而不得不有所改动，因为这两版卜辞有贞人宾的活动，而甲午月食由于无法与董作宾所确定的庚申月食同在武丁王世中容纳，因而不得已上推到盘庚二十六年，而这时下距武丁元年已有三十多年，再下延至武丁五十年已是八十多年，因此非得假设贞人宾活到百岁左右不可。董作宾当然深感这种假设的危险，于是将原属武丁五十年的年终闰前移到小乙三年[4]。但是他把《旬谱》中由贞人宾占卜的卜旬辞仍放在武丁四十四年，而《武丁日谱》中排于武丁三十年的事件也有宾在活动，仍然显示了难以克服的矛盾。很明显，由于作为武丁月食这块重建殷历的基石并不牢固，《殷历谱》的漏洞已使董作宾有些顾此失彼了。

《日至谱》是《殷历谱》中最有争议的部分之一，唐兰曾建议董作宾删去此谱[5]，因为董作宾所列举的日至材料在某些学者看来却并非与日至有关。尽管这些问题还有讨论的必要，但董作宾还是部分地采纳了唐兰的意见[6]。事实上，董作宾对于卜辞"五百四旬七日"作为回归年一年半岁实的论证仍然显示了他过人的见识。

《朔谱》、《月谱》和《夕谱》虽分立三谱，但它们对于确定殷历的月首却有

---

①　严一萍：《殷历谱订补》，《中央研究院历史语言研究所集刊》第 47 本第 1 分，1975 年，第 84—86 页。

②　严一萍：《殷历谱"旬谱"补》，《大陆杂志》第 3 卷第 7 期，1951 年；《甲骨古文字研究》第一辑，艺文印书馆 1976 年版，第 233—240 页。

③　李学勤：《评陈梦家殷虚卜辞综述》，《考古学报》1957 年第 3 期，第 122 页；《殷代地理简论》，科学出版社 1959 年版，第 37—41 页；常正光：《殷历考辨》，《古文字研究》第六辑，中华书局 1981 年版，第 105—106 页。

④　董作宾：《大龟四版之四卜旬版年代订——殷历谱闰谱三武丁五十年改为闰谱一小乙三年》，《大陆杂志》第 3 卷第 7 期，1951 年。

⑤　唐兰致董作宾函。见董作宾：《殷历谱后记》，《六同别录》（中），中央研究院历史语言研究所集刊外编第三种，1945 年，第 13 页。

⑥　董作宾：《殷历谱的自我检讨》，《大陆杂志》第 9 卷第 4 期，1954 年。

着相同的意义，董作宾编制《朔谱》与《月谱》的目的当然正在于此，而《夕谱》中的某些材料也反映了同样的内容。严一萍后来对于《月谱》的补正很有意义，它几乎无可怀疑地确定了殷历连小月存在的事实①。

《交食谱》由于是建立殷代历法的基础，因而成为《殷历谱》中最关键的部分。董作宾曾自信他的推算十分稳固，但在今天看来却并非如此。乙酉月食卜辞当时还没有能够缀合，以致被当作两次月食去考证，如果说这个失误对董作宾的殷历体系还没有什么致命影响的话，那么庚申月食和甲午月食如何配合却是使董作宾后来最感棘手的问题。《殷历谱》最初的推算将庚申月食列入武丁二十九年，甲午月食列入小乙八年。但这次甲午月食的发生时刻后来通过更精密的计算，却是发生在丙申日的凌晨，因此董作宾不得不重新推算这次月食。但他很快便发现，自公元前1466年至前1229年实际竟不曾发生过一次安阳可见的甲午月食，而公元前1466年和公元前1229年的两次月食又远在他自己所确定的盘庚至武丁王世之外，这意味着如果想使庚申和甲午两次月食取得更满意的配合，庚申月食的年代就必须重新考虑，而这种做法的结果将使董作宾亲手把自己建立的庞大的殷历体系彻底否定，显然他不能甘心做出这样的选择。于是董作宾开始迁就既有的体系，他把关系殷历谱全局的庚申月食视为不可更易的定论，而重新选择甲午月食，并将其前移到公元前1373年3月27日，相当于他所认为的盘庚二十七年。然而这不仅是一次安阳不能看到的月食，而且在贞人的年寿上也出现了问题，这使董作宾面对这重重麻烦左右为难②。事实上，《交食谱》中的月食推算并不可靠，尽管董作宾后来又对这些月食重新进行了考证，但结果仍然不能令人满意。很明显，在此基础上建立起来的一切历术原则及殷历框架也都不能不重做核正。

董作宾利用卜辞资料排定表谱的工作既有可贵的贡献，也存在一些问题。比如他在组织材料时大量使用遥缀的方法缀合卜辞，其可靠程度就使人很不放心，对此学者并不是没有表示过担忧③。事实上，严一萍后来对于《殷历谱》的修订，有相当一部分是通过找到可以缀合的直接的卜辞证据纠正了董作宾全凭

① 严一萍：《殷历谱订补》，《中央研究院历史语言研究所集刊》第47本第1分，1975年，第80—84页。

② 董作宾：《殷代月食考》，《中央研究院历史语言研究所集刊》第22本，1950年，第150—152页。

③ 胡厚宣说。见董作宾：《殷历谱的自我检讨》，《大陆杂志》第9卷第4期，1954年。

遥缀而拟补的结论①，看来学者的担忧并非多余。

严一萍一生中的相当一部分工作都是在为印证《殷历谱》的学说而忙碌，当然随着研究工作的深入，严一萍获得了比董作宾更多的占有材料的机会，对卜辞的缀合整理也很有建树。这使他在《殷商史记》中不仅系统地利用了卜辞资料以发明商史，而且发展了董作宾排比表谱的成果②。其他学者在这方面也有一些尝试③。当然，这些工作如果能与董作宾并不可靠的殷代历法和王世分别开来，或许会更出色一些。在这方面，许进雄试排的武乙征召方日谱则是继董作宾之后利用卜辞的缀联编串以重建商史的最有意义的探索④。

第二节　晚殷征人方日程的讨论

人方也就是后世文献中所称的东夷，是晚殷时代的强敌之一。《左传·昭公十一年》曾说："纣克东夷而殒其身。"即指殷王帝辛因征伐夷方而国破身亡。

董作宾通过对三十三版有关征人方的甲骨卜辞的汇集，依照它们历日与地理的相互联系，首先建立了帝辛征人方的时空框架，完成了这一有意义的工作。他所排定的征人方日谱从帝辛十祀的九月甲午（26 日）开始，至十一祀的七月癸卯（10 日）结束，历时将近一年⑤。尽管其中有一些误收或漏收的材料，但日谱的整体架构却严谨而周密，可以说是董作宾造就的精彩之作。

陈梦家并不以为董作宾所作的征人方日谱在与他的殷历的配合上可以做得天衣无缝，因为他的历日排比常常削足适履，况且对于材料的取舍也并不是没有错误，对地名的考定有时也有不合乎时日所排出的路程。这些都使陈梦家需要根据新补的卜辞资料对董谱进行修正。陈梦家所利用建立征人方日谱的卜辞比董作宾更为丰富和严格，它们首先要有直接的"征人方"或"来征人方"的

---

①　严一萍：《殷历谱订补》，《中央研究院历史语言研究所集刊》第 47 本第 1 分，1975 年；《续殷历谱》，艺文印书馆 1979 年版。

②　严一萍：《殷商史记》上、中、下册，艺文印书馆 1989 年版。

③　塞翁：《甲骨文录第二期卜旬辞系联》，《中国文字》新 5 期，1981 年，第 47—57 页；《甲骨文录第二期卜夕辞系联》，《中国文字》新 6 期，1982 年，第 97—121 页；均收入白玉峥《枫林读契集》，艺文印书馆 1989 年版；白玉峥：《试订帝辛旬谱初稿》，《中国文字》新 15 期，1991 年，第 43—175 页。

④　许进雄：《武乙征召方日程》，《中国文字》新 12 期，1988 年，第 297—336 页。

⑤　董作宾：《殷历谱》下编卷九《日谱三》，中央研究院历史语言研究所 1945 年版，第 48—63 页。

记载，否则必须有别的足够说明它们与征人方卜辞有关联的证据，这使他所建立的征人方日谱似乎更清新了一些①。

　　董作宾将征人方日谱附着于他所建立的殷历的做法确实显现出了问题，这个问题在陈梦家的修正谱中其实也未能得到纠正，这就是帝辛十祀闰九月。李学勤根据对征人方卜辞的重新整理，剔除了他认为董谱与陈谱误收的卜辞，并通过周祭祀典的祭序规律证明了所谓闰九月并没有存在的馀地②。这个问题后来通过对周祭祀典的研究也可以得到证实③。事实上，董作宾设定此年闰九月取决于一个先决条件，这便是因为卜辞反映的十一祀正月月首只能在乙未、丙申和丁酉三日之内，这使十祀九月的甲午日必须出现在九月下旬，否则就没有得以容纳闰九月的空间。但卜辞记录对这一设想显然很不利。

　　　　甲午王卜，贞：乍余酌，朕褒。下酉余步比侯喜正（征）人方，上下氒示，受余又₌（有祐），不瞷戠，备告于大邑商，亡徏在祸？王占曰："吉。"在九月。遘上甲祼，唯十祀。　　　　《通》592

殷王于九月甲午日卜问下酉如何，可知甲午一定不在九月下旬（图85，3），因此闰九月自然无法安排④。

　　岛邦男新谱的征人方日谱则更多地继承了董作宾和陈梦家的排谱成果，当然他在卜辞材料的汇集方面也有较前三谱独到的地方。然而他误收本不属于十祀征人方活动的十五祀戍鈴彝，并据此推出帝辛十祀闰十月⑤，却多少降低了他的日谱的可信度。

　　丁骕也在董作宾和陈梦家研究的基础上重谱征人方日程，他接受陈梦家的意见，在日谱的回程历日对董谱的修正是明显的⑥。郑杰祥所排征人方日谱的不同之处则在于他对帝辛十祀九至十二月的历日做了客观的排比，从而剔除了董

　　① 陈梦家：《殷虚卜辞综述》，科学出版社1956年版，第301—309页。
　　② 李学勤：《殷代地理简论》，科学出版社1959年版，第37—41页。
　　③ 岛邦男：《殷墟卜辞研究》，中國學研究會1958年版，第392—393页；中国天文学史整理研究小组：《中国天文学史》，科学出版社1981年版，第14—15页。
　　④ 冯时：《卜辞中的殷代历法》，薄树人主编：《中国天文学史》，文津出版社1996年版，第37页。
　　⑤ 岛邦男：《殷墟卜辭研究》，中國學研究會1958年版，第392—400页。
　　⑥ 丁骕：《重订帝辛正人方日谱》，《董作宾先生逝世十四周年纪念刊》，艺文印书馆1978年版，第16—35页。

作宾所设定的闰九月①。

　　严一萍似乎并不把诸家补充的这些董作宾当时未见的新材料看作是可以修正董谱的证据，这当然有失公允。这些新资料主要包括：

一、《殷契摭佚续编》第 153 版

二、《甲骨缀合编》附图第 67 版

三、《哲庵甲骨文存》第 239 版

四、《甲骨缀合编》附图第 66 版

五、《哲庵甲骨文存》第 315 版

这五条资料除资料三与董谱相合之外，其馀诸条都与董谱存在或大或小的冲突。然而对于如何解释这些冲突，严一萍则采取了一种回避矛盾的态度。他认为资料一和资料五都不应属于帝辛十祀的谱内。资料二虽然与《龟甲兽骨文字》第 1.9.12 版缀合的结果排除了其不属于十祀日谱的可能性，但新材料显示的十祀十月癸酉一日王所在的地点却与董谱所据的卜辞不同，这一点严一萍则以商王于白天行军和夜晚住宿所在的地点不同来加以解释。资料四所录的五条卜辞辞意完整，可以补充董谱已十分明显。况且卜辞明言二月王在意地，不仅与董谱所排其时王在齐地不合，而且与董作宾将王在意的卜辞统统归于四月也不合，看来这五条卜辞可以修正董谱已是显而易见的事情。然而令人不解的是，严一萍为维护董谱的权威，仍以一日两地之说调和董谱与卜辞的矛盾，因此他并不认为董作宾的征人方日谱有什么错误②。

　　事实上，严一萍自己对董谱也有一些修正③，说董谱无误，只是为尊者讳而已④。另一方面他也必须考虑到，董作宾的征人方日谱与《殷历谱》的《闰谱》、《祀谱》等都息息相关，往往牵一发而动全身，因此能够不改就最好别动⑤。这使严一萍后来重订的征人方日谱并存了新的卜辞材料与董作宾旧谱的

---

①　郑杰祥：《商代地理概论》，中州古籍出版社 1994 年版，第 352—386 页。

②　严一萍：《校"正人方日谱"》，《中国文字》新 11 期，1986 年，第 173—177 页。

③　严一萍：《殷历谱订补》，《中央研究院历史语言研究所集刊》第 47 本第 1 分，1975 年，第 90—105 页。

④　张秉权：《甲骨文与甲骨学》，国立编译馆 1988 年版，第 505 页。

⑤　同上。

矛盾①。

关于帝辛十祀征人方战争的起止时间，董作宾认为是从十祀九月甲午（26日）开始，到十一祀七月癸卯（10日）结束②。岛邦男则以为战争开始的时间当是在十祀九月甲午之后的第四日丁酉，终讫于十一祀四月癸未③。其他学者基本上对董作宾所确定的战争开始时间没有什么异议，而结束的时间则颇为不同，陈梦家定在十一祀五月癸丑④，李学勤定在十一祀四月癸酉⑤，丁骕定在十一祀五月癸卯⑥，严一萍恪守董说，没有什么改变⑦。其实这两个时间都还需要进一步核定，因为如果九月甲午可以出现在九月上旬的话⑧，那么商王于此日卜问在下旬酉日与侯喜征人方的日期就应该是距甲午二十八天后的辛酉。当然亲征夷方的商王是不是只可能是帝辛而不会是帝乙，学术界也并不是没有人怀疑⑨。

商代晚期对东夷的用兵肯定不止发生过一次，董作宾曾据卜辞和金文材料讨论了另一次发生在帝辛十五祀对人方的战争⑩。严一萍则认为还应有帝辛二十五祀的一次⑪。岛邦男则在编制帝辛十祀征人方日谱的同时，又将董作宾列入十祀日谱的一些材料剔出，谱成帝辛八祀征人方日谱。这样的安排虽说与董作宾的日谱不能相合，但岛邦男却自有一番道理，这至少与他自己创立的地理与历

　　①　严一萍：《殷商史记》卷三十八《帝辛日谱》，艺文印书馆 1989 年版，第 1337—1409 页。
　　②　董作宾：《殷历谱》下编卷九《日谱三》，中央研究院历史语言研究所 1945 年版，第 48—54、61—62 页。
　　③　岛邦男：《殷墟卜辭研究》，中國學研究會 1958 年版，第 392—399 页。
　　④　陈梦家：《殷虚卜辞综述》，科学出版社 1956 年版，第 304 页。
　　⑤　李学勤：《殷代地理简论》，科学出版社 1959 年版，第 40—41 页。
　　⑥　丁骕：《重订帝辛正人方日谱》，《董作宾先生逝世十四周年纪念刊》，艺文印书馆 1978 年版，第 21 页。
　　⑦　严一萍：《殷商史记》卷三十八《帝辛日谱》，艺文印书馆 1989 年版，第 1337—1409 页。
　　⑧　岛邦男：《殷墟卜辭研究》，中國學研究會 1958 年版，第 392—393 页；冯时：《卜辞中的殷代历法》，薄树人主编：《中国天文学史》，文津出版社 1996 年版，第 37 页。
　　⑨　郭沫若：《卜辞通纂·序》，日本东京文求堂石印本 1933 年版；李学勤：《殷代地理简论》，科学出版社 1959 年版，第 41、96 页；邓少琴、温少峰：《论帝乙征"人方"是用兵江汉》，《社会科学战线》1982 年第 3、4 期。
　　⑩　董作宾：《殷历谱》下编卷二《祀谱三》，第 31—32 页，卷八《旬谱七》，第 8 页，中央研究院历史语言研究所 1945 年版。
　　⑪　严一萍：《校"正人方日谱"》，《中国文字》新 11 期，1986 年，第 177 页。

法体系没有太大的矛盾①。尽管这种新说没有太多的根据，不过商代晚期所发生的数次对东夷的战争足以提醒我们注意，谨慎地区别不同时期的征人方卜辞资料是至关重要的。

第三节　周祭与周祭祀谱

商代的周祭是一种以翌、祭、𩞆、劦、彡五种祭法对先王及直系先妣轮番祭祀的严密礼制。董作宾首先发现了这个制度，并建立了祖甲、帝乙、帝辛三王的祀谱。他将这种以五种祭法遍祀先王及直系先妣的祭祀称为"五祀统"②，而陈梦家则根据这种祭祀周而复始的特点将它取名为"周祭"③。

在董作宾的整部《殷历谱》中，周祭祀谱是他用力最勤的部分。尽管他的全部祭祀体系人们在 1945 年才迟迟看到，但他对于祀典和祀谱的建立早在《殷历谱》正式出版的前五年就已颇具规模了④。董作宾的这一工作无疑是对甲骨学的巨大贡献，对于商史研究具有多方面的意义，因而理所当然地受到了众多学者的关注。

在董作宾发表他对于周祭制度初步研究成果的十三年后，岛邦男出版了他的研究成果，他利用董作宾的卜辞分期断代方法，整理五种祀典中先王先妣的祭祀次序，得到了与董作宾大略一致的看法⑤。然而在 1958 年岛邦男出版的新作当中，他在花费了五年时间研读董作宾的《殷历谱》之后，却在周祭的祀首、周祭的长度以及入祀先妣的数目和祭祀次序等许多重要问题上与董作宾的看法大相径庭⑥。其后，陈梦家、许进雄、严一萍、常玉芝等学者也都

①　岛邦男：《殷墟卜辞研究》，中國學研究會 1958 年版，第 401—402 页。

②　董作宾：《殷历谱》下编卷二《祀谱》，中央研究院历史语言研究所 1945 年版。

③　陈梦家：《甲骨断代学》，《燕京学报》第四十期，1951 年；《殷虚卜辞综述》，科学出版社 1956 年版，第 385、392 页。

④　董作宾：《方法敛博士对于甲骨文字的贡献》，《图书季刊》新第 2 卷第 3 期，1940 年。

⑤　岛邦男：《祭祀卜辭の研究》，弘前大學文理學部 1953 年版。

⑥　岛邦男：《殷墟卜辭研究》第一章、第四章第一节，中國學研究會 1958 年版。

先后系统地提出自己对于周祭的认识①，使对这一问题的研究日益深化。

董作宾认为，商代的周祭制度始创于祖甲时期，属于他所规划的新派礼制。而帝乙、帝辛二王复承祖甲之制，祀典也更为庞大繁盛。这些看法显然没有他对周祭的发明那样具有说服力。岛邦男在董作宾研究的基础上别立了祖庚祀典②，尽管严一萍不能接受这种混淆所谓新旧两派礼制的做法，但他对岛邦男的批评确实十分勉强③。况且严一萍也利用董作宾所建立的帝辛祀谱中与祀谱不合的六祀宰丰骨等一些卜辞资料别创了文武丁祀典④，后来则多为学者信从⑤，但这却意味着严一萍以他自己的研究亲手否定了董作宾关于文武丁复兴武丁旧制的设想。

周祭的五种祭法形成这样的循环次序：

翌、祭、𩚥、𥄂、彡

翌祭和彡祭是单独举行的祭祀周期，殷人分别称它们为"翌日"和"彡日"；祭、𩚥、𥄂三种祭法则是联合重叠举行，但又各成系统，即在"祭"祭的下一旬举行"𩚥"祭，"𩚥"祭的下一旬举行"𥄂"祭，这三种祭法在殷人统称为"𥄂日"。五种祭祀开始的前一旬则要分别举行"贡典"仪式，也就是奉上写有受祭先王先妣及其受祭日期的典册。

由于五种祭祀周而复始地循环举行，蝉联鱼贯，若环无端，这使学者对于周祭祀首的确定成为一件极为困难的事情。董作宾认为周祭始于彡祭，本于先疏后密的原则⑥。陈梦家则并不以为彡祭就一定可以作为周祭的祀首⑦。而岛邦

---

①　陈梦家：《殷虚卜辞综述》第十一章，科学出版社 1956 年版；许进雄：《殷卜辞中五种祭祀的研究》，台湾大学文学院 1968 年版；严一萍：《殷商史记》卷十八至卷二十一，艺文印书馆 1989 年版；常玉芝：《商代周祭制度》，中国社会科学出版社 1987 年版。

②　岛邦男：《殷墟卜辞研究》，中國學研究會 1958 年版，第 122—126 页。

③　严一萍：《岛邦男对于殷历谱祀谱批判的批判》，《中国文字》新 3 期，1981 年，第 107—114 页。

④　严一萍：《文武丁祀谱》，《中央研究院历史语言研究所集刊》第 46 本第 2 分，1975 年，第 205—234 页；《殷商史记》卷十九，艺文印书馆 1989 年版。

⑤　李学勤：《小屯南地甲骨与甲骨分期》，《文物》1981 年第 5 期；常玉芝：《商代周祭制度》，中国社会科学出版社 1987 年版，第 291—305 页；《黄组周祭分属三王的又一证据》，《文博》1993 年第 2 期。

⑥　董作宾：《殷历谱》上编卷三《祀与年》，第 15 页，下编卷二《祀谱》，第 3 页，中央研究院历史语言研究所 1945 年版。

⑦　陈梦家：《殷虚卜辞综述》，科学出版社 1956 年版，第 397 页。

男则将对以彡祭为祀首的怀疑彻底地明确了。他以为彡祭是五祀之中最隆重的祭祀，它在祀典中总是于晉祭的最终一旬举行，两者没有截然分离的现象，因此不是五祀之首，而晉日之中的祭祭作为周祭的开始应更为适宜[1]。许进雄纠正了岛邦男议论的一些误解，并通过卜辞实例论证翌祭为周祭祀首。这一方面因为周祭祀典只有翌祭的贡典仪式有与前祀截然分离的现象，而另一面，卜辞中也有以"翌日晉日彡日"为次序的叙述文例[2]。尽管有些学者并不赞同许进雄所确定的祀首可以贯行全部周祭祀典[3]，但客观地说，这确实是一种容易令人接受的观点[4]。

周祭作为一种严格的祭祀制度应该有它独特的原则，因此，殷人在祭祀先王先妣的时候，几乎不可能不遵循下面三项规则：

一、先王以其神主之名的日干受祭，如祭上甲必在甲日举行，祭大乙成汤必在乙日举行。

二、先王及先妣以其世系的次序先后受祭，如武丁是小乙之子，其受祭的日期必次于小乙。这大概就是《左传·文公二年》所说"子虽齐圣，不先父食"的道理。

三、大凡直系先王的配偶，包括个别旁系先王的配偶，都在她所配的先王受祭以后的先妣神主的日干受祭，如大乙成汤的配偶妣丙，其受祭之日也必在大乙受祭之后次旬的丙日。这大概也就是《易·小过》"过其祖，遇其妣"所反映的史实。

董作宾由于与其他学者的见解不同，因而他不认为有上述的第三条原则，所以在他排定的祀谱中，先妣也有在她所配的先王之前受祭的现象。而岛邦男似乎以为第二条原则不应限制先妣，所以他的祀谱也没有消除后世先妣先于前世先妣受祭的现象。

事实上，列入周祭的先王与先妣的祭祀次序应该是严格的。我们把这个大家比较认可的祀谱排列在下面：

①　岛邦男：《殷墟卜辭研究》，中國學研究會 1958 年版，第 116—118 页。

②　许进雄：《殷卜辞中五种祭祀的研究》，台湾大学文学院 1968 年版，第 55—73 页。

③　严一萍：《文武丁祀谱》，《中央研究院历史语言研究所集刊》第 46 本第 2 分，1975 年，第 205—234 页。

④　常玉芝：《商代周祭制度》，中国社会科学出版社 1987 年版，第 186—191 页。

日＼旬	甲	乙	丙	丁	戊	己	庚	辛	壬	癸
第一旬	上甲	报乙	报丙	报丁					示壬	示癸
第二旬		大乙		大丁			示壬奭妣庚			
第三旬	大甲 示癸奭 妣甲		外丙 大乙奭 妣丙	大丁奭 妣戊			大庚	大甲奭 妣辛	大庚奭 妣壬	
第四旬	小甲			大戊		雍己			大戊奭 妣壬	
第五旬				中丁		中丁奭 妣己			外壬	中丁奭 妣癸
第六旬	戔甲	祖乙				祖乙奭 妣己	祖乙奭 妣庚	祖辛		
第七旬	羌甲 祖辛奭 妣甲			祖丁		祖丁奭 妣己	南庚 祖丁奭 妣庚			
第八旬	阳甲						盘庚	小辛		
第九旬		小乙		武丁		祖己	祖庚 小乙奭 妣庚	武丁奭 妣辛		武丁奭 妣癸
第十旬	祖甲			康丁	武丁奭 妣戊					
第十一旬		武乙		文武丁	祖甲奭 妣戊			康丁奭 妣辛		
第十二旬		帝乙			武乙奭 妣戊					文武丁 奭妣癸

在这个祀谱中，学者对于受祭先王的次序虽没有什么异议，但对入祀先王的数目却有着不同看法。董作宾、陈梦家都主张晚殷周祭止于帝辛对其父帝乙的祭祀[①]，岛邦男、许进雄则认为帝乙之父文丁是周祭祀典最后一位入祀的先王[②]。常玉芝则以武乙、文丁、帝乙以及武乙与文丁之配在卜辞中没有与周祭系统的其他王妣系联的证据，从而排除了他们列入周祭的可能性，并且认为晚殷周祭止于对康丁及其配偶妣辛的祭祀[③]。这些争议直接关系到周祭祀周的长度以及由此而重建的殷代历法的可靠性，因而显得十分重要。事实上，武乙、文丁以及帝乙享受周祭在卜辞及金文中反映得十分明确。

1. 乙丑卜，贞：王宾武乙翌日，亡尤？　　　《合集》36025（图98，1）

2. 乙巳卜，贞：王宾武乙劦日，亡尤？　　　《合集》36027（图98，4）

3. 乙未卜，贞：王宾武乙劦日，亡尤？　　　《合集》36026（图98，2）

4. 乙卯卜，贞：王宾武乙祭，亡尤？　　《通》50（图98，3）

5. 乙酉，商（赏）贝，王曰，……遘于武乙彡日，唯王六祀彡日。

　　　　　　　　　　　　　丰彝，《款识》2.36

6. 戊辰，……在十月一。唯王廿祀劦日，遘于妣戊武乙奭。

　　　　　　　　　絴簋，《三代》6.52（图99，1）

7. 丁丑卜，贞：王宾文武［丁］翌日，亡尤？

　　　　　　　　　《合集》36128（图98，5）

8. 乙巳，王口（曰）障文武帝乙宜，在召大庙（廳），遘乙翌日。……在四月。唯王四祀翌日。　　四祀卯其卣，《录遗》275（图99，2）

9. 乙未，王宾文武帝乙彡日，……在五月。唯王廿祀又二。

　　　　　　　　　　　坂方鼎，《新收》1566（图100）

①　董作宾：《殷历谱》下编卷二《祀谱》，中央研究院历史语言研究所1945年版，第4—10页；陈梦家：《殷虚卜辞综述》，科学出版社1956年版，第386—392页。

②　岛邦男：《殷墟卜辭研究》，中國學研究會1958年版，第69页；许进雄：《殷卜辞中五种祭祀的研究》，台湾大学文学院1968年版，第20、53页。

③　常玉芝：《关于周祭中武乙文丁等的祀序问题》，《甲骨文与殷商史》，上海古籍出版社1983年版，第223—251页；《商代周祭制度》，中国社会科学出版社1987年版，第74—75、100—101页。

图 98

1.《合集》36025　2.《合集》36026　3.《通》50
4.《合集》36027　5.《合集》36128

图 99

1. 緐簋　2. 四祀邲其卣

上述材料所记武乙、文丁、帝乙及武乙的配偶妣戊不仅享受五种祭法，而且都在他们神主所属的日干受祭，这与诸王享受的其他祭祀形成了鲜明的对照，而第5、6两条晚商丰彝、肄簋铭文更明确记录了武乙及其配偶入属周祭祀典的事实。很明显，以其没有与其他王妣的系联关系而轻率地将他们排除在周祭之外是缺乏说服力的。此外，虽然以旧有的资料看，帝乙是否入属周祭的问题似乎比较复杂（图99，2），然而晚商坂方鼎的发现（图100），则使帝乙在周祭中具有其位置成为不可动摇的事实①。

图 100　坂方鼎

祀谱中的受祭先妣及其次序因各家考定的不同也略有差异。列入周祭的祖乙配偶，董作宾和岛邦男都认为只有妣己一位，于第六旬己日受祭②。陈梦家等学者则认为还有妣庚，在妣己的次日受祭③，这是对的。

　　10. 庚寅卜，贞：王宾祖乙奭妣庚劦日，[亡尤]？
　　　　辛酉卜，贞：王宾武丁奭妣辛劦日，[亡尤]？　　　《安明》2850

显然，祖乙的另一配偶妣庚列入祀典是没有问题的（图101，5）。

祖辛的配偶在陈梦家等学者看来只有妣甲一位，于第七旬甲日受祭④，但董

　　①　李学勤：《试论新发现的𣪘方鼎和荣仲方鼎》，徐凤先：《𣪘方鼎与商末周祭系统》，俱见《文物》2005年第9期；冯时：《坂方鼎、荣仲方鼎及相关问题》，《考古》2006年第8期。

　　②　董作宾：《殷历谱》下编卷二《祀谱》，中央研究院历史语言研究所1945年版，第5页；岛邦男：《殷墟卜辭研究》，中國學研究會1958年版，第96—97、101页。

　　③　陈梦家：《殷虚卜辞综述》，科学出版社1956年版，第387页；许进雄：《殷卜辞中五种祭祀的研究》，台湾大学文学院1968年版，第50—51页；常玉芝：《商代周祭制度》，中国社会科学出版社1987年版，第109页。

　　④　陈梦家：《殷虚卜辞综述》，科学出版社1956年版，第387页；许进雄：《殷卜辞中五种祭祀的研究》，台湾大学文学院1968年版，第48—49页；常玉芝：《商代周祭制度》，中国社会科学出版社1987年版，第109页。

作宾却认为至少应该还有一位妣庚①。他将祖辛的配偶妣庚排于第六旬的庚日受祭，取代祖乙的配偶妣庚，先于祖辛一日，不合周祭原则。董作宾大概认为同一天受祭的先王或先妣只能有一位，但岛邦男等学者却并不以为有这样的限制②。

岛邦男则主张入祀周祭的祖辛配偶不仅有妣甲、妣庚，更应增加妣壬。他把妣壬排于第六旬壬日受祭，妣庚排于第七旬庚日受祭③，但第七旬庚日之前的己日已是祖丁的配偶妣己的祭日，祖丁之配先于祖辛之配受祭，也不合周祭原则。卜辞显示，殷人只对祖辛之配妣壬举行"岁"祭，并不将其列入周祭，而祖辛另一位配偶妣庚的情况却很复杂，其列入帝乙帝辛周祭祀典是十分明确的。

　　　　11. 庚子卜，贞：王宾祖辛奭妣庚彡日？　　　　《合集》36256

陈梦家考虑到岛邦男将祖辛之配妣庚列入祀谱的冲突，于是认定辞11一版妣庚周祭材料因与干支表刻于同版而断为习刻之作（图101，1），不可依据④。许进雄也有类似的看法⑤。其实这种将周祭祀典与干支表同版契刻的现象并不是孤例⑥，所以祖辛之配妣庚入祀周祭应该没有问题，而造成妣庚祭日于祀典中的冲突似乎不应排除存在某种其他的原因。

　　董作宾认为小乙之父祖丁的配偶有妣庚、妣辛、妣己、妣癸四位，分别占有第七及第八旬的庚、辛、己、癸四日⑦，这是错将祖丁与武丁混为一人的结果。陈梦家厘清了这种分别，以妣辛、妣癸归于武丁，而以小乙之父祖丁在晚

---

　　①　董作宾：《殷历谱》下编卷二《祀谱》，中央研究院历史语言研究所1945年版，第5页。

　　②　岛邦男：《殷墟卜辭研究》，中國學研究會1958年版，第101页；许进雄：《殷卜辞中五种祭祀的研究》，台湾大学文学院1968年版，第48—49页；常玉芝：《商代周祭制度》，中国社会科学出版社1987年版，第109页。

　　③　岛邦男：《殷墟卜辭研究》，中國學研究會1958年版，第97、101页。

　　④　陈梦家：《殷虚卜辞综述》，科学出版社1956年版，第391页。

　　⑤　许进雄：《殷卜辞中五种祭祀的研究》，台湾大学文学院1968年版，第31—32页。

　　⑥　见《英藏》第2513版，此版可与同书第2512版缀合。见白玉峥：《简述乙版牛胛骨之缀合》，《中国文字》新15期，1991年；蔡哲茂：《甲骨文合集缀合补遗（续九）》，《大陆杂志》第84卷第1期，1992年。

　　⑦　董作宾：《殷历谱》下编卷二《祀谱》，中央研究院历史语言研究所1945年版，第5页。

图 101

1.《合集》36256　2.《合集》23325　3.《后·上》3.4

4.《续》1.35.1　5.《安明》2850

殷周祭祀典中称为"四祖丁"决定祖丁法定配偶仅有妣己、妣庚两位[①]。岛邦男则以祖丁之配有妣己、妣庚及妣甲三位，其中妣己、妣庚于第七旬受祭，妣甲则占有第八旬甲日。这个认识也很有问题。岛邦男据以论证的卜辞是：

　　12. 于祖丁母妣甲御，屮㱿？　　　　《续》1.35.1

这是武丁卜辞（图101，4）。郭沫若认为，"母"字在这里与"爽"字通用，意指王之配偶[②]。但即使如此，祖丁之配妣甲也只享受御祭，而卜辞中却没有将她

---

① 陈梦家：《殷虚卜辞综述》，科学出版社1956年版，第383—384、427页。

② 郭沫若：《卜辞通纂考释》，日本东京文求堂石印本1933年版，第22项。

列入周祭的证据。

岛邦男认为，小乙之配除妣庚之外，还有一位妣己也列入周祭。他所引证的卜辞是：

13. 己巳卜，行贞：王宾祖乙奭妣己🔲，[亡尤]？
甲□ [卜，行] 贞：[王宾] 祖辛 [奭妣甲🔲，亡尤]？

《后·上》3.4

这是祖庚、祖甲卜辞（图101，3）。辞13第二条卜辞的前辞干支残缺，或可据残迹补作"甲戌"，所以祖辛之配妣甲于甲日受祭，前句妣己所配的先王自是中丁之子祖乙，而非小乙。岛邦男误读此辞为"甲辰"[①]，置于祖乙之配妣己前两旬受祭，因以祖乙为小乙[②]，学者多不信从[③]。

祖甲的配偶妣戊和康丁的配偶妣辛在岛邦男看来应该于第十旬受祭，而第十一旬除祭武乙、文丁两位殷王外，还要致祭他们的配偶[④]。这样可避免在没有帝乙入祀的情况下所出现的两次周祭祀典部分重叠的尴尬局面。许进雄也有相同的主张[⑤]。这当然不是没有可能。

上列祀典中没有反映的另一个值得注意的问题是羌甲的配偶妣庚。在祖庚、祖甲周祭祀典中，羌甲的配偶妣庚享受周祭。出组卜辞的相关证据很清楚（图101，2）。

14. 庚辰卜，[尹] 贞：王宾羌甲奭妣庚🔲，亡 [尤]？

《哲庵》藏骨，《合集》23325

陈梦家认为，羌甲与祖辛同世而均有作为直系的资料，在祖甲周祭中，羌甲的

---

① 郭沫若误"甲"为"庚"，董作宾补作"庚午"，池田末利疑即"庚"或"壬"字。分别见郭沫若：《卜辞通纂考释》，日本东京文求堂石印本1933年版，第40页；董作宾：《殷历谱》下编卷二《祀谱》，中央研究院历史语言研究所1945年版，第25页；池田末利：《島氏〈殷虚卜辭研究〉を讀む（二）——祖神の稱謂等に關する疑義——》，《甲骨學》第8號，1960年，第44页。

② 岛邦男：《殷墟卜辭研究》，中國學研究會1958年版，第98页。

③ 许进雄：《殷卜辞中五种祭祀的研究》，台湾大学文学院1968年版，第52—53页。

④ 岛邦男：《殷墟卜辭研究》，中國學研究會1958年版，第101页。

⑤ 许进雄：《殷卜辞中五种祭祀的研究》，台湾大学文学院1968年版，第51页。

配偶妣庚是参加周祭的，到帝乙帝辛周祭祀典中才决定以祖辛的配偶入祀而摒除羌甲的配偶[1]。

入祀先王祭序的固定基本上决定了周祭祀典的长度，更重要的是，周祭卜辞不仅记有殷历历月和历日干支，有时还记有"王若干祀"，这使人们试图通过借助对周祭祀典的复原以达到重建晚殷历法与王年的目的。然而客观地说，尽管周祭祀典的重建对晚殷历法的研究具有重要意义，但我们不得不承认这毕竟是两件完全不同的工作。周祭是依其独特的原则而确定的祭祀系统，而历法则是依合天之术所建立的纪时系统，二者并不是同一个概念。换句话说，我们即使可以通过对祀典的排比了解当时历法的某些内容，但祀典却不是历法本身。因此我们无论是以合天的历法去迁就祀典，抑或以人为拟定的祀典去拟构历法，都需要格外谨慎。

以祀典为基础拟构历法必须建立这样的先决条件，这就是我们构建的祀谱的正确性起码不应存在太多的疑问。学者在这方面已做了许多工作，取得了多方面成绩，但要使这种预想得以实现则不能不说还有相当的困难。因为现有的卜辞材料不可能为我们提供晚殷连续不断的祀谱，人们只能利用本属不同祭祀周期的祀典的很小一部分内容去拟构其他未见的全部祀谱，这当然带有很大的推测成分，因为我们无法判断这种得以建立的具有共性的周祭祀典是否可以再现那些本来可能带有某种个性的祭祀周期的特殊情况。当然，如果周祭的祀典确实像我们前面看到的那样呈现出一种极其严格的形式，这种拟构方案倒也并不是不可以接受，但实际情况或许比我们想象的要复杂得多。学者认为，帝乙、帝辛周祭一祀大约需要三十六旬或三十七旬时间，而三十七旬中多出的一旬或以为乃因翌日与劦日的接续变化所致[2]，或以为可以出现在劦日之后[3]，或以为翌日、劦日、彡日之后都有增加一旬的机会[4]。除此之外，卜辞还显示了另外一种复杂的情况（图93）：

> 15. 癸巳卜，泳贞：王旬亡祸？在六月。甲午工典其辛。
>   癸丑卜，泳贞：王旬亡祸？在六月。甲寅酌翌上甲，王廿祀。
>
> 《合集》37867

①　陈梦家：《殷虚卜辞综述》，科学出版社 1956 年版，第 381 页。
②　岛邦男：《殷墟卜辞研究》，中國學研究會 1958 年版，第 115 页。
③　刘学顺：《乙辛时期周祭周期例证》，《殷都学刊》1987 年第 2 期。
④　许进雄：《殷卜辞中五种祭祀的研究》，台湾大学文学院 1968 年版，第 109—110 页。

图 102   《安明》2854＋2858

贡典仪式与翌祭上甲之间尚空出一旬。这意味着大约每种祭法的贡典仪式与其前后两个祭祀周既可以接续，也可以略有间隔，何况贡典仪式也有常因某种特殊原因而延期举行的情况①。这是存在变化的一个方面。而另一方面则是先妣在祀典中的位置似乎也并非一成不变。我们看下面一条卜辞（图 102）。

16. 壬子卜，贞：王宾大庚奭［妣］壬［劦日，亡］尤？

壬申卜，贞：［王］宾大戊奭妣壬劦日，亡尤？

《安明》2854＋2858

---

①　董作宾：《殷历谱》下编卷二《祀谱》，中央研究院历史语言研究所 1945 年版，第 2 页；李宗焜：《论殷墟甲骨文的否定词"妹"》，《中央研究院历史语言研究所集刊》第 66 本第 4 分，1995 年，第 1133—1136 页。

按祀典的常规形式，大戊之配妣壬应在大庚之配妣壬受祭的次旬受祭，但卜辞显示两人却相隔了一旬。许进雄根据这种现象推测三十七旬周期多出的一旬也可以出现在各祭祀周的中间①，当然这不可能是唯一的解释。因为如果这些空间同时并存或部分地存在，或者由于先妣祀序的后移而导致周祭祀周长于三十七旬，这些情况也许并不是没有可能出现。但无论如何，卜辞的有关证据至少说明，周祭祀典在实际行祭时似乎并不像人们预想的那样严格，它可能随时由于某种我们无法知道的原因而改变原来的既定程式。因此以一种整齐划一的祀典模式去重建殷历，而不考虑这种历法的合理因素的做法并非不存在某种弊端②。陈梦家注意到这一点，所以他的周祭研究只重建构祀典，而不重与年历配合重建祀谱。这其实是一种颇为谨慎的做法。

董作宾相信帝乙、帝辛时期的周祭祀周通常需要三十六旬或三十七旬，相当于一年，因此"祀"也就是指历年③。这个认识可能只说明了周祭祀周的一般情况。陈梦家认为，周祭一祀一般需要三十七旬，个别情况则会出现三十八旬④。岛邦男则将三十七旬周期比三十六旬多出的一旬视为调整祀典与历法而设，或者说是具有使五祀周期能够恰好在一个太阳年之内结束的意图⑤，因为从理论上讲，三十六旬和三十七旬如果相间安排，正好相当于两年的时间。许进雄也持有同样的主张⑥。但实际情况可能并非如此，因为正像我们在第五章第十节中所看到的那样，卜辞显示的周祭周期在数年中存在一种明显的位移，这表明岛邦男所设想的这种所谓的调整其实并不存在。很明显，假如周祭的祀首不能与历年同步或者相对固定地出现于某一个月，那么这种所谓的调整便没有任何实际的意义。

在对周祭祀典的基本情况有了比较正确认识的前提下，将祀典与殷代历法彼此配合而排成祀谱应该是一项有意义的工作，这不仅有可能重建当时的历法，甚至可以直接推得晚殷各王的王年。当然，祀谱的正确与否还要取决于对不同

---

① 许进雄：《殷卜辞中五种祭祀研究的新观念》，《中国文字》第 35 册，1970 年。

② 严一萍：《论祀谱研究的方法问题》，《中国文字》新 10 期，1985 年，第 153—173 页。

③ 董作宾：《殷历谱》上编卷三《祀与年》，第 17 页，下编卷二《祀谱》，第 11 页，中央研究院历史语言研究所 1945 年版。

④ 陈梦家：《殷虚卜辞综述》，科学出版社 1956 年版，第 395—396 页。

⑤ 岛邦男：《殷墟卜辞研究》，中國學研究會 1958 年版，第 115—116 页。

⑥ 许进雄：《殷卜辞中五种祭祀的研究》，台湾大学文学院 1968 年版，第 77 页；《殷卜辞中五种祭祀研究的新观念》，《中国文字》第 35 册，1970 年。

于一般的周祭周期出现的"偶然"程度的客观估计。

以周祭祀典重建殷历存在两种不同的方法，一种是以合天的历法为基础设法容纳几近正确的祀典，另一种则以祀典为基础去推排当时的历法。这两种方法虽然都不能说很完善，但却都有一定的效果。

董作宾首先尝试了这种工作，他的祀谱以历为主，祀典可以随历而变化[①]，在这个基础上，他建筑了宏大的系联有序的殷王祀谱，并推定帝乙在位三十五年、帝辛在位五十二年（后来改为六十三年[②]）。董作宾的工作但开风气，意义重大。但是由于他的开创性探索受到某些因素的制约，因此不可避免地存在一些问题。造成这种结果的原因可能有三点，其一，由于时代的局限，董作宾对于卜辞及金文的周祭材料未能从容整理，以致使他排于不同王年或年份的资料后来都有机会缀合为一。这种情况其实在其他学者编定的祀谱中也并非不存在。其二，董作宾所定的帝乙、帝辛王年是否可靠，可能也直接影响了相应的历法能否适应着相应的祀典。其三，董作宾对于晚殷历法的考定也存在问题。这些缺陷不可避免地造成他的祀谱存在很多粗疏或与史实不合的地方，从而动摇了其所建祀谱的可信度，因此招致了种种非议。后来不仅董作宾自己利用新的卜辞和金文资料对祀谱有所改动[③]，严一萍等学者也对董谱进行了必要的修订[④]。

岛邦男对祀谱的编制采取了与董作宾不同的方法，他不考虑用他所拟定的祀典去适应可能属于帝乙、帝辛的某一段年历，而是试图通过利用这些他认为正确的祀典去重建相应的历法，并由此推建帝乙二十祀、帝辛三十三祀的二王年代[⑤]。这个想法固然不错，但结论却令人难以理解。岛邦男排定的帝乙、帝辛祀谱只有闰旬而没有闰月，这可能由于他错列误植了许多周祭材料所致[⑥]，但岛

---

① 董作宾：《殷历谱》下编卷二《祀谱》，中央研究院历史语言研究所1945年版。

② 董作宾：《武王伐纣年月日今考》，台湾大学《文史哲学报》第3期，1951年。

③ 董作宾：《殷历谱后记》，《六同别录》（中），中央研究院历史语言研究所集刊外编第三种，1945年。

④ 严一萍：《帝乙祀谱的新资料》，《中国文字》第52册，1974年；《殷谱订补》，《中央研究院历史语言研究所集刊》第47本第1分，1975年，第111—135页；丁骕：《读乙辛祀谱述见》，《中国文字》新14期，1991年，第47—66页。

⑤ 岛邦男：《帝乙帝辛の在位年数》，《甲骨学》第9号，1961年；《帝辛王三十三祀殷亡说》，《甲骨学》第11号，1976年。

⑥ 许进雄：《殷卜辞中五种祭祀的研究》，台湾大学文学院1968年版，第112—118页；潘武肃：《殷末历谱重建的方法问题》，《食货月刊》复刊第6卷第8期，1976年。

邦男自己却对这个结果另有一番解释，他将晚殷历法视为一种岁实为 354 日的太阴历，闰旬则是与 365 日的回归年取得平衡的手段，因此这种祭祀完全是为着以耕作为依据的生活历[①]。这些想法显然把殷商的历法又估计得过低，且不说他的推测能否得到卜辞证据的支持，单就以月相变化周期为标准的太阴历是否可以与闰旬的原则相容这一点就已经很成问题，况且这又与岛邦男自己所承认的殷代早期实行年终闰与年中闰两种闰制的看法自相矛盾。同时计算他所排定的祀谱，到帝辛三十祀末的历日已比太阳年迟了一百多日，这样粗疏的年历又哪里还能作为耕作的依据[②]？因此，岛邦男的祀谱如果可以称得上是对周祭祀典的一种有益探索的话，那么在历法上却没有任何的意义。

　　岛邦男以拟定的祀谱重建殷代历法的方法不能不说有它可取的地方，这使许进雄和常玉芝后来都利用这样的方法去研究周祭祀典与殷历的关系，并且取得了一定成果。虽然两人在入祀先王先妣的看法上不尽相同，但他们对于祀典的恢复则是谨慎而严格的。他们采用董作宾主张的周祭祀周存在三十六旬和三十七旬两种周期，但在排定祀谱时却遇到了麻烦。尽管许进雄和常玉芝并不像岛邦男那样认为晚殷历法属于太阴历，而主张当时实行阴阳合历，但是他们以拟定的祀典重建的历法却暴露出很多问题。许进雄编排的帝乙祀谱十年无闰[③]，而他修订后的祀谱竟十五年无闰，失掉六个闰月[④]；常玉芝试排了第一祭祀系统的十年祀谱，也无一闰月，失掉三至四个闰月[⑤]。这意味着当时历法的混乱程度已经到了不能容忍的地步。许进雄认为，帝乙二十祀的最后五年或十年可能补回了前期所失的闰月，并把这视为是较武丁至祖甲时代置闰法的进步[⑥]。这种解释显然无法令人接受，且不说这种所谓的进步对于历法而言能有多大的实际意义，单就这种做法是否可以补救因十年乃至更长时间失闰所造成的季节的明显位移就使人深感诧异，因为季节与历法的长期不容必将对殷人的生活和耕作产生十分严重的影响，而这种影响一旦产生，

---

　　① 　岛邦男：《卜辞上の殷暦——殷暦谱批判——》，《日本中国学会报》第十八集，1966 年，第 21 页。

　　② 　许进雄：《殷卜辞中五种祭祀的研究》，台湾大学文学院 1968 年版，第 132—133 页。

　　③ 　同上书，第 136—142 页。

　　④ 　许进雄：《五种祭祀的新观念与殷历的探讨》，《中国文字》第 41 册，1971 年。

　　⑤ 　常玉芝：《商代周祭制度》，中国社会科学出版社 1987 年版，第 256—261 页。

　　⑥ 　许进雄：《殷卜辞中五种祭祀的研究》，台湾大学文学院 1968 年版，第 116、135 页；《五种祭祀卜辞的新缀合例——连小月的现象》，《中国文字》新 10 期，1985 年，第 181—182 页。

其所造成的既成恶果是无法挽回的。短期失闰所导致的时令不合极易察知，如果制历者荒疏到可以连续失掉三至六个闰月竟毫无作为，这无论如何都是不可想象的事情，因为对于阴阳合历而言，累计失闰误差而成为系统误差是不能允许的。况且许进雄的祀谱也并未消除将本属同年的祀典而分置于不同年份的现象①，这些都使两人的祀谱不能不说带有某种虚构的成分，它的真实性也因此而颇存疑问。事实上，王年长期无闰的缺陷已经成为以祀典重建殷代历法所普遍遇到的问题，它似乎在提醒人们注意，我们对于祀典的认识到底在多大程度上再现了当时的历史真实，因为真实的祀典一定是依附于合天的历法实行的，而当时合天的历法如果真像学者所拟构的呈现这样一种混乱的状态，那么它显然早已不是简单的失闰问题，而实际已失去了以闰月调节的阴阳合历的任何意义了。因此，祀典与历法的不能和谐与其说像某些学者所主张的那样体现了历法的混乱，倒不如说体现了祀典的混乱，显然这些问题都还需要深入的研究。

许进雄的早期工作曾将晚殷周祭卜辞分为三组，一属帝乙初期，一属帝乙后期，一属帝辛全期，并由此求得帝乙在位三十七年，但对帝辛祀谱只拟排二十祀而已，未对其在位年数作任何说明②。此后，许进雄发现上举辞 16 一版明义士旧藏的卜辞反映了先妣的周祭在祀周之中忽置一空旬的现象，并以此为通例重排帝乙、帝辛祀谱，推出帝乙在位二十四年，帝辛在位二十二年③。其后潘武肃也以自己的方式重建了晚殷祀谱，并推定帝乙在位二十六年，帝辛在位二十二年④。

许进雄对于周祭卜辞的有价值的整理使他最新的祀谱研究显然比他的前期工作更为严谨，但也更为灵活。尽管三十六旬和三十七旬仍然作为他建立祀谱的基本周期，但空旬的设置已不那样严格。然而即使如此，帝乙前期祀谱的置闰问题依旧不能得到合理的解释，而且也仍然有一些卜辞不能适合他的

---

① 白玉峥：《简述乙版牛胛骨之缀合》，《中国文字》新 15 期，1991 年；蔡哲茂：《甲骨文合集缀合补遗（续九）》，《大陆杂志》第 84 卷第 1 期，1992 年。

② 许进雄：《殷卜辞中五种祭祀的研究》，台湾大学文学院 1968 年版，第 122—216 页。

③ 许进雄：《殷卜辞中五种祭祀研究的新观念》，《中国文字》第 35 册，1970 年；《五种祭祀的新观念与殷历的探讨》，《中国文字》第 41 册，1971 年。

④ 潘武肃：《殷末历谱重建的方法问题》，《食货月刊》复刊第 6 卷第 8 期，1976 年。

新的祀谱①。这可能意味着人们在如何分辨帝乙和帝辛的周祭卜辞方面还有工作要做，因为祀谱反映的殷代历法这种旷日持久的失闰现象是无论如何不能令人接受的。

　　严一萍编制的祀谱在沿袭董作宾体系的基础上又有新的发展，这一方面表现在他利用了许多董作宾未能利用的新资料，从而使他的祀谱比董作宾的祀谱更为充实。而另一方面他把晚殷周祭卜辞析为三组，其中一组归于文丁，建立了文丁祀谱，这无疑是晚殷年代研究上的一项重要突破。严一萍考文丁在位十三年，帝乙在位二十五年，帝辛在位四十二年，但他的祀谱却仍按董作宾所定的王年排比。由于董谱从一开始便照顾到祀典与历法的合理配合，因此严一萍的祀谱在这方面做得也比较理想。这种做法所造成的结果是使周祭一个祀周的长度，或者说不同祭法之间——翌日、祭日、彡日、翌日——的间隔比岛邦男等学者的拟定更富于变化②，这当然还需要有更多的卜辞资料予以印证，而这些变化是否同严一萍考订的晚殷王年有关似乎也不是不需要考虑。不过他偶尔将可以缀合的同版卜辞分置于不同的年份③，这些失误则需要稍加修订。

　　殷卜辞中有关"王廿祀"的资料曾被学者广泛用以重建晚殷祀谱和年代，甚至作为编排祀谱的重要基点④。然而对于这部分资料的释读问题似乎也并不是没有讨论的馀地。裘锡圭指出，卜辞中的所谓"王廿祀"以及某

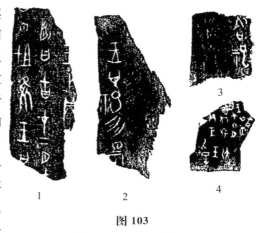

图 103

1.《合集》37868　2.《合集》37866

3.《合集》37869　4.《合集》35368

　　① 许进雄：《第五期五种祭祀祀谱的复原——兼谈晚商的历法》，《大陆杂志》第 73 卷第 3 期，1986 年。

　　② 严一萍：《文武丁祀谱》，《中央研究院历史语言研究所集刊》第 46 本第 2 分，1975 年。《殷商史记》卷十九至卷二十一，艺文印书馆 1989 年版。

　　③ 白玉峥：《简述乙版牛胛骨之缀合》，《中国文字》新 15 期，1991 年；冯时：《晚殷周祭卜辞缀合补遗》，《大陆杂志》第 84 卷第 6 期，1992 年。

　　④ 许进雄：《第五期五种祭祀祀谱的复原——兼谈晚商的历法》，《古文字研究》第十八辑，中华书局 1992 年版。

图 104

1.《合集》37863　2.《合集》36856　3.《合集》36855　4.《合集》37862

些晚殷金文中的"廿祀"，其实都不是对于周祭周期的记录[①]。他所讨论的卜辞有：

17.［癸］亥王卜，贞：酚彡日自上甲［至］于多毓，衣，亡壱自祸？
［王占］曰："吉。"在三月。唯王廿祀彡。

《合集》37864＋37851[②]（图 42）

18.……王廿祀，彡日上甲。　　　《合集》37866（图 103，2）

19.……贞：王……伐，衣，［亡］尤？在六月。［唯］王廿祀。

《合集》35368（图 103，4）

①　裘锡圭：《关于殷墟卜辞中的所谓"廿祀"和"廿司"》，《文物》1999 年第 12 期；《〈关于殷墟卜辞中的所谓"廿祀"和"廿司"〉追记》，《文物》2000 年第 2 期。

②　许进雄：《第五期五种祭祀祀谱的复原——兼谈晚商的历法》，《古文字研究》第十八辑，中华书局 1992 年版。

20. ……唯廿祀。 《合集》37869（图103，3）

21. ［癸］□王卜，贞：［旬亡祸？王］占曰："吉。"在二月。甲□**彡**日祖甲，唯王廿［祀］。 《合集》37868（图103，1）

22. 癸未卜，在上**𪾢**贞：王旬亡祸？王廿司（祀）。

《合集》36855（图104，3）

23. 癸未卜，在上**𪾢**贞：王旬亡祸？在九月。王廿司（祀）。

《合集》36856（图104，2）

24. 癸未王卜，贞：旬亡祸？在九月，在上**𪾢**。王廿司（祀）。

《合集》37863（图104，1）

25. □□［卜，在］**𪾢**［贞：王今］夕亡祸？［在］□月。王廿司（祀）。

《合集》37862（图104，4）

相同的资料还包括上录辞15（图93），而与此相关的晚殷铜器铭文则有：

26. 甲子，……在十月又二。遘祖甲**彡**日，唯王廿祀。

寝**孳**方鼎，《新收》924（图105）

此外，前引辞6鼎簋铭文的所谓"王廿祀"也在讨论之列。这类所谓"王廿祀"的"廿"字与卜辞和金文常见的"廿"作"**ⴂ**"形的写法不同，而均作"**ⴂ**"，因此裘锡圭以为此字并不是"廿"字，而应释为"口"，用为"曰"，所以过去认为的所谓"王廿祀"其实都应释为"王曰祀"，意思就是王令祀，这是周祭中的某种祭祀

图105 寝孳方鼎

即将开始或刚刚开始时的常有的活动。可资比较的材料既见于卜辞，也见于金文。

27. 癸亥卜，［贞］：王旬亡［祸］？在六月。王曰祼。

《合集》37939＋38454[①]，《合补》12722（图106，1）

---

① 常玉芝：《甲骨缀合新补》，《殷都学刊》1994年第1期。

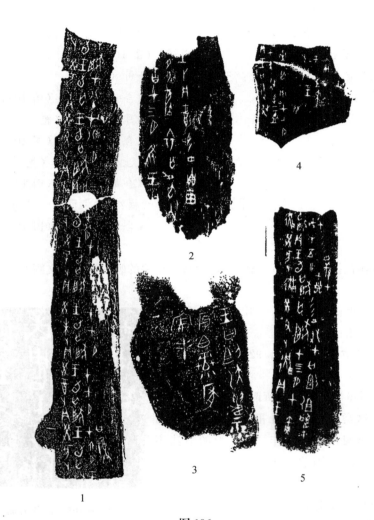

图 106

1.《合补》12722　2.《合集》37865　3.《乙》8688　4.《合集》36557　5.《合集》35657

28. ［癸］□王卜，贞：肜彡日自上甲［至于］多毓，衣，亡毌自［祸？王占曰］："吉。"在三月。唯王曰［祀］。　　　《合集》37865（图 106，2）

29. 癸亥王卜，贞：旬亡祸？王占曰："大吉。"在四月。甲子工（贡）典其肜翌日，唯王祀翌。　　　《合补》12927

30. 癸丑卜，𡧱贞：王旬亡祸？在四月。甲寅彡毞甲，曰劋祖乙，禦

（禂）。　　　《合集》35657（图 106，5）

31. 王口（曰）卽大乙，禦（禂）于白菉（麓）屑。宰丰。

《乙》8688（图 106，3）

32. □□〔卜〕，贞：王口（曰）戈，延□□于夫，延至盂，〔往〕来亡灾。在七月。　　　《合集》36557（图 106，4）

上录第 8 条四祀卲其卣铭文还有"王口（曰）障文武帝乙宜"的内容。将这些资料与前录卜辞及金文对读，可知辞 27 的"王曰祼"正可以印证辞 15 的"王曰祀"，辞 29 的"唯王祀翌"也正可以印证辞 17 的"唯王曰祀彡"及辞 18 的"王曰祀彡日上甲"。学者或以辞 28 与辞 17 为成套卜辞，拟补干支为"癸亥"[1]，但两辞一作"口"，一似作"曰"，也可互证。因此根据这样的判断，"王曰祀"似乎可以理解为王下令开始举行周祭或周祭中的某种祭祀[2]，而并不是记录周祭的第二十个祭祀周期，或者某位殷王的第二十年。

裘锡圭的上述看法几乎从根本上动摇了利用所谓"王廿祀"的卜辞和金文资料重建晚殷祀谱和年代的工作，甚至某些学者藉此划分帝乙与帝辛卜辞的努力也将因此而失去价值[3]。但是从周祭祀典的记录形式上看，"王曰祀"与记录祀周次数的"王若干祀"又确实表现出难得的一致。我们试对比下列资料。

在十月又二。遘祖甲劦日，唯王曰祀。　　　寢孳方鼎，《新收》924

在正月。遘于妣丙彡日大乙奭，唯王二祀。

二祀卲其卣，《录遗》274

乙酉，……遘于武乙彡日，唯王六祀彡日。　　　丰彝，《款识》2.36

在九月。遘上甲夒，唯十祀。　　　《通》592

很明显，"唯王曰祀"与其他记王若干祀的形式毫无差异。

---

① 常玉芝：《商代周祭制度》，中国社会科学出版社 1987 年版，第 296 页。

② 裘锡圭：《关于殷墟卜辞中的所谓"廿祀"和"廿司"》，《文物》1999 年第 12 期；《〈关于殷墟卜辞中的所谓"廿祀"和"廿司"〉追记》，《文物》2000 年第 2 期；又见李学勤：《谈寢孳方鼎的所谓"惟王廿祀"》，《中国历史文物》2003 年第 6 期。

③ 王晖：《古文字与商周史新证》第二编第二章，中华书局 2003 年版。

　　　在十月一。唯王曰祀啓日，遘于妣戊武乙奭。　　　　韓簋，《三代》6.52

　　　在四月。唯王四祀翌日。　　　四祀邲其卣，《录遗》275

　　　在五月。唯王六祀彡日。　　　《佚》518

　　　在九月。唯王十祀啓日五。　　　戍鈴彝，《款识》2.38

　　　在六月。唯王廿祀翌又五。　　　宰椃角，《三代》16.48

可以看出，"唯王曰祀啓日"事实上与其他记录周祭祀周次数和祭法的形式也不存在任何区别。因此有些学者依然坚持传统的看法，主张这些资料仍应作为殷王"廿祀"的记录来看待[①]。

　　或许我们可以从另一个角度对这两种观点进行分析。甲骨文所见明确的"王曰"内容都出现在卜辞的命辞或纪事刻辞之中，如辞27、30至32，纪事刻辞的内容可以和命辞无关，所以一条卜辞允许记有不同的事情。而殷周金文则多为主题明确且内容完整的叙事作品，如寝孳方鼎与韓簋皆记赏赐之事，因此从文章的前后逻辑考虑，两器文末的历月及周祭祀典如果作为一种纪时形式，则文气贯达，内容统一。相反，假如将历月之后的周祭内容释为"唯王曰祀"而以为殷王下令开始周祭的记录，那么通篇铭文则显得主题分散，同时与其他以周祭祀周作为纪时形式的铭文相比，也有扞格矛盾之感。事实上，"廿"字在甲骨文和金文中是否可以写作"Ʉ"形则是解决这一问题的关键所在，而辞28虽然有可能与辞17相互印证，但前者恰好在"曰"字处残断（图106，2），因此其是否一定就是"曰"字也还存在讨论的空间。况且辞21"王占曰"的"曰"字与"唯王廿祀"的"廿"字同辞并见（图103，1），但形构不同，这似乎意味着"廿祀"的"Ʉ"可能并不与"曰"具有相同的意义。当然，这些问题如果没有新资料的助证，争论恐怕就还会继续下去。

　　以祀典拟建殷代历法是重建殷商年代的有效途径，这当然首先要求建立相对详确的祀典，而在另一方面，占有尽可能完整的周祭资料则也不可或缺，这种资料的完整性不仅体现在对卜辞资料的全面搜集，而且更需通过卜辞缀合而使周祭的内容渐趋完整，这些工作直接影响到所拟祀谱的可靠程度。与此同样重要的是，我们应该采取一种怎样的方法去拟合周祭祀典与殷代历法，尽管祀

---

　　① 　常玉芝：《说"佳王Ʉ（廿）祀（司）"》，《中国文物报》2000年2月23日三版，3月1日三版；王晖：《古文字与商周史新证》第二编第二章，中华书局2003年版。

与历是截然不同的两回事，但真实的祀谱一定是与合天的历法互谐互容的，因此这种拟建工作便不能不考虑祀典与历法的有效配合而独立地进行①。很明显，以详确的祀典所重建的历法的真正合理的方案应该既体现了祀典的合理性，又同时体现了历法的合理性。

殷墟甲骨文为我们提供了探寻商代天文历法的珍贵史料。经过半个多世纪的研究，我们对当时先民所具有的天文学水平有了愈来愈清楚的认识。他们已经有能力掌握一些主要天体的运行规律，并且根据这些规律编制独具特色的历法。他们已具有了相对进步的宇宙观，而且初步建立了一种有效的恒星观测体系，甚至日月交食的观测活动也似乎体现了利用交食周期的推步痕迹。这些知识足以使殷代的历法摆脱掉物候历的原始状态，而步入观象与推步术并行的时代。事实上，殷人将阴阳合历这样一种最复杂的历法确立为自己的历术，也恰好反映了他们对于日月的运行都给予了同样的重视和了解。殷人不仅懂得年分平闰，月分大小，而且懂得分至的测定，因此回归年的度算已不再是困难的事情，而为调整回归年与太阴年的周期所设置的闰月，也表明他们对回归年的认识与真值已相去不远。这些知识无疑是造就一种一脉相承的中国传统天文学体系的基础。尽管对于商代天文学的这些基本了解在今天看来已近乎常识，但是我们不应该忘记，正是因为有像董作宾、刘朝阳、孙海波、胡厚宣等一批学者长期不懈的率直论辩和积极探索，才真正推动了学术的进步，真正揭示了殷代天文学的真谛。

---

①　严一萍：《论祀谱研究的方法问题》，《中国文字》新 10 期，1985 年，第 153—173 页。

第　七　章

商代天文历法的相关问题

第一节　商代的历法改革

　　一部并不精密的历法行用日久必然出现不尽合天的现象，因此历法改革便逐渐成为古人校正旧历误差的习惯做法。阴阳历的编算较之纯阳历存在许多困难，其中重要的一点就是对朔策的真值很难准确取得，因而经历一段时间的积累，历法的误差便会比较明显，从而需要制历者重新加以测算，对旧历进行必要的改革。

　　中国的上古文献几乎没有遗漏历史上不同时期废历乱纪的任何细节，如传为少皞时代的九黎，高辛时代的三苗①，有虞时代的共工②，而继之兴起的颛顼、帝尧和夏禹，则又以端正历数为己任③。这些内容不仅反映了传说时代的真切史影，而且清晰地显示出，历制的混乱对于生产与祭祀所造成的深刻影响足以令

---

　　①　参见《国语·楚语下》。

　　②　参见《国语·周语下》；冯时：《中国天文考古学》第二章第一节，中国社会科学出版社 2010 年版。

　　③　《汉书·律历志上》："历数之起上矣。传述颛顼命南正重司天，火正黎司地，其后三苗乱德，二官咸废，而闰馀乖次，孟陬殄灭，摄提失方。尧复育重、黎之后，使纂其业，故《书》曰：'乃命羲和，钦若昊天，历象日星辰，敬授民时。''岁三百有六旬有六日，以闰月定四时成岁，允釐百官，众功皆美。'其后以授舜曰：'咨尔舜，天之历数在尔躬。''舜亦以命禹。'"其说出《国语·楚语下》、《尚书·尧典》及《论语·尧曰》。

先民的记忆刻骨铭心。由于历制的混乱将从根本上动摇社会的基本制度，因此每一次历纪殄灭都成为历史上颇具影响的重大事件。这意味着为维护社会的正常秩序，真正的历法改革早就存在了。秦汉以降，中国古历的改革不下百次，历法的进步正是在这一次次的改革中逐渐趋于精密。《汉书·律历志上》：汉兴，"以北平侯张苍言，用《颛顼历》，比于六历，疏阔中最为微近"。《后汉书·律历志中》引刘洪云："天道精微，度数难定，术法多端，历纪非一，未验无以知其是，未差无以知其失。失然后改之，是然后用之，此谓允执其中。"这种以历法的疏密决定取舍的思想，正体现了中国古代历法改革的一贯宗旨。殷商王朝自商汤立国而至灭亡延续了五百馀年的祭祀，这个时间即使对一部晚近较完善的历法而言，其误差的积累也已到了足够明显的程度。因此，尽管我们尚无法提供殷商改历的确凿证据，但从历法发展的历史观察，当时实施过历法改革则应是不争的事实。

董作宾曾经提出商代存在新旧两派制度的不同，这的确是一个非常值得重视的问题，尽管多数学者对此并不以为然，但卜辞反映的诸多制度差异却是客观存在的事实。董氏的讨论首先从新旧两派祀典的不同入手，这当然足以影响到决定祭祀制度的纪时制度。改革自祖甲开始，而文武丁作为复古的君主，在祀典、纪时法和月名上又全面恢复了祖甲以前，也就是武丁到祖庚时期的旧有制度。

董作宾对祖甲改制的解释相当具体，就历法制度而言，祖甲新制的重要之点至少体现于四个方面：其一，改革闰法，闰月不置于年终，而于当闰之月，故而废弃了旧制的"十三月"之名。其二，改革月名，将旧制的"一月"之名改为"正月"，此与祖甲改订闰法有关，盖经闰月调整，举凡月建、月名、节气皆归于正。其三，改革纪日之法，武丁、祖庚旧制以干支纪日为一独立系统，不受年月约束，即以起始之日计，十日为"旬"，十旬为"百日"，但以数字记之。如"九旬屮（又）一日丁［未］"（《续》5.32.2），"百日屮（又）七旬屮（又）□［日］"（《佚》124）。新制则系干支于每一太阴月，已不用独立之系统记其日数。其四，改革纪时之法，不用大采、小采、大食、小食等名。这些由祖甲建立的新制度虽然在帝乙、帝辛两世仍然存在，但在帝乙的父亲文武丁世却全都复古了[①]。

　　董作宾的这些主张必须首先建筑在正确的卜辞分期断代的基础上才有意义，然而在这方面存在的问题，直至今日仍是甲骨学研究中最棘手的难题。那些被董作宾视为文武丁的卜辞，在其他学者看来却应属于武丁时期[①]，而那正是董作宾所划定的旧派君王，这意味着真正的文武丁卜辞仍需重新识别。其实即使在董作宾自己的分期体系中，所谓新旧两派的制度有些也并不能决然分开，这些都无疑增大了董氏学说的危险性。

　　事实上我们还可以提供质疑这一问题的不同视角。董作宾所说的改革如果只是一种制度的选择，这当然没有问题。但它如果属于弃旧从新、去疏就密的革故鼎新，那么文武丁的复古作为就颇难理解了。很明显，董氏主张的制度改革尽管可能存在，但他对于改革目的性的解释却未中肯綮。就历法而言，我们很难想象被先王鄙弃的疏阔旧历会在数世之后又被其子孙捡回来重新使用。譬如年终闰之所以原始，原因就在于它使应闰之年节气与历月对应关系的失合得不到及时调整，从而造成历月与节气的短期错乱。而置闰于年中当闰之月则显然可以避免这种混乱现象，自然要较年终闰更为进步。《汉书·律历志上》："故春为阳中，万物以生；秋为阴中，万物以成。是以事举其中，礼取其和，历数以闰正天地之中，以作事厚生，皆所以定命也。"即道此理。殷历岁首确定在秋分之后的第一月，如当闰之月不闰，使中气不正，则势必会使秋分并不出现在其应该出现的年终，从而影响到决定来年岁首的工作，这便是班固所谓之"闰

　　① 陈梦家：《殷虚卜辞综述》第四章，科学出版社 1956 年版；貝塚茂樹、伊藤道治：《甲骨文斷代研究法の再檢討——董氏の文武丁時代卜辭を中心とし》，《東方學報》第 23 册，1953 年；胡厚宣：《战后京津新获甲骨集·序》，群联出版社 1954 年版；萧楠：《安阳小屯南地发现的"自组卜甲"——兼论"自组卜辞"的时代及其相关问题》，《考古》1976 年第 4 期；《略论"午组卜辞"》，《考古》1979 年第 6 期；中国社会科学院考古研究所：《小屯南地甲骨·前言》，中华书局 1980 年版；郑振香、陈志达：《论妇好墓对殷墟文化和卜辞断代的意义》，《考古》1981 年第 6 期；刘一曼、郭振禄、温明荣：《考古发掘与卜辞断代》，《考古》1986 年第 6 期；中国社会科学院考古研究所安阳工作队：《1973 年小屯南地发掘报告》，《考古学集刊》第 9 集，科学出版社 1995 年版；李学勤：《论"妇好"墓的年代及有关问题》，《文物》1977 年第 11 期；《小屯南地甲骨与甲骨分期》，《文物》1981 年第 5 期；裘锡圭：《论"历组卜辞"的时代》，《古文字研究》第六辑，中华书局 1981 年版；李先登：《关于小屯南地甲骨分期的一点意见》，《中原文物》1982 年第 2 期；彭裕商：《也论历组卜辞的时代》，《四川大学学报》1983 年第 1 期；林沄：《小屯南地发掘与殷墟甲骨断代》，《古文字研究》第九辑，中华书局 1984 年版；黄天树：《殷墟王卜辞的分类与断代》，文津出版社 1991 年版；李学勤、彭裕商：《殷墟甲骨分期研究》，上海古籍出版社 1996 年版。

馀乖次，孟陬殄灭，摄提失方"①。但按董作宾的设想，文武丁缘何要恢复落后的闰法而抛弃新法，确实令人颇费琢磨。尽管历史上确曾出现过新历不如旧历的情况，如三统历后出反不如太初历，但那多是受到当时固有哲学观的影响，然而在董作宾所提出的新旧制度的对比中，似乎看不到这种观念的痕迹。因此，如果这种所谓的新旧制度的更替确曾存在，那么至少在历法上并算不得一次真正的改革。

西周历法是在殷历基础上发展起来的阴阳合历，其呈现的纪时制度虽较殷历有所发展。但除周人独有的月相纪时系统之外，脉络都相当清晰，并没有显示出与殷历的根本不同。故周承殷制，在纪时制度方面表现得也尤为明显。值得注意的是，以西周月相纪时系统为原则，结合金文纪年资料的研究，足以帮助我们重建西周晚期的部分年代和历法，而这个年代结果恰恰反映了其时存在历法改革的事实。

西周月相纪时语词于传统文献首见于《周书》，兹梳理如下：

> 旁死霸（《汉书·律历志下》刘歆《三统世经》引古文《武成》）
> 旁生魄（《逸周书·世俘》）
> 既死霸（《三统世经》引古文《武成》，《逸周书·世俘》作"既死魄"）
> 哉生霸（《说文》引古文《康诰》、《三统世经》引古文《顾命》，《汉
> 　　　书·王莽传》作"载生魄"，伪古文《武成》作"哉生明"）
> 既旁生霸（《三统世经》引古文《武成》，《逸周书·世俘》作"既旁生
> 　　　魄"）
> 既望（《召诰》，《易·小畜》、《中孚》荀爽本作"月既望"）
> 朏（《召诰》）
> 既生魄（伪古文《武成》）

而目前见于西周甲骨文和金文的月相语词，较文献所载或有不同。

旁死霸

① 参见《汉书·律历志上》，师古《注》引孟康曰："以岁之馀日为闰，故曰闰馀。次，十二次也。史推历失闰，则斗建与月名错也。正月为孟陬。历纪废绝，闰馀乖错。不与正岁相值，谓之殄灭也。摄提，星名，随斗枸所指建十二月，若历误，春三月当指辰而乃指巳，是为失方也。"

旁 生 霸

哉 死 霸

生 霸 （哉 生 霸）

既 死 霸

既 生 霸

既 望 （月 既 望）

这些月相语词的纪时核心乃在于生霸、死霸和望，"望"是满月，"霸"则指月球反射太阳光的明亮部分，文献或作"魄"。《说文·月部》："霸，月始生魄然也。承大月二日，承小月三日。"马融注《康诰》云："魄，朒也。谓月三日始生兆朒。名曰魄。"准此则知，"死霸"即言月光消失，"生霸"则谓新月初现。而冠于不同月相之前的"旁"、"哉"、"既"，则是对某种特定月相形态的描述。《古文尚书·武成》："惟一月壬辰旁死霸。"伪孔《传》："旁，近也。"王应麟《六经天文编》："旁，近也。"知"旁"有接近之意。《尔雅·释诂上》："哉，始也。"《尚书·康诰》："惟三月哉生霸。"伪孔《传》："三月始生魄。"知"哉生霸"即始生霸，时当新月初见之朒日。《汉书·王莽传》："公以八月载生魄庚子奉使朝用书。"此乃西汉平帝元始四年（公元 4 年）事。查陈垣《二十史朔闰表》，是年七月大己巳朔，八月小己亥朔，载生魄庚子适当朒日，可为明证。而"既"字本训已经，此于甲骨文、金文皆用为本义。《广雅·释诂四》："既，已也。"故"旁"、"哉"、"既"三字冠饰月相，其所限定的时间显然是指某一特定月相的临近之时、发生之时及结束之时。确定了这样的原则之后，我们便可对出土文献所见月相与历日的关系做如下的考证：

旁 死 霸　　　　　　晦 前 一 日

哉 死 霸　　　　　　晦

既 死 霸　　　　　　朔

旁 生 霸　　　　　　大 月 初 二 日

生 霸 （哉 生 霸）　朒

既 生 霸　　　　　　朒 后 至 望

既 望　　　　　　　望 后 至 晦 前 二 日

金文中迄今尚未发现周人单独以"望"纪时的情况，如果这一事实存在，则既生霸所限定的时间当至望前为止。

西周先民以既死霸称朔纪月，这与殷商历法以朔为月首的情况完全一致，自是这一月首原则的延续。与殷商历法制度不同的是，周人创行了一整套记录月相变化的纪时语词，从而使历月的划分与历日的记录更为准确，形成了周人独具特色的纪时传统。周人这种标注月相的纪时方法无疑向历法逐渐精确化迈出了重要的一步，后世纪月书朔，制度即肇端于此。这些特殊的月相语词于春秋中期以后便不复出现，而渐为"朔"、"晦"等新的月相语词所取代。

除月相语词之外，出土文献与传世文献尚见"初吉"、"既吉"和"月吉"，这些语词与月相术语以"霸"、"望"构缀的形式完全不同，当系诹日用事所选之吉日①，其与月相纪时分属两个不同的体系。

将这些直接或间接的纪时语词与西周金文的纪年材料相结合，可以重建西周宣王的历日年代。周宣王元年的确切纪年，今据西周金文资料考证，当较传统的宣王纪年后移一年，即公元前 826 年②。以此建立的宣王年代可依序表列如下：

前 826 年	师𣪘簋	元年正月初吉丁亥	建亥	初二（朏）
	元年师兑簋	元年五月初吉甲寅	建亥	初二（朏）
前 824 年	三年师兑簋	三年二月初吉丁亥	建子	十四（望前一日）
前 822 年	兮甲盘	五年三月既死霸庚寅	建亥	初一（先天一日）
前 816 年	师𡘇簋	十一年九月初吉丁亥	建亥	初五
前 815 年	虢季子白盘	十二年正月初吉丁亥	建亥	初六

---

① 王引之：《经义述闻》卷三十一，江苏古籍出版社 1985 年版；黄盛璋：《释初吉》，《历史研究》1958 年第 4 期；《从铜器铭刻试论西周历法若干问题》，《亚洲文明》第一辑，1986 年；刘雨：《金文"初吉"辨析》，《文物》1982 年第 11 期；冯时：《晋侯稣钟与西周历法》，《考古学报》1997 年第 4 期；彭林：《说初吉》，《徐中舒先生百年诞辰纪念文集》，巴蜀书社 1998 年版。

② 冯时：《西周金文月相与宣王纪年》，《考古学研究》（六），科学出版社 2006 年版。

	不其簋	（十二年）九月初 吉戊申	建亥	初二（朏）
前811年	伯克壶	十六年七月 既生霸乙未	建丑	十一
	克钟	十六年九月初 吉庚寅	建丑	初七（上弦）
前810年	此鼎	十七年十二月 既生霸乙卯	建丑	初九
前809年	虞虎鼎	十八年十三月 既生霸丙戌	建子	十六
前808年	趞鼎	十九年四月 既望辛卯	建丑	二十三
前799年	裘盘	二十八年五月 既望庚寅	建丑	十五（先天二日）
前794年	晋侯稣钟	三十三年正月 既生霸戊午	建丑	初十
		二月既望癸卯		二十六
前793年		（三十四年）二月 既死霸壬寅	建丑	初一
前792年		（三十五年）六月 初吉戊寅	建丑	十五（望前一日）
前790年	善夫山鼎	三十七年正月 初吉庚戌	建丑	二十五
前785年	虞逨鼎	四十二年五月 既生霸乙卯	建丑	初三（先天二日）
前784年	虞逨鼎	四十三年六月 既生霸丁亥	建丑	初十

　　金文排历的结果显示，宣王十二年至十六年间，周历的岁首存在着一种突然的改变，其前以亥正为主，偶因闰月的调节而间行子正；之后则以丑正为主，而且相当整齐。这种现象显然暗示着当时存在的历法改革，其内容之一就是将确定岁首的标准从传统的秋分转变为冬至，这当然体现了历法的进步。然而，观象授时的古老制度决定了古人必须在秋分的次月安排来岁正朔的传统做法，新的历制虽然改变了岁首标志，但却仍使于重要节气的次月而非当月安排岁首的方式得以延续。

　　宣王的历法改革在正朔方面表现得尤为明显，改历之前曾经出现过朔日先天的情况，这种现象在改历之后便不复出现了。历谱中其他月相先天的情况是以定朔定望计算的结果，如果改为当时实际行用的平朔平望[①]，误差则可以部分地得到消弭。

历谱显示，宣王改历使得其后的历法实行丑正，这一制度与春秋早期的历法恰可以完好地衔接。对《春秋经》的研究表明，鲁僖公以前，鲁历以建丑为主；僖公时期，丑正、子正各半；僖公以后，历法建子的制度才得以真正确立[②]。《春秋》自称鲁正为"王正"，知鲁历与东周王历基本一致。事实上，传统所谓周正建子的说法并不反映周代历法的一贯制度，只有在推步术日益精确的条件下，岁首的安排才可能预设在冬至的当月而不是次月，春秋历法自丑正向子正的转变无疑即体现了这种历术的进步。

需要特别注意的是，宣王早期乃至其前的西周历法皆以明确的建亥之月为岁首，这一制度使得年岁的开始基本都出现在秋分之后的一月，从而揭示了西周早期历法与殷商历法一脉相承的发展事实。岁首建亥的历法原则无论如何都应来源于以秋分决定岁首的标准，这一标准随着闰月的调整，秋分之日可以出现于岁终之月的月初或月末，从而导致了岁首时间常常摆动于十二辰纪月体系的戌月与亥月之间。这种情况在十二辰纪月制度建立之后显然是不能被允许的，于是在这样一个新的历制体系中，亥月便被固定为了历法的正月。这一历制不仅在甲骨文和金文中反映得相当清楚，古代文献所记载的早期纪时体系于此反映得也同样清楚[③]，而殷商历法正可以视为这一古老历制的渊薮。董作宾曾经认为，殷历或出于夏代"古《颛顼历》"之旧[④]，这一意见是不应被忽视的。

岁首从确定于秋分之后到固定于亥月，这种变化究竟发生在西周还是殷商，目前还不清楚。不过根据卜辞资料分析，商代尚无十二辰纪月的痕迹。因此，尽管殷商时代存在过历法改革，但至少岁首的确定标准并没有改变。或许这种新的岁首制度于西周早期才开始出现，它可能作为周公改制的一部分而得以规范。传世文献在这方面留有一些可供讨论的线索，这便是有关武王征商时间记载的混乱。

---

① 参见董作宾：《中国年历总谱》，《董作宾先生全集》甲编第四册，艺文印书馆 1978 年版。

② 王应麟：《困学纪闻》卷九，上海古籍出版社 2009 年版；王韬：《春秋历学三种》，中华书局1959 年版；新城新藏：《东洋天文学史研究》第五编，沈璿译，中华学艺社 1933 年版。

③ 冯时：《〈周易〉乾坤卦爻辞研究》，《中国文化》第 32 期，2010 年。

④ 董作宾：《殷历谱》上编卷一《殷历鸟瞰》，中央研究院历史语言研究所 1945 年版，第 3 页。

越若来二月既死魄，越五日甲子，朝至，接于商。

《逸周书·世俘》

粤若来三月既死霸，粤五日甲子，咸刘商王纣。

《三统世经》引古文《武成》

《世俘》与《武成》纪时存在的一月之差到底反映了殷周历法岁首的不同，还只是出于文字的讹误，其实并不好判断。《尚书·金縢》："既克商二年。"清华大学藏战国竹书《周武王有疾，周公所自以代王之志》"二年"则作"三年"[1]，即为"二"、"三"互作之例。不过可以肯定的是，即使历月的不同可能出于殷周历法的实录，也很难如某些观点认为的那样可以传统的三正理论进行比附[2]。理由很简单，殷周历法反映出一种岁首后移的明显趋势，这表现为自岁首摆动于戌、亥之间到固定于亥月所可能出现的一月位移，以及以冬至确定岁首的两月位移，这个后移的趋势事实上体现了岁首标准由秋分到冬至的变化。然而如果认为殷正本为建丑，入周改为建子，至晚周又重为建丑，春秋复为建子，这种岁首标准不仅混乱无序，而且也颇悖西周金文所反映的周历岁首自亥正而丑正的实际情况。

西周宣王的历法改革是今天我们所能知道的比西汉太初历更早且明确的历法改革，但它显然不是中国历史上第一次改历的活动，这个事实为我们思考殷商乃至更早时期的历法改革给予了重要启示。晚殷历法已不见"十三月"的记录，这种闰月名称的明显变化与其说可以解释为年终闰向年中闰的变化[3]，倒不如说体现了时人对原始历法"归馀于终"历理的彻底根除。在西周历法中，尽管当时已经实行了年中闰法，但"十三月"的月名却依然存在，这种闰制与殷历改革之前的情况完全相同，或许反映了商代晚期商周不同族属对于是否采用新历的不同选择。准确地说，晚商的历法改革可能并没有被当时的周人所接受，至少在对月名的处理上应该如此，这间接印证了商代历法改革存在的事实。晚殷历法已经出现四个连大月的情况，甚至其中的一月还要增加闰日而成为 31 日的大月，说明当时朔望月的周期已不能合天，这当然也应是历法改革的内容之

---

①　李学勤主编：《清华大学藏战国竹简（壹）》，中西书局 2010 年版。

②　徐凤先：《商末周祭祀谱合历研究》，世界图书出版公司 2006 年版，第 66 页。

③　陈梦家：《殷虚卜辞综述》，科学出版社 1956 年版。

一。不过可以肯定的是，由于直至宣王的改历才确定了新的岁首标准，这意味着商代的历法改革如果存在，恐怕也始终没有涉及岁首的问题。

第二节 商代的天文官

天文学始终是古代政教合一的帝王所掌握的神秘知识[①]，由于其可以为农业生产提供准确的时间服务，因此不仅直接导致了观象授时的政治制度的形成，而且也奠定了王权的基础。中国的上古文献，如《尚书·尧典》和《周易》的《乾》、《坤》两卦卦爻辞，都明确而系统地阐释了这一思想及其基本史实[②]。李约瑟认为，对于农业经济而言，作为历法准则的天文学知识具有首要的意义。谁能把历法授予人民，他便有可能成为人民的领袖[③]。这个传统造就了中国天文学为帝王垄断的鲜明特点，而且这一制度从中国天文学诞生的时代起，就始终伴随着它的发展。距今第六千纪中叶的西水坡原始宗教遗存已经显示出天文学作为王权基础的事实[④]，如果不将其视为固有天文观与政治观成熟之后的作品，那么我们对遗址中丰富的遗迹现象就根本无法解释，这意味着中国天文学官营的古老传统，其滥觞的历史相当悠久。

商王作为巫觋集团的首领，当然也是天文占验的垄断者。但不能想象的是，当时繁重的天文观测及历法编算工作都只由商王一人承担，因此王庭拥有相应的天文机构与专司其职的天文官应是理所当然的事情。这些专官多应出自巫觋集团，并通过世官制度完成相关的知识积累，如《史记·天官书》所载商代传天数的名巫巫咸。事实上，为王权服务的天文机构与天文官远在殷商之前就已经出现了，这显然可以视为殷商天文官制的来源。

商代的天文活动广泛而具体，几乎涉及了天文观测与历法编算的各个领域，

① Hellmut Wilhelm，*Chinas Geschichte*；*zehn einführende Vorträge*. Vetch，Peiping，1942.

② 冯时：《中国古代的天文与人文》第二章第二节之二，中国社会科学出版社 2009 年修订版；《〈周易〉乾坤卦爻辞研究》，《中国文化》第 32 期，2010 年。

③ Joseph Needham，*Science and Civilization in China*. Vol. III，The Sciences of the Heavens，Cambridge University Press，1959，p. 189.

④ 冯时：《中国天文考古学》第六章第四节，中国社会科学出版社 2010 年版；《中国古代的天文与人文》第二章第二节之二，中国社会科学出版社 2009 年修订版；《天文考古学与上古宇宙观》，《中国史新论——科技与中国社会分册》，"中央研究院"、联经出版公司 2010 年版。

每项专门的工作必须运用专门的知识和技术才可能完成，这当然意味着朝廷中至少已有专门的人员负责相应的工作。事实上，尽管甲骨文未能为我们提供商代天文官制的完整材料，但我们还是有机会通过卜辞反映的商代天文学的不同内容，参照文献的记载，对当时天文官制的可能情况做一个大致的梳理。

上古时代巫史不分，致使大史成为司掌天文的重要职官。《周礼·春官·大史》云：

> 正岁年以序事，颁之于官府及都鄙，颁告朔于邦国。闰月，诏王居门终月。

郑玄《注》："中数曰岁，朔数曰年。中朔大小不齐，正之以闰，若今时作历日矣。定四时，以次序授民时之事。《春秋传》曰：'闰以正时，时以作事，事以厚生，生民之本，于是乎在。'天子颁朔于诸侯，诸侯藏之祖庙，至朔，朝于庙，告而受行之。"孙诒让《正义》："《月令》四立之日，皆先三日，大史谒之天子，告以其日迎气，即正节气之事。注举中气，可晐节气也。""中数"是以中气的循环所呈现的阳历周期，其本之二分二至；"朔数"则是基于朔望的循环所形成的阴历周期，其以积十二月为准则；两个周期相差十日，所以需要置闰加以调节。这个制历的工作即属大史。除此之外，大史作为天子的日官还有伴王颁告正朔，而每逢闰月，又要诏王居于路寝之门。当然，与天文相关的卜事也是大史的重要职司。

《尚书·尧典》云："乃命羲和，钦若昊天，历象日月星辰，敬授人时。"又云："期三百有六旬有六日，以闰月定四时成岁。"《公羊传·隐公元年》徐彦《疏》引郑玄《注》云："以闰月推四时，使启闭分至不失其常，著之用成岁历，将以授民时，且记时事。"《尧典》反映的制度颇为古老。羲和虽然在战国时代已演变为伏羲和女娲两位创世祖先[1]，但其却源出人们对于分至四神的想象[2]。四神在商代的神祇系统中是作为上帝的四使出现的，也就是帝臣。古人以其司时掌历，这种设计与作为王臣的大史司掌历法的制度恰相应合。《汉书·律历志上》："夫推历生律制器，……职在太史，羲和掌之。"足见这一传统源远流长。

---

① 李零：《长沙子弹库战国楚帛书研究》，中华书局1985年版，第67页。
② 冯时：《中国古代的天文与人文》第二章第二节之二，中国社会科学出版社2009年修订版。

大史司掌天时的本领也见施用于战争。《大史》又云：

> 大师，抱天时，与大师同车。

郑司农云："大出师，则大史主抱式，以知天时，处吉凶。史官主知天道，故《国语》曰：'吾非瞽史，焉知天道。'《春秋传》曰：'楚有云如众赤鸟，夹日以飞，楚子使问诸周大史。'大史主天道。"韦昭《国语注》："瞽，乐太师，掌知音乐风气，执同律以听军声，而诏吉凶。史，太史，掌抱天时，与太师同车，皆知天道也。"这些内容在甲骨文中则有所反映。卜辞云：

1. 贞：我史亡其工？
   贞：我史虫（有）工？
   贞：我史其戠方？
   贞：我史弗其戠方？
   贞：方其戠我史？
   贞：方弗戠我史？　　　《丙》71
2. 癸亥卜，𣪠贞：我史戠缶？
   癸亥卜，𣪠贞：我史毋其戠缶？　　《丙》1
3. 壬戌卜，𣪠贞：迄令我史步伐舌方？　　《殷古》13.1

学者或据此以为殷代之史官实为武官[1]。卜辞屡见贞问征伐之时史官的存亡安危，显然可以说明史掌天文而助于军战。《淮南子·天文训》："凡用太阴，左前刑，右背德，击钩陈之冲辰，以战必胜，以攻必克。"又《兵略训》："明于星辰日月之运，刑德奇赅之数，背向左右之便，此战之助也。"皆谓史掌天文而主兵祷。利簋铭云："武王征商，唯甲子朝，岁鼎（当），克昏夙有商。"即以岁星当位为征伐之兆[2]。而战国兵器或铭"兵辟太岁"[3]，则又反映了太岁纪年施行之后有关辟兵观念的新变化。《史记·封禅书》："其秋，为伐南越，告祷太一。以牡荆画幡日月北斗登龙，以象太一三星，为太一锋，命曰'灵旗'。为兵祷，则太

① 胡厚宣：《殷代的史为武官说》，《全国商史学术讨论会论文集》，《殷都学刊》增刊，1985年。
② 张政烺：《〈利簋〉释文》，《考古》1978年第1期。
③ 俞伟超、李家浩：《论"兵辟太岁"戈》，《出土文献研究》，文物出版社1985年版。

史奉以指所伐国。"大史亲奉灵旗为兵祷，不仅可见太史掌司天文而顺时助战的官制传统[①]，更直接显示了古文字"史"字的字形来源[②]。

　　商代的职官不仅已有大史，而且也有相应的机构[③]。卜辞云：

　　　4. ……未令，其唯大史寮令？　　　　　《合集》36423

"大史寮"即由大史及其寮属所组成的职官系统，其掌天官，不治民。西周时期，太史寮与卿事寮形成共同执政的官制体系[④]。番生簋铭文见"卿事、大史寮"，毛公鼎铭文见"卿事寮、大史寮"，而周初作册令方彝铭文则云：

　　　唯八月辰在甲申，王命周公子明保尹三事四方，授卿事寮。……廼命曰："今我唯命汝二人亢眔矢，爽左右于乃寮以（与）乃友吏。"

虽未明言大史寮，但器主矢身为作册，明属大史寮，可知大史与卿事皆各有寮属。商代甲骨文既见卿事[⑤]，故两寮执政的情况于商代也应大致如此[⑥]。

　　大史作为史官之长，位甚尊崇，西周作册魃卣铭文称为"公大史"，这应该也反映了商代的情况。然而董作宾曾以商代占卜活动中命龟的贞人全属史官[⑦]，事却未必[⑧]。

　　《周礼·春官宗伯·叙官》："大史，下大夫二人，上士四人；小史，中士八人，下士十有六人，府四人，史八人，胥四人，徒四十人。"孙诒让《正义》："此官与小史掌典法礼籍，兼司星之官，故亦属宗伯。大史与小史、冯相氏、保

---

　　① 司马氏本出天官，似为太史掌天时而助于兵祷传统的孑遗。见《国语·楚语下》、《史记·太史公自序》。

　　② 冯时：《古文字与古史新论》，台湾书房出版有限公司 2007 年版，第 270—271 页。

　　③ 张亚初：《商代职官研究》，《古文字研究》第十三辑，中华书局 1986 年版；张亚初、刘雨：《西周金文官制研究》，中华书局 1986 年版，第 26—27 页。

　　④ 斯维至：《两周金文所见职官考》，《中国文化研究汇刊》第七卷，1947 年。

　　⑤ 陈梦家：《殷虚卜辞综述》，科学出版社 1956 年版，第 519 页。

　　⑥ 张亚初：《商代职官研究》，《古文字研究》第十三辑，中华书局 1986 年版。

　　⑦ 董作宾：《甲骨文断代研究例》，《庆祝蔡元培先生六十五岁论文集》上册，中央研究院历史语言研究所集刊外编，1933 年。

　　⑧ 冯时：《殷代占卜书契制度研究》，《探古求原》，科学出版社 2007 年版。

章氏为长。"小史虽为大史副贰，但其职仅涉礼法，未及天文，应该不属于天文官。而冯相氏与保章氏均以司天为专职，当为大史寮的重要成员。

《周礼·春官·冯相氏》云：

> 冯相氏掌十有二岁，十有二月、十有二辰、十日、二十有八星之位，辨其叙事，以会天位。冬夏致日，春秋致月，以辨四时之叙。

郑玄《注》："岁，谓太岁。岁星与日同次之月，斗所建之辰。岁日月辰星宿之位，谓方面所在。"孙诒让《正义》："此以岁月辰日星宿五者辨其叙事，下文又以致日月辨四时之叙合之，即《左》昭七年传，士文伯说六物之岁、时、日、月、星、辰是也。《硩蔟氏》注云：'日谓从甲至癸，辰谓从子至亥，月谓从娵至荼，岁谓从摄提格至赤奋若，星谓从角至轸。'"由此可见，冯相氏作为王家的天文官，其职司相当广泛，涉及日、朔、气、五星、岁星及太岁纪年、北斗建辰、二十八宿、十二月日月所躔及昏旦中星等一切方面，涵盖了几乎天文观测与历法编算的所有基础工作。

冯相氏的机构也有记载。《叙官》云："冯相氏，中士二人，下士四人，府二人，史四人，徒八人。"郑玄《注》："冯，乘也。相，视也。世登高台，以视天文之次序。天文属大史。《月令》曰：'乃命大史，守典奉法，司天日月星辰之行，宿离不贷。'"孙诒让《正义》："此官与保章氏并日历之官。《左》襄二十七年传有'司历'，疑即此。《大戴礼记·千乘篇》云：'日历巫祝，执伎以守官，俟命而作。'此冯相、保章，皆掌日历，故属大史，而次诸祝、诸巫之后。"冯相氏以技守官，候之于灵台，其所拥有的专门知识只有通过官职的世袭才能得到承传。尽管甲骨文中有关此官的线索还不清楚，但我们于红山文化已发现以观测北斗表现墓主职司特点的遗存①，或许可以考虑为早期的天文官。显然，商代存在此类天文官是毋庸置疑的。

冯相氏必须于冬夏致日，春秋致月，这个工作又与大司徒和土方氏关系密切。《周礼·地官·大司徒》云：

---

① 冯时：《天地交泰观的考古学研究》，《出土文献研究方法论文集初集》，台湾大学出版中心 2005 年版。

以土圭之法测土深，正日景，以求地中。日南则景短，多暑；日北则景长，多寒；日东则景夕，多风；日西则景朝，多阴。日至之景尺有五寸，谓之地中，天地之所合也，四时之所交也，风雨之所会也，阴阳之所和也，然则百物阜安，乃建王国焉，制其畿方千里而封树之。凡建邦国，以土圭土其地而制其域。

郑玄《注》："土圭，所以致四时日月之景也。'土其地'犹言度其地。郑司农云：'土其地，但为正四方也。'"又《周礼·夏官·土方氏》云：

土方氏掌土圭之法，以致日景。

郑玄《注》："致日景者，夏至景尺有五寸，冬至景丈三尺，其间则日有长短。"土方氏专司测影，则此官之官法乃受之大司徒[1]。殷卜辞屡见"立中"之占，即谓致日测影[2]，当属上述三官的工作。而陶寺遗址夏代或先夏时代圭表的发现[3]，其相关墓主的身份当也不出三官之列。

与冯相氏同样重要的天文官还有保章氏。《周礼·春官·保章氏》云：

保章氏掌天星，以志星辰日月之变动，以观天下之迁，辨其吉凶。以星土辨九州之地，所封封域，皆有分星，以观妖祥。以十有二岁之相，观天下之妖祥。以五云之物，辨吉凶水旱降丰荒之祲象。以十有二风，察天地之和，命乖别之妖祥。凡此五物者，以诏救政，访序事。

郑玄《注》："志，古文识，识，记也。星谓五星。辰，日月所会。五星有赢缩圜角，日有薄食晕珥，月有亏盈朓侧匿之变。七者右行列舍，天下祸福变移所在皆见焉。星土，星所主土也。岁谓大岁。物，色也。视日旁云气之色。降，下也，知水旱所下之国。郑司农云：'以二至二分观云色，青为虫，白为丧，赤为兵荒，黑为水，黄为丰。故《春秋传》曰："凡分至启闭，必书云物，为备故

---

①　掌器之官参见《周礼·春官·典瑞》。
②　萧良琼：《卜辞中的"立中"与商代的圭表测景》，《科技史文集》第10辑，上海科学技术出版社1983年版。
③　冯时：《陶寺圭表的初步研究》，文本·图象·记忆国际学术研讨会论文，上海，2011年1月。

也。"故曰凡此五物，以诏救政。'十有二辰皆有风，吹其律以知和不。见其象则当豫为之备，以诏王救其政，且谋今岁天时占相所宜，次序其事。"保章氏的工作主要包括对日月五星的观测，其中很重要的一项就是日月交食及其他与此有关的异常天象，此外还有分野、岁阳岁阴、五云和十二风。他要随时观测这些天文气象的异常变化，辨其吉凶妖祥，诏王救政。所以保章氏虽然与冯相氏同样关注天象，但目的各异。冯相氏是掌天文不变，保章氏则掌天文之变。《礼记·月令》孔颖达《正义》："冯相、保章虽俱掌天文，其事不同。冯相氏主日月五星，年气节候，推步迟疾，审知所在之处，若今之司历，主其算术也。保章者，谓守天之文章，谓天文违变，度数失其恒次，妖孽所在，吉凶所生，若今之天文家，惟主变异也。此其所掌别也。"《鹖冠子·王鈇》："列星不乱，各以序行，故小大莫弗以章。"因此正像其官名反映的那样，保章氏实际则是世守天文之变的天文官。

　　甲骨文不乏日月交食的记录，而云物的占验在卜辞中也很常见[1]；四方风不仅是十二风的基础（参见第五章第十二节）[2]，而且以律候气更是中国天文学的固有传统[3]；恒星分野及岁星观测虽然还没有见于甲骨文的明确记载，但西周利簋铭文追述武王征商时而有"岁当"的天象[4]，史墙盘更述微史家族的先祖商王帝乙"在微灵处"[5]，则暗示了商代岁星观测与分野体系存在的事实。显然，尽管保章一名在商代是否如此尚不明确，但当时已经出现保章氏一类的天文官应不容怀疑。事实上，甲骨文所提供的有关吉凶妖祥的占卜内容，使我们更有机会方便地看到保章氏的观测记录。譬如，卜辞月食的应验记录皆属记事刻辞，可知占卜的活动并不是为月食的占验而独立举行，月食结果的记录者可能为当时的天文官，但相关卜辞中贞人的身份却应该与此无关。然而出现于命辞中的日月食记录则具有与前者完全不同的性质，这些占卜都是为着交食的发生而举行的专门之占，特别是卜辞中的日食记录，不仅涉及了见食时间与见食地点等日食预报的内容，而且也关乎奇异天象吉凶的分辨，其出于保章氏之手应毫无

---

　　① 于省吾：《甲骨文字释林》，中华书局 1979 年版，第 6—9 页。

　　② 有关风的讨论还可参见沈建华：《释卜辞中的"兇风"和"虚风"》，《徐中舒先生百年诞辰纪念文集》，巴蜀书社 1998 年版。

　　③ 冯时：《中国天文考古学》第四章第一节，中国社会科学出版社 2010 年版。

　　④ 张政烺：《〈利簋〉释文》，《考古》1978 年第 1 期。

　　⑤ 冯时：《史墙盘铭文与西周政治史》，第四届国际汉学会议论文。

疑问。专占交食的一类卜辞偶尔可见一位掌事者名"历",这个名称如果可以考虑为官名或以官为氏的氏名,那么这不仅使人很容易将其与专司天文历数的历官加以联系,而且也能合理地解释此类学术界称为"历组"的卜辞缘何习见天文占验内容的原因。虽然这类所谓的"历组"卜辞中真正名"历"的卜辞并不多见,而且其占卜的内容也很有限①,但是如果能够参考其他的条件适当扩大这类卜辞的范围,它便很可能成为我们深入了解商代天文官制的重要线索。或许后世冯相氏、保章氏一类天文官在当时尚仅统名曰"历",而并没有更细致的划分,尽管他们关注的工作互有不同;抑或"历"为此类职官的官长之称而相当于历正,其下尚有专官的名称。这些分析当然符合古代官制由疏而密的发展进程。

卜辞所见的贞人"历"如果确属天文官或天文官氏,那么至少可以视之为商代的历正或司历。《左传·昭公十七年》引郯子曰:

> 我高祖少皞挚之立也,凤鸟适至,故纪于鸟,为鸟师而鸟名。凤鸟氏,历正也。

孔颖达《正义》:"历正,主治历数,正天时之官。"足见历正之官出现之早。又《左传·襄公二十七年》:

> 十一月乙亥朔,日有食之。辰在申,司历过也,再失闰也。

《左传·哀公十二年》:

> 仲尼曰:"丘闻之,火伏而后蛰者闭,今火犹西流,司历过也。"

皆以治历者名"司历"。而卜辞及金文所见商代官名,多取表示职事的单字,如师、保、卜、史、工、马、射、寝等②,故司掌天文历数之官名"历",相当于历正或司历,契合传统。其于占卜之时以官名称,当与商王亲卜而称"王",宗

---

① 陈炜湛:《"历组卜辞"的讨论与甲骨文断代研究》,《出土文献研究》,文物出版社1985年版。
② 张亚初:《商代职官研究》,《古文字研究》第十三辑,中华书局1986年版。

子亲卜而称"子"一样，皆在表明历正的独特身份。而如以官氏相称，则也与贞人称氏的传统相合。事实上，贞人"历"作为历正或司历的可能性是不应排除的，承认这一点的意义不仅关系到我们对商代天文官制的认识，而且还将直接影响到对卜辞分期断代标准的检讨。

《叙官》云："保章氏，中士二人，下士四人，府二人，史四人，徒八人。"这自然也仅反映着《周礼》时代的机构形式。

以大史统属历正，包括冯相氏与保章氏等专门的天文官，这一制度虽然伴随着时代的发展而于人员与名称互有调整，但机构形式及职事却少有变化。《续汉书·百官志二》云：

> 太史令一人，六百石。本注曰：掌天时、星历。凡岁将终，奏新年历。凡国祭祀、丧、娶之事，掌奏良日及时节禁忌。凡国有瑞应、灾异，掌记之。丞一人。明堂及灵台丞一人，二百石。本注曰：二丞，掌守明堂、灵台。灵台掌候日月星气，皆属太史。

刘昭《注》引《汉官》又于各自的分工有详细解释。文云：

> 太史待诏三十七人，其六人治历，三人龟卜，三人庐宅，四人日时，三人《易》筮，二人典禳，九人籍氏、许氏、典昌氏，各三人，嘉法、请雨、解事各二人，医一人。
>
> 灵台待诏四十一人，其十四人候星，二人候日，三人候风，十二人候气，三人候晷景，七人候钟律。一人舍人。

观其职事，实仍不出《周礼》大史、冯相氏、保章氏三官的范围。

在大史系统之外，《周礼》中还有一些官吏与天文占验有关。如《春官·眂祲》云：

> 眂祲掌十辉之法，以观妖祥，辨吉凶。一曰祲，二曰象，三曰鑴，四曰监，五曰闇，六曰瞢，七曰弥，八曰叙，九曰隮，十曰想。

郑玄《注》："郑司农云：'祲，阴阳气相侵也。象者，如赤鸟也。鑴，谓日旁气四面反向，如㫱状也。监，云气临日也。闇，日月食也。瞢，日月瞢瞢无光也。弥者，白虹弥天也。叙者，云有次序如山在日上也，隮者，升气也。想者，㫱光也。'玄谓鑴读如'童子佩鑴'之鑴，谓日旁气刺日也。监，冠珥也。弥，气贯日也。隮，虹也。《诗》云'朝隮于西'。想，杂气有似可形想。"有关的占卜之事，在甲骨文中也并不少见，而交食之吉凶占验，又与保章氏事相关联，卜辞习见卜问某方出现某种徵兆①，这些徵兆似即与以上十占中的某些现象有关，其分吉凶，实际就是《尚书·洪范》中所讲的"庶徵"②。又《春官·占梦》云：

> 占梦掌其岁时观天地之会，辨阴阳之气，以日、月、星、辰占六梦之吉凶。

郑玄《注》："其岁时，今岁四时也。天地之会，建庆所处之日辰。阴阳之气，休王前后。日月星辰，谓日月之行及合辰所在。《春秋》昭三十一年：'十二月辛亥朔，日有食之。是夜也，晋赵简子梦童子倮而转以歌，旦而日食，占诸史墨。对曰："六年及此月也，吴其入郢乎，终亦弗克。入郢必以庚辰，日月在辰尾。庚午之日，日始有适。火胜金，故弗克。"'此以日月星辰占梦者。其术则今八会其遗象也，用占梦则亡。"商王梦占之事恒见于卜辞③，故亦应有此官。古以史与卜官为官联，皆为礼官之属，则如眠祲、占梦之事，于商代必有专官司掌，且或隶大史而属大史寮。

商代另一类重要的天文官当与计时有关。商人计时已行刻漏（参见第四章），相应的计时专官也一定存在。《周礼·夏官·挈壶氏》云：

> 凡军事，悬壶以序聚橐。凡丧，悬壶以代哭者。皆以水火守之，分以日夜。及冬，则以火爨鼎水而沸之，而沃之。

---

① 陈邦怀：《殷代社会史料征存》卷下，天津人民出版社 1959 年版，第 28—29 页；于省吾：《释设》，《甲骨文字释林》，中华书局 1979 年版；刘钊：《谈甲骨文"啬"字的一种用法》，《史学集刊》1992 年第 1 期；李学勤：《论殷墟卜辞的新星》，《北京师范大学学报》（人文社会科学版）2000 年第 2 期；陈剑：《殷墟卜辞的分期分类对甲骨文字考释的重要性》，《甲骨金文考释论集》，线装书局 2007 年版。

② 冯时：《甲骨文"震"及相关问题》（未刊稿）。

③ 参见胡厚宣：《殷人占梦考》，《甲骨学商史论丛初集》第三册，成都齐鲁大学国学研究所 1944 年版；宋镇豪：《甲骨文中的梦与占梦》，《文物》2006 年第 6 期。

郑玄《注》："郑司农云：'悬壶以为漏，以序聚櫅，以次更聚击櫅备守也。冬水冻，漏不下，故以火炊水，沸以沃之，谓沃漏也。'玄谓击櫅，两木相敲，行夜时也。以水守壶者，为沃漏也。以火守壶者，夜则视刻数也。分以日夜者，异昼夜漏也。漏之箭，昼夜共百刻，冬夏之间有长短焉。大史立成法，有四十八箭。"《易纬乾凿度》郑玄《注》："大史司刻漏者，每气两箭。"知大史亦司刻漏，其下有专官。而商代之司刻漏者或本也属大史寮。

挈壶氏与司寤氏为官联，或也大史寮属。《周礼·秋官·司寤氏》云：

> 司寤氏掌夜时。以星分夜，以诏夜士夜禁。

郑玄《注》："夜时，谓夜晚早，若今甲乙至戊。"知此也司夜告时之官。殷历以鸡鸣晨时为一日之始，或名"寤人"（参见第五章第一节），"司寤"之名显源于此。故商代有司夜时之官当无疑问，其或察中星以定夜之早晚。《艺文类聚》卷一引《尸子》云："使星司夜。"五夜各有中星，且随历月节气递移，可为早晚之候。

与此类专司的天文官相关的官正还有一些可供讨论。商代夜时或鸣鼓计之（参见第五章第一节），其事当也有专官司掌。《周礼·地官·鼓人》云：

> 凡军旅，夜鼓鼜。

郑玄《注》："鼜，夜戒守鼓也。《司马法》曰：'昏鼓四通为大鼜，夜半三通为晨戒，旦明五通为发呴。'"此鼓人与铺师为官联。《周礼·春官·铺师》云：

> 凡军之夜三鼜，皆鼓之，守鼜亦如之。

郑玄《注》："守鼜，备守鼓也。鼓之以鼛鼓。杜子春云：'一夜三击，备守鼜也。'"又《周礼·夏官·掌固》云：

> 昼三巡之，夜亦如之，夜三鼜以号戒。

郑玄《注》："杜子春云：'读鼜为造次之造，请击鼓行夜戒守也。《春秋传》所谓宾将趣者与，趣与造音相近，故曰终夕与燎．'玄谓鼛，击鼛，警守鼓也。三巡之间，又三击鼛。"此皆击鼓行夜戒守之事。

与此司时之官有关的尚有鸡人。《周礼·春官·鸡人》云：

> 大祭祀，夜呼旦以叫百官，凡国之大宾客、会同、军旅、丧纪，亦如之。凡国事为期，则告之时。

郑玄《注》："夜，夜漏未尽，鸡鸣时也。呼旦，以警起百官，使夙兴。象鸡知时也。告其有司主事者。告时者，至此旦明而告之。"古制以旦明行事，自昧爽而至朝旦，故有呼旦之事，而其专官则为鸡人。殷历日首即当鸡鸣晨时，故呼旦之官名曰"鸡人"，正取雄鸡司晨报晓之意。商代已有此官，卜辞云：

> 5. 甲戌贞：令鸡肆交，得？　　　《合集》32509
> 6. 乙丑贞：惠奚（鸡）令肆交？　　　《戬》49.3

此"鸡"即《周礼》之鸡人，其参与交（郊）祭，正合《周礼》之记载①。由于殷历日首始于鸡鸣晨时，所以此官呼旦，于商代也正有报日首之时的作用。此类卜辞也属所谓的"历组"卜辞，故鸡人于商代或亦当大史寮属。

商代似有火正之官②，见于卜辞。

> 7. 贞：唯阜火令？
> 　　贞：允唯阜火令？　　　《佚》67
> 8. 己酉贞：王其令火司我工？
> 　　己酉贞：火晋王事？　　　《合集》32967

《国语·楚语下》："颛顼受之，乃命南正重司天以属神，命火正黎司地以属民。"韦昭《注》解火正云："《周礼》则司徒掌土地人民也。"知其不为天官，或当

---

① 冯时：《天地交泰观的考古学研究》，《出土文献研究方法论文集初集》，台湾大学出版中心 2005 年版，第 336—337 页。

② 商承祚：《殷契佚存考释》，金陵大学中国文化研究所 1933 年版，第 15 页；冯时：《殷历岁首研究》，《考古学报》1990 年第 1 期。

《周礼》之司爟。《夏官·司爟》云：

> 司爟掌行火之政令，四时变国火，以救时疾。季春出火，民咸从之；季秋内火，民亦从之。

郑玄《注》："郑人铸刑书，火星未出而出火，后有灾。郑司农云：'以三月本时昏，心星见于辰上，使民出火。九月本黄昏，心星伏在戌上，使民内火。故《春秋传》曰："以出内火。"'"贾公彦《疏》："即四时变国火及季春出火等皆是也。"此与宫正、司烜氏为官联。《周礼·天官·宫正》云：

> 春秋以木铎修火禁。

郑玄《注》："火星以春出，以秋入，因天时而成戒。"又《秋官·司烜氏》云：

> 中春，以木铎修火禁于国中。

郑玄《注》："谓季春将出火也。"《说文·火部》以"爟"、"烜"本为一字，表明二者实出一官。古制出火内火必候之于大火星（心宿二，天蝎座 α），故商之火正虽主民事，但也必以观象为首务。火正掌行火之政令，或兼工事。卜辞的"晋王事"意即代商王行事[①]，火正可以行王事，也可见其官职的重要。

　　商周时代的职官制度虽职官分离，但像观天治历等专门之学，显然必须有专官专职之人方可胜任，这些官位或多世袭，以藉这种特有的形式完成知识的积累与传承。《周礼》所反映的晚世诸官职事关联的情况很可能本于职官的分化，这当然是知识发展与技术进步的必然结果。然而晚世的官联现象是否可以使我们放心地重建商代的天文官制，目前的卜辞材料显然还不足以做到这一点。我们仅能依据有限的资料推约大概，以求对商代的天文官制有一个基本了解。

---

　　① 晁福林：《试论殷代的王权与神权》，《社会科学战线》1984 年第 4 期，第 98、99、101 页；赤塚忠：《武丁的征伐》，《赤塚忠著作集》七《甲骨金文研究》，研文社 1989 年版；冯时：《殷人疾祸考略》，《首届中国文字发展论坛暨纪念甲骨文发现 110 周年学术研讨会论文集》，中国文字博物馆编辑部 2009 年版。

第 八 章

总 结

第一节 商代天文学的知识背景

商代的天文学究竟处于一个怎样的发展水平？对此我们必须给予客观的评估。很明显，对商代天文学水平的总体把握不仅是我们解读史料的基础，同时更是建立新学说的基础，因而显得十分重要。长期以来，有关这一问题不乏两种极端的认识，或视殷商的天文学水平与后世无别，因而可以放心地以晚近的历术重建殷商古历；又或以殷商的天文知识粗疏浅陋，因而相应的天文历算也混乱不堪，尚处于原始的观象阶段。这两种认识对于重建商代的天算体系当然都很不利。

商人的天文知识显然是从更早的先民那里继承下来的，这意味着如果我们要获得对殷商天文学水平的客观评估，就必须将其纳入整个中国天文学史的框架中做综合的考察。事实上，对于解决商代的天文历法问题而言，仅仅关注殷商一个时代的天文史料远远不够，我们不仅需要梳理同一时代天文学的发展脉络，更需要追溯这一时代天文知识的形成背景，只有如此，才能最终对殷商的天文学水平有一个客观的认识。

商人留弃的甲骨文、金文材料无疑是我们研究商代天文历法问题赖以利用的直接史料，但是对于殷商以前历史的探索，特别是对前文字时代历史的研究，考古学所提供的实物资料则成为具有更高价值的史料。因此，解决殷商天文学知识的背景问题，天文考古学研究便是唯一的手段。

中国的天文学到底古老到什么程度？在今天看来，回答这个问题已显得并不困难。众所周知，天文学产生的根本动因就是为农业生产提供准确的时间服务，因为人工栽培农业的目的是为人们提供有保障的食物来源，这意味着它一定首先出现在季节变化分明的纬度地区，而当地的气候条件其实使一年中真正适合播种和收获的时间非常有限，致使贻误农时将会造成一年的绝收。显然，对农业起源问题的研究可以为天文学的起源时间提供有价值的启示，我们不可能想象一个对时间茫然无知的民族能够创造出发达的农业文明。换句话说，农业的起源必须要以精确的时间作为保证，没有古人对时间的掌握，便不会有农业文明的出现。而今天的考古资料显示，中国农业的起源年代已足以上溯到距今万年以前①，这意味着中国天文学的起源只能早于这个时间，事实上这已是我们不能不接受的客观事实。

或许人们并不认为农业的起源与天文学有着直接的关系，这其实是一种误解。从中国古老的观象授时制度考察，其所关心的核心内容始终都是与农业生产息息相关的节令农时，而观象授时的目的也是要使农作物获得丰稔。尽管祭祀活动同样需要时间作为保障，但是对于原始的时间服务的基本宗旨而言，农业的需要显然处于首要的地位。很明显，中国农业起源年代所给予的天文学起源的暗示是相当清楚的。

除早期农业文明的启示之外，我们当然更希望获得早期天文学发展的直接证据，有关这方面的研究，天文考古学则发挥了无可替代的作用。它使新石器时代天文学的发展状况再不是空洞抽象的概念，而真正具有了明确具体的内容。现在我们可以根据对上古时代若干重要遗存的研究，就早期天文学成就做扼要的梳理。

属于距今第九千纪至第八千纪的河南舞阳贾湖及安徽蚌埠双墩两处新石器时代遗存②，为我们了解中国天文学的早期发展提供了诸多重要启示。当时的先民早已建立起系统的时空观，他们不仅懂得四方五位，而且规划了八方九宫，建构了天地宇宙的完整模式。这些知识当然源于圭表的发明和使用，同时也不乏体现古人丰富的想象与思辨，这意味着至少二分二至四个时间标记点已被测

---

① 任式楠、吴耀利：《中国新石器时代考古学五十年》，《考古》1999 年第 9 期。

② 河南省文物考古研究所：《舞阳贾湖》，科学出版社 1999 年版；安徽省文物考古研究所、蚌埠市博物馆：《蚌埠双墩——新石器时代遗址发掘报告》，科学出版社 2008 年版。

得，原始的历法也已产生。不仅如此，当时的天文与数学知识已足以支持先民创造出十二律，并将律吕与时间相互配合。因此，二分二至四个时点虽然必须依靠立表测影而获得，但当时的人们显然也已学会经常借助候气的方法校验四气①。

属于距今第六千纪中叶的河南濮阳西水坡遗址②，几乎是迄今所知人类文明史上综合体现天文与人文内涵的最早的原始宗教遗存。在天文科学方面，圭表的发明已经获得了确凿的物证，这使方位的揆度与四气的测定在这时都更为准确，从而为历法编算精度的提高奠定了基础。当时的人们已初步建立了二十八宿恒星观侧体系，形成了以四个象限宫中的授时主星为主要星象的四象体系，并通过对北斗等拱极星的观测认识了北极，完成了传统天文学五宫体系的建设。先民同时建立了盖天宇宙学说，并有能力凭藉相关的图式表述这种思想。在宗教思想方面，人们对于四气的认识诱发了司分司至四神的想象，这使原始历法的产生成为无可置疑的事实。人们已经具备了以祖配天的观念，而这种观念的形成一定是以上帝崇拜的宗教观为基础的，这意味着至上神上帝也已被创造了出来。帝作为宗祖神当然只可能体现与观象者的联系，显然，由天文学而导致的王权政治已经呈现出完整的雏型。所有的考古学遗迹都明确地显示了中国传统天文学诸主要方面的创造在距今第六千纪以前就已基本完成的事实，甚至受天文学影响而产生的传统政治观与宗教观在当时也已颇具体系③。

自西水坡时代直至殷商的三千年间并没有表现出天文学发展的停滞，这一时期的天文学进步如果反映了对早期初创成果的精确化和完善，那将是合情合理的。事实上，此时的天文学遗存不仅比前期更为丰富，而且其所体现的天学内涵也更为具体。譬如在属于距今第五千纪中叶的红山文化时代，已出现以天

①　冯时：《星汉流年——中国天文考古录》，四川教育出版社 1996 年版，第 75—79 页；《中国天文考古学》第四章第一节，中国社会科学出版社 2010 年版；《上古宇宙观的考古学研究——安徽蚌埠双墩春秋鍾离君柏墓解读》，《中央研究院历史语言研究所集刊》第 82 本第 3 分，2011 年。

②　濮阳市文物管理委员会、濮阳市博物馆、濮阳市文物工作队：《河南濮阳西水坡遗址发掘简报》，《文物》1988 年第 3 期；濮阳西水坡遗址考古队：《1988 年河南濮阳西水坡遗址发掘简报》，《考古》1989 年第 12 期。

③　冯时：《河南濮阳西水坡 45 号墓的天文学研究》，《文物》1990 年第 3 期；《中国天文考古学》第六章，中国社会科学出版社 2007 年版；《中国古代的天文与人文》第二章第二节，中国社会科学出版社 2009 年修订版；《天文考古学与上古宇宙观》，《中国史新论——科技与中国社会分册》，"中央研究院"、联经出版公司 2010 年版。

数思想及相关知识为基础设计的祭天圜丘和祀地方丘[①]；约略同时或稍晚的淮水流域先民则创制出占验的式盘[②]；山西襄汾陶寺遗址所见夏代或先夏时代的圭表仪具不仅完备，也异常精致[③]；而《尧典》的历数体系甚至可以通过二里头文化的相关遗物得以印证[④]。总之，这一时期天文学的发展呈现着全面的进步[⑤]，同时更为重要的是，自距今八千年前就已逐渐形成的传统阴阳观由于为观象授时的政治活动和生产目的提供了理想的哲学解释，从而使固有的时空体系既成为表现阴阳观念的基本要素，更是阴阳描述的基本形式，这从根本上制约了中国传统天文学及天文思想从一开始就沿着一条具有浓郁阴阳哲学色彩的道路而发展[⑥]，对后世的天文学产生了深刻影响。

　　新石器时代的天文观以及基于这种观念发展起来的天文学无疑系统地建构了殷商天文学的知识背景，它既是我们正确认识殷商天文学实际发展水平的客观基础，也为我们了解殷商天文学提供了明确而具体的参照标准。中国天文学自其起源而发展至殷商，至少已经历了数千年的积累，商人视昔甚至比今人视商的历史还要悠久，其传统之古老，积淀之深厚，足以发展出一种进步且完备的天文学体系。殷商之前，中国的传统天文学不仅涉及了所有主要的领域，而

---

① 发掘资料见辽宁省文物考古研究所：《辽宁牛河梁红山文化"女神庙"与积石冢发掘简报》，《文物》1986 年第 8 期。研究参见冯时：《红山文化三环石坛的天文学研究——兼论中国最早的圜丘与方丘》，《北方文物》1993 年第 1 期；《中国天文考古学》第七章第二节，中国社会科学出版社 2007 年版；《中国古代的天文与人文》第五章，中国社会科学出版社 2009 年修订版。

② 发掘资料见安徽省文物考古研究所：《凌家滩——田野考古发掘报告之一》，文物出版社 2006 年版。研究参见陈久金、张敬国：《含山出土玉片图形试考》，《文物》1989 年第 4 期；饶宗颐：《未有文字以前表示"方位"与"数理关系"的玉版》，《文物研究》第六辑，1990 年；冯时：《史前八角纹与上古天数观》，《考古求知集》，中国社会科学出版社 1997 年版；《中国天文考古学》第八章第二节，中国社会科学出版社 2007 年版。

③ 发掘资料见中国社会科学院考古研究所山西队、山西省考古研究所、临汾市文物局：《陶寺城寺发现陶寺文化中期墓葬》，《考古》2003 年第 9 期；何驽：《山西襄汾陶寺城址中期王级大墓 IIM22 出土漆杆"圭尺"功能试探》，《自然科学史研究》第 28 卷第 3 期，2009 年。研究参见冯时：《陶寺圭表的初步研究》，文本·图像·记忆国际学术研讨会论文，上海，2011 年 1 月。

④ 发掘资料见中国科学院考古研究所二里头工作队：《偃师二里头遗址新发现的铜器和玉器》，《考古》1976 年第 4 期。研究参见冯时：《〈尧典〉历法体系的考古学研究》，《文物世界》1999 年第 1 期；《中国天文考古学》第三章第三节之五，中国社会科学出版社 2007 年版。

⑤ 参见冯时《中国天文考古学》，中国社会科学出版社 2010 年版；《中国古代的天文与人文》，中国社会科学出版社 2009 年修订版。

⑥ 冯时：《天文考古学与上古宇宙观》，《中国史新论——科技与中国社会分册》，"中央研究院"、联经出版公司 2010 年版。

且在诸如时空关系、恒星观测、历法编算和宇宙模式等方面都已建立起系统的知识体系，特别是相应的观测基础与计算方法，对殷商天文学的影响更显得直接而深远。显然，在如此坚实基础上发展起来的殷商天文学，已没有理由认为依旧停留在荒疏浅陋的原始阶段。商代的天文观测方法及历法编算尽管不能说精密无误，但当时已具备了完整的观测体系和纪时体系则应不容怀疑。这意味着商代的天文历法水平实际早已摆脱了观象授时的朴素状态，而应处于早期推步的时期。很明显，从观象授时到推步术的出现不可能一蹴而就，其间必然经历了漫长的过渡时期，观象在这时虽然已不再直接为着授时的需要，但却是校正及调整历法推步误差的重要手段，这使观象的工作一直都是使推步术日趋精密的必要基础。事实上直至推步术日趋精密的秦汉时期，历法的误差也常常需要借助观象加以调整，并通过改历而得以纠正。因此，殷商历法虽然以推步的方法编算，但是由于当时的推步术尚未及晚世完备，经常通过实际观象对历法误差直接修正，或通过改历的方式而使历法渐趋精密，这些工作显然都不可或缺。

第二节　商代天文学的总检讨

百多年以来，利用甲骨文资料探索商代的天文历法问题，已涉及了几乎所有可能的领域。现在我们将一些比较可以肯定的结论略做梳理，以使商代这部分的历史有一个基本的呈现。

在宇宙观方面，商人已经建立起完整的时空体系及相应的宗教观念，并在此基础上完成了至上神上帝及帝廷的创造。天不仅具有自然的属性，也同时被赋予了神祇的内涵，而帝作为万物的主宰，具有着无限的权能。上帝可以降福作祟，决定人间的祸福，而人们对于上帝的祷祈则不可直请于帝，而只能通过巫觋或祖先的传达。帝廷成员包括日月星辰风雨雷霆及升天的祖先，但主要臣僚则仅有帝五臣，即作为帝使的分至四神与帝工社神。

商人已经建立了四方、五位、八方、九宫的空间体系，也同时认识了圆形的天和亞形的地，事实上，亞形的大地很容易发展出对方形大地的认知，这些知识在商代其实也已完成。

对日月的观测始终都是商人观测活动的重点，这当然直接发展出了相应的祭祀制度。但对日月的祭祀并没有像后世春分朝日、秋分夕月那样严格的分别，而更接近《尚书·尧典》所记载的春分"寅宾出日"、秋分"寅饯纳日"的制度。

在天官体系方面，全天的四个象限宫与一个中央宫的五宫体系已经建立，因而北斗与二十八宿已是商人恒星观测的重要星象。尽管甲骨文中尚未出现完整的二十八宿名称，但是由于二十八宿作为恒星座标只能是一次选定的，因此卜辞中二十八宿宿名的不尽完整并不意味着不存在二十八宿作为一个星官体系的事实。在此基础上，由各宫授时主星所构成的四象体系已经形成也应不容怀疑。事实上，这个星官体系的存在同时表明，商人对于天赤道及天北极的认识早就完成了。

在天象观测方面，人们对于日月交食的认识已很精审，商人不仅用"闻"（昏）字描述全食，而且懂得日食有着特定的见食区域，甚至掌握了54年的交食周期，并可以通过这样的周期对交食进行预报。

卜辞所反映的商人对于行星与彗星的观测未能考实，但西周早期金文已见岁星的记载，而春秋中晚期更行太岁纪年，这些证据都可以间接证明商人于行星显然并不陌生。马王堆西汉墓出土《五星占》及《天文气象杂占》中的彗星图等文献，其中所记五星会合周期相当精确，而且彗星的形态多达二十九种，这些知识显然需要经过长期的积累。联系到《春秋》经传相关的天象记载，商人已了解五星及彗星并对其进行观测，应该不会是不可以接受的事实。

在天文仪器方面，商人不仅利用圭表辨方正位及测定时间，而且也发明了计时漏壶，从而保证了方位与时间的精确规划。漏壶不仅可以在阴天和夜晚满足时间计量的需要，以弥补表的不足，同时也可以作为圭表计时的校正工具。

在历法方面，商代实行阴阳合历，纪日以干支，纪月以朔望，纪年以四气，并以闰月调整太阴年与回归年的周期差。十日为旬，每月或分上、中、下三旬。表述时间如过去、现在和将来都有明确而具体的形式。

殷历的日首确定于鸡鸣晨时，一日均分为十二时，每时各有不止一种的时辰名称，但还未曾使用十二辰纪时。除具体时辰之外，殷历还保留了古老历法相对早晚的时限称谓。

殷历的月首始于朔日。月有大小，大月30日，小月29日，大小月依平朔布算而相间安排，且于适当的位置安排频大月，有时也有频小月。殷历的历月以数字依序而记，同时部分历月又有专门的名称。

　　殷历的岁首确定于秋分之后的第一月，其时大火星朝觌。岁实可能已取365.25 日的四分历岁实。冬至、春分、夏至、秋分四气应该与历月具有固定的对应关系，分别出现于殷历的三月、六月、九月和十二月。商人以为四气乃有神祇司掌，且各有专名。

　　殷历平年十二月，闰年十三月，闰月置于当闰之月，目的之一即在校正分至四气与历月对应关系的失调，而并不实行年终闰。这种闰法实际应是后世无中置闰法的原始形式，而殷历的"十三月"名称其实只在月名上保留了早期古历年终闰的闰制痕迹，并不具有"归馀于终"的意义。殷历除闰月之外，为调整朔晦月见的误差还设有闰日，致使某些历月的长度可达 31 日。殷历在连续失闰的情况下，偶尔会实行一年再闰。

　　殷历以"年"、"岁"作为历年的称谓，历年周期的结束也就意味着农季周期的结束。"祀"只反映周祭的周期，与历年无关。

　　殷历为适应农作的周期而只有春、秋两季，春季为作物生长的季节，约当后世的夏、秋两季，秋季为全年的闲适期，约当后世的冬、春两季，两个周期并不同长，所以商代的农作活动只在殷历的春季进行。

　　殷历的编算实行推步术，并进而通过观象的手段调整因推步所造成的误差。这种历法久之便不能合天，因此殷代必然存在去疏就精的历法改革。

　　商代精细而广泛的天文观测与历法编纂无疑需要有专官司掌，虽然商王垄断天文占验的工作，但当时显然已经形成以商王为核心以及大史为首的天文机构，并设置具有一定分工的天官，从而成为中国传统职官制度中的重要部分。

　　商代的天文历算所体现的科学史价值虽然重要，但同样重要的是与商人的天文工作密切相关的宗教与祭祀活动，这些活动所蕴涵或传达的思想甚至在更广阔的层面上揭示了商人的宇宙观，这对于重建殷商政治史、宗教史、科学史与思想史当然都具有重要的意义。

　　最后必须强调的是，古史研究的首要问题就是史料问题，对商史研究而言，甲骨文、金文资料作为直出先民之手的直接史料，其完整性和准确性则从根本上决定着是否足以建立起正确的论释基础。利用卜辞资料研究商代天文学，其关键工作当然首先在于甲骨学自身所遇到的问题。尽管必要的天文计算不可或缺，但计算只有建立在正确的史料基础上才有意义。天文计算其实是独立于甲骨学研究的技术工作，根据残缺甚至错误的结论所做出的计算，无论结果多么精妙，也都不会有任何的价值。显然，我们既不能不顾史料而预设计算标准，也不能单凭计算的机巧而妄改史料。因此，科学史研究并不仅仅是科学问题，而必须将其纳入史学研究的范畴之内，在遵循制度传统的同时，务求获取古据。这意味着解决商代的天文历法问题，甲骨学研究才是建构学说体系的基础工作。

引用书目简称

1. 《考古图》　　　　　　　　　吕大临　　　　　1092 年　　　　《考》
2. 《博古图录》　　　　　　　　王黼 等　　　　　宋宣和间　　　　《博古》
3. 《历代钟鼎彝器款识法帖》　　薛尚功　　　　　1144 年　　　　《款识》
4. 《铁云藏龟》　　　　　　　　刘鹗　　　　　　1903 年　　　　《铁》
5. 《陶斋吉金录》　　　　　　　端方　　　　　　1908 年　　　　《陶斋》
6. 《殷虚书契》　　　　　　　　罗振玉　　　　　1913 年　　　　《前》
7. 《殷虚书契菁华》　　　　　　罗振玉　　　　　1914 年　　　　《菁》
8. 《铁云藏龟之馀》　　　　　　罗振玉　　　　　1915 年　　　　《馀》
9. 《殷虚书契后编》　　　　　　罗振玉　　　　　1916 年　　　　《后》
10. 《殷虚古器物图录》　　　　　罗振玉　　　　　1916 年　　　　《殷古》
11. 《殷虚卜辞》　　　　　　　　明义士　　　　　1917 年　　　　《明》
12. 《戬寿堂所藏殷虚文字》　　　姬佛佗　　　　　1917 年　　　　《戬》
13. 《簠室殷契类纂》　　　　　　王襄　　　　　　1920 年　　　　《类纂》
14. 《龜甲獸骨文字》　　　　　　林泰辅　　　　　1921 年　　　　《林》
15. 《铁云藏龟拾遗》　　　　　　叶玉森　　　　　1925 年　　　　《拾》
16. 《簠室殷契征文》　　　　　　王襄　　　　　　1925 年　　　　《簠》
17. 《福氏所藏甲骨文字》　　　　商承祚　　　　　1933 年　　　　《福》
18. 《殷契卜辞》　　　　　　　　容庚 等　　　　　1933 年　　　　《燕》
19. 《卜辞通纂》　　　　　　　　郭沫若　　　　　1933 年　　　　《通》
20. 《殷虚书契续编》　　　　　　罗振玉　　　　　1933 年　　　　《续》
21. 《殷契佚存》　　　　　　　　商承祚　　　　　1933 年　　　　《佚》
22. 《善斋藏骨》　　　　　　　　刘体智　　　　　　　　　　　　《善》
23. 《邺中片羽初集》　　　　　　黄浚　　　　　　1935 年　　　　《邺初》

24.	《库方二氏藏甲骨卜辞》	方法欽等	1935 年	《库》
25.	《柏根氏旧藏甲骨文字》	明义士	1935 年	《柏》
26.	《侯家庄出土之甲骨文字》	董作宾	1936 年	《侯》
27.	《殷契粹编》	郭沫若	1937 年	《粹》
28.	《邺中片羽二集》	黄浚	1937 年	《邺二》
29.	《甲骨文录》	孙海波	1937 年	《河》
30.	《三代吉金文存》	罗振玉	1937 年	《三代》
31.	《甲骨卜辞七集》	方法欽	1938 年	《七》
32.	《天壤阁甲骨文存》	唐兰	1939 年	《天》
33.	《殷契遗珠》	金祖同	1939 年	《遗》
34.	《金璋所藏甲骨卜辞》	方法欽等	1939 年	《金璋》
35.	《痴盦藏金》	李泰棻	1940 年	《痴盦》
36.	《邺中片羽三集》	黄浚	1942 年	《邺三》
37.	《甲骨六录》	胡厚宣	1945 年	《六》
38.	《殷虚文字甲编》	董作宾	1948 年	《甲》
39.	《殷虚文字乙编》	董作宾	1948—1953 年	《乙》
40.	《哲庵甲骨文存》	曾毅公		《哲庵》
41.	《甲骨缀合编》	曾毅公	1950 年	《缀》
42.	《殷契摭佚续编》	李亚农	1950 年	《摭续》
43.	《战后宁沪新获甲骨集》	胡厚宣	1951 年	《宁沪》
44.	《战后南北所见甲骨录》	胡厚宣	1951 年	《南》
45.	《殷契拾掇》	郭若愚	1951 年	《掇一》
46.	《殷契拾掇二编》	郭若愚	1953 年	《掇二》
47.	《战后京津新获甲骨集》	胡厚宣	1954 年	《京津》
48.	《殷墟文字缀合》	郭若愚	1955 年	《缀合》
49.	《甲骨续存》	胡厚宣	1955 年	《续存》
50.	《殷虚文字外编》	董作宾	1956 年	《外》
51.	《殷虚卜辞综述·图版》	陈梦家	1956 年	《综图》
52.	《甲室杂集》	陈梦家		《甲室》
53.	《商周金文录遗》	于省吾	1957 年	《录遗》
54.	《殷虚文字丙编》	张秉权	1957—1972 年	《丙》

55.《甲骨文零拾》	陈邦怀	1959 年	《零拾》
56.《京都大學人文科學研究所藏甲骨文字》	貝塚茂樹	1959 年	《京都》
57.《明义士收藏甲骨文字》	许进雄	1972 年	《安明》
58.《甲骨缀合新编》	严一萍	1975 年	《新缀》
59.《美国所藏甲骨录》	周鸿翔	1976 年	《美藏》
60.《甲骨文合集》	郭沫若主编 胡厚宣总编辑	1978— 1983 年	《合集》
61.《怀特氏等收藏甲骨文集》	许进雄	1979 年	《怀特》
62.《小屯南地甲骨》	中国社会科学院考古研究所	1980— 1983 年	《屯南》
63.《殷周金文集成》	中国社会科学院考古研究所	1984— 1994 年	《集成》
64.《英国所藏甲骨集》	李学勤等	1985—1992 年	《英藏》
65.《天理大學附屬天理參考館藏品——甲骨文字》	天理大學等	1987 年	《天理》
66.《甲骨文合集补编》	彭邦炯等	1999 年	《合补》
67.《甲骨缀合集》	蔡哲茂	1999 年	《甲缀》
68.《周原甲骨文》	曹玮	2002 年	《周甲》
69.《殷墟花园庄东地甲骨》	中国社会科学院考古研究所	2003 年	《花东》
70.《新收殷周青铜器铭文暨器影彙编》	鍾柏生等	2006 年	《新收》
71. 国家图书馆藏甲骨文字	国家图书馆		北图